Estatuto de los Trabajadores

Biblioteca de Textos Legales

CONSEJO ASESOR

Ignacio Arroyo Martínez
Rodrigo Bercovitz Rodríguez-Cano
Enrique Gimbernat Ordeig
Juan Martín Queralt

Estatuto de los Trabajadores

Edición preparada por
JESÚS CRUZ VILLALÓN
Catedrático de Derecho del Trabajo

CUADRAGÉSIMA PRIMERA EDICIÓN

1.ª edición, 1985
41.ª edición, septiembre 2025 (edición cerrada en julio 2025)

Diseño de cubierta: J. M. Domínguez y J. Sánchez Cuenca

PAPEL DE FIBRA
CERTIFICADA

ISBN: 978-84-309-9306-2
Depósito Legal: M-16903-2025

Printed in Spain

ÍNDICE SISTEMÁTICO

ESTATUTO DE LOS TRABAJADORES

---

* Disposición adicional sin numeración ni título en el *BOE*.

APÉNDICE: RELACIONES LABORALES DE CARÁCTER ESPECIAL

PRÓLOGO

Existe una mentalidad bastante extendida en la conciencia media de la población de que el Estatuto de los Trabajadores, por su propia denominación, constituye el texto normativo central y único regulador del conjunto de las relaciones laborales en España. Respondiendo esta idea a una realidad de fondo, no ofrece una comprensión completa de lo que es la normativa laboral, pudiendo incluso inducir en ocasiones a equívocos. Efectivamente, en el Estatuto de los Trabajadores se contienen muchas de las instituciones nucleares del Derecho del Trabajo: contiene la regulación general del contrato, recogiendo los derechos y deberes básicos de trabajador y empresario en su cumplimiento; los derechos de representación colectiva y de reunión de los trabajadores en la empresa; y, finalmente, la normativa sobre negociación y convenios colectivos. No obstante, debe hacerse hincapié en algo que, aunque resulte obvio, no puede ser olvidado: en el Estatuto de los Trabajadores no se encuentra ni la totalidad del Derecho del Trabajo, ni siquiera se encuentra la totalidad de las instituciones centrales del mismo. La normativa laboral a partir de la Constitución, al igual que el resto del ordenamiento jurídico, ha sufrido un sustancial proceso de legalización, en virtud del cual existe una preponderancia de la regulación a través de Ley de Cortes —sea ésta orgánica u ordinaria— en detrimento de la normativa reglamentaria y, en particular, de los llamados reglamentos autónomos. Ahora bien, ello no supone que el ejercicio de la potestad reglamentaria del Gobierno y de los distintos Ministerios haya pasado a desempeñar un papel marginal. Decretos y Órdenes Ministeriales siguen cubriendo un campo decisivo en lo que es el desarrollo concreto de la normativa laboral, y prueba de ello son la multitud de disposiciones reglamentarias a las que se remiten en las notas al trabajo que aquí se presenta. De otra parte, también hay que mencionar los amplios contenidos asignados por el Estatuto a la negociación colectiva, cuya toma en consideración se convierte en imprescindible hoy en día para conocer la regulación de las condiciones de trabajo vigente concretamente en cada sector de la actividad económica. Pero,

[15]

es más, ni siquiera en el Estatuto de los Trabajadores se contienen la generalidad de las instituciones básicas que componen el Derecho del Trabajo. En efecto, además de quedar excluidas aquellas materias que, por mandato constitucional, deben ser objeto de regulación por medio de Ley Orgánica (libertad sindical y ejercicio del derecho de huelga), se mantienen también fuera del ámbito regulatorio del Estatuto de los Trabajadores aspectos tan relevantes como son los relacionados con las políticas de empleo (Ley de Empleo de 2015), el trabajo a distancia (Ley 10/2021), el régimen de las empresas de trabajo temporal (Ley de idéntico nombre de 1994), de prevención de riesgos laborales (Ley 31/1995) el desplazamiento de trabajadores en el marco de una prestación de servicios transnacional (Ley 45/1999), los de carácter procesales (Ley reguladora de la Jurisdicción Social de 2011), así como los sancionatorios administrativos (Ley de Infracciones y Sanciones de Orden Social de 2000). Con todo lo anterior queremos explicitar los límites de la obra que se prologa, donde el lector, a pesar de que no puede pensar que se enfrenta con la totalidad del Derecho del Trabajo, sí que va a poder acercarse a una parte bastante sustancial del mismo.

La Ley del Estatuto de los Trabajadores, que se promulga y entra en vigor por vez primera en 1980 en cumplimiento del mandato contenido en el texto constitucional en su artículo 35.2, supone la consolidación de una nueva comprensión de lo que son las relaciones laborales en un país industrializado del área occidental; supone en particular, en lo que afecta al Derecho, la consolidación de una nueva perspectiva del papel que debe cumplir la legislación estatal y la negociación colectiva en el desarrollo de las relaciones laborales. Con gran acierto la exposición de motivos de la ley ha sintetizado en tres los principios básicos en los que se asienta el modelo laboral diseñado por la Constitución Española: 1) la contraposición de intereses en el mundo del trabajo, 2) la autonomía colectiva de las partes sociales, y 3) el otorgamiento al Estado de la correspondiente potestad normativa en materias laborales. El propio contenido del Estatuto de los Trabajadores responde a estos tres principios.

El primero de ellos, la contraposición de intereses en el mundo del trabajo, se manifiesta en la ley, tanto en la relación individual como en el ámbito del Derecho colectivo del trabajo. En el terreno individual de la relación trabajador-empresario la aceptación de la idea de la existencia de intereses enfrentados se manifiesta en la tendencia hacia una mayor contractualización de la relación laboral, desechando definitivamente aquellas concepciones doctrinales que dominaron en España en los años cuarenta y cincuenta. Así, a título de ejemplo, ninguna incidencia tienen ya sobre el Estatuto las tesis sobre la incorporación del trabajador a la empresa como dato determinante en la constitución de la relación laboral más allá del libre consentimiento prestado por las partes a través del contrato de trabajo; o bien las tesis sobre el interés objetivo de la empresa, esto es, la existencia de un interés común a ambas partes contratantes independientemente del interés particular de cada una de ellas; o bien, por último, las tesis defensoras de la presencia de unos deberes de fidelidad entre trabajador y empresario extraños a cualquier otra relación contractual y que la acercan a las relaciones familiares. Por el contrario, la normativa laboral vigente en nuestro país a partir del Estatuto de los Trabajadores se encuentra imbuida de los principios opuestos. Los poderes empresariales se contractualizan, teniendo por base la defensa de los intereses empresariales propios del empleador y por fundamento el acuerdo de voluntades expresado al concertar el contrato de trabajo: «el trabajador estará obligado a realizar el trabajo convenido bajo la dirección del empresario», a «cumplir las órdenes e instrucciones del empresario en el ejercicio regular de sus facultades directivas». Por otra parte, desaparece toda referencia a la «fidelidad» como un deber singular derivado de la relación laboral, empleándose siempre intencionadamente la expresión «buena fe», con la voluntad de indicar que tal obligación no va más allá de la que se derivaría del artículo 1.258 del Código Civil. Para finalizar con los ejemplos, no aparece en la normativa laboral referencia alguna a los antiguos Reglamentos de Régimen Interior, como conjunto de normas dictadas a iniciativa del empleador para regular el funcionamiento interno de la empresa o centro de trabajo con el objeto de asegurar los intereses comunes de ambas partes; en todo caso, dichos reglamentos quedan excluidos de las fuentes de la relación laboral.

Tal como decíamos, también en el ámbito de las relaciones colectivas, el Estatuto de los Trabajadores acoge el principio de la contraposición de intereses entre las partes sociales. Así, se configuran unos órganos de representación de los trabajadores en la empresa de carácter reivindicativo, de control y vigilancia del cumplimiento por el empresario de la normativa laboral y de seguridad social, de presentación de quejas y reclamaciones ante la empresa, de expresión, en definitiva, de los intereses colectivos de los trabajadores frente a cualquier medida de reestructuración empresarial.

Dicho en sentido negativo, los cometidos de los comités de empresa y delegados de personal de colaboración en la buena marcha de la empresa y en el incremento de la productividad sólo poseen un carácter marginal y, en ningún caso, expresan la razón de ser de estas instancias de representación. El cambio más significativo hacia el exterior a estos efectos se sitúa en la composición de los propios órganos, que se estructuran en órganos puros en los que sólo están presentes sujetos elegidos directa y exclusivamente por los trabajadores de la empresa o centro de trabajo. Igualmente, en la negociación colectiva, regulada en el título III del Estatuto de los Trabajadores, se diseña un modelo presidido por el antagonismo de intereses, donde representantes de trabajadores y empresarios van a regular las relaciones de trabajo así como las relaciones entre ellos mismos como representantes a partir de la defensa de los objetivos propios de cada una de las partes.

El segundo de los principios inspiradores del Estatuto de los Trabajadores, la autonomía colectiva de las partes sociales, tiene una vertiente positiva y otra negativa. La segunda de ellas se manifiesta por medio de la imposición a los poderes públicos y, en particular, al ejecutivo de una actitud de abstención, de repliegue para dejar espacio de actuación real a las organizaciones sindicales y empresariales. Así, el Estatuto diseña un sistema de fuentes del Derecho del Trabajo en el que desaparecen por completo las disposiciones reglamentarias sectoriales, como eran las antiguas Ordenanzas Laborales y Reglamentaciones de Trabajo del franquismo. Con el objetivo de permitir que la negociación colectiva cubra el espacio vital para ella imaginado por el constituyente, se restringen considerablemente las posibilidades de dictar una normativa estatal reguladora de las condiciones de trabajo por ramas de la actividad. Ello queda encomendado a las propias partes sociales para que, en el marco de su propia autonomía, puedan negociar el desarrollo concreto de las relaciones laborales. Esta actitud de abstención tiene otra manifestación, en esta ocasión más diluida a lo largo del texto estatutario, centrada en un menor protagonismo de la autoridad laboral, sea ésta como Administración central o bien como Administración autonómica. En repetidos aspectos en los que, conforme a la legislación precedente, venía desempeñando un papel activo cuando no decisivo, ahora con el Estatuto la Administración laboral deja de intervenir, se le sustraen dichas competencias en beneficio bien de la propia autonormación o autocomposición del conflicto por las partes sociales, bien atribuyéndoselas al poder judicial, en una recta comprensión del principio de división de poderes en el seno del Estado.

Desde la vertiente positiva, el cometido de la legislación laboral ha sido el de facilitar los cauces adecuados para que cada una de las partes pueda designar a aquellos sujetos que desean que actúen como sus representantes, así como promover los procedimientos oportunos para que estos representantes puedan actuar libremente, negociar mutuamente, disfrutando sus acuerdos y convenios de la fuerza vinculante necesaria para que se cumplan efectivamente y, finalmente, puedan emplear medidas de conflicto para defender sus intereses respectivos. El objetivo último no es otro que el de permitir y apoyar que sean las propias partes quienes se den a sí mismas las normas apropiadas que regulen el funcionamiento de las relaciones laborales. En pocas palabras se puede decir que éste es el objetivo que está tras los títulos II y III del Estatuto de los Trabajadores.

Ahora bien, el reconocimiento a determinados poderes sociales privados de la facultad de dictarse sus propias normas jurídicas y, en concreto, de establecer los derechos y deberes de trabajador y empresario en el cumplimiento del contrato de trabajo, no implica ni mucho menos una renuncia del Estado a fijar las condiciones mínimas de trabajo. Por el contrario, con el tercero de los principios, el otorgamiento al Estado de la correspondiente potestad normativa en materias laborales, se reafirma el tradicional intervencionismo del Estado regulando los derechos básicos de los trabajadores derivados del contrato de trabajo, con una actitud de protección de la parte más débil de la relación laboral, sin olvidar tampoco el papel cada vez más preponderante de garantizar los instrumentos de flexibilidad laboral que permitan un funcionamiento más productivo y competitivo de las empresas. La normativa estatal no delega en términos absolutos dicho cometido en la negociación colectiva, pues se considera imprescindible una regulación general emanada del propio poder público que, abarcando uniformemente a la totalidad de la población asalariada, disponga unos topes mínimos de derecho necesario que protejan al trabajador —tanto en el ámbito individual como en el colectivo— frente a posibles situaciones de indefensión, al tiempo que garanticen la adaptación de la normativa laboral a las exigencias del mercado. En ello se puede resumir el objetivo de todo el título I del Estatuto de los Trabajadores.

Este relativo intervencionismo, compartido con la generalidad del Derecho del Trabajo de la Europa continental y con antecedentes históricos normativos en nuestro país, no constituye una opción legislativa autónoma del propio Estatuto, sino que en gran medida viene condicionada por la misma Constitución Española. Cuando ésta dispone en general la necesidad de un Estatuto de los Trabajadores, reconoce en particular derechos tales como la promoción a través del trabajo, la percepción de una remuneración suficiente, la no discriminación, o bien finalmente establece un mandato directo a los poderes públicos para que realicen una política orientada al pleno empleo, que garantice la formación y readaptación profesionales, que vele por la seguridad e higiene en el trabajo, que garantice el descanso necesario mediante la limitación de la jornada y las vacaciones periódicas retribuidas, etc.; en todos estos casos implícitamente se está efectuando un llamamiento a los poderes normativos del Estado para que no hagan dejación de su misión de fijar las condiciones mínimas de cumplimiento y desarrollo de la relación laboral. Aunque sin olvidar tampoco que igualmente el texto constitucional reconoce la libertad de empresa en el marco de una economía de mercado, de modo que los poderes públicos han de garantizar y proteger su ejercicio y la defensa de la productividad, mandato que también afecta a la intervención de los poderes públicos en el momento de la regulación de las relaciones laborales.

Por lo demás, el Estatuto de los Trabajadores desde su entrada en vigor no ha recibido el tratamiento de ley inalterable, salvo en aquellos aspectos puntuales en los que se pudiera alcanzar un consenso parlamentario igualmente fuerte al alcanzado en 1980. Por el contrario, su carácter de ley ordinaria, unido a la ausencia de una concepción de inmutabilidad de la presente norma, ha permitido que, por iniciativa del Gobierno, o bien en algunas ocasiones a instancia de las propias partes sociales —asociaciones sindicales y organizaciones empresariales—, se hayan llegado a introducir más de cuarenta reformas parciales a esta ley.

Ello ha determinado incluso la necesidad de proceder en acometer dos procesos de refundición normativa del texto estatutario. El primero de ellos por medio del Real Decreto Legislativo 1/1995, de 24 de marzo (*BOE* de 29 de marzo). El segundo de ellos, que se corresponde con la versión actualmente vigente, a través del Real Decreto Legislativo 2/2015, de 23 de octubre (*BOE* de 24 de octubre), si bien posteriormente al mismo se han introducido algunas significativas reformas.

Todo este cúmulo de reformas ha venido acompañado de las correspondientes leyes de modificación con sus respectivas exposiciones de motivos. A pesar de que el vigente texto refundido tan sólo contiene una exposición de motivos escuetamente formal y de justificación de procedimiento, se ha estimado de enorme utilidad sustituir la misma por la exposición de motivos de la última de las reformas, la derivada del Real Decreto-Ley 32/2021, de 28 de diciembre, de medidas urgentes para la reforma laboral, la garantía de la estabilidad en el empleo y la transformación del mercado de trabajo.

En todo caso, simplificando los términos, cabe afirmar que el contenido de estas reformas no ha llegado a afectar a las premisas previamente formuladas sobre el valor general del Estatuto, si bien en el caso de las últimas reformas se incorporan cambios sustanciales de hondo calado que en modo alguno pueden ya considerarse meras modificaciones de adaptación, pues comportan innovaciones trascendentales que alteran cualitativamente la orientación global de la ley. Múltiples reformas sucesivas consolidan esta línea de tendencia, en algunos casos con cambios de orientación de notable intensidad. Varias son las direcciones de las reformas introducidas por estas leyes. Unas, determinadas por la situación de incidencia de la tasa de desempleo en nuestro país desde hace ya bastantes años, la intensidad de la precariedad laboral derivada del uso desmesurado de la contratación temporal, así como por las amplias y profundas transformaciones que se han producido en nuestro sistema productivo, incluso de corrección de ciertas distorsiones observadas con el paso del tiempo por la aplicación práctica del modelo legal inicialmente implantado. Así, a título ilustrativo, baste con citar el paso de unas economías cerradas, e incluso en algunos casos autárquicas, a otras abiertas y fuertemente competitivas; las significativas innovaciones tecnológicas que repercuten directamente en la producción de bienes y servicios y, a la postre, en el mercado de trabajo; los cambios estructurales empresariales cifrados sobre todo en el incremento del peso específico de la pequeña empresa, la extensión de los fenómenos de descentralización productiva, las dificultades de regularización de la economía sumergida; así como las variaciones en la estructura de la población asalariada, manifestada en el envejecimiento de la población española, la fuerte incorporación de la mujer a la actividad productiva, el incremento de los puestos especializados y variables, el afianzamiento de un altísimo porcentaje de desempleo estructural de larga duración y las tendencias a la dualización del mercado de trabajo, en lo que afecta a la estabilidad en el empleo, la duración de la jornada, la retribución, las condiciones de seguridad y salud en el trabajo, la protección social. Destaca en particular como todo lo anterior viene a provocar la presencia de grupos sociales muy identificados con mayores dificultades de incorporación o permanencia en el mercado de trabajo: jóvenes, mayores de cuarenta y cinco años, mujeres con responsabilidades familiares, trabajadores con baja cualificación profesional, población inmigrante, etc.

Desde el punto de vista legislativo estas reformas del Estatuto de los Trabajadores repercuten en aspectos institucionales bien diferenciados y con cambios profundos en la orientación de la norma estatal. Resumidamente, las modificaciones más caracterizadas se concentran en los siguientes elementos: repliegue de la norma estatal, por medio de la reducción sustancial de los mínimos de derecho necesario o de la conversión de ciertas disposiciones estatales en supletorias en relación con el convenio colectivo; la reducción de los costes del factor trabajo, particularmente en la población de primera incorporación al trabajo asalariado, lo que se lleva a cabo tanto por medio de la disminución de la remuneración al trabajador como la rebaja en las cotizaciones sociales; el incremento de la flexibilidad en el uso de la mano de obra, vía la potenciación de las facultades organizativas unilaterales del empleador; el establecimiento de un régimen diferenciado en favor de la pequeña empresa y una propuesta de recuperación del principio de causalidad en la contratación temporal unida al fomento de la contratación por tiempo indefinido; las medidas dirigidas a superar las situaciones de segmentación del mercado de trabajo, tanto en la línea de acotar la contratación temporal injustificada como de reducir las diferencia de costes entre contratos por tiempo indefinido y temporales, incluido lo que refiere a los costes extintivos.

La segunda dirección se produce como consecuencia de la constatación práctica del papel cada vez más protagonista del sindicato y asociaciones empresariales, en particular de aquellos más representativos, dentro de los posibles sujetos colectivos. Desde este punto de vista, las reformas del Estatuto de los Trabajadores llevan a acentuar la centralidad de la negociación colectiva en el funcionamiento del sistema de relaciones laborales, por medio del ya citado repliegue de la legislación estatal, las constantes llamadas a la intervención de la negociación colectiva para completar o incluso sustituir a la regulación estatal, así como por las mayores facilidades en los requisitos formales de celebración del convenio colectivo. Al mismo tiempo se producen modificaciones dirigidas a consolidar la institución de los sindicatos más representativos y suficientemente representativos. Respecto a las representaciones legales de los trabajadores en la empresa reguladas en el Estatuto de los Trabajadores, en una primera fase se tiende a fomentar la «sindicalización» de los comités de empresa y delegados de personal, como una manifestación más de la tendencia citada de consolidación sindical, al tiempo que en una segunda fase se intenta revalorizar los canales de representación en la empresa separándola en cierta medida de la dinámica sindical general que se desarrolla en los niveles supraempresariales.

La tercera dirección es consecuencia de la incidencia de las garantías constitucionales en la imposición de sanciones administrativas. El respeto de los principios constitucionales de legalidad, tipicidad y *non bis in idem* forzó a la modificación del Estatuto y a la aprobación de una nueva ley, momento que se aprovechó para unificar y actualizar la regulación de la materia sancionatoria, incluyendo la posibilidad de sancionar los incumplimientos de la parte normativa de los convenios colectivos. Ello dio lugar a la incorporación de un nuevo Título IV al Estatuto de los Trabajadores, relativo a las infracciones administrativas laborales, si bien a partir del año 2000 se suprimió dicho título, pasando la potestad sancionadora de la Administración Laboral a regularse por medio del texto refundido de la Ley de Infracciones y Sanciones en el Orden Social.

Se presentan igualmente reforma dirigidas a adoptar medidas favorecedoras de la conciliación entre las responsabilidades familiares y profesionales, con particular atención a la igualdad material de la mujer en el mercado de trabajo; entre ellas cabe mencionar las Leyes 3/1989, 8/1992, 13/1996, 39/1999 y muy especialmente la Ley Orgánica 3/2007, para la igualdad efectiva de mujeres y hombres; la última de ellas hasta el presente la Ley 6/2019, que iguala los permisos por nacimiento de hijos y adopciones tanto para el padre como para la madre a dieciséis semanas. Reformas que van dirigidas a adoptar una serie de medidas que hagan compatible el ejercicio de la maternidad y de la paternidad (incluida la adoptiva) con la realización del trabajo por cuenta ajena, en general concebidas con vistas a conciliar la vida profesional y familiar de los trabajadores, así como introducir la persecución del acoso sexual en el trabajo por parte de los compañeros o superiores.

En tiempos más recientes las reformas se han centrado en las preocupaciones por proporcionar a las empresas instrumentos de flexibilidad laboral, particularmente acentuando los elementos dirigidos a fomentar la flexibilidad interna de condiciones de trabajo, sin perjuicio de incidir también en la flexibilidad externa por la vía de aligerar causas, procedimientos y costes de los despidos por causas económicas y empresariales en general. Como contrapeso a lo anterior, a partir de 2018 se aprecia el inicio de la adopción de algunas reformas que parcialmente vienen a corregir parte de la reforma laboral acometida en 2012, comenzando por la Ley Orgánica 3/2018, de 5 de diciembre, y continuando por el Real Decreto-Ley 28/2018, de 28 de diciembre; el Real Decreto-Ley 6/2019, de 1 de marzo (*BOE* de 7 de marzo), y el Real Decreto-Ley 8/2019, de 8 de marzo (*BOE* de 12 de marzo).

Asimismo, se han verificado cambios para adaptar la normativa laboral a las transformaciones derivadas de los cambios tecnológicos, especialmente lo centrado en la digitalización de la economía. Entre ellos, destacan los relativos a las facultades empresariales de control en relación con el entorno digital y el derecho a la desconexión, por medio de la Ley Orgánica 3/2018, de 5 de diciembre (*BOE* de 6 de diciembre), de protección de datos personales y garantías de los derechos digitales, de la regulación integral del trabajo a distancia, a través de la Ley 10/2021, de 9 de julio (*BOE* de 10 de julio), así como de la presunción de laboralidad de los repartidores de mercancías con uso de algoritmos y derechos de información a los representantes respecto del uso también de algoritmos, por medio del Real Decreto-Ley 9/2021, de 11 de mayo (*BOE* de 12 de mayo), sobre igualdad de trato y de oportunidades entre mujeres y hombres, la introducción de la laboralidad de los *riders* por medio del Real Decreto-Ley 9/2021, de 11 de mayo. Finalmente, se han producido otras reformas derivadas de motivaciones múltiples, en ocasiones por opciones diversas de política legislativa de la mayoría parlamentaria del momento: la nueva vuelta de tuerca a las cláusulas en los convenios de la jubilación obligatoria a través de la Ley 21/2021, de 28 de diciembre, y cerrando hasta el momento presente con la reforma laboral encaminada a la garantía de la estabilidad en el empleo, institucionalización plena de los ERTEs como alternativa a los despidos colectivos y al reequilibrio de la negociación colectiva, a través del Real Decreto-Ley 32/2021, de 28 de diciembre; sobre libertad sexual por medio de la Ley Orgánica 10/2022, de 6 de septiembre; de mejora de las condiciones laborales de los empleados al servicio del hogar familiar por medio del RDL 16/2022, de 6 de septiembre; sobre tutela de las personas LGTBI por medio de la Ley 4/2023, de 28 de febrero; sobre cambio en la regulación del salario mínimo por medio de la Ley 3/2023, de 28 de febrero; sobre conciliación de la vida familiar y la vida profesional de los progenitores y los cuidadores por medio del RDL 5/2023, de 28 de junio; Real Decreto-Ley 8/2024, de 28 de noviembre, por el que se adoptan medidas urgentes complementarias en el marco del Plan de respuesta inmediata, reconstrucción y relanzamiento frente a los daños causados por la Depresión Aislada de Niveles Altos (DANA) en diferentes municipios entre el 28 de octubre y el 4 de noviembre de 2024; Real Decreto-Ley 11/2024, de 23 de diciembre (*BOE* de 24 de diciembre), para la mejora de la compatibilidad de la pensión de jubilación con el trabajo; Ley Orgánica 1/2025, de 3 de enero (*BOE* de 3 de enero), de medidas en materia de eficiencia del Servicio Público de Justicia; Ley 1/2025, de 1 de abril (*BOE* de 2 de abril), de prevención de las pérdidas y el desperdicio alimentario; Ley 2/2025, de 29 de abril (*BOE* de 30 de abril), sobre extinción del contrato de trabajo por incapacidad permanente.

Por último, no han faltado reformas estructurales en el diseño del marco normativo de la negociación colectiva, en términos tales que sin llegar a romper con el modelo asentado de negociación colectiva desde los inicios de los años ochenta se favorezca la renovación de los convenios colectivos con vistas a propiciar la adaptación de sus contenidos a las situaciones cambiantes de las empresas, a otorgar preferencia aplicativa a los convenios de empresa frente a los sectoriales, a superar las situaciones de bloqueos negociales por medio del reforzamiento de los procedimientos de mediación y arbitraje, a debilitar los mecanismos de ultraactividad automática e indefinida de los convenios colectivos a la terminación de su vigencia ordinaria, etc. Asimismo, reforma de las reglas de preferencia aplicativa entre convenios colectivos, vía el Real Decreto-Ley 2/2024, de 21 de mayo.

Para finalizar, deseamos realizar unas breves aclaraciones sobre la estructura y sistemática de la obra que se prologa. Ésta ha venido determinada por la propia finalidad perseguida. Hemos pretendido ofrecer un material legislativo que sirva de instrumento útil y práctico, tanto a los alumnos, estudiosos y profesionales del Derecho del Trabajo, como a los agentes sociales y, en general, a cualquier persona que desee acercarse al conocimiento de la normativa laboral básica vigente en nuestro país.

Por ello, la ordenación y sistemática del material recopilado responde a dos criterios básicos. De una parte, la presentación de un texto único del Estatuto de los Trabajadores, que abarque como a un todo unitario el texto originario y las sucesivas modificaciones que se han venido produciendo, evitando con ello las posibles confusiones derivadas de un posible texto asistemático. De otra parte, una remisión a través de las notas a pie de página del resto de la normativa laboral más importante que en aspectos concretos se encamina a desarrollar el articulado del Estatuto de los Trabajadores, así como las sentencias del Tribunal Constitucional que hemos estimado como más significativas para la comprensión de las distintas disposiciones de la propia ley. Del mismo modo, la pertenencia de España a la Unión Europea ha aconsejado citar las disposiciones de la misma más importantes en materia social. A estos efectos hemos optado por intentar una referencia exhaustiva de la práctica totalidad de las disposiciones que en algún punto desarrollan o tienen conexión con la Ley del Estatuto de los Trabajadores, con la referencia correspondiente del *BOE*, para que el lector pueda localizarla y consultarla en su caso. Sin embargo, hemos preferido recoger, en las notas, el contenido preciso de las normas de desarrollo solamente en aquellos casos en que su uso resulta más frecuente y necesario en la práctica diaria: libertad sindical, disposiciones sobre huelga, cierre patronal y procedimiento de conflictos colectivos, empresas de trabajo temporal, registro de convenios colectivos, determinadas relaciones laborales especiales.

En definitiva, confiamos en que, con esta estructura y la utilización de los correspondientes índices que se acompañan, esta obra pueda constituir un instrumento realmente útil para quien la maneje.

NOTA: En esta cuadragésima primera edición se han incorporado las innovaciones producidas en el período transcurrido desde la anterior, quedando cerrada en julio de 2025.

EXPOSICIÓN DE MOTIVOS DEL REAL DECRETO-LEY 32/2021, DE 28 DE DICIEMBRE, DE MEDIDAS URGENTES PARA LA REFORMA LABORAL, LA GARANTÍA DE LA ESTABILIDAD EN EL EMPLEO Y LA TRANSFORMACIÓN DEL MERCADO DE TRABAJO

(*BOE* n.º 313, de 30 de diciembre de 2021)

I

Hablar de reforma laboral en España es evocar un larguísimo proceso de cambios normativos que no han logrado, sin embargo, acabar con los graves problemas de nuestro mercado de trabajo: el desempleo y la temporalidad. La combinación de ambos ha dado lugar a que el trabajo en nuestro país esté especialmente afectado por la precariedad, como inquietante realidad que da lugar a malas condiciones de empleo, priva a nuestro sistema productivo de desplegar toda su capacidad y dificulta una ciudadanía plena en el trabajo.

No es la norma laboral el único lugar desde el que afrontar y resolver estos problemas, pero es imprescindible que las reglas que regulan el trabajo por cuenta ajena brinden el marco oportuno para unas relaciones laborales sanas, no basadas en la precariedad y que garanticen el trabajo con derechos como expresión concreta del mandato que expresa el artículo 9.2 de la Constitución Española.

Desde la aprobación del Estatuto de los Trabajadores en 1980, apenas estrenada nuestra Democracia, el trabajo en España ha evolucionado arrastrando siempre el pesado lastre de la temporalidad que ha impedido a una parte importante de las personas trabajadoras ejercer de forma plena sus derechos y ha creado una inercia, de dimensión cultural, que ha mermado el crecimiento de las empresas y su productividad.

Visto desde la Unión Europea, que viene recordándonos insistentemente la necesidad de afrontar esta carencia, el mercado de trabajo español constituye un planeta lejano, una anomalía que se expresa especialmente en una tasa de temporalidad inasumible y con efectos mucho más allá de la duración efímera de los contratos de trabajo. Jóvenes y mujeres son los que más han sufrido esta lacra, aunque la trampa de la temporalidad lo abarca todo en nuestro país y tiene fuerte repercusión en el conjunto de nuestro modelo económico.

Uno de sus efectos más evidentes es la enorme volatilidad del mercado de trabajo español que reacciona de forma excesiva en las crisis económicas, provocando enormes pérdidas de puestos de trabajo y dando pocas oportunidades a medidas alternativas a las extintivas y basadas en la flexibilidad interna y la formación. Sólo la traumática experiencia de la crisis sanitaria originada por la COVID-19 ha permitido, gracias al decidido empeño del diálogo social, abandonar parcialmente esta dinámica.

La reforma que contiene este real decreto-ley pretende corregir de forma decidida esta temporalidad excesiva, evitando esa rutina tan perniciosa que provoca que en cada crisis se destruya sistemáticamente el empleo. Constituye además una oportunidad para revertir aquellos instrumentos que han dificultado que la negociación colectiva contribuya a la mejora de las condiciones de trabajo. Se trata, en definitiva, de dar lugar a un marco normativo novedoso, descargado de lo que la práctica ha demostrado que no funciona, sobre el que sustentar un modelo de relaciones laborales más justo y eficaz.

Estamos por todas estas razones y contenidos ante una reforma laboral que camina en dirección contraria a la que ha sido habitual en los últimos tiempos. La recuperación de los derechos laborales y su garantía, junto con el impulso a las medidas de flexibilidad interna como alternativa a las extinciones son sus principales aportaciones que buscan transformar nuestro mercado de trabajo para que pueda dejar definitivamente atrás sus anomalías, asegurando la calidad del empleo y el dinamismo de nuestro tejido productivo.

Hay en esta ambiciosa reforma además otro elemento diferenciador con las anteriores, que permite concebir una mayor esperanza en su estabilidad y en la consecución de los efectos pretendidos. Los cambios están avalados por el diálogo social. Las organizaciones sindicales y patronales CCOO, UGT, CEOE y CEPYME, tras un largo proceso negociador, acordaron junto con el Gobierno de la Nación las medidas contenidas en este real decreto-ley, dando así lugar a la primera reforma laboral de gran calado de la Democracia que cuenta con el respaldo del diálogo social.

Son todos ellos elementos decisivos para dar lugar a la gran transformación del mercado de trabajo español respondiendo a la vez a las exigencias comprometidas con la Unión Europea en el marco del Plan de Recuperación, Transformación y Resiliencia.

Completar de una vez por todas la transición de nuestras relaciones laborales hacia un modelo más justo y garantista es el gran objetivo de esta reforma. Un cambio de paradigma que ayude a desterrar el desasosiego que la precariedad ha provocado en varias generaciones de trabajadoras y trabajadores de nuestro país.

II

Estos importantes desequilibrios, que el mercado laboral español arrastra desde hace décadas, agravan los ciclos económicos, lastran los aumentos de productividad, aumentan la precariedad y profundizan las brechas sociales, territoriales y de género. El Plan de Recuperación, Transformación y Resiliencia, que fue aprobado formalmente por las instituciones europeas (a través del Consejo ECOFIN) el 13 de julio de 2021, tras ser adoptado por el Consejo de Ministros el 27 de abril, presentado a la Comisión Europea el 30 de abril y valorado positivamente por dicha institución el 16 de junio, incorpora en su Componente 23 «Nuevas políticas públicas para un mercado de trabajo dinámico, resiliente e inclusivo» un paquete equilibrado y coherente de reformas estructurales en el marco del diálogo social para promover el crecimiento sostenible e inclusivo.

Las primeras reformas de este paquete han sido ya adoptadas a través del Real Decreto-Ley 28/2020, de 22 de septiembre, de trabajo a distancia, el Real Decreto-Ley 29/2020, de 29 de septiembre, de medidas urgentes en materia de teletrabajo en las Administraciones Públicas y de recursos humanos en el Sistema Nacional de Salud para hacer frente a la crisis sanitaria ocasionada por la COVID-19, el Real Decreto 902/2020, de 13 de octubre, de igualdad retributiva entre mujeres y hombres, el Real Decreto 901/2020, de 13 de octubre, por el que se regulan los planes de igualdad y su registro y se modifica el Real Decreto 713/2010, de 28 de mayo, sobre registro y depósito de convenios y acuerdos colectivos de trabajo y el Real Decreto-Ley 9/2021, de 11 de mayo, por el que se modifica el texto refundido de la Ley del Estatuto de los Trabajadores, aprobado por el Real Decreto Legislativo 2/2015, de 23 de octubre, para garantizar los derechos laborales de las personas dedicadas al reparto en el ámbito de plataformas digitales.

El siguiente y fundamental paso en la consecución de dichas reformas es la modernización del Estatuto de los Trabajadores que plasme las bases de un nuevo contrato social que permita hacer compatible la estabilidad en el empleo con las necesidades de una economía en plena evolución marcada por las transiciones ecológica y digital. Así, el presente real decreto-ley introduce en la legislación española medidas para hacer efectivas cuatro de las reformas identificadas en el citado Componente 23, relativas a la simplificación de contratos (reforma 4), la modernización de la negociación colectiva (reforma 8), la modernización de la contratación y subcontratación de actividades empresariales (reforma 9) y el establecimiento de un mecanismo permanente de flexibilidad y estabilización del empleo (reforma 6).

A pesar de las sucesivas modificaciones que ha experimentado la legislación laboral española, el marco institucional no ha sido capaz de abordar de manera eficaz el problema de la excesiva tasa de temporalidad, que se sitúa de manera sistemática muy por encima de la media europea. El recurso a la contratación temporal injustificada es una práctica muy arraigada en nuestras relaciones laborales y generalizada por sectores, que genera ineficiencia e inestabilidad económica, además de una precariedad social inaceptable.

En cuanto al diagnóstico y las principales debilidades estructurales que deben ser adecuadamente corregidas para conseguir un mercado de trabajo justo, sostenible y resiliente, con capacidad para abordar las transformaciones y retos de futuro, se encuentran las que se exponen a continuación.

En primer lugar, el mercado de trabajo español arrastra desde hace décadas un profundo desequilibrio en términos comparados con los países de la Unión Europea. Ello se debe a que España tiene una tasa de temporalidad y de paro que prácticamente duplica la media europea.

No existe ninguna razón objetiva en la economía española que justifique este elevado diferencial negativo que tiene profundas y negativas consecuencias sobre la vida y el bienestar de las personas trabajadoras, pero también sobre el modelo empresarial y la estructura productiva de nuestro país.

Una de estas consecuencias negativas es la menor productividad de la economía española, porque un modelo laboral basado en la temporalidad desincentiva la inversión en formación, tanto en recursos como en tiempo dedicado, por parte de las empresas y las personas trabajadoras, pero también porque el elevado nivel de rotación laboral de una parte considerable de las plantillas impide la cualificación permanente y la vinculación profesional de las personas.

Para enfrentarnos a esta anomalía de paro y temporalidad excesivos es necesaria una transformación integral de nuestro mercado de trabajo, cambiando las normas que favorecen está temporalidad por otras que impulsen la estabilidad en el empleo, generando así un cambio en las prácticas y en la propia cultura de las relaciones laborales.

El objetivo de este cambio en las normas, pero también en las prácticas y la propia cultura de las relaciones laborales, es el de actuar contra los problemas de los que adolece nuestro mercado de trabajo desde hace décadas:

a) Un modelo de relaciones laborales especialmente frágil, débil e inestable, que es el responsable, en buena medida, de que las caídas en la actividad económica se trasladen con enorme intensidad a la destrucción del empleo, salvo en la última crisis gracias a la aplicación de los expedientes de regulación temporal de empleo (ERTE).

b) El elevado nivel de temporalidad ejerce una fuerte presión sobre los salarios y el resto de las condiciones de trabajo, convirtiéndose en un instrumento para la devaluación salarial que, por un lado, deteriora el nivel de vida de las personas y, por otro, debilita la demanda interna y, por lo tanto, la capacidad de crecimiento económico de nuestro país.

Además, la combinación de aumento del empleo temporal en las fases expansivas y la destrucción intensa en las fases recesivas de ciclo económico impide la necesaria estabilidad para mejorar la productividad de la economía y de las empresas españolas, provocando las condiciones de un modelo no deseado, que busca la competitividad en la reducción de los salarios y no en lograr una mayor productividad; esto es, competir con más calidad y más innovación, tanto en los productos como en los procesos de producción.

c) Una reducción en los niveles de competitividad y productividad de las empresas por una menor inversión en formación y menor capacidad de adaptación a los cambios y mejoras tecnológicas (sin estabilidad en el empleo no hay inversión real en formación). Esto debe ponerse en relación con la distribución del tejido empresarial español constituido en un porcentaje muy elevado por pymes y micropymes, lo que hace especialmente necesario asegurar la eficiencia y productividad de las mismas a través de alternativas tecnológicas no asociadas al tamaño de las empresas.

d) Un modelo de relaciones laborales desigual e injusto, porque la temporalidad se distribuye de forma desequilibrada según la edad o el género, de tal forma que son las mujeres y, sobre todo, las personas más jóvenes, las que sufren los mayores niveles de precariedad, tanto en términos de contrato como de salarios, y en general, son los colectivos que tienen más dificultades para incorporarse plenamente el mercado de trabajo, lo que se refleja en brechas de diferente tipo, aún por corregir.

e) Un nivel de rotación laboral muy elevado, con muchas personas, especialmente jóvenes, que están en un flujo continuo entre el desempleo y el trabajo temporal, lo cual resulta inefi-

ciente para las personas trabajadoras, pero también para las empresas, que tienen que pagar indemnizaciones por fin de contrato; y para el sector público, que financia con prestaciones por desempleo este proceso de rotación continua.

Por último, no se puede obviar la particular fuente de precariedad y de ineficiencias que supone la contratación temporal de muy corta duración y que supone un porcentaje elevadísimo del total de contratos firmados anualmente. Esta forma de contratar, que produce una rotación excesiva, impone grandes perjuicios sobre las personas afectadas y sobre la sociedad en su conjunto. La evidencia de que las medidas existentes hasta la fecha no han servido para corregir esta distorsión justifica la modificación del artículo 151 de la Ley General de Seguridad Social, que pretende interiorizar esta externalidad.

En definitiva, promover la estabilidad en el empleo y la limitación de un uso abusivo, injustificado y desproporcionado de la contratación temporal constituye un elemento positivo por sí mismo, ya que supone un crecimiento del empleo sostenible en el tiempo, mejora las condiciones de trabajo, refuerza los sistemas públicos de protección social, genera inversiones en las empresas en capital tecnológico y humano y fomenta una auténtica capacidad de adaptación de las mismas, haciéndolas menos volátiles y sensibles a los desajustes coyunturales de cada momento. La reducción de la tasa de temporalidad es un objetivo evidente e ineludible de esta reforma y su consecución será medida del éxito de la misma. De ahí que la presente norma contenga una previsión de seguimiento específico de los efectos de la reforma sobre este parámetro.

En segundo lugar, la negociación colectiva adolece de las siguientes debilidades y distorsiones:

a) Una incorrecta distinción entre convenios colectivos y mecanismos de flexibilidad interna. Así, las empresas, en lugar de utilizar los mecanismos de flexibilidad interna concebidos para afrontar situaciones coyunturales cambiantes, han utilizado los convenios colectivos, instrumentos negociados con una determinada vocación de permanencia, como convenios empresariales de descuelgue que más que crear una unidad de negociación nueva se han comportado como un sucedáneo de la citada inaplicación o descuelgue.

b) Falta de certeza sobre los instrumentos convencionales aplicables, que se traduce en un incremento de la inseguridad ju-

rídica para empresas y personas trabajadoras por sus efectos sobre la transparencia competitiva, el normal desarrollo de las relaciones contractuales entre las empresas, incluida la descentralización, y los derechos de información sobre condiciones esenciales de trabajo.

c) Unas reglas de aplicación preferente del convenio colectivo de empresa que deben ser matizadas a efectos de reforzar el convenio sectorial. El sistema de concurrencia de convenios colectivos debe equilibrar la fuerza vinculante de los convenios de sector con la necesaria flexibilidad de los convenios colectivos en ámbitos inferiores, previendo los necesarios contrapesos y cautelas que no distorsionen la capacidad competitiva de las empresas ni reduzcan las condiciones laborales de las personas trabajadoras. Por tanto, los convenios de empresa deben comportarse como instrumentos de regulación de aquellos aspectos organizativos que no admiten otro nivel de negociación por su propia naturaleza, como los horarios o la adaptación de la clasificación profesional, correspondiendo la negociación colectiva sectorial los aspectos salariales, retribuciones y jornada.

Por último, junto con las deficiencias relativas al abuso de la contratación temporal y el funcionamiento inadecuado de la negociación colectiva, también existen, en el mercado laboral español, distorsiones relativas a un posible debilitamiento de las condiciones laborales de las personas trabajadoras a través de la externalización y una insuficiente utilización de los mecanismos de flexibilidad interna como medidas de adaptación, alternativas más eficientes y de menor coste social que las reducciones de plantilla o el recurso a la contratación temporal.

Por tanto, se trata de que las empresas compitan sobre la base de factores como la productividad, la eficiencia y el nivel de formación y de capacitación de la mano de obra, así como de la calidad de sus bienes y servicios y su grado de innovación. Dicha posición es la sostenida por la Comisión Europea, en la «Propuesta de Directiva del Parlamento Europeo y del Consejo sobre unos salarios mínimos adecuados en la Unión Europea», en la que se prevé instar a la promoción del papel de la negociación colectiva que debe preservar su capacidad de convergencia y adecuación de los salarios con el mantenimiento de la productividad de las empresas, y evitar distorsiones competitivas, en una relación de equilibrio necesaria y constante.

III

Partiendo del diagnóstico anterior, estas reformas son particularmente importantes para superar los desequilibrios que agravan los ciclos económicos, lastran los aumentos de productividad y profundizan en las brechas sociales, territoriales y de género, perpetuando la desigualdad.

El Plan de Recuperación, Transformación y Resiliencia es un proyecto de país que responde a las aspiraciones y expectativas de las españolas y españoles que incluye reformas transversales, como son: la recuperación de los niveles previos de actividad anteriores a la pandemia, generando empleos de calidad en un marco normativo moderno que permita conseguir un crecimiento sostenible, así como la necesaria transformación digital; el impulso de la participación paritaria de las mujeres, proporcionando nuevas oportunidades profesionales y vitales a las generaciones más jóvenes; avanzar hacia una España próspera y resiliente ante el cambio climático que transite mediante un crecimiento justo y sostenible a sistemas energéticos limpios; y, por último, la reducción de la desigualdad y las brechas sociales y territoriales con una apuesta decidida por las personas más vulnerables.

Por todo ello y de conformidad con las medidas y objetivos establecidos en el Plan de Recuperación, Transformación y Resiliencia, dentro del Componente 23, relativo a las «Nuevas políticas públicas para un mercado de trabajo dinámico, resiliente e inclusivo», se incluyen diferentes reformas para modernizar y mejorar la eficiencia abordando un conjunto de deficiencias estructurales y aportando soluciones a las mismas, todo ello en el marco del diálogo social. En concreto, se trata de las Reformas 4 («Simplificación de los contratos: generalización del contrato indefinido, causalidad de la contratación temporal y adecuada regulación del contrato de formación»), 6 («Establecimiento de un mecanismo permanente de flexibilidad interna y recualificación de trabajadores en transición»), 8 («Modernización de la negociación colectiva») y 9 («Modernización de la contratación y subcontratación de actividades empresariales»), en las que se contempla lo siguiente:

a) Simplificación de los contratos y reducción de la tasa de temporalidad.

Tal y como se pone de manifiesto en el apartado anterior, España encabeza el ranking europeo de la temporalidad, con una diferencia de casi 12 puntos porcentuales sobre la media de la Unión Europea.

El reforzamiento del contrato indefinido y la configuración de un sistema eficiente de lucha contra la precariedad son elementos imprescindibles para la construcción de una economía competitiva.

De esta manera, dentro del citado Componente 23, se incluye la Reforma 4, relativa a la revisión del catálogo de contratos y su adaptación a las necesidades actuales, con el fin de impulsar la contratación indefinida.

Para que se reduzca la temporalidad es necesario simplificar los tipos de contratos, generalizar la contratación indefinida y devolver al contrato temporal la causalidad que se corresponde con la duración limitada. En paralelo, con el fin de impulsar la creación de empleo, es preciso proporcionar a las empresas mecanismos internos para ajustarse ante situaciones de crisis, cambios cíclicos de la demanda o transformaciones de modelo productivo a nivel sectorial, alternativos a la alta temporalidad y a las fuertes fluctuaciones del empleo. La experiencia del uso de los expedientes de regulación temporal de empleo, en el último año, proporciona un punto de partida para la creación de un mecanismo permanente, centrado en la formación y recualificación de las personas trabajadoras.

Esta reforma permitirá mejorar no sólo la protección del empleo, sino que incrementará la productividad y reforzará la seguridad jurídica, lo que favorecerá la atracción de inversión extranjera y la creación de empresas de mayor valor añadido, así como la necesaria inversión en formación de las personas trabajadoras (*upskilling*).

La reforma en este ámbito aborda, en primer lugar, la simplificación y reordenación de las modalidades de contratación laboral. El objetivo es diseñar adecuadamente estos nuevos tipos de contratos para que el contrato indefinido sea la regla general y el contrato temporal tenga un origen exclusivamente causal, evitando una utilización abusiva de esta figura y una excesiva rotación de personas trabajadoras.

En segundo lugar, se pretende establecer una regulación eficaz de los contratos formativos, que proporcione un marco idóneo para la incorporación de las personas jóvenes al mercado laboral, ya se trate de contratos en alternancia con los estudios o bien de contratos para la obtención de una práctica profesional adecuada al nivel de estudios.

En tercer lugar, la reforma debe garantizar que las empresas puedan adaptarse con rapidez a los cambios en el contexto económico y a las transiciones productivas, con mecanismos alternativos a la alta temporalidad y al encadenamiento de los contratos de muy corta duración.

b) Modernización de la negociación colectiva.

Los convenios colectivos son piezas clave en los sistemas democráticos y, también, son elementos fundamentales en la configuración de las dinámicas empresariales y productivas eficientes. Ello es así porque permiten la adaptación de las condiciones de trabajo a las características del sector o de la empresa, porque aportan seguridad, porque disminuyen la conflictividad y también porque posibilitan una competencia entre las empresas que gravita fundamentalmente en torno a la calidad del empleo y no en la reducción de los costes laborales. La eficiencia de la negociación colectiva en el cumplimiento de sus fines requiere que su configuración respete el equilibrio necesario y que se articule de modo proporcionado.

Las sucesivas reformas anteriores han determinado una elevación desconocida de la inseguridad jurídica, derivando, además, en una arquitectura de negociación colectiva que no responde a las necesidades actuales, con importantes distorsiones desde el punto de vista de la adaptación a los requerimientos de los diferentes sectores y empresas. Por consiguiente, es imprescindible realizar la vertebración de un sistema de relaciones laborales equilibrado, en un contexto de intenso cambio, como consecuencia de la transición ecológica y la digitalización.

Por ello, la modernización de la arquitectura de negociación colectiva constituye una pieza clave del paquete de reformas, que aborde aspectos tales como la ultraactividad de convenios y la correcta relación entre convenios sectoriales y de empresa.

Además, la modernización de la negociación colectiva deberá incorporar cambios en la propia estructura de negociación, reforzando la representatividad de las partes negociadoras, enriqueciendo sus contenidos y reforzando la seguridad jurídica en su aplicación y en sus efectos.

c) Modernización de la contratación y subcontratación de las empresas.

Es necesario abordar una reforma que impida que se utilice la externalización de servicios, a través de la subcontratación, como mecanismo de reducción de los estándares laborales de las personas que trabajan para las empresas subcontratistas.

El incremento en el uso de la externalización productiva como mecanismo de reducción de costes afecta negativamente a la competencia cualitativa entre las empresas e incide también en el incremento de la precariedad laboral. Por ello, procede una modernización de su regulación que asegure un uso adecuado en los supuestos que mejoran la actividad productiva, al tiempo que lo desincentive en aquellos en que es un mero instrumento de reducción de costes, así como avanzar hacia la equiparación de condiciones de las personas trabajadoras subcontratadas y reforzar la responsabilidad de las empresas contratistas o subcontratistas.

El objetivo es una regulación precisa que garantice el equilibrio entre agilidad y flexibilidad (en trabajos especializados, asociados a un proyecto determinado, etc.) y un nivel adecuado de protección a las personas trabajadoras de las subcontratas, en relación con los trabajos que desarrollan.

d) Establecimiento de un mecanismo de flexibilidad interna, estabilidad en el empleo y apoyo a la transición.

La experiencia de los últimos meses, a raíz de la crisis sanitaria y económica derivada de la COVID-19, ha mostrado la importancia y la eficacia del recurso a los expedientes de regulación temporal de empleo, como mecanismo de flexibilidad interna de las empresas para el ajuste temporal de su actividad, de cara a evitar la destrucción de empleo característica de crisis anteriores. El resultado ha sido muy positivo en términos de desacoplamiento de la evolución del PIB con la del empleo, así como de los saldos fiscales (gracias a la amortiguación de los estabilizadores automáticos), en la estabilidad de las relaciones laborales, en el mantenimiento del tejido productivo y del capital humano, así como en las inferiores tasas de desempleo, sin parangón con crisis anteriores.

La exitosa experiencia con dicho instrumento, hasta ahora muy poco utilizado en España, proporciona una base para avanzar hacia un mecanismo permanente, que garantice un marco de flexibilidad ante fluctuaciones de la demanda, alternativo a la alta temporalidad y a la elevada oscilación del empleo y que contribuya a la estabilidad laboral y económica, con un fuerte apoyo a la formación y recualificación de las personas trabajadoras, invirtiendo, así, en el capital humano del país, sobre la base de beneficios en la cotización a la Seguridad Social.

Adicionalmente, el intenso proceso de digitalización y cambio tecnológico exige disponer de instrumentos que acompañen la transición y re-

cualificación de las personas trabajadoras en los sectores más afectados, con el fin de que puedan disponer de las capacidades necesarias para ocupar los puestos de trabajo de calidad que se crearán en el futuro, en sus empresas actuales o en otras empresas o ámbitos de actividad.

Sobre la base de esta experiencia, se integrará en el conjunto del sistema de relaciones laborales un nuevo mecanismo de estabilización económica y de flexibilidad interna de las empresas, alternativo a la destrucción de empleo y a la alta temporalidad, que permita lograr un doble objetivo: (i) proteger el empleo ante las crisis económicas y las dificultades del mercado y (ii) acompañar los procesos de cambio estructural para evitar un impacto macroeconómico negativo del que resulte la pérdida del capital humano, del crecimiento potencial y del bienestar del conjunto de la sociedad. La finalidad del nuevo mecanismo de flexibilidad y estabilización —que también cuenta con importantes beneficios en la cotización a la Seguridad Social— consiste en proteger el empleo, primar el ajuste temporal de las horas de trabajo, impulsar la estabilidad de las relaciones laborales, de la inversión y del capital humano.

Todas las medidas relacionadas y con el alcance descrito, así como las vinculadas de manera necesaria con las anteriores, han sido objeto de negociación en la **Mesa de Diálogo Social**, de manera que ha sido el debate y el consenso la fórmula adoptada para hacer efectivo el necesario paquete de reformas, con vocación de permanencia y asentada en una clara voluntad colectiva.

IV

Con respecto a su contenido, que da una respuesta concertada y equilibrada a los objetivos y necesidades descritas, este ha sido objeto de acuerdo, el día 23 de diciembre de 2021, con los agentes sociales CEOE, CEPYME, CCOO y UGT. Incluye cinco artículos de modificación de otras tantas leyes, siete disposiciones adicionales, nueve disposiciones transitorias, una disposición derogatoria y ocho disposiciones finales.

El artículo primero dispone la modificación del texto refundido de la Ley del Estatuto de los Trabajadores, aprobado por el Real Decreto Legislativo 2/2015, de 23 de octubre. Dicho artículo incluye distintas modificaciones y adiciones al Estatuto de los Trabajadores, que pueden agruparse como sigue:

a) Modificaciones relativas a la modernización y simplificación de las modalidades de con-

tratación que permitan superar la segmentación injustificada del mercado de trabajo, así como las tasas de temporalidad, en especial las asociadas con personas jóvenes, respondiendo de manera plena y efectiva a las exigencias de la Directiva 1999/70/CE del Consejo, de 28 de junio de 1999, relativa al Acuerdo marco de la CES, la UNICE y el CEEP sobre el trabajo de duración determinada, mejorando la calidad del trabajo de duración determinada, garantizando la aplicación del principio de no discriminación, y estableciendo un marco para impedir los abusos derivados de la utilización de sucesivos contratos de trabajo de duración determinada. Incluyen, a su vez:

1.º Una modificación del artículo 11 del Estatuto de los Trabajadores, que supone en sí un cambio de modelo, estableciéndose un contrato formativo con dos modalidades. En primer lugar, el contrato de formación en alternancia, que tendrá por objeto compatibilizar la actividad laboral retribuida con los correspondientes procesos formativos en el ámbito de la formación profesional, los estudios universitarios o el Catálogo de especialidades formativas del Sistema Nacional de Empleo.

En segundo lugar, el contrato formativo para la obtención de la práctica profesional adecuada al correspondiente nivel de estudios.

2.º Una modificación del artículo 15 del Estatuto de los Trabajadores, en el que se precisan las causas que justifican el recurso a la contratación de duración determinada y nuevas reglas sobre concatenación de contratos, también referidas a la cobertura de un puesto de trabajo.

En primer lugar, desaparece la posibilidad de celebrar contratos para obra o servicio determinado, modalidad contractual fuertemente cuestionada por las jurisprudencias interna y comunitaria (STS 1137/2020, de 29 de diciembre de 2020 y STJUE de 24 de junio de 2021 —C 550/19—).

Así, sólo podrá celebrarse el contrato de trabajo de duración determinada por circunstancias de la producción o por sustitución de persona trabajadora. Para que se entienda que concurre causa justificada de temporalidad será necesario que se especifiquen con precisión, en el contrato, la causa habilitante de la contratación temporal, las circunstancias concretas que la justifican y su conexión con la duración prevista.

Por circunstancias de la producción se entiende el incremento ocasional e imprevisible y las oscilaciones que, aun tratándose de actividad normal de la empresa, generan un desajuste temporal entre el empleo estable disponible y el que se requiere. Asimismo, se prevé la posibilidad de formalizar contratos por circunstancias de la producción para atender situaciones ocasionales, previsibles y que tengan una duración reducida y delimitada. En ningún caso podrá identificarse como causa del contrato de circunstancias de la producción la realización de los trabajos en el marco de contratas, subcontratas o concesiones administrativas que constituyan la actividad habitual u ordinaria de la empresa.

Asimismo, podrán celebrarse contratos de duración determinada para la sustitución de una persona trabajadora con derecho a reserva de puesto de trabajo, siempre que se especifique en el contrato el nombre de la persona sustituida y la causa de la sustitución. Igualmente, podrá celebrarse un contrato por sustitución para completar la jornada reducida por otra persona trabajadora, cuando dicha reducción se ampare en causas legalmente establecidas o reguladas en el convenio colectivo, medida que promueve y es coherente con el derecho de las personas trabajadoras a la conciliación de su vida personal y laboral. Por último, el contrato de sustitución podrá concertarse para la cobertura temporal de un puesto de trabajo durante el proceso de selección o promoción para su cobertura definitiva mediante contrato fijo, sin que su duración pueda ser en este caso superior a tres meses.

3.º Una modificación del artículo 16 sobre el contrato fijo discontinuo.

Desparece [*sic*] por fin la artificial distinción de régimen jurídico entre contratos fijos periódicos y fijos discontinuos, respondiendo de hecho a lo que ya existe a efectos de protección social, al existir una identidad en el ámbito objetivo de cobertura y evitando con ello diferencias de trato injustificadas.

De esta manera, la presente normativa afina su definición de forma que lo decisivo es el objeto o la naturaleza de los trabajos realizados, de carácter estacional o vinculados a actividades productivas de temporada, o para el desarrollo de aquellos que no tengan dicha naturaleza pero que, siendo de prestación intermitente, tengan períodos de ejecución ciertos, determinados o indeterminados.

Podrán, además, desarrollarse a través de la contratación fija-discontinua, las actividades realizadas al amparo de contratas mercantiles o administrativas.

En definitiva, no resulta justificado distinguir ni a efectos legales ni conceptuales el fijo discontinuo del fijo periódico, incluyéndolos en una categoría y régimen común que subraya el carácter indefinido de la relación laboral y recoge un catálogo de derechos de las personas trabajadoras que, sin perjuicio de las especialidades asociadas a esta modalidad contractual, garantiza el principio de no discriminación e igualdad de trato.

Esta nueva regulación asegura, además, la estabilidad, la transparencia y la previsibilidad del contrato a través de una mejora de la información sobre la jornada y los períodos de actividad en el contrato de trabajo, otorgando un papel fundamental a la negociación colectiva, entre otros, en relación con régimen de llamamiento o la formación y mejora de empleabilidad de las personas fijas discontinuas durante los períodos de inactividad.

4.º Las modificaciones en los artículos 12 y 49 del Estatuto de los Trabajadores, como resultado de los cambios en la ordenación y régimen jurídico de los contratos temporales.

b) Modificaciones relativas a la modernización de la contratación y subcontratación de obras o servicios, reguladas en el artículo 42 del Estatuto de los Trabajadores.

Con el precedente legal de la Ley 9/2017, de 8 de noviembre, de Contratos del Sector Público, por la que se transponen al ordenamiento jurídico español las Directivas del Parlamento Europeo y del Consejo 2014/23/UE y 2014/24/UE, de 26 de febrero de 2014, o de la Ley 45/1999, de 29 de noviembre, sobre el desplazamiento de trabajadores en el marco de una prestación de servicios transnacional, recientemente modificada para incorporar las previsiones de la Directiva (UE) 2018/957 del Parlamento Europeo y del Consejo, de 28 de junio de 2018, que modifica la Directiva 96/71/CE sobre el desplazamiento de trabajadores efectuado en el marco de una prestación de servicios, el objetivo de la modificación es procurar la necesaria protección a las personas trabajadoras de la contrata o subcontrata, evitando una competencia empresarial basada de manera exclusiva en peores condiciones laborales.

Dicho de otro modo, la externalización debe justificarse en razones empresariales ajenas a la reducción de las condiciones laborales de las personas trabajadoras de las empresas contratistas. Lo anterior no es sólo un objetivo plausible y legítimo, sino que, además, existe una razón de fondo vinculada con el principio de no discriminación tal y como ocurre en el caso de puestos, profesiones o sectores con alta ocupación femenina (v. gr. colectivo de camareras de piso), y donde resulta difícilmente defendible que dos personas que realizan trabajos de igual valor tengan condiciones laborales diferentes, o incluso carezcan de marco sectorial de referencia, por razón exclusivamente del objeto social o forma jurídica de la empresa contratista o subcontratista a la que se vinculan. Así, el principio de no discriminación e igualdad de trato se asegura mediante la garantía de un convenio colectivo sectorial aplicable sin perjuicio de los derechos de libertad de empresa y negociación colectiva.

c) Medidas para la modernización de las medidas de flexibilidad interna.

Se incorporan medidas para facilitar el uso de los expedientes temporales de empleo, como fórmula alternativa y prioritaria a las extinciones —artículo 47 del Estatuto de los Trabajadores—, y un nuevo mecanismo de flexibilidad y estabilización del empleo —artículo 47 bis, que se incorpora a dicho texto legal— para atender las necesidades excepcionales de naturaleza macroeconómica o sectorial que justifiquen la adopción de medidas de ajuste y protección temporal, así como inversiones de carácter público, previa declaración de tal circunstancia mediante acuerdo del Consejo de Ministros.

Asimismo, se desarrolla la reducción temporal de jornada o la suspensión de contratos, por causa de fuerza mayor temporal debida a impedimentos o limitaciones en la actividad normalizada, a consecuencia de decisiones adoptadas por la autoridad competente, incorporando como mecanismo disponible, con un carácter permanente, el régimen de los expedientes de regulación temporal de empleo a causa de la COVID-19, que han demostrado su eficacia para preservar empleo y tejido empresarial ante contingencias y escenarios de crisis.

Sin perjuicio de lo anterior, la modificación del artículo 47.6 del Estatuto de los Trabajadores no resultará de aplicación hasta el 1 de marzo de 2022 a los expedientes de regulación temporal de empleo por impedimentos o limitaciones a la actividad normalizada derivados de las restricciones vinculadas a la COVID-19, que seguirán rigiéndose por lo previsto en el Real Decreto-Ley 18/2021, de 28 de septiembre, de medidas urgentes para la protección del empleo, la recuperación económica y la mejora del mercado de trabajo.

A este respecto, debemos tener en cuenta que, durante la pandemia, las personas trabajadoras que se encontraban en una situación de suspensión de contrato o reducción de jornada en el marco de expedientes de regulación temporal de empleo han computado como ocupadas a efectos estadísticos por tener garantizada su vuelta al trabajo por los reales decretos-leyes que las amparaban.

Dado que la nueva redacción del artículo 47 del texto refundido de la Ley del Estatuto de los Trabajadores, sobre expedientes de regulación temporal de empleo, y la regulación del nuevo Mecanismo RED de Flexibilidad y Estabilización del Empleo, en el artículo 47 bis del mismo texto legal, refuerzan el vínculo con la empresa de las personas trabajadoras cubiertas, la disposición adicional sexta de este real decreto-ley señala que estas personas seguirán computando como ocupadas a efectos estadísticos. En efecto, se prevé una fecha cierta o la garantía de vuelta a su jornada completa o de restablecimiento de su contrato conforme a lo establecido en los dos artículos citados y en el apartado 10 de la nueva disposición adicional cuadragésima cuarta del texto refundido de la Ley General de la Seguridad Social, aprobado por el Real Decreto Legislativo 8/2015, de 30 de octubre.

d) Medidas para la modernización de la negociación colectiva.

Se establecen las necesarias modificaciones en la arquitectura de la negociación colectiva, en aspectos tales como la ultra-actividad de convenios y la relación entre convenios sectoriales y de empresa, asegurando las cautelas y garantías para que la descentralización de los convenios colectivos no provoque un efecto devaluador de costes retributivos o desventajas injustificadas entre las empresas, y aporte flexibilidad en la medida adecuada. Asimismo, recupera el papel central y se fortalece el ámbito legítimo de actuación de los sujetos negociadores de los convenios colectivos.

e) Por último, se modifican o introducen nuevas disposiciones adicionales relativas a los contratos formativos celebrados con personas con discapacidad; al compromiso de reducción de la tasa de temporalidad; a las acciones formativas en los expedientes de regulación temporal de empleo previstos en el artículo 47 y 47 bis del Estatuto de los Trabajadores; al acceso a los datos de los expedientes de regulación temporal de empleo por la Tesorería General de la Seguridad Social, el Servicio Público de Empleo Estatal y la Inspección de Trabajo y Seguridad Social; y, finalmente, al convenio colectivo aplicable a las contratas o subcontratas suscritas con centros especiales de empleo.

El artículo segundo, por su parte, introduce una modifica-

ción de la disposición adicional tercera de la Ley 32/2006, de 18 de octubre, reguladora de la subcontratación en el Sector de la Construcción, relativa a la extinción del contrato indefinido por motivos inherentes a la persona trabajadora en el sector de la construcción.

El artículo tercero modifica el texto refundido de la Ley General de la Seguridad Social, aprobado por el Real Decreto Legislativo 8/2015, de 30 de octubre, en los siguientes aspectos:

El artículo 151 es objeto de modificación con la finalidad de establecer un incremento en la cotización respecto a los contratos de duración determinada inferior a treinta días, precisando asimismo los supuestos en que no procederá dicho incremento de cotización.

Se incorpora al texto un nuevo artículo 153 bis con el fin de regular de manera uniforme la cotización empresarial en los distintos supuestos de reducción temporal de jornada o suspensión temporal del contrato de trabajo ya sea por decisión de la empresa al amparo de lo establecido en los artículos 47 o 47 bis del texto refundido de la Ley del Estatuto de los Trabajadores, o en virtud de resolución judicial adoptada en el seno de un procedimiento concursal. Se establece, para el caso de que la persona trabajadora cause derecho a la prestación por desempleo, que la entidad gestora de la prestación deberá ingresar la aportación del trabajador en los términos del artículo 273.2.

Se modifica el artículo 267.1 para incluir, junto con el despido, un nuevo supuesto de situación legal de desempleo relativo a la extinción del contrato por motivos inherentes a la persona trabajadora regulada en la disposición adicional tercera de la Ley 32/2006, de 18 de octubre, reguladora de la subcontratación en el Sector de la Construcción. Asimismo, se modifican las referencias a los contratos fijos periódicos, derivadas de las modificaciones del artículo 16 del Estatuto de los Trabajadores.

Igualmente se modifica el artículo 273.2 a fin de determinar que la entidad gestora ingresará únicamente la aportación del trabajador en los supuestos de reducción de jornada o suspensión del contrato.

En la nueva disposición adicional cuadragésima cuarta se establecen los beneficios en la cotización a la Seguridad Social aplicables a los expedientes de regulación temporal de empleo regulados en el artículo 47 del texto refundido de la Ley del Estatuto de los Trabajadores, así como los aplicables con relación a los nuevos Mecanismos RED de Flexibilidad y Estabili-

zación del Empleo a que se refiere el artículo 47 bis del mismo texto refundido. Se regula tanto la cuantía de las exenciones aplicables en los diferentes supuestos como los diferentes requisitos y condiciones para su aplicación, y se faculta al Consejo de Ministros para que en atención a las circunstancias que concurran en la coyuntura económica pueda impulsar las modificaciones de los porcentajes de las exenciones en la cotización

Asimismo, se incorpora una nueva disposición adicional cuadragésima quinta a fin de precisar las actuaciones que corresponde efectuar a la Inspección de Trabajo y Seguridad Social, en el ejercicio de sus competencias, con relación a la vigilancia del cumplimiento de los requisitos y de las obligaciones establecidas para ser beneficiaria de las exenciones en las cotizaciones de la Seguridad Social.

Por otra parte, mediante la nueva disposición adicional cuadragésima primera se establece una nueva prestación de sostenibilidad de empleo a la que se podrán acoger las personas trabajadoras afectadas por la aplicación del Mecanismo RED regulado en el artículo 47 bis del texto refundido de la Ley del Estatuto de los Trabajadores. Se establece en la disposición el régimen jurídico de dicha nueva prestación, que será incompatible con la percepción de prestaciones o subsidios por desempleo.

Además, se incorpora una nueva disposición cuadragésima segunda en la que se determina un procedimiento único para que las empresas comuniquen al Servicio Público de Empleo Estatal y a la Tesorería General de la Seguridad Social el inicio y finalización de los períodos de suspensión temporal de los contratos de trabajo y reducción temporal de la jornada de trabajo obteniendo así la simplificación de las actuaciones administrativas con ambas entidades.

Por último, se introduce una nueva disposición adicional cuadragésima tercera sobre la cotización a la Seguridad Social de los contratos formativos en alternancia a que se refiere el artículo 11.2 del texto refundido de la Ley del Estatuto de los Trabajadores.

El artículo cuarto de modificación de la Ley 30/2015, de 9 de septiembre, por la que se regula el Sistema de Formación Profesional para el empleo en el ámbito laboral, introduce un nuevo apartado 7 en el artículo 9 relativo al incremento del crédito disponible para las empresas para la financiación de acciones en el ámbito de la acción programada.

El artículo quinto modifica puntualmente el texto refundido de la Ley sobre Infracciones y Sanciones en el Orden Social, aprobado por el Real Decreto Legislativo 5/2000, de 4 de agosto, con el objetivo de adaptar la norma sancionadora a las nuevas previsiones de la norma material, tanto en lo que se refiere a la normativa de contratación —con la imprescindible individualización de la infracción y el incremento de la cuantía de la sanción—, como a las medidas de flexibilidad interna, sus limitaciones y prohibiciones.

Se prevén siete disposiciones adicionales: las dos primeras referidas a las medidas de transición profesional en el ámbito del Mecanismo RED de Flexibilidad y Estabilización del Empleo; y a las acciones formativas dentro del ámbito del Estatuto de becario.

Se incluye una disposición adicional tercera, aclaratoria de la aplicación del artículo 2 del Real Decreto-Ley 18/2021, de 28 de septiembre, respecto de los expedientes de regulación temporal de empleo por impedimentos o limitaciones a la actividad normalizada vinculadas a la COVID-19.

Además, en las disposiciones adicionales cuarta y quinta, se recoge el régimen aplicable al personal laboral del sector público, en materia de contratación laboral, y el aplicable en dicha materia cuando esté asociada al Plan de Recuperación, Transformación y Resiliencia y a los Fondos de la Unión Europea.

La disposición adicional sexta se refiere al cómputo estadístico, como ocupadas, de las personas trabajadoras afectadas por los expedientes de regulación temporal de empleo o a las que les es de aplicación el Mecanismo RED de Flexibilidad y Estabilización del Empleo, en coherencia con el reforzamiento de su vinculación con la empresa y de las garantías e incentivos para su reincorporación.

Por otra parte, en la disposición adicional séptima se prevé la prórroga de la vigencia del Real Decreto 817/2021, de 28 de septiembre, por el que se fija el salario mínimo interprofesional para 2021.

En cuanto a las disposiciones transitorias, un total de nueve, aclaran el régimen jurídico aplicable a diferentes situaciones contractuales o convencionales vigentes a la entrada en vigor del presente real decreto-ley, estableciendo el necesario marco de certezas en coherencia con las disposiciones derogatoria y finales.

La disposición derogatoria única establece la derogación expresa de las disposiciones que contravienen la reforma planteada.

Las disposiciones finales se ocupan de los aspectos siguientes: la primera introduce una modificación puntual en el artículo 10.3 de la Ley 14/1994, de 1 de junio, por la que se regulan las empresas de trabajo temporal; la segunda modifica el texto refundido de la Ley de Empleo, aprobado por el Real Decreto Legislativo 3/2015, de 23 de octubre, a efectos de incorporar una nueva disposición adicional novena, referida a los contratos vinculados a programas comunes de activación para el empleo; la tercera incluye una cláusula de adaptación de las referencias normativas al artículo 47 del texto refundido de la Ley del Estatuto de los Trabajadores, contenidas en el propio texto legal, que deberán extenderse, a los mismos efectos, al nuevo artículo 47 bis de la referida norma.

Por parte, en la disposición final cuarta se determinan los títulos competenciales, a cuyo amparo se dicta este real decreto-ley.

En las disposiciones finales quinta y sexta, se dirige al Gobierno el mandato de aprobar un reglamento para la protección de las personas trabajadoras menores, en materia de seguridad y salud, en desarrollo del artículo 27.2 de la Ley 31/1995, de 8 de noviembre, de prevención de Riesgos Laborales; así como para mejorarla regulación de la protección por desempleo de las personas trabajadoras fijas discontinuas, respectivamente. En la disposición final séptima, se incluye una habilitación genérica de desarrollo normativo.

Por último, la disposición final octava fija la entrada en vigor de la norma de forma escalonada, esto es, entrará en vigor el día siguiente al de su publicación en el *Boletín Oficial del Estado*, a excepción de determinados preceptos, para los que se prevé una *vacatio legis* —tres meses—, lo que resulta necesario para posibilitar, junto con el conocimiento material de la norma, la adopción de las medidas de gestión imprescindibles para su aplicación, además de constituir una exigencia básica del principio de seguridad jurídica.

V

Como tiene reiteradamente declarado el Tribunal Constitucional (así, STC 61/2018, de 7 de junio, FJ 5), la adecuada fiscalización del recurso al decreto-ley requiere el análisis de dos aspectos desde la perspectiva constitucional: por un lado, la presentación explícita y razonada de los motivos que han sido tenidos en cuenta por el Gobierno en su aprobación (SSTC 29/1982, de 31 de mayo, FJ 3; 111/1983, de 2 de diciembre, FJ 5; 182/1997, de 20 de octubre, FJ 3, y 137/2003, de 3 de julio, FJ 4) y, por otro lado, la existencia de una necesaria conexión entre la situación de urgencia definida y la medida concreta adoptada para subvenir a ella (SSTC 29/1982, de 31 de mayo, FJ 3; 182/1997, de 20 de octubre, FJ 3, y 137/2003, de 3 de julio, FJ 4).

En cuanto a la definición de la situación de urgencia, se ha precisado que no es necesario que tal definición expresa de la extraordinaria y urgente necesidad haya de contenerse siempre en el propio real decreto-ley, sino que tal presupuesto cabe deducirlo igualmente de una pluralidad de elementos. El examen de la concurrencia del presupuesto habilitante de la «extraordinaria y urgente necesidad» siempre se ha de llevar a cabo mediante la valoración conjunta de todos aquellos factores que determinaron al Gobierno a dictar la disposición legal excepcional y que son, básicamente, los que quedan reflejados en la exposición de motivos de la norma, a lo largo del debate parlamentario de convalidación, y en el propio expediente de elaboración de la misma (SSTC 29/1982, de 31 de mayo, FJ 4; 182/1997, de 28 de octubre, FJ 4; 11/2002, de 17 de enero, FJ 4, y 137/2003, de 3 de julio, FJ 3).

En cuanto a la segunda dimensión del presupuesto habilitante de la legislación de urgencia, concebida como conexión de sentido entre la situación de necesidad definida y las medidas que en el real decreto-ley se adoptan, generalmente, se ha venido admitiendo el uso del decreto-ley en situaciones que se han calificado como «coyunturas económicas problemáticas», para cuyo tratamiento representa un instrumento constitucionalmente lícito, en tanto que pertinente y adecuado para la consecución del fin que justifica la legislación de urgencia, que no es otro que subvenir a «situaciones concretas de los objetivos gubernamentales que por razones difíciles de prever requieran una acción normativa inmediata en un plazo más breve que el requerido por la vía normal o por el procedimiento de urgencia para la tramitación parlamentaria de las leyes» (SSTC 31/2011, de 17 de marzo, FJ 4; 137/2011, de 14 de septiembre, FJ 6, y 100/2012, de 8 de mayo, FJ 8).

Finalmente, ha de advertirse que el hecho de que se considere una reforma estructural no impide, por sí sola, la utilización de la figura del decreto-ley, pues, y esto es particularmente pertinente en el supuesto que se analiza, el posible carácter estructural del problema que se pretende atajar no excluye que dicho problema pueda convertirse en un momento dado en un supuesto de extraordinaria y urgente necesidad, que justifique la aprobación de un decreto-ley, lo que deberá ser determinado atendiendo a las circunstancias concurrentes en cada caso (STC 137/2011, FJ 6; reiterado en SSTC 183/2014, FJ 5; 47/2015, FJ 5, y 139/2016, FJ 3).

Tras la declaración por la Organización Mundial de la Salud de la pandemia internacional provocada por la COVID-19, el día 11 de marzo de 2020, y la rápida propagación de esta enfermedad, tanto en el ámbito nacional como internacional, los Estados miembros de la Unión Europea adoptaron con rapidez medidas coordinadas de emergencia para proteger la salud de la ciudadanía y evitar el colapso de la economía.

El Consejo Europeo del 21 de julio de 2020, consciente de la necesidad en este momento histórico de un esfuerzo sin precedentes y de un planteamiento innovador que impulsen la convergencia, la resiliencia y la transformación en la Unión Europea, acordó un paquete de medidas de gran alcance.

La instrumentación de la ejecución de los recursos financieros del Fondo Europeo de

Recuperación se estructuró a través del Plan de Recuperación, Transformación y Resiliencia. Los proyectos que constituyen dicho Plan permiten la realización de reformas estructurales, mediante cambios normativos e inversiones y, por lo tanto, permitirán un cambio del modelo productivo para la recuperación de la economía tras la pandemia causada por la COVID-19 y, además, una transformación hacia una estructura más resiliente que permita que nuestro modelo sepa enfrentar con éxito otras posibles crisis o desafíos en el futuro.

En este sentido, el Reglamento (UE) 2021/241 del Parlamento Europeo y del Consejo, de 12 de febrero de 2021, por el que se establece el Mecanismo de Recuperación y Resiliencia, dispone en su artículo 24.2, en cuanto a los pagos ligados a dicho mecanismo, que el Estado miembro deberá presentar una solicitud «[u]na vez alcanzados los correspondientes hitos y objetivos convenidos que figuran en el plan de recuperación y resiliencia». En los mismos términos se pronuncia el artículo 2.4 de la Decisión de Ejecución del Consejo, relativa a la aprobación de la evaluación del plan de recuperación y resiliencia de España (Council Implementing Decision-CID), de 13 de julio de 2021.

En el marco del Plan Nacional de Recuperación, Transformación y Resiliencia, el Componente 23 «Nuevas políticas públicas para un mercado de trabajo dinámico, resiliente e inclusivo», tiene como reto y objetivo impulsar, en el marco del diálogo social, la reforma del mercado laboral español para adecuarlo a la realidad y necesidades actuales, de manera que permita corregir las debilidades estructurales, con la finalidad de reducir el desempleo estructural y el paro juvenil, corregir la dualidad, mejorar el capital humano, modernizar la negociación colectiva y aumentar la eficiencia de las políticas públicas de empleo, dando, además, un impulso a las políticas activas de empleo, que se orientarán a la capacitación de los trabajadores en las áreas que demandan las transformaciones que requiere nuestra economía.

Tal y como aparece reflejado en las Disposiciones Operativas del Plan de Recuperación, acordadas por el Gobierno de España y la Comisión Europea, en virtud del Reglamento (UE) 2021/241, aprobadas por la Decisión de la Comisión de 29 de octubre de 2021, las Reformas 4, 6, 8 y 9 del Componente 23, correspondientes a las modificaciones objeto del presente real decreto-ley, deben completarse durante el cuarto trimestre de 2021.

Por ello, el compromiso adquirido de realización de dichas reformas estructurales, mediante el necesario diálogo social y su inclusión como hito específico en el período de 2021, implica su necesario cumplimiento, de cara a la presentación de la solicitud de pago de las contribuciones financieras correspondientes, de conformidad con el artículo 24.2 del Reglamento (UE) 2021/241 del Parlamento Europeo y del Consejo, de 12 de febrero de 2021, y constituye el presupuesto habilitante de la extraordinaria y urgente necesidad para dictar este real decreto-ley.

Por extensión, la misma extraordinaria y urgente necesidad que justifica la aprobación de las medidas laborales contenidas en el artículo se aprecia en el conjunto de previsiones recogidas en el artículo 3 que modifican diversos preceptos de la Ley General de Seguridad Social con el fin de garantizar la aplicabilidad inmediata de las citadas medidas laborales. Así sucede con los apartados 2, 4, 5, 6, 7 y 8, en relación la suspensión y reducción de jornada de los artículos 47 y 47 bis del Estatuto de los Trabajadores; con el apartado 3, en cuanto al acceso a la prestación por desempleo de los trabajadores con un contrato fijo discontinuo; con el apartado 9, respecto de la coti-

zación a la Seguridad Social de los contratos formativos en alternancia; y, no menos importante, con el apartado 1 vinculado a la reconfiguración del artículo 151 de la Ley General de Seguridad Social como pieza clave para acompañar al resto de medidas para reducir la temporalidad injustificada.

En otro orden de cosas, este real decreto-ley incluye una disposición adicional séptima mediante la cual se prorroga la vigencia del Real Decreto 817/2021, de 28 de septiembre, por el que se fija el salario mínimo interprofesional para 2021, durante el período necesario para garantizar la búsqueda a través del diálogo social, un año más, de un incremento pactado del salario mínimo interprofesional.

En este sentido, y sin perjuicio de lo previsto en el artículo 27.1 del Estatuto de los Trabajadores, acerca de la previa consulta con las organizaciones sindicales y asociaciones empresariales más representativas, se entiende preciso garantizar la efectiva participación de los agentes sociales en la fijación del salario mínimo interprofesional, dando así continuidad a la senda de crecimiento de esta variable en cumplimiento de los compromisos asumidos en el ámbito europeo e internacional.

Dado que el citado Real Decreto 817/2021, de 28 de septiembre, dejará de producir efectos el próximo 31 de diciembre, concurren razones de extraordinaria y urgente necesidad, que hacen ineludible mantener transitoriamente su vigencia a partir del 1 de enero. Se garantiza de este modo la seguridad jurídica y se da continuidad a la función del salario mínimo interprofesional de servir de suelo o garantía salarial mínima para las personas trabajadoras

VI

Este real decreto-ley cumple con los principios de buena regulación exigibles conforme al artículo 129 de la Ley 39/2015, de 1 de octubre, del Procedimiento Administrativo Común de las Administraciones Públicas. Tal y como se pone de manifiesto en la motivación y los objetivos, la norma está llamada a proporcionar una regulación adecuada y suficiente de los diferentes aspectos y objetivos comprometidos e incluidos de manera expresa en las diferentes reformas que integran el Componente 23 del Plan de Recuperación, Transformación y Resiliencia.

Es eficaz y proporcional, ya que regula los aspectos imprescindibles para posibilitar el cumplimiento de dicho objetivo.

Cumple también con el principio de transparencia, ya que identifica claramente su propósito y se ofrece una explicación completa de su contenido en las diferentes fases de su tramitación, teniendo en cuenta lo establecido en el artículo 26.11 de la Ley 50/1997, de 27 de noviembre, del Gobierno. Asimismo, el contenido ha sido objeto de negociación con los agentes sociales, constituyendo un paquete de reformas que han sido elevadas y discutidas en la mesa de diálogo social.

Finalmente, es coherente con el resto del ordenamiento jurídico nacional y con el ordenamiento comunitario y cumple con el principio de eficiencia, dado que su aplicación no impone cargas administrativas innecesarias o accesorias sino únicamente las estrictamente necesarias para garantizar la adecuada implementación de la reforma y el objetivo de acompañamiento y sostenibilidad del nuevo mecanismo.

Este real decreto-ley y las medidas descritas no afectan a objetivos medioambientales, por lo que respetan el principio de «no causar un perjuicio significativo», en el sentido del artículo 17 del Reglamento (UE) 2020/852 del Parlamento Europeo y del Consejo, de 18 de junio de 2020, relativo al establecimiento de un marco para facilitar las inversiones sostenibles y por el que se modifica el Reglamento (UE) 2019/2088. Por tanto, en virtud del principio de «no causar un perjuicio significativo» no se requiere una evaluación sustantiva, de conformidad con los artículos 2.6) y 5.2 del Reglamento (UE) 2021/241 del Parlamento Europeo y del Consejo, de 12 de febrero de 2021, y de acuerdo con lo previsto en la Comunicación de la Comisión Guía técnica sobre la aplicación del principio de «no causar un perjuicio significativo» en virtud del Reglamento relativo al Mecanismo de Recuperación y Resiliencia (2021/C 58/01).

Este real decreto-ley es dictado al amparo de los títulos competenciales recogidos en el artículo 149.1.7.ª, 13.ª y 17.ª de la Constitución Española, que atribuye al Estado la competencia exclusiva en las materias de legislación laboral, sin perjuicio de su ejecución por los órganos de las comunidades autónomas; de bases y coordinación de la planificación general de la actividad económica, así como de legislación básica y régimen económico de la Seguridad Social, sin perjuicio de la ejecución de sus servicios por las comunidades autónomas, respectivamente.

ESTATUTO DE LOS TRABAJADORES

ESTATUTO DE LOS TRABAJADORES*

TÍTULO PRIMERO

De la relación individual de trabajo

CAPÍTULO PRIMERO

DISPOSICIONES GENERALES

SECCIÓN 1.ª

Ámbito y fuentes

Artículo 1.º *Ámbito de aplicación.*—1. Esta ley será de aplicación a los trabajadores que voluntariamente presten sus servicios retribuidos por cuenta ajena y dentro del ámbito de organización y dirección de otra persona, física o jurídica, denominada empleador o empresario[1].

2. A los efectos de esta ley, serán empresarios todas las personas, físicas o jurídicas, o comunidades de bienes que reciban la prestación de servicios de las personas referidas en el apartado anterior, así como de las personas contratadas para ser cedidas a empresas usuarias por empresas de trabajo temporal legalmente constituidas[2].

3. Se excluyen del ámbito regulado por esta ley:

a) La relación de servicio de los funcionarios públicos, que se regirá por las correspondientes normas legales y reglamentarias, así como la del personal al servi-

---

* Promulgado en cumplimiento del mandato contenido en el art. 35.2 de la Constitución, de 27 de diciembre de 1978 (*BOE* de 29 de diciembre): «La Ley regulará un estatuto de los trabajadores.» El texto vigente se corresponde con el RD Legislativo 2/2015, de 23 de octubre (*BOE* de 24 de octubre), por el que se aprueba el texto refundido de la Ley del Estatuto de los Trabajadores. Posteriormente a dicho texto refundido se han introducido algunas reformas a concretos preceptos, que vienen relacionadas de manera agrupada en el prólogo a la presente edición y reflejadas puntualmente en notas a cada uno de los preceptos en los que se ha producido dichos cambios.

[1] Para el trabajo autónomo o por cuenta propia, v. disp. adic. 1.ª y nota a la misma.

[2] V. Ley 14/1994, de 1 de junio (*BOE* de 2 de junio), por la que se regulan las empresas de trabajo temporal, transcrita en nota al art. 43. Para el empleador en los casos de los profesores de religión católica en los centros docentes públicos, v. disp. adic. 3.ª de la LO 2/2006, de 3 de mayo (*BOE* de 4 de mayo), de Educación.

cio de las Administraciones Públicas y demás entes, organismos y entidades del sector público, cuando, al amparo de una ley, dicha relación se regule por normas administrativas o estatutarias[3].

---

[3] Art. 103.3 CE: «La Ley regulará el estatuto de los funcionarios públicos, el acceso a la función pública de acuerdo con los principios de mérito y capacidad, las peculiaridades del ejercicio de su derecho a sindicación, el sistema de incompatibilidades y las garantías para la imparcialidad en el ejercicio de sus funciones.» V. RDL 5/2015, de 30 de octubre (*BOE* de 31 de octubre), por el que se aprueba el texto refundido de la Ley del Estatuto Básico del Empleado Público, modificado por el RDL 6/2019, de 1 de marzo (*BOE* de 7 de marzo); Resolución de 21 de junio de 2007 (*BOE* de 23 de junio), sobre Instrucciones de 5 de junio de 2007 para la aplicación del Estatuto Básico del Empleado Público en el ámbito de la Administración General del Estado y sus organismos Públicos. El art. 15 de la Ley 30/1984, de 2 de agosto (*BOE* de 3 de agosto), de medidas para la reforma de la función pública, modificado por el art. 50.uno de la Ley 62/2003, de 30 de diciembre, de Medidas Fiscales, Administrativas y del Orden Social (*BOE* de 31 de diciembre) y por la Ley 42/1994, de 30 de diciembre, de Medidas Fiscales, Administrativas y de Orden Social:

«1. Las relaciones de puestos de trabajo de la Administración del Estado son el instrumento técnico a través del cual se realiza la ordenación del personal, de acuerdo con las necesidades de los servicios y se precisan los requisitos para el desempeño de cada puesto en los términos siguientes:

»*a*) Las relaciones comprenderán, conjunta o separadamente, los puestos de trabajo del personal funcionario de cada Centro gestor, el número y las características de los que puedan ser ocupados por personal eventual así como los de aquellos otros que puedan desempeñarse por personal laboral.

»*b*) Las relaciones de puestos de trabajo indicarán, en todo caso, la denominación, tipo y sistema de provisión de los mismos; los requisitos exigidos para su desempeño; el nivel de complemento de destino y, en su caso, el complemento específico que corresponda a los mismos, cuando hayan de ser desempeñados por personal funcionario, o la categoría profesional y régimen jurídico aplicable cuando sean desempeñados por personal laboral.

»*c*) Con carácter general, los puestos de trabajo de la Administración del Estado y de sus Organismos Autónomos así como los de las Entidades Gestoras y servicios comunes de la Seguridad Social, serán desempeñados por funcionarios públicos.

»Se exceptúan de la regla anterior y podrán desempeñarse por personal laboral:

»— los puestos de naturaleza no permanente y aquellos cuyas actividades se dirijan a satisfacer necesidades de carácter periódico y discontinuo;

»— los puestos cuyas actividades sean propias de oficios, así como los de vigilancia, custodia, portero y otros análogos;

»— los puestos de carácter instrumental correspondientes a las áreas de mantenimiento y conservación de edificios, equipos e instalaciones, artes gráficas, encuestas, protección civil y comunicación social, así como los puestos de las áreas de expresión artística y los vinculados directamente a su desarrollo, servicios sociales y protección de menores;

»— los puestos correspondientes a áreas de actividades que requieran conocimientos técnicos especializados cuando no existan Cuerpos o Escalas de Funcionarios cuyos miembros tengan la preparación específica necesaria para su desempeño,

b) Las prestaciones personales obligatorias[4].

c) La actividad que se limite, pura y simplemente, al mero desempeño del cargo de conse-

jero o miembro de los órganos de administración en las empresas que revistan la forma jurídica de sociedad y siempre que su actividad en la empresa sólo

»— los puestos de trabajo en el extranjero con funciones administrativas de trámite y colaboración y auxiliares que comporten manejo de máquinas, archivo y similares, y

»— los puestos con funciones auxiliares de carácter instrumental y apoyo administrativo.

»Asimismo, los Organismos Públicos de Investigación podrán contratar personal laboral en los términos previstos en el artículo 17 de la Ley 13/1986, de 14 de abril, de Fomento y Coordinación General de la Investigación Científica y Técnica.

»*d*) La creación, modificación, refundición y supresión de puestos de trabajo se realizará a través de las relaciones de puestos de trabajo.

»*e*) Corresponde a los Ministerios para las Administraciones Públicas y Economía y Hacienda la aprobación conjunta de las relaciones de puestos de trabajo, excepto la asignación inicial de los complementos de destino y específico, que corresponde al Gobierno.

»*f*) La provisión de puestos de trabajo a desempeñar por el personal funcionario, así como la formalización de nuevos contratos de personal laboral fijo, requerirán que los correspondientes puestos figuren detallados en las respectivas relaciones.

»Este requisito no será preciso cuando se trate de realizar tareas de carácter no permanente mediante contratos de trabajo de duración determinada y con cargo a créditos correspondientes a personal laboral eventual o al capítulo de inversiones.»

Téngase presente que el art. 17 de la Ley 13/1986, de 14 de abril, ha sido derogado y sustituido por los arts. 20 ss. de la Ley 14/2011, de 1 de junio (*BOE* de 2 de junio).

Para la Administración local, v. Ley 7/1985, de 2 de abril (*BOE* de 3 de abril), reguladora de las Bases del Régimen Local, arts. 89 a 98 y 102 a 104, teniendo presente que el art. 92 fue derogado por la Ley 7/2007, de 12 de abril; el art. 102 fue modificado por la Ley 14/2000, de 29 de diciembre (*BOE* de 30 de diciembre), art. 37, y que el art. 94 fue modificado por la Ley 24/2001, de 27 de diciembre (*BOE* de 31 de diciembre), art. 53. V. STC 99/1987, de 11 de junio (*BOE* de 26 de junio), sobre criterios de diferenciación entre funcionarios públicos y personal laboral al servicio de las Administraciones Públicas. Para el personal sanitario, v. Ley 55/2003, de 16 de diciembre (*BOE* de 17 de diciembre), del Estatuto Marco del personal estatutario de los servicios de salud, y nota al art. 2.1.*i*).

[4] V. arts. 30 y 31.3 CE; Convenio n.º 29 de la Organización Internacional del Trabajo (OIT), ratificado por España por instrumento de 8 de abril de 1932 (*BOE* de 14 de abril), sobre trabajo forzoso. Reglamento 2024/3015, de 27 de noviembre (*DOUE* de 12 de diciembre), por el que se prohíben en el mercado de la Unión los productos realizados con trabajo forzoso. Supuestos de obligaciones personales obligatorias se encuentran en la LO 5/1995, de 22 de mayo (*BOE* de 23 de mayo), del Tribunal del Jurado, art. 6.º; en la Ley 2/1985, de 21 de enero (*BOE* de 25 de enero), sobre Protección Civil, en particular su art. 4.º; Decreto Legislativo 781/1986, de 18 de abril (*BOE* de 22 de abril), que aprueba el texto refundido de Régimen Local, arts. 391 ss.

Para la protección aseguradora en caso de accidentes de trabajo y enfermedades profesionales con ocasión o por consecuencia de prestaciones personales obligatorias, v. RD 2.765/1976, de 12 de noviembre (*BOE* de 6 de diciembre).

comporte la realización de cometidos inherentes a tal cargo[5].

d) Los trabajos realizados a título de amistad, benevolencia o buena vecindad[6].

e) Los trabajos familiares, salvo que se demuestre la condición de asalariados de quienes los llevan a cabo. Se considerarán familiares, a estos efectos, siempre que convivan con el empresario, el cónyuge, los descendientes, ascendientes y de-más parientes por consanguinidad o afinidad, hasta el segundo grado inclusive y, en su caso, por adopción[7].

f) La actividad de las personas que intervengan en operaciones mercantiles por cuenta de uno o más empresarios, siempre que queden personalmente obligados a responder del buen fin de la operación asumiendo el riesgo y ventura de la misma[8].

---

[5] V. art. 2.º1.*a*) ET y nota al mismo.

[6] V. Ley 45/2015, de 14 de octubre (*BOE* de 15 de octubre), de Voluntariado; RD 519/2006, de 28 de abril (*BOE* de 13 de mayo), por el que se establece el Estatuto de los cooperantes; STC 63/1994, de 28 de febrero (*BOE* de 24 de marzo), sobre el carácter no laboral de la relación entre una religiosa y su comunidad.

[7] La disp. adic. 10.ª de la Ley 20/2007, de 11 de julio (*BOE* de 12 de julio), modificada por la disp. adic. 5.ª de la Ley 27/2009, de 30 de diciembre, de medidas urgentes para el mantenimiento y el fomento del empleo y la protección de las personas desempleadas (*BOE* de 31 de diciembre), establece:

«*Disp. adic. 10.ª   Encuadramiento en la Seguridad Social de los familiares del trabajador autónomo.*—Los trabajadores autónomos podrán contratar, como trabajadores por cuenta ajena, a los hijos menores de treinta años, aunque convivan con él. En este caso, del ámbito de la acción protectora dispensada a los familiares contratados quedará excluida la cobertura por desempleo.

»Se otorgará el mismo tratamiento a los hijos que, aun siendo mayores de treinta años, tengan especiales dificultades para su inserción laboral. A estos efectos, se considerará que existen dichas especiales dificultades cuando el trabajador esté incluido en alguno de los grupos siguientes:

»*a)* Personas con parálisis cerebral, personas con enfermedad mental o personas con discapacidad intelectual, con un grado de discapacidad reconocido igual o superior al 33 por 100.

»*b)* Personas con discapacidad física o sensorial, con un grado de discapacidad reconocido igual o superior al 65 por 100.»

Para el cómputo del parentesco, v. arts. 915 ss. C.c., Ley de 24 de julio de 1889; art. 12.1 de la Ley General de Seguridad Social, texto refundido de la misma aprobado por RDL 8/2015, de 30 de octubre (*BOE* de 31 de octubre); STC 2/1992, de 13 de enero (*BOE* de 13 de febrero), sobre el alcance de este precepto por lo que se refiere al establecimiento de una relación laboral entre cónyuges. Sobre idéntica materia, v. SSTC 109/1988, de 8 de junio (*BOE* de 25 de junio); 79/1991, de 15 de abril (*BOE* de 14 de mayo); 92/1991, de 6 de mayo (*BOE* de 29 de mayo); 59/1992, de 23 de abril (*BOE* de 13 de mayo); sobre la exclusión de los beneficios económicos como fomento del empleo, v. nota al art. 17.3, párr. 2.º

[8] Ley 12/1992, de 27 de mayo (*BOE* de 29 de mayo), sobre contrato de agencia, modificada por la disp. final 29.ª de la Ley 22/2003, de 9 de julio (*BOE* de 10 de julio):

g) En general, todo trabajo que se efectúe en desarrollo de relación distinta de la que define el apartado 1[9].

A tales efectos se entenderá excluida del ámbito laboral la actividad de las personas prestadoras del servicio de transporte al amparo de autorizaciones administrativas de las que sean titulares, realizada, mediante el correspondiente precio, con vehículos comerciales de servicio público cuya propiedad o poder directo de disposición ostenten, aun cuando dichos servicios se realicen de forma continuada para un mismo cargador o comercializador[10].

4. La legislación laboral española será de aplicación al trabajo que presten los trabajadores españoles contratados en España al servicio de empresas españolas en el extranjero, sin perjuicio de las normas de orden público aplicables en el lugar de trabajo. Dichos trabajadores tendrán, al menos, los derechos económicos que les corresponderían de trabajar en territorio español[11].

«*Art. 1.º Contrato de agencia.*—Por el contrato de agencia una persona natural o jurídica, denominada agente, se obliga frente a otra de manera continuada o estable a cambio de una remuneración, a promover actos u operaciones de comercio por cuenta ajena, o a promoverlos y concluirlos por cuenta y en nombre ajenos, como intermediario independiente, sin asumir, salvo pacto contrario, el riesgo y ventura de tales operaciones.

»*Art. 2.º Independencia del agente.*—1. No se considerarán agentes los representantes y viajantes de comercio dependientes ni, en general, las personas que se encuentren vinculadas por una relación laboral, sea común o especial, con el empresario por cuya cuenta actúan.

»2. Se presumirá que existe dependencia cuando quien se dedique a promover actos u operaciones de comercio por cuenta ajena, o a promoverlos y concluirlos por cuenta y en nombre ajenos, no pueda organizar su actividad profesional ni el tiempo dedicado a la misma conforme a sus propios criterios.»

V. Directiva 86/653/CEE, de 18 de diciembre de 1986 (*DOCE* de 31 de diciembre), relativa a la coordinación de los derechos de los Estados miembros en lo referente a los agentes comerciales independientes. Para los contratos mercantiles de agentes de seguros, arts. 134 ss. RD-Ley 3/2020, de 4 de febrero (*BOE* de 5 de febrero).

V. art. 2.º1.*f)* ET.

[9] RD 1.543/2011, de 31 de octubre (*BOE* de 18 de noviembre), por el que se regulan las prácticas no laborales en empresas; RD 592/2014, de 11 de julio (*BOE* de 30 de julio), por el que se regulan las prácticas académicas externas de los estudiantes universitarios.

[10] V. STC 227/1998, de 26 de noviembre (*BOE* de 30 de diciembre), sobre constitucionalidad de esta letra *g)* y, por tanto, exclusión de los transportistas autónomos. V. arts. 42 ss. de la Ley 16/1987, de 30 de julio, de ordenación del transporte, modificada por Ley 29/2003, de 8 de octubre (*BOE* de 9 de octubre). Para la modalidad del trabajador autónomo económicamente dependiente, v. arts. 11 ss. de la Ley 20/2007, de 11 de julio (*BOE* de 12 de julio), del Estatuto del Trabajo Autónomo.

[11] Reglamento (CE) 593/2008, de 17 de junio (*DOUE* de 4 de julio), sobre la ley aplicable a las obligaciones contractuales (Roma I); Ley 45/1999, de 29 de noviem-

5. A efectos de esta ley se considera centro de trabajo la unidad productiva con organización específica, que sea dada de alta, como tal, ante la autoridad laboral[12].

---

bre (*BOE* de 30 de noviembre), sobre el desplazamiento de trabajadores en el marco de una prestación de servicios transnacional, modificada por Ley 62/2003, de 30 de diciembre (*BOE* de 31 de diciembre), por el RD-Ley 9/2017, de 26 de mayo (*BOE* de 27 de mayo) y por el RD-Ley 7/2021, de 27 de abril (*BOE* de 28 de abril), que transpone la Directiva 96/71/CE, de 16 de diciembre (*DOCE* de 21 de enero de 1997), sobre el desplazamiento de trabajadores efectuado en el marco de una prestación de servicios, modificada por la Directiva 2018/957, de 28 de junio (*DOUE* de 9 de julio); Directiva 2014/67/UE, de 15 de mayo (*DOUE* de 28 de mayo), relativa a la garantía de cumplimiento de la Directiva precedente; art. 7 Directiva 2019/1152, de 20 de junio de 2019 (*DOUE* de 11 de julio), relativa a unas condiciones laborales transparentes y previsibles en la Unión Europea. Reglamento 2019/1149/UE, de 20 de junio (*DOUE* de 11 de julio), por el que se crea la autoridad Laboral Europea. La tipificación de infracciones administrativas respecto de esta última Ley en el art. 10 LISOS [RD Legislativo 5/2000, de 4 de agosto (*BOE* de 8 de agosto)].

Conforme a la disp. adic. 16.ª8 del texto refundido de la Ley de Puertos del Estado y de la Marina Mercante, aprobado por RD Legislativo 2/2011, de 5 de septiembre (*BOE* de 20 de octubre; corrección de errores de 26 de marzo de 2012):

«Ocho. Normativa aplicable en materia de jornada laboral y descansos.

»En materia de jornada laboral y descansos, los buques inscritos en el Registro Especial se regirán por lo dispuesto en la Ley del Estatuto de los Trabajadores, texto refundido aprobado por Real Decreto Legislativo 1/1995, de 24 de marzo, y en la normativa sectorial específica, constituida por el Real Decreto 1.561/1995, de 21 de septiembre, sobre jornadas especiales de trabajo, o la norma que lo sustituya, con excepción de lo dispuesto en el apartado 2 del artículo 35 del Estatuto de los Trabajadores, que no será de aplicación.»

V. SSTC 172/2004, de 18 de octubre (*BOE* de 19 de noviembre), sobre ausencia de vulneración del derecho a la tutela judicial efectiva por aplicación de la legislación extranjera; 29/2004, de 4 de marzo (*BOE* de 6 de abril), sobre ausencia de lesión del derecho a la tutela judicial efectiva por carga de la prueba de la ley laboral extranjera aplicable.

[12] Los aspectos de procedimiento quedan desarrollados por el art. 6.º del RDL 1/1986, de 14 de marzo (*BOE* de 26 de marzo):

«*Art. 6.º* 1. Queda suprimido el requisito de la previa autorización para proceder a la apertura de un centro de trabajo o para reanudar o proseguir los trabajos después de efectuar alteraciones, ampliaciones o transformaciones de importancia, previsto en el artículo 187.1 del texto refundido de la Ley General de la Seguridad Social aprobado por Decreto 2.065/1974, de 30 de mayo.

»En adelante, será suficiente la comunicación de la apertura del centro de trabajo o de la reanudación de los trabajos debidamente documentados y ajustados al Ordenamiento Jurídico, dentro de los treinta días siguientes, a la Autoridad Laboral Competente, quien la pondrá en conocimiento de la Inspección de Trabajo y Seguridad Social a los efectos previstos en el Convenio de la OIT de 11 de julio de 1947.

»2. El Ministro de Trabajo y Seguridad Social determinará los requisitos y datos que el Empresario debe declarar y cumplimentar al efectuar la comunicación de apertura prevista en el número anterior.»

En la actividad de trabajo en el mar se considerará como centro de trabajo el buque, entendiéndose situado en la provincia donde radique su puerto de base.

Art. 2.º *Relaciones laborales de carácter especial.*—1. Se considerarán relaciones laborales de carácter especial:

a) La del personal de alta dirección no incluido en el artículo 1.3.*c*)[13].

b) La del servicio del hogar familiar[14].

c) La de los penados en las instituciones penitenciarias[15].

La referencia a la Ley General de la Seguridad Social debe entenderse efectuada al art. 138 del texto refundido aprobado por RDL 8/2015, de 30 de octubre (*BOE* de 31 de octubre).

Precepto desarrollado por la Orden TIN/1.071/2010, de 27 de abril (*BOE* de 1 de mayo), sobre los requisitos y datos que deben reunir las comunicaciones de apertura o de reanudación de actividades en los centros de trabajo V. STC 23/1993, de 21 de enero (*BOE* de 24 de febrero), sobre constitucionalidad del anterior RD-Ley.

Esta competencia de recibir la comunicación ha sido transferida a gran número de Comunidades Autónomas: v. RRDD de transferencias citados en nota al art. 6.º4.

[13] Desarrollado por RD 1.382/1985, de 1 de agosto (*BOE* de 12 de agosto), por el que se regula la relación laboral de carácter especial del personal de alta dirección; v. texto íntegro de esta norma en apéndice al final de la obra. V. disp. adic. 5.ª ET. Para el personal directivo en el ámbito del empleo público, v. art. 13 del Estatuto Básico del Empleado Público, texto refundido aprobado por RDL 5/2015, de 30 de octubre (*BOE* de 31 de octubre). V. asimismo SSTC 49/1983, de 1 de junio (*BOE* de 13 de junio), que no considera discriminatoria la existencia de relaciones laborales especiales y en concreto que ello suceda con los altos cargos; 79/1983, de 5 de octubre (*BOE* de 7 de noviembre), sobre la consideración como no discriminatoria de la libertad de despido de los altos cargos; 190/2001, de 1 de octubre (*BOE* de 6 de noviembre), sobre cese de personal directivo, sin considerarlo contrario al derecho de igualdad, a la libertad ideológica ni a la de información.

[14] Desarrollado por RD 1.620/2011, de 14 de noviembre (*BOE* de 17 de noviembre), por el que se regula la relación laboral de carácter especial del servicio del hogar familiar; texto íntegro de esta norma en apéndice al final de la obra. RD 893/2024, de 10 de septiembre (*BOE* de 11 de septiembre), por el que se regula la protección de la seguridad y salud en el trabajo en el ámbito del servicio del hogar familiar. V. Instrumento de ratificación del Acuerdo Europeo sobre la colocación *au pair*, hecho en Estrasburgo el 24 de noviembre de 1969 (*BOE* de 6 de septiembre de 1988). V. asimismo STC 26/1984, de 24 de febrero (*BOE* de 9 de marzo), que no considera inconstitucional su tratamiento como relación laboral especial y la no aplicación de las normas del ET.

[15] Desarrollado por la LO 1/1979, de 26 de septiembre (*BOE* de 5 de octubre), General Penitenciaria, arts. 26 ss.; desarrollados a su vez por el RD 782/2001, de 6 de julio (*BOE* de 7 de julio), por el que se regula la relación laboral de carácter especial de los penados que realicen actividades laborales en talleres penitenciarios y la protección de Seguridad Social de los sometidos a penas de trabajo en beneficio de la comunidad, modificado por RD 2.131/2008, de 26 de diciembre (*BOE* de 19 de enero de 2009); RD 868/2005, de 15 de julio (*BOE* de 25 de julio), por el que se aprueba el estatuto del organismo autónomo trabajo penitenciario y formación para el empleo. La

d) La de los deportistas profesionales[16].

e) La de las personas artistas que desarrollan su actividad en las artes escénicas, audiovisuales y musicales, así como las personas que realizan actividades técnicas o auxiliares necesarias para el desarrollo de dicha actividad[17].

f) La de las personas que intervengan en operaciones mercantiles por cuenta de uno o más empresarios sin asumir el riesgo y ventura de aquéllas[18].

g) La de los trabajadores con discapacidad que presten sus servicios en los centros especiales de empleo[19].

---

reducción en las cotizaciones sociales como medida de fomento del empleo en la disp. adic. 23.ª de la Ley General de Seguridad Social, texto refundido aprobado por RDL 8/2015, de 30 de octubre (*BOE* de 31 de octubre). Conforme al art. 21 de la Ley 55/1999, de 29 de diciembre (*BOE* de 30 de diciembre): «El Gobierno regulará la relación laboral de carácter especial de los penados que realicen actividades laborales en talleres penitenciarios. En la referida regulación se establecerá un marco de protección de Seguridad Social de este colectivo, acorde con sus especiales características. A las cotizaciones a la Seguridad Social que hayan de efectuarse por las contingencias cuya cobertura se establezca, se les aplicarán las bonificaciones generales que se otorguen a favor de los trabajadores con especiales dificultades de inserción laboral o las que específicamente se fijen para este colectivo. El Gobierno regulará, asimismo, la protección de Seguridad Social de los sometidos a penas de trabajo en beneficio de la comunidad.» La referencia constitucional se encuentra en el art. 25.2 CE: el condenado «tendrá derecho a un trabajo remunerado y a los beneficios correspondientes de la Seguridad Social». Respecto a la condena a la realización de trabajos en beneficio de la comunidad, v. art. 49 del Código Penal. Cfr. SSTC 17/1993, de 18 de enero (*BOE* de 12 de febrero), sobre el derecho constitucional al trabajo penitenciario, y 172/1989, de 19 de octubre (*BOE* de 7 de noviembre), sobre idéntica materia que la anterior.

[16] Desarrollado por RD 1.006/1985, de 26 de junio (*BOE* de 27 de junio; corrección de errores de 28 de junio y 4 de julio), por el que se regula la Relación Laboral Especial de los Deportistas Profesionales. Modificado por la Ley Orgánica 2/2024, de 1 de agosto (*BOE* de 2 de agosto). V. STC 6/1995, de 10 de enero (*BOE* de 11 de febrero), sobre libertad de expresión del deportista.

[17] Letra *e)* redactada conforme al RD-Ley 5/2022, de 22 de marzo (*BOE* de 23 de marzo). Desarrollado por RD 1.435/1985, de 1 de agosto (*BOE* de 14 de agosto), por el que se regula la relación laboral especial de los artistas en espectáculos públicos, reformado por el Real Decreto-Ley antes referido.

[18] Desarrollado por RD 1.438/1985, de 1 de agosto (*BOE* de 15 de agosto), por el que se regula la relación laboral de carácter especial de las personas que intervengan en operaciones mercantiles por cuenta de uno o más empresarios, sin asumir el riesgo y ventura de aquéllas; v. texto íntegro de esta norma en apéndice al final de la obra. V. art. 1.º3.*f)* ET.

[19] V. disps. adics. 20.ª y 27.ª ET y nota al art. 42.6 ET. V. arts. 43 ss. del RD Legislativo 1/2013, de 29 de noviembre (*BOE* de 3 de diciembre), por el que se aprueba el texto refundido de la Ley General de derechos de las personas con discapacidad y su inserción social:

«*Art. 43. Centros especiales de empleo para la inclusión laboral de las personas con discapacidad.*—1. Los centros especiales de empleo son aquellos cuyo objetivo principal es el de realizar una actividad productiva de bienes o de servicios, participando

h)²⁰ [...]   de internamiento para el cum-
i) La de los menores some-   plimiento de su responsabili-
tidos a la ejecución de medidas   dad penal²¹.

---

regularmente en las operaciones del mercado, y tienen como finalidad el asegurar un empleo remunerado para las personas con discapacidad; a la vez que son un medio de inclusión del mayor número de estas personas en el régimen de empleo ordinario. Igualmente, los centros especiales de empleo deberán prestar, a través de las unidades de apoyo, los servicios de ajuste personal y social que requieran las personas trabajadoras con discapacidad, según sus circunstancias y conforme a lo que se determine reglamentariamente.

»2.   La plantilla de los centros especiales de empleo estará constituida por el mayor número de personas trabajadoras con discapacidad que permita la naturaleza del proceso productivo y, en todo caso, por el 70 por 100 de aquélla. A estos efectos no se contemplará el personal sin discapacidad dedicado a la prestación de servicios de ajuste personal y social.

»Se entenderán por servicios de ajuste personal y social los que permitan ayudar a superar las barreras, obstáculos o dificultades que las personas trabajadoras con discapacidad de los centros especiales de empleo tengan en el proceso de incorporación a un puesto de trabajo, así como en la permanencia y progresión en el mismo. Igualmente se encontrarán comprendidos aquellos dirigidos a la inclusión social, cultural y deportiva.

»3.   La relación laboral de los trabajadores con discapacidad que presten sus servicios en los centros especiales de empleo es de carácter especial, conforme al artículo 2.1.*g*) de texto refundido de la Ley del Estatuto de los Trabajadores, aprobado por Real Decreto Legislativo 1/1995, de 24 de marzo, y se rige por su normativa específica.»

Dicha relación especial ha sido desarrollada por el RD 1.368/1985, de 17 de julio (*BOE* de 8 de agosto), por el que se regula la relación laboral de carácter especial de los minusválidos que trabajen en los Centros Especiales de Empleo —modificado por el RD 427/1999, de 12 de marzo (*BOE* de 26 de marzo)—, por el RD 2.273/1985, de 4 de diciembre (*BOE* de 9 de diciembre), por el que se aprueba el Reglamento de los Centros Especiales de Empleo, teniendo en cuenta que el capítulo VII de este último ha sido derogado por el RDL 818/2021, de 28 de septiembre (*BOE* de 29 de septiembre). V. RD 290/2004, de 20 de febrero (*BOE* de 21 de febrero), por el que se regulan los enclaves laborales como medida de fomento del empleo de las personas con discapacidad, teniendo en cuenta que sus arts. 12 y 13 han sido derogados por el RDL 3/2011, de 18 de febrero (*BOE* de 19 de febrero). Sobre las modalidades de contratación laboral en los Centros Especiales de Empleo, v. disp. adic. 8.ª de la Ley 43/2006, de 29 de diciembre (*BOE* de 30 de diciembre); RD 357/2006, de 24 de marzo (*BOE* de 7 de abril), por el que se regula la concesión directa de determinadas subvenciones en los ámbitos del empleo y de la formación profesional ocupacional; disp. adic. 5.ª del texto refundido de la Ley de Contratos del Sector Público, aprobado por RD Legislativo 3/2011, de 14 de noviembre (*BOE* de 16 de noviembre), sobre contratos reservados a los Centros Especiales de Empleo. V. notas a los arts. 17.2 y 17.3, párr. 2.º Para las subvenciones por mantenimiento de empleo a los Centros especiales de empleo, v. art. 8 de la Ley 27/2009, de 30 de diciembre (*BOE* de 31 de diciembre). V. Convenio OIT n.º 159, sobre la readaptación profesional y el empleo de personas inválidas, ratificado por España por Instrumento de 17 de julio de 1990 (*BOE* de 23 de noviembre).

²⁰ Esta letra *h*), y con ella la relación laboral especial de los estibadores portuarios, queda suprimida por medio del RD-Ley 8/2017, de 12 de mayo (*BOE* de 12 de mayo), por el que se modifica el régimen de los trabajadores para la prestación del servicio

j) La de residencia para la formación de especialistas en Ciencias de la Salud[22].

k) La de los abogados que prestan servicios en despachos

de abogados, individuales o colectivos[23].

l) Cualquier otro trabajo que sea expresamente declarado como relación laboral

---

portuario de manipulación de mercancías dando cumplimiento a la Sentencia del Tribunal de Justicia de la Unión Europea de 11 de diciembre de 2014, recaída en el asunto C-576/13 (procedimiento de infracción 2009/4052), modificado por la Ley 6/2018, de Presupuestos Generales del Estado para 2018, disp. final 43.ª y por el RDL 9/2019, de 29 de marzo (*BOE* de 30 de marzo). RD 257/2019, de 12 de abril (*BOE* de 13 de abril), por el que se establecen las normas para la concesión de ayudas especiales para la adaptación del sector de la estiba portuaria. Para la actuación en este ámbito de las empresas de trabajo temporal y su modalidad especial de los centros portuarios de empleo, v. arts. 18 ss. Ley 14/1994, de 1 de junio (*BOE* de 2 de junio), que regula las empresas de trabajo temporal, conforme al RD-Ley 9/2019, de 29 de marzo, modificado por el RD-Ley 4/2022, de 25 de febrero. V. Convenios n.º 137 OIT, ratificado por España por Instrumento de 22 de marzo de 1975 (*BOE* de 22 de marzo de 1977), sobre trabajo portuario, y n.º 152, ratificado por España por Instrumento de 13 de febrero de 1982 (*BOE* de 10 de diciembre), sobre seguridad e higiene en los trabajos portuarios. V. STC 183/2007, de 10 de septiembre (*BOE* de 16 de octubre), sobre indicios de discriminación contra un dirigente sindical por parte de otro sindicato, impidiendo su contratación por una sociedad estatal de estiba y desestiba.

[21] V. art. 39 de la Ley 53/2002, de 30 de diciembre (*BOE* de 31 de diciembre); LO 5/2000, de 12 de enero, reguladora de la responsabilidad penal de los menores sometidos a la ejecución de medidas de internamiento.

[22] RD 1.146/2006, de 6 de octubre (*BOE* de 7 de octubre), por el que se regula la relación laboral especial de residencia para la formación de especialistas en Ciencias de la Salud.

[23] Desarrollado por RD 1.331/2006, de 17 de noviembre (*BOE* de 18 de noviembre), por el que se regula la relación laboral de carácter especial de los abogados que prestan servicios en despachos de abogados, individuales o colectivos.

Según la disp. adic. 1.ª1 de la Ley 22/2005, de 18 de noviembre (*BOE* de 19 de noviembre):

«1. La actividad profesional de los abogados que prestan servicios retribuidos, por cuenta ajena y dentro del ámbito de organización y dirección del titular de un despacho de abogados, individual o colectivo, tendrá consideración de relación laboral de carácter especial, y ello sin perjuicio de la libertad e independencia que para el ejercicio de dicha actividad profesional reconocen las leyes o las normas éticas o deontológicas que resulten de aplicación.

»No se considerarán incluidos en el ámbito de la relación laboral que se establece en esta disposición, los abogados que ejerzan la profesión por cuenta propia, individualmente o asociados con otros. Asimismo, tampoco estarán incluidas las colaboraciones que se concierten entre abogados cuando se mantenga la independencia de los respectivos despachos.

»En los términos establecidos en el artículo 11 del Estatuto de los Trabajadores, texto refundido aprobado por Real Decreto Legislativo 1/1995, de 24 de marzo, se podrán concertar contratos de trabajo en prácticas.

de carácter especial por una ley[24].

2. En todos los supuestos señalados en el apartado anterior, la regulación de dichas relaciones laborales respetará los derechos básicos reconocidos por la Constitución[25].

Art. 3.º *Fuentes de la relación laboral.*—1. Los derechos y obligaciones concernientes a la relación laboral se regulan[26]:

a) Por las disposiciones legales y reglamentarias del Estado[27].

---

[24] Para otros regímenes singulares, que formalmente no son calificados como relaciones laborales especiales, v. RD 2.205/1980, de 13 de junio (*BOE* de 18 de octubre; anexos de 23 de octubre; corrección de errores de 17 de noviembre), sobre relaciones de trabajo del personal civil no funcionario de establecimientos militares; RD 144/1981, de 23 de enero (*BOE* de 3 de febrero), sobre aplicación del RD de 13 de junio de 1980 al personal español destinado en donde haya sido autorizado el uso y entretenimiento de facilidades para fines militares al Gobierno de los EEUU. Según la disp. adic. 3.ª de la LO 11/1985, de 2 de agosto (*BOE* de 8 de agosto), de Libertad Sindical, conforme a la redacción incorporada por la disp. final 2.ª de la LO 9/2011, de 27 de julio (*BOE* de 28 de julio), de derechos y deberes de los miembros de la Fuerzas Armadas, «El personal civil que ejerza el derecho reconocido en el artículo 2.1.*d*) en unidades, buques y demás establecimientos militares deberá tener en cuenta y respetar el principio de neutralidad política y sindical de los miembros de las Fuerzas Armadas y ajustarse a las normas sobre actividad sindical de los empleados públicos». V. STC 101/1991, de 13 de mayo (*BOE* de 18 de junio), sobre constitucionalidad de esta disp. adic. 3.ª conforme a la regulación anterior en la versión originaria de la Ley Orgánica de Libertad Sindical.

Asimismo, v. Ley 5/2014, de 4 de abril (*BOE* de 5 de abril), de Seguridad Privada; arts. 156 ss. de la Ley 14/2014, de 24 de julio (*BOE* de 25 de julio), de Navegación Marítima.

V. art. 1.º C.c. Para los tratados internacionales, v. arts. 93 a 96 CE; Ley 25/2014, de 27 de noviembre (*BOE* de 28 de noviembre), de Tratados y acuerdos internacionales. V. STC 180/1993, de 31 de mayo (*BOE* de 5 de julio), en relación con la aplicación de las directivas comunitarias.

[25] Para la aplicación a las relaciones especiales los topes en la cuantía de los salarios en especie en relación con el salario mínimo, v. art. 26.1 ET.

[26] V. art. 1.º C.c. Para los tratados internacionales, v. arts. 93 a 96 CE; Ley 25/2014, de 27 de noviembre (*BOE* de 28 de noviembre), de Tratados y acuerdos internacionales. V. STC 180/1993, de 31 de mayo (*BOE* de 5 de julio), en relación con la aplicación de las directivas comunitarias.

[27] Para las reservas de Ley Orgánica y Ley Ordinaria en materia laboral, v., entre otros, arts. 24, 25, 27, 28, 35, 37, 53 y 81 CE.

Para el reparto competencial entre el Estado y las Comunidades Autónomas en materia laboral, art. 149.1.7.ª CE:

«El Estado tiene competencia exclusiva sobre las siguientes materias:

»[...]

»7.ª Legislación laboral, sin perjuicio de su ejecución por los órganos de las Comunidades Autónomas.»

Sobre el alcance de este apartado, SSTC 33/1981, de 5 de noviembre (*BOE* de 19 de noviembre), sobre competencia autonómica en materia de huelgas que afectan a servicios esenciales de la comunidad; 18/1982, de 4 de mayo (*BOE* de 18 de mayo), sobre inclusión de la potestad reglamentaria en el término legislación laboral y sobre competencia autonómica de los aspectos de organización interna de la Administración: 35/1982, de 14 de junio (*BOE* de 28 de junio), sobre competencia autonómica en materia de contrato de trabajo; 48/1982, de 12 de julio (*BOE* de 4 de agosto), y 85/1982, de 23 de diciembre (*BOE* de 15 de enero de 1983), sobre competencia autonómica en materia de registro de convenios colectivos; 39/1982, de 30 de junio (*BOE* de 16 de julio), sobre competencia autonómica en materia de información de los representantes de los trabajadores; 7/1985, de 25 de enero (*BOE* de 12 de febrero), sobre competencia estatal en materia de desarrollo reglamentario de fiestas y competencia autonómica en materia de calendario laboral; 17/1986, de 4 de febrero (*BOE* de 5 de marzo), sobre competencia de las Comunidades Autónomas en materias asignadas a la Comisión Consultiva Nacional de Convenios Colectivos; 249/1988, de 20 de diciembre (*BOE* de 19 de enero de 1989), sobre competencia estatal de desarrollo reglamentario en materia de infracciones y sanciones administrativas; 86/1991, de 25 de abril (*BOE* de 29 de mayo), y 102/1991, de 13 de mayo (*BOE* de 18 de junio), sobre competencia autonómica en materia de extensión de convenios colectivos; 360/1993, de 3 de diciembre (*BOE* de 29 de diciembre), sobre competencia estatal en materia de causas de extinción contractual; 13/1992, de 6 de febrero (*BOE* de 3 de marzo), y 68/1996, de 18 de abril (*BOE* de 21 de mayo), sobre regulación y gestión de subvenciones públicas; 194/1994, de 28 de junio (*BOE* de 26 de julio), y 43/1996, de 14 de marzo (*BOE* de 17 de abril), sobre proclamación de resultados electorales; 195/1996, de 28 de noviembre (*BOE* de 3 de enero de 1997), sobre competencia autonómica en materia de ejercicio de la potestad administrativa de sancionar en el ámbito laboral y no de gestión económica de la Seguridad Social; 233/1997, de 18 de diciembre (*BOE* de 21 de enero de 1998), sobre competencia estatal en la fijación de servicios mínimos en huelgas de estibadores en puertos de interés general; 95/2002, de 25 de abril (*BOE* de 22 de mayo), sobre competencia autonómica en materia de gestión de Formación Profesional continua de trabajadores ocupados; 190/2002, de 17 de octubre (*BOE* de 22 de noviembre); 228/2003 y 230/2003, de 18 de diciembre (*BOE* de 20 de enero de 2004), sobre idéntica materia a la anterior; 158/2004, de 23 de septiembre (*BOE* de 22 de octubre), sobre idéntica materia a la anterior; 51/2006, de 18 de febrero (*BOE* de 16 de marzo), sobre competencia autonómica en materia de expediente sancionador por parte de la administración laboral; 194/2011, de 13 de diciembre (*BOE* de 11 de enero de 2012), sobre reparto competencial en materia de ejecución de la legislación laboral en relación con empresas que cuenten con varios centros de trabajo y la resolución administrativa pudiera tener impacto supraautonómico; 111/2012, de 24 de mayo (*BOE* de 20 de junio), sobre reparto competencial en materia de desarrollo reglamentario de la Ley Orgánica de cualificaciones y de la formación profesional; 244/2012, de 18 de diciembre (*BOE* de 22 de enero de 2013), 35/2013 y 37/2013, de 14 de febrero (*BOE* de 12 de marzo), 62/2013 y 65/2013, de 14 de marzo (*BOE* de 10 de abril), sobre competencia estatal en materia de regulación del subsistema de formación profesional continua; 95/2013, de 22 de abril (*BOE* de 23 de mayo), sobre competencia autonómica en materia de acciones de formación continua en las empresas; 124/2013, de 23 de mayo (*BOE* de 18 de junio), sobre competencia autonómica en la fijación de servicios esenciales para la comunidad en caso de huelga por quien ostenta la competencia sobre el aeropuerto correspondiente; 22/2014, de 13 de febrero (*BOE* de 11 de marzo), sobre constitucionalidad de los preceptos relativos a la política y ejecución de la política de empleo contemplados en la Ley 53/2003, de 16 de diciembre, de empleo; 27/2014, de 13 de febrero (*BOE* de 11 de marzo), sobre nulidad del precepto reglamentario que atribuye al Servicio Público de Empleo Estatal la competencia para autorizar y evaluar

b) Por los convenios colectivos[28].

c) Por la voluntad de las partes, manifestada en el contrato de trabajo, siendo su objeto lícito y sin que en ningún caso puedan establecerse en perjuicio del trabajador condiciones menos favorables o contrarias a las disposiciones legales y convenios colectivos antes expresados[29].

d) Por los usos y costumbres locales y profesionales[30].

2. Las disposiciones legales y reglamentarias se aplicarán con sujeción estricta al principio de jerarquía normativa. Las disposiciones reglamentarias desarrollarán los preceptos que establecen las normas de rango superior, pero no podrán establecer condiciones de trabajo

---

las actividades formativas que se realicen en diversas Comunidades Autónomas; 198/2015, de 24 de septiembre (*BOE* de 30 de octubre), sobre competencia estatal en materia de asesoramiento técnico a empresas de hasta 25 trabajadores sobre prevención de riesgos laborales; 119/2016, de 23 de junio (*BOE* de 28 de julio), sobre competencia estatal en materia de bases del régimen retributivo de los empleados públicos y del régimen del crédito horario sindical de laborales y funcionarios; 99/2016, de 25 de mayo, ECLI:ES:TC:2016:99, 158/2016, de 22 de septiembre (*BOE* de 31 de octubre) y 142/2017, de 12 de diciembre (*BOE* de 17 de enero de 2017), sobre competencia estatal en materia de jornada laboral de los empleados públicos (funcionarios y laborales), así como de la prolongación de la permanencia en el servicio activo de funcionarios y estatutarios; 159/2016, de 22 de septiembre (*BOE* de 31 de octubre), sobre competencia estatal en materia de igualdad efectiva entre mujeres y hombres en el ámbito de las relaciones laborales; 100/2017, de 20 de julio (*BOE* de 11 de agosto), sobre competencia autonómica en materia de gestión de ayudas económicas al programa de recualificación profesional; 156/2017, de 21 de diciembre (*BOE* de 17 de enero de 2018), sobre competencia autonómica en materia de gestión de ayudas económicas al programa de activación para el empleo; 71/2018, de 21 de junio (*BOE* de 25 de julio), ECLI:ES:TC:2018:71, sobre nulidad de la atribución a la Administración del Estado del ejercicio de potestades ejecutivas relativas a la financiación de programas formativos que incluyan compromisos de contratación y para nuevas funciones encomendadas a los agentes sociales; 69/2018, de 21 de junio (*BOE* de 25 de julio), ECLI:ES:TS:2018:69, sobre nulidad de la atribución a la Administración de Estado de la competencia en materia de autorización administrativa previa a la constitución de empresas de trabajo temporal y de recepción de la declaración responsable para actuar como agencias de colocación; 127/2019, de 31 de octubre, ECLI:ES:TC:2019:127, sobre constitucionalidad de la suspensión temporal por parte de la autoridad autonómica de acuerdos previos firmados entre esta y las representaciones sindicales en materias de acción social; 177/2019, de 18 de diciembre, sobre competencia estatal en la fijación de la edad de jubilación obligatoria del personal estatutario y laboral al servicio de las Administraciones Públicas.

[28] V. arts. 82 ss. ET.

[29] V. art. 3.º5 ET.

[30] V. arts. 20.2, 29.1, 41, 49.1.*d*) y 54.2.*e*) ET; STC 179/1987, de 30 de octubre, sobre la modulación del poder de dirección del empleador por parte de los usos y costumbres profesionales.

distintas a las establecidas por las leyes a desarrollar[31].

3. Los conflictos originados entre los preceptos de dos o más normas laborales, tanto estatales como pactadas, que deberán respetar en todo caso los mínimos de derecho necesario, se resolverán mediante la aplicación de lo más favorable para el trabajador apreciado en su conjunto, y en cómputo anual, respecto de los conceptos cuantificables[32].

4. Los usos y costumbres sólo se aplicarán en defecto de disposiciones legales, convencionales o contractuales, a no ser que cuenten con una recepción o remisión expresa.

5. Los trabajadores no podrán disponer válidamente, antes o después de su adquisición, de los derechos que tengan re-

conocidos por disposiciones legales de derecho necesario. Tampoco podrán disponer válidamente de los derechos reconocidos como indisponibles por convenio colectivo[33].

SECCIÓN 2.ª

*Derechos y deberes
laborales básicos*

Art. 4.º *Derechos laborales*[34].—1. Los trabajadores tienen como derechos básicos, con el contenido y alcance que para cada uno de los mismos disponga su específica normativa, los de:

a) Trabajo y libre elección de profesión u oficio[35].

b) Libre sindicación[36].

---

[31] V. arts. 9.º3 CE y 1.º1 del Código Civil. Para la regulación de condiciones por rama de actividad, v. disp. adic. 7.ª ET. Para la aprobación de un posible Código de Trabajo, v. disp. adic. 8.ª ET.

[32] Para los conflictos de concurrencia entre convenios colectivos, v. arts. 83 y 84 ET.

[33] Art. 246 de la Ley 36/2011, de 10 de octubre (*BOE* de 11 de octubre), Reguladora de la Jurisdicción Social: «1. Se prohíbe la renuncia de los derechos reconocidos por sentencias favorables al trabajador, sin perjuicio de la posibilidad de transacción dentro de los límites legalmente establecidos.»

[34] Los incumplimientos de este precepto son calificados como infracciones graves por el art. 7.º10 LISOS [RD Legislativo 5/2000, de 4 de agosto (*BOE* de 8 de agosto)].

[35] Art. 35.1 CE: «Todos los españoles tienen el deber de trabajar y el derecho al trabajo, a la libre elección de profesión u oficio, a la promoción a través del trabajo y a una remuneración suficiente para satisfacer sus necesidades y las de su familia, sin que en ningún caso pueda hacerse discriminación por razón de sexo.» V. Directiva 2005/36/CE, de 7 de septiembre (*DOUE* de 30 de septiembre), relativa al reconocimiento de cualificaciones profesionales.

[36] Art. 28.1 CE: «Todos tienen derecho a sindicarse libremente. La Ley podrá limitar o exceptuar el ejercicio de este derecho a las Fuerzas o Institutos armados o a los demás cuerpos sometidos a disciplina militar y regulará las peculiaridades de su ejercicio para los funcionarios públicos. La libertad sindical comprende el derecho a

fundar sindicatos y a afiliarse al de su elección, así como el derecho de los sindicatos a formar confederaciones y a fundar organizaciones sindicales internacionales o afiliarse a las mismas. Nadie podrá ser obligado a afiliarse a un sindicato.» Asimismo, v. arts. 7.º, 103.3 y 127 CE. Preceptos desarrollados por la LO 11/1985, de 2 de agosto (*BOE* de 8 de agosto), de Libertad Sindical, modificada por la LO 9/2011, de 27 de julio (*BOE* de 28 de julio):

«TÍTULO PRIMERO.   De la libertad sindical.

»*Art. 1.º*   1.   Todos los trabajadores tienen derecho a sindicarse libremente para la promoción y defensa de sus intereses económicos y sociales.

»2.   A los efectos de esta Ley, se consideran trabajadores tanto aquellos que sean sujetos de una relación laboral como aquellos que lo sean de una relación de carácter administrativo o estatutario al servicio de las Administraciones Públicas.

»3.   Quedan exceptuados del ejercicio de este derecho los miembros de las Fuerzas Armadas y de los Institutos Armados de carácter militar.

»4.   De acuerdo con lo dispuesto en el artículo 127.1 de la Constitución, los Jueces, Magistrados y Fiscales no podrán pertenecer a sindicato alguno mientras se hallen en activo.

»5.   El ejercicio de derecho de sindicación de los miembros de Cuerpos y Fuerzas de Seguridad que no tengan carácter militar, se regirá por su normativa específica, dado el carácter armado y la organización jerarquizada de estos Institutos.

»*Art. 2.º*   1.   La libertad sindical comprende:

»*a)*   El derecho a fundar sindicatos sin autorización previa, así como el derecho a suspenderlos o a extinguirlos, por procedimientos democráticos.

»*b)*   El derecho del trabajador a afiliarse al sindicato de su elección con la sola condición de observar los estatutos del mismo o a separarse del que estuviese afiliado, no pudiendo nadie ser obligado a afiliarse a un sindicato.

»*c)*   El derecho de los afiliados a elegir libremente a sus representantes dentro de cada sindicato.

»*d)*   El derecho a la actividad sindical.

»2.   Las organizaciones sindicales en el ejercicio de la libertad sindical, tienen derecho a:

»*a)*   Redactar sus estatutos y reglamento, organizar su administración interna y sus actividades y formular su programa de acción.

»*b)*   Constituir federaciones, confederaciones y organizaciones internacionales, así como afiliarse a ellas y retirarse de las mismas.

»*c)*   No ser suspendidas ni disueltas sino mediante resolución firme de la Autoridad Judicial, fundada en incumplimiento grave de las Leyes.

»*d)*   El ejercicio de la actividad sindical en la empresa o fuera de ella, que comprenderá, en todo caso, el derecho a la negociación colectiva, el ejercicio del derecho de huelga, al planteamiento de conflictos individuales y colectivos y a la presentación de candidaturas para la elección de Comités de Empresa y Delegados de Personal, y de los correspondientes órganos de las Administraciones Públicas, en los términos previstos en las normas correspondientes.

»*Art. 3.º*   1.   No obstante lo dispuesto en el artículo 1.º2, los trabajadores por cuenta propia que no tengan trabajadores a su servicio, los trabajadores en paro y los que hayan cesado en su actividad laboral, como consecuencia de su incapacidad o jubilación, podrán afiliarse a las organizaciones sindicales constituidas con arreglo a lo expuesto en la presente Ley, pero no fundar sindicatos que tengan precisamente por objeto la tutela de sus intereses singulares, sin perjuicio de su capacidad para constituir asociaciones al amparo de la legislación específica.

»2.   Quienes ostenten cargos directivos o de representación en el sindicato en que estén afiliados, no podrán desempeñar, simultáneamente, en las Administraciones Públicas cargos de libre designación de categoría de Director General o asimilados, así como cualquier otro de rango superior.

»TÍTULO II.   Del régimen jurídico sindical.

»*Art. 4.º*   1.   Los sindicatos constituidos al amparo de esta Ley, para adquirir la personalidad jurídica y plena capacidad de obrar, deberán depositar, por medio de sus promotores o dirigentes sus estatutos en la oficina pública establecida al efecto.

»2.   Las normas estatutarias contendrán al menos:

»*a*)   La denominación de la organización que no podrá coincidir ni inducir a confusión con otra legalmente registrada.

»*b*)   El domicilio y ámbito territorial y funcional de actuación del sindicato.

»*c*)   Los órganos de representación, gobierno y administración y su funcionamiento, así como el régimen de provisión electiva de sus cargos, que habrán de ajustarse a principios democráticos.

»*d*)   Los requisitos y procedimientos para la adquisición y pérdida de la condición de afiliados, así como el régimen de modificación de estatutos, de fusión y disolución del sindicato.

»*e*)   El régimen económico de la organización que establezca el carácter, procedencia y destino de sus recursos, así como los medios que permitan a los afiliados conocer la situación económica.

»3.   La oficina pública dispondrá en el plazo de diez días, la publicidad del depósito, o el requerimiento a sus promotores, por una sola vez, para que en el plazo máximo de otros diez días subsanen los defectos observados. Transcurrido este plazo, la oficina pública dispondrá la publicidad o rechazará el depósito mediante resolución exclusivamente fundada en la carencia de alguno de los requisitos mínimos a que se refiere el número anterior.

»4.   La oficina pública dará publicidad al depósito en el tablón de anuncios de la misma, en el *Boletín Oficial del Estado* y, en su caso, en el *Boletín Oficial* correspondiente indicando, al menos, la denominación, el ámbito territorial y funcional, la identificación de los promotores y firmantes del acta de constitución del sindicato.

»La inserción en los respectivos Boletines será dispuesta por la oficina pública en el plazo de diez días y tendrá carácter gratuito.

»5.   Cualquier persona estará facultada para examinar los estatutos depositados, debiendo además la oficina facilitar a quien así lo solicite, copia autentificada de los mismos.

»6.   Tanto la Autoridad pública, como quienes acrediten un interés directo, personal y legítimo, podrán promover ante la Autoridad Judicial la declaración de no conformidad a derecho de cualesquiera estatutos que hayan sido objeto de depósito y publicación.

»7.   El sindicato adquirirá personalidad jurídica y plena capacidad de obrar, transcurridos veinte días hábiles desde el depósito de los estatutos.

»8.   La modificación de los estatutos de sus organizaciones sindicales ya constituidas se ajustará al mismo procedimiento de depósito y publicidad regulado en este artículo.

»*Art. 5.º*   1.   Los sindicatos constituidos al amparo de la presente Ley responderán por los actos o acuerdos adoptados por sus órganos estatutarios en la esfera de sus respectivas competencias.

»2.   El sindicato no responderá por actos individuales de sus afiliados, salvo que aquéllos se produzcan en el ejercicio regular de las funciones representativas o se pruebe que dichos afiliados actuaban por cuenta del sindicato.

»3.   Las cuotas sindicales no podrán ser objeto de embargo.

»4.   Los sindicatos constituidos al amparo de esta Ley podrán beneficiarse de las exenciones y bonificaciones fiscales que legalmente se establezcan.

»*Disposición adicional.* Los órganos de representación, gobierno y administración de los sindicatos constituidos al amparo de esta ley se nombrarán atendiendo al principio de representación paritaria y presencia equilibrada entre mujeres y hombres, de tal manera que las personas de cada sexo no superen el sesenta por ciento ni sean menos del cuarenta por ciento.

»Si el porcentaje de miembros del sexo menos representado no alcanza el cuarenta por ciento se proporcionará una explicación motivada de las causas, así como de las medidas adoptadas para alcanzar ese porcentaje.» Disposición adicional conforme a la Ley orgánica 2/2024, de 1 de agosto (*BOE* de 2 de agosto), de representación paritaria y presencia equilibrada de mujeres y hombres.

Otros artículos de esta Ley aparecen transcritos en las notas a los arts. 17.1, 61, 85.1 y 87.2.*b*). Ley declarada íntegramente constitucional por la STC 98/1985, de 29 de julio (*BOE* de 14 de agosto). Asimismo, SSTC 101/1991, de 13 de mayo (*BOE* de 18 de junio), sobre constitucionalidad de su disp. adic. 3.ª conforme a su redacción original, y 173/1992, de 29 de octubre (*BOE* de 1 de diciembre), sobre constitucionalidad de su art. 10.1.

V. RD 416/2015, de 29 de mayo (*BOE* de 20 de junio), sobre depósito de las organizaciones sindicales y empresariales.

V. también arts. 167 ss. de la Ley 36/2011, de 10 de octubre (*BOE* de 11 de octubre), Reguladora de la Jurisdicción Social; Ley 4/1986, de 8 de enero (*BOE* de 14 de enero), de Cesión de bienes del Patrimonio Sindical acumulado, modificada por el art. 129 de la Ley 37/1988, de 28 de diciembre (*BOE* de 29 de diciembre), de Presupuestos Generales del Estado para 1989, y RDL 13/2005, de 28 de octubre (*BOE* de 3 de noviembre), si bien este último fue declarado inconstitucional por la STC 125/2016, de 7 de julio (*BOE* de 10 de agosto), aunque sin impacto práctico por cuanto que al propio tiempo se garantiza la intangibilidad de las situaciones ya consolidadas afectando sólo a nuevos supuestos o procedimientos administrativos ya impensables; RD 1.671/1986, de 1 de agosto (*BOE* de 8 de agosto), por el que se aprueba el Reglamento de la Ley anterior; LO 9/2011, de 27 de julio (*BOE* de 28 de julio), de derechos y deberes de los miembros de la Fuerzas Armadas; V. LO 11/2007, de 22 de octubre, sobre derechos y deberes de los miembros de la Guardia Civil; arts. 18 y 19 de la Ley 20/2007, de 11 de julio, del Estatuto del trabajo autónomo (*BOE* de 12 de julio), desarrollado por el RD 197/2009, de 23 de febrero (*BOE* de 4 de marzo); art. 315 del Código Penal, trascrito en nota al art. 4.º1.*e*). Asimismo, Convenios de la OIT n.º 87, ratificado por España por Instrumento de 13 de abril de 1977 (*BOE* de 11 de mayo), relativo a la libertad sindical y a la protección del derecho de sindicación; n.º 98, ratificado por España por Instrumento de 13 de abril de 1977 (*BOE* de 10 de mayo), sobre el derecho de sindicación y de negociación colectiva, y n.º 151, ratificado por España por Instrumento de 22 de junio de 1984 (*BOE* de 12 de diciembre), sobre la protección del derecho de sindicación y los procedimientos para determinar las condiciones de empleo en la Administración Pública. Asimismo, SSTC de 23 de noviembre de 1981 (*BOE* de 22 de diciembre), sobre garantías a los candidatos a representantes de personal; 55/1983, de 29 de junio (*BOE* de 15 de julio), sobre discriminación sindical durante el empleo; 20/1985, de 14 de febrero (*BOE* de 5 de marzo), sobre discriminación a los sindicatos por el Estado con motivo de las subvenciones a éstos contenidas en los Presupuestos Generales del Estado; 26/1985, de 22 de febrero (*BOE* de 27 de marzo), sobre idéntica materia que la anterior; 72/1985, de 13 de junio (*BOE* de 17 de julio), sobre idéntica materia; 39/1986, de 31 de marzo (*BOE* de 9 de abril), sobre participación institucional de los sindicatos con ocasión de la creación de determinadas comisiones por el AES; 7/1990, de 18 de enero (*BOE* de 15 de febrero), y 22/1990, de 26 de febrero, sobre presencia de los sindicatos minoritarios en la Comisión Nacional y las Comisiones Provinciales de Elecciones Sindicales; 197/1991, de 29 de noviembre (*BOE* de 10 de enero de 1992), sobre libertad sindical en actos previos a las elecciones a representantes de los trabajadores; 52/1992, de 8 de abril (*BOE* de 13 de mayo), sobre exclusión de los empresarios del ámbito de la libertad sindical; 75/1992, de 14 de mayo (*BOE* de 16 de junio), sobre idéntica materia y acerca de la constitucionalidad de la Ley 4/1986, de 8 de enero, arts. 3.º y 5.º2, citada; 183/1992, de 16 de noviembre (*BOE* de 18 de diciembre), sobre presencia de sindicatos minoritarios en la comisión consultiva para la cesión del patrimonio sindical; 292/1993, de 18 de octubre (*BOE* de 9 de noviembre), sobre el derecho a negarse a comunicar al empresario la condición de afiliado a un sindicato como manifestación de la libertad ideológica; 273/1994, de 17 de octubre (*BOE* de 22 de noviembre), sobre ejercicio de acción sindical y conductas lícitas de presión sindical en la policía local; 67/1995, de 9 de mayo (*BOE* de 13 de junio), en relación con supuesta discriminación entre sindicatos en el nombramiento de consejeros de administración de una sociedad estatal; 85/1995, de 6 de junio (*BOE* de 8 de julio), en relación con supuesta sanción encubierta a un policía por su condición de dirigente sindical; 127/1995, de 25 de julio (*BOE* de 22 de agosto), en relación con idéntica materia a la anterior; 74/1996, de 30 de abril (*BOE* de 31 de mayo), sobre exclusión del comité de empresa de ámbito subjetivo de titularidad de la libertad sindical; 101/1996, de 11 de junio (*BOE* de 12 de julio), en relación con la legitimación procesal del sindicato en el orden contencioso-administrativo; 17/1996, de 7 de febrero (*BOE* de 2 de marzo), sobre remoción injustificada de puesto de libre designación; 168/1996, de 29 de octubre (*BOE* de 3 de diciembre), sobre derecho de reunión de la sección sindical y uso de tablón de anuncios; 27/1997, de 11 de febrero (*BOE* de 14 de marzo), relativa a la posible vulneración de la libertad sindical como consecuencia de la imposición judicialmente de una fianza que en la práctica pudiera paralizar la actividad sindical; 11/1998, de 13 de enero (*BOE* de 12 de febrero); 33 y 35/1998, de 11 de febrero (*BOE* de 17 de marzo); 45/1998, de 24 de febrero (*BOE* de 31 de marzo); 60/1998, de 16 de marzo (*BOE* de 22 de abril); 77/1998, de 31 de marzo (*BOE* de 6 de mayo), sobre discriminación salarial y profesional por ejercicio de cargo representativo sindical; 74/1998, de 31 de marzo (*BOE* de 6 de mayo); 94/1998, de 4 de mayo (*BOE* de 9 de junio), sobre vulneración de la libertad sindical por uso del conocimiento de la afiliación sindical, para presumir la participación en una huelga sin la debida comprobación; 145/1999, de 22 de julio (*BOE* de 26 de agosto), sobre facultad empresarial de requerir el número de afiliados a efectos de acreditar la implantación sindical; 265/2000, de 13 de noviembre (*BOE* de 14 de diciembre), sobre vulneración del derecho a la libertad sindical por denegación de puesto de trabajo porque el interesado ostenta la condición de «liberado sindical»; 308/2000, de 18 de diciembre (*BOE* de 16 de enero de 2001), sobre ausencia de indicios de prueba del carácter antisindical de una alteración de condiciones de trabajo justificada por la reducción de plantilla de un taller; 7/2001, de 15 de enero (*BOE* de 16 de febrero), sobre legitimación del sindicato para interponer recurso contencioso-administrativo frente al nombramiento de inspector-jefe de la Policía Local; 84/2001, de 26 de marzo (*BOE* de 1 de mayo), sobre legitimación procesal de un sindicato para recurrir en el orden contencioso-administrativo; 142/2001, de 18 de junio (*BOE* de 17 de julio), sobre ausencia de vulneración de la libertad sindical por falta de ocupación efectiva de una trabajadora que responde a motivos ajenos a su condición de representante sindical; 84/2002, de 22 de abril (*BOE* de 22 de mayo), sobre indicios razonables de marginación laboral de trabajadores por su condición de representantes sindicales; 188/2004, de 2 de noviembre (*BOE* de 2 de diciembre), sobre idéntica materia a la anterior; 114/2002, de 20 de mayo (*BOE* de 19 de junio), sobre legitimación sindical para impugnar judicialmente un cambio de puesto de trabajo si a consecuencia del mismo pudiera verse afectado su actividad sindical, 89/2003, de 19 de mayo (*BOE* de 10 de junio), sobre legitimación procesal de sindicato en proceso contencioso-administrativo contra prórroga de comisiones de servicios de ciertos funcionarios; 171/2003, de 24 de septiembre (*BOE* de 23 de octubre), sobre vulneración de la libertad sindical por cese en puesto de libre designación a resultas de la elección como presidente del comité de empresa; 185/2003, de 27 de octubre (*BOE* de 26 de noviembre), sobre anulación de sanción penal por ejercicio de la libertad de información en el ámbito de la acción sindical; 112/2004, de 12 de julio (*BOE* de 11 de agosto), sobre legitimidad procesal del sindicato en materia de potestad organizativa de la Administración optando por un sistema de subcontratación de la actividad; 142/2004, de 13 de septiembre (*BOE* de 14 de octubre), sobre legitimidad procesal del sindicato en materia de jornada de trabajo del personal médico; 198/2004, de 15 de noviembre (*BOE* de 21 de diciembre), sobre vulneración de la libertad sindical por distribuir anuncios en prensa y comunicados a clientes criticando a la empresa y anunciando movilizaciones; 17/2005, de 1 de febrero (*BOE* de 3 de marzo), sobre vulneración de la libertad sindical por indicios racionales de discriminación contra delegados de personal que atañe al sindicato al que pertenecen; 216/2005, de 12 de septiembre (*BOE* de 14 de octubre), sobre indicios racionales de discriminación sindical al cesar a un representante sindical de un puesto de libre designación; 234/2005, de 26 de septiembre (*BOE* de 28 de octubre), sobre inexistencia de vulneración de la libertad sindical por denegación de la prestación por desempleo a dirigentes sindicales; 241/2005, de 10 de octubre (*BOE* de 15 de noviembre), sobre vulneración de la libertad sindical por denegación de nombramiento en situación especial en activo, con pérdida retributiva, sufrida por un delegado sindical; 281/2005, de 7 de noviembre (*BOE* de 13 de diciembre), sobre uso del correo electrónico de propiedad de la empresa con fines de información sindical; 326/2005, de 12 de diciembre (*BOE* de 12 de enero de 2006), sobre menoscabo económico por razón de la actividad sindical; 3/2006, de 16 de enero (*BOE* de 15 de febrero), sobre menoscabo económico ajeno a la actividad sindical; 247/2006, de 24 de julio (*BOE* de 18 de agosto), sobre indemnización por vulneración de la libertad sindical; 227/2006, de 17 de julio (*BOE* de 18 de agosto), sobre vulneración de la libertad sindical por despido de delegado sindical por reunión con clientes de la empresa divulgando la conflictividad laboral interna; 168/2006, de 5 de junio (*BOE* de 7 de julio), sobre indicios de discriminación contra delegado sindical por cesar la relación laboral previa amortización de su puesto de trabajo; 202/2007, de 24 de septiembre (*BOE* de 31 de octubre), sobre legitimación procesal del sindicato en defensa y tutela de empleados; 207/2007, de 24 de septiembre (*BOE* de 31 de octubre), sobre menoscabo económico por razón de la actividad sindical al denegar un complemento de especial dedicación; 257/2007, de 17 de diciembre (*BOE* de 22 de enero de 2008), sobre menoscabo económico por razón de la actividad sindical al denegar un puesto de trabajo sin probar un detrimento de la eficacia de la Administración; 236/2007, de 7 de noviembre (*BOE* de 10 de diciembre); 259/2007, de 19 de diciembre, y 260/2007, de 20 de diciembre (*BOE* de 22 de enero de 2008), sobre derecho de sindicación de los trabajadores extranjeros sin permiso de estancia o residencia; 108/2008, de 22 de septiembre (*BOE* de 10 de octubre), sobre lesión de la libertad sindical en relación con la libertad de expresión por condena por injurias a un delegado sindical por la distribución de pasquines entre clientes criticando a la empresa por razón de un conflicto laboral; 152/2008, de 17 de noviembre (*BOE* de 12 de diciembre) y 96/2009, de 20 de abril (*BOE* de 23 de mayo), sobre derecho a formar confederaciones por parte de una federación de asociaciones de funcionarios a efectos de proclamación de elecciones sindicales; 118/2012, de 4 de junio (*BOE* de 4 de julio), sobre distribución irregular justificada del crédito sindical por razones objetivas derivadas de las cargas en la negociación colectiva; 89/2018, de 6 de septiembre, ECLI:ES:TC:2018:89, sobre vulneración de la libertad sindical por despido de un trabajador, miembro del comité de empresa, que asistió a un pleno municipal portando una careta y una camiseta con un lema crítico de la empresa y del ayuntamiento y que posteriormente participó en

c) Negociación colectiva[37].
d) Adopción de medidas de conflicto colectivo[38].
e) Huelga[39].
f) Reunión[40].

g) Información, consulta y participación en la empresa[41].

2. En la relación de trabajo, los trabajadores tienen derecho:

---

la rueda de prensa en la que anunció convocatoria de huelga; 22/2023, de 27 de marzo (*BOE* de 25 de abril), sobre vulneración de la libertad de expresión en relación con el derecho de libertad sindical por supeditación del derecho al uso de vivienda de un faro a la retractación de un comunicado crítico emitido por el sindicato.

[37] V. Título III ET.

[38] Art. 37.2 CE: «Se reconoce el derecho de los trabajadores y empresarios a adoptar medidas de conflicto colectivo. La ley que regule el ejercicio de este derecho, sin perjuicio de las limitaciones que pueda establecer, incluirá las garantías precisas para asegurar el funcionamiento de los servicios esenciales de la comunidad.»

V. arts. 85 y 91 y disp. adic. 13.ª ET, así como Acuerdo sobre Solución Autónoma de Conflictos Laborales (ASAC VI), de 26 de noviembre de 2020 (*BOE* de 23 de diciembre).

Parcialmente se refiere a este derecho el Título II del RDL 17/1977, de 4 de marzo (*BOE* de 9 de marzo), sobre Relaciones de Trabajo:

«TÍTULO II. Conflictos Colectivos de Trabajo.

»Capítulo I. *Disposiciones generales.*

»*Art. 17.* 1. La solución de situaciones conflictivas que afecten a intereses generales de los trabajadores podrá tener lugar por el procedimiento de conflicto Colectivo de Trabajo que se regula en este título.

»2. Cuando los trabajadores utilicen el procedimiento de Conflicto Colectivo de Trabajo no podrán ejercer el derecho de huelga.

»3. Declarada la huelga, podrán, no obstante, los trabajadores desistir de la misma y someterse al procedimiento de Conflicto Colectivo de Trabajo.

»*Art. 18.* 1. Sólo podrán instar la iniciación de Conflicto Colectivo de Trabajo:

»*a)* Los representantes de los trabajadores en el ámbito correspondiente al conflicto, por iniciativa propia o a instancia de sus representados.

»*b)* Los empresarios o sus representantes legales, según el ámbito del conflicto.

»2. Cuando el procedimiento de conflicto colectivo se inicie a instancia de los empresarios, y los trabajadores ejerzan el derecho de huelga, se suspenderá dicho procedimiento, archivándose las actuaciones.

»*Art. 19.* La competencia para conocer de los Conflictos Colectivos de Trabajo corresponde, según su naturaleza:

»*a)* Al Delegado de Trabajo de la provincia en que se plantea el conflicto. La Dirección de Trabajo será competente en los conflictos colectivos laborales que afecten a trabajadores de varias provincias.

»*b)* Al Orden Jurisdiccional laboral, de acuerdo con lo establecido en esta disposición y en la Ley de Procedimiento Laboral.

»*Art. 20.* No podrá plantearse Conflicto Colectivo de Trabajo para modificar lo pactado en Convenio Colectivo establecido por laudo.

»Capítulo II. *Procedimiento.*

»*Art. 21.* El planteamiento de Conflicto Colectivo de Trabajo se formalizará por escrito, firmado y fechado, en el que consten nombre, apellidos, domicilio y carácter de las personas que lo planteen y determinación de los trabajadores y empresarios afectados; hechos sobre los que verse el conflicto, peticiones concretas que se formulen, así como los demás datos que procedan.

»*Art. 22.*   El escrito a que se refiere el artículo anterior habrá de presentarse ante la Delegación de Trabajo de la provincia en que se plantee el conflicto. Cuando el conflicto afecte a trabajadores de varias provincias, dicho escrito será presentado ante la Dirección General de Trabajo.

»*Art. 23.*   En las veinticuatro horas siguientes al día de la presentación del escrito citado en el artículo 21, la Autoridad laboral remitirá copia del mismo a la parte frente a la que se plantee el conflicto y convocará a las partes de comparecencia ante ella, la que habrá de tener lugar dentro de los tres días siguientes.

»*Art. 24.*   En la comparecencia, la Autoridad laboral intentará la avenencia entre las partes. Los acuerdos serán adoptados por mayoría simple de las representaciones de cada una de las mismas. Dicho acuerdo tendrá la misma eficacia que lo pactado en Convenio Colectivo.

»Las partes podrán designar a uno o varios Árbitros. En tal caso, éstos, que cuando sean varios habrán de actuar conjuntamente, deberán dictar su laudo en el término de cinco días. La decisión que adopten tendrá la misma eficacia que si hubiera habido acuerdo entre las partes.

»*Art. 25.*   Si las partes no llegaran a un acuerdo, ni designasen a uno o varios Árbitros, la autoridad laboral procederá del siguiente modo:

»*a)*   Si el conflicto derivara de discrepancias relativas a la interpretación de una norma preexistente, estatal o convenida colectivamente, remitirá las actuaciones practicadas, con su informe, a la Magistratura de Trabajo, que procederá conforme a lo dispuesto en la Ley de Procedimiento Laboral.

»*b)*   [...].»

Las menciones a la Ley de Procedimiento Laboral han de entenderse referidas a la Ley 36/2011, de 10 de octubre (*BOE* de 11 de octubre), Reguladora de la Jurisdicción Social.

Se han omitido aquellos apartados declarados expresamente inconstitucionales por la STC de 11/1981, de 8 de abril (*BOE* de 25 de abril). V. también sentencias del mismo Tribunal 70/1982, de 29 de noviembre (*BOE* de 29 de diciembre), sobre legitimidad de los sindicatos para instar el procedimiento de conflictos colectivos de trabajo; 37/1983, de 11 de mayo (*BOE* de 20 de mayo), sobre idéntica materia; 59/1983, de 6 de julio (*BOE* de 9 de agosto), sobre legitimación del comité de empresa para instar el procedimiento; 74/1983, de 30 de julio (*BOE* de 18 de agosto), sobre idéntica materia que la precedente; 92/1988, de 23 de marzo (*BOE* de 15 de junio), sobre ejecución de las sentencias en procedimientos de conflictos colectivos; 3/1994, de 1 de enero (*BOE* de 17 de febrero), sobre relación entre proceso colectivo y subsiguiente individual.

La competencia ha sido transferida a gran número de Comunidades Autónomas: v. RRDD de transferencias citados en nota al art. 6.º4.

V. también arts. 153 ss. de la Ley 36/2011, de 10 de octubre (*BOE* de 11 de octubre), Reguladora de la Jurisdicción Social.

[39] Art. 28.2 CE: «Se reconoce el derecho a la huelga de los trabajadores para la defensa de sus intereses. La Ley que regule el ejercicio de este derecho establecerá las garantías precisas para asegurar el mantenimiento de los servicios esenciales de la comunidad.»

La regulación legal se encuentra desarrollada provisionalmente en el RDL 17/1977, de 4 de marzo (*BOE* de 9 de marzo), sobre Relaciones de Trabajo:

«TÍTULO I.   El derecho de huelga.

»Capítulo I.   *La huelga.*

»*Art. 1.º*   El derecho de huelga, en el ámbito de las relaciones laborales, podrá ejercerse en los términos previstos en este Real Decreto-Ley.

»*Art. 2.º*   Son nulos los pactos establecidos en contratos individuales de trabajo que contengan renuncias o cualquier otra restricción al derecho de huelga.

»*Art. 3.º*   1.   [...]

»2.   Están facultados para acordar la declaración de huelga:

»*a*)   Los trabajadores, a través de sus representantes. El acuerdo será adoptado, en reunión conjunta de dichos representantes, por decisión mayoritaria de los mismos. De la reunión [...] se levantará acta, que deberán firmar los asistentes.

»*b*)   Directamente los propios trabajadores del centro de trabajo, afectados por el conflicto [...]. La votación habrá de ser secreta y se decidirá por mayoría simple. El resultado de ésta se hará constar en acta.

»3.   El acuerdo de declaración de huelga habrá de ser comunicado al empresario o empresarios afectados y a la autoridad laboral por los representantes de los trabajadores.

»La comunicación de huelga deberá hacerse por escrito y notificada con cinco días naturales de antelación, al menos, a su fecha de iniciación, cuando el acuerdo de declaración de huelga lo adopten directamente los trabajadores mediante votación, el plazo de preaviso comenzará a contarse desde que los representantes de los trabajadores comuniquen al empresario la celebración de la misma.

»La comunicación de huelga habrá de contener los objetivos de ésta, gestiones realizadas para resolver las diferencias, fecha de su inicio y composición del comité de huelga.

»*Art. 4.º*   Cuando la huelga afecte a empresas encargadas de cualquier clase de servicios públicos, el preaviso del comienzo de huelga al empresario y a la autoridad laboral habrá de ser, al menos, de diez días naturales. Los representantes de los trabajadores deberán dar a la huelga, antes de su iniciación, la publicidad necesaria para que sea conocida por los usuarios del servicio.

»*Art. 5.º*   Sólo podrán ser elegidos miembros del comité de huelga trabajadores del propio centro de trabajo afectados por el conflicto.

»La composición del comité de huelga no podrá exceder de doce personas.

»Corresponde al comité de huelga participar en cuantas actuaciones sindicales, administrativas o judiciales se realicen para la solución del conflicto.

»*Art. 6.º*   1.   El ejercicio del derecho de huelga no extingue la relación de trabajo, ni puede dar lugar a sanción alguna, salvo que el trabajador, durante la misma, incurriera en falta laboral.

»2.   Durante la huelga se entenderá suspendido el contrato de trabajo y el trabajador no tendrá derecho a salario.

»3.   El trabajador en huelga permanecerá en situación de alta especial en la Seguridad Social, con suspensión de la obligación de cotización por parte del empresario y del propio trabajador. El trabajador en huelga no tendrá derecho a la prestación por incapacidad laboral transitoria.

»4.   Se respetará la libertad de trabajo de aquellos trabajadores que no quisieran sumarse a la huelga.

»5.   En tanto dure la huelga, el empresario no podrá sustituir a los huelguistas por trabajadores que no estuviesen vinculados a la empresa al tiempo de ser comunicada la misma, salvo en caso de incumplimiento de las obligaciones contenidas en el apartado número siete de este artículo.

»6.   Los trabajadores en huelga podrán efectuar publicidad de la misma, en forma pacífica, y llevar a efecto recogida de fondos sin coacción alguna.

»7.   El comité de huelga habrá de garantizar durante la misma la prestación de los servicios necesarios para la seguridad de las personas y de las cosas, mantenimiento de los locales, maquinaria, instalaciones, materias primas y cualquier otra atención que fuese precisa para la ulterior reanudación de las tareas de la empresa. Corresponde al empresario la designación de los trabajadores que deban efectuar dichos servicios.

»*Art. 7.º* 1. El ejercicio del derecho de huelga habrá de realizarse, precisamente, mediante la cesación de la prestación de servicios por los trabajadores afectados y sin ocupación por los mismos del centro de trabajo o de cualquiera de sus dependencias.

»2. Las huelgas rotatorias, las efectuadas por los trabajadores que presten servicios en sectores estratégicos con la finalidad de interrumpir el proceso productivo, las de celo o reglamento y, en general, cualquier forma de alteración colectiva en el régimen de trabajo distinta a la huelga, se considerarán actos ilícitos o abusivos.

»*Art. 8.º* 1. Los Convenios Colectivos podrán establecer normas complementarias relacionadas con los procedimientos de solución de los conflictos que den origen a la huelga, así como la renuncia, durante su vigencia, al ejercicio de tal derecho.

»2. Desde el momento del preaviso y durante la huelga, el Comité de huelga y el empresario, y en su caso los representantes designados por los distintos Comités de huelga y por los empresarios afectados, deberán negociar para llegar a un acuerdo, sin perjuicio de que en cualquier momento los trabajadores puedan dar por terminada aquélla. El pacto que ponga fin a la huelga tendrá la misma eficacia que lo acordado en Convenio Colectivo.

»*Art. 9.º* La Inspección de Trabajo podrá ejercer su función de mediación desde que se comunique la huelga hasta la solución del conflicto.

»*Art. 10.* El Gobierno, a propuesta del Ministerio de Trabajo, teniendo en cuenta la duración o las consecuencias de la huelga, las posiciones de las partes y el perjuicio grave de la economía nacional, podrá acordar [...] el establecimiento de un arbitraje obligatorio. El incumplimiento de este acuerdo podrá dar lugar a la aplicación de lo dispuesto en los artículos 15 y 16.

»Cuando la huelga se declare en empresas encargadas de la prestación de cualquier género de servicios públicos o de reconocida e inaplazable necesidad y concurran circunstancias de especial gravedad, la Autoridad gubernativa podrá acordar las medidas necesarias para asegurar el funcionamiento de los servicios. El Gobierno, asimismo, podrá adoptar a tales fines las medidas de intervención adecuadas.

»*Art. 11.* La huelga es ilegal:

»*a)* Cuando se inicie o sostenga por motivos políticos o con cualquier otra finalidad ajena al interés profesional de los trabajadores afectados.

»*b)* Cuando sea de solidaridad o apoyo, salvo que afecte al interés profesional de quienes la promuevan o sostengan.

»*c)* Cuando tenga por objeto alterar, dentro de su período de vigencia, lo pactado en un Convenio Colectivo o lo establecido por laudo.

»*d)* Cuando se produzca contraviniendo lo dispuesto en el presente Real Decreto-Ley, o lo expresamente pactado en Convenio Colectivo para la solución de conflictos.»

Se omiten aquellos apartados declarados expresamente inconstitucionales por la sentencia del Tribunal Constitucional de 11/1981, de 8 de abril (*BOE* de 25 de abril), teniendo en cuenta además que, según el fallo de dicha sentencia, «el ejercicio del derecho de huelga, que pertenece a los trabajadores, puede ser ejercitado por ellos personalmente, por sus representantes y por las organizaciones sindicales con implantación en el ámbito laboral al que la huelga se extienda»; «que el apartado 1.º del artículo 5.º no es inconstitucional referido a huelgas cuyo ámbito no exceda de un solo centro de trabajo pero que lo es, en cambio, cuando las huelgas comprendan varios centros de trabajo»; «que es inconstitucional el apartado 7.º del artículo 6.º en cuanto atribuye de manera exclusiva al empresario la facultad de designar los trabajadores que durante la huelga deban velar por el mantenimiento de los locales, maquinaria e instalaciones.»

Conforme al art. 173.3 de la Ley General de Seguridad Social [RDL 8/2015, de 30 de octubre (*BOE* de 31 de octubre)]: «Durante las situaciones de huelga y cierre patronal el trabajador no tendrá derecho a la prestación económica por incapacidad temporal.»

La sustitución empresarial de trabajadores huelguistas es calificada como infracción muy grave por el art. 8.º10 LISOS [RD Legislativo 5/2000, de 4 de agosto (*BOE* de 8 de agosto)].

Art. 315 del Código Penal:

«1. Serán castigados con las penas de prisión de seis meses a tres años y multa de seis a doce meses los que mediante engaño o abuso de situación de necesidad, impidieren o limitaren el ejercicio de la libertad sindical o el derecho de huelga.

»2. Si las conductas reseñadas en el apartado anterior se llevaren a cabo con fuerza, violencia o intimidación se impondrán las penas superiores en grado.»

V. también LO 2/1986, de 13 de marzo (*BOE* de 14 de marzo), de Fuerzas y Cuerpos de Seguridad (art. 6.º8). Asimismo, SSTC 26/1981, de 17 de julio (*BOE* de 13 de agosto); 33/1981, de 5 de noviembre (*BOE* de 19 de noviembre); 51/1986, de 24 de abril (*BOE* de 20 de mayo); 53/1986, de 5 de mayo (*BOE* de 20 de mayo); 27/1989, de 3 de febrero (*BOE* de 28 de febrero); 8/1992, de 16 de enero (*BOE* de 13 de febrero); 122 y 123/1990, de 2 de julio (*BOE* de 30 de julio); 362/1993, de 13 de diciembre (*BOE* de 19 de enero de 1994); todas ellas sobre mantenimiento de servicios mínimos en huelgas que afectan a servicios esenciales de la comunidad; 26/1986, de 19 de febrero (*BOE* de 21 de marzo), sobre ejercicio del derecho de huelga por el personal laboral dependiente de la Administración Militar; 13/1986, de 30 de enero (*BOE* de 12 de febrero), sobre notificación de huelgas sectoriales; 26/1981, de 17 de julio (*BOE* de 13 de agosto), sobre huelga en servicios esenciales de la comunidad; 72/1982, de 2 de diciembre (*BOE* de 29 de diciembre), sobre cierre patronal con ocasión de una huelga intermitente; 41/1984, de 21 de marzo (*BOE* de 25 de abril), sobre idéntica materia anterior; 120/1983, de 15 de diciembre (*BOE* de 11 de enero de 1984), sobre libertad de expresión durante el desarrollo de una huelga; 90/1984, de 5 de octubre (*BOE* de 31 de octubre), sobre retención de haberes a funcionarios durante el ejercicio del derecho de huelga; 254/1988, de 21 de diciembre (*BOE* de 23 de enero de 1989), sobre la actuación de los piquetes de huelga y el delito de coacciones del art. 496 del Código Penal; 126/1992, de 28 de septiembre (*BOE* de 29 de octubre), sobre adhesión intempestiva e irrazonable a una convocatoria de huelga; 123/1992, de 28 de septiembre (*BOE* de 29 de octubre), sobre sustitución interna de trabajadores durante la huelga; 36/1993, de 8 de febrero (*BOE* de 11 de marzo), sobre notificación de huelgas generales y licitud de las huelgas «políticas»; 148/1993, de 29 de abril (*BOE* de 28 de mayo), sobre suspensión judicial de resoluciones administrativas defijación de servicios mínimos; 189/1993, de 14 de junio (*BOE* de 19 de julio), sobre primas antihuelga; 332/1994 y 333/1994, de 19 de diciembre (*BOE* de 23 de enero de 1995), y 40/1995, de 13 de febrero (*BOE* de 18 de marzo), sobre despido de trabajadores por participación activa en huelga ilegal; 134/1994, de 9 de mayo (*BOE* de 13 de junio), sobre negativa del trabajador a transmitir opinión del empresario contraria a una huelga; 37/1998, de 17 de febrero (*BOE* de 17 de marzo), sobre vulneración del derecho de huelga como consecuencia de la toma de fotografías y filmación de piquetes que actuaban dentro de la legalidad; 233/1997, de 18 de diciembre (*BOE* de 21 de enero de 1998), sobre fijación de servicios mínimos en huelgas de estibadores portuarios en puertos de interés general; 11/1998, de 13 de enero (*BOE* de 12 de febrero), sobre descuento salarial por huelga de los trabajadores afiliados al sindicato convocante atendiendo a los datos que posee la empresa relativos al descuento por nómina de la cuota sindical; 37/1998, de 17 de febrero (*BOE* de 17 de marzo), sobre el carácter desproporcionado de fin perseguido de la filmación por la policía de la actuación de los piquetes huelguísticos; 66/2002, de 21 de marzo (*BOE* de 16 de abril), sobre vulneración del derecho de huelga por despido de trabajadores y contratación de eventuales con ocasión de convocatorias de huelga; 51/2003, de 17 de marzo (*BOE* de 16 de abril), sobre imposibilidad de deducir la renuncia al ejercicio de acciones judiciales por la firma de un pacto que pone fin a una huelga; 80/2005, de 6 de abril (*BOE* de 10 de mayo), sobre vulneración del derecho de huelga (fijación de servicios de mantenimiento y seguridad dirigidos a conservar el centro de trabajo abierto y en orden; derecho al trabajo de otros trabajadores); 183/2006, 184/2006 y 191/2006, de 19 de junio (*BOE* de 20 de julio), sobre fijación de servicios mínimos motivada pero excesivos en caso de servicios esenciales de la comunidad; 193/2006, de 19 de junio (*BOE* de 20 de julio), sobre lo anterior y sobre delegación de la facultad de determinar el personal mínimo necesario en la empresa, no en una autoridad gubernativa; 310/2006, de 23 de octubre (*BOE* de 28 de noviembre), y 36/2007, de 12 de febrero (*BOE* de 14 de marzo), sobre titular de la facultad de determinar el personal mínimo en caso de huelgas que afectan a servicios esenciales de la comunidad; 18/2007, de 12 de febrero (*BOE* de 14 de marzo), sobre sustitución de trabajadores en huelga no acreditada; 71/2007, de 16 de abril (*BOE* de 23 de mayo), sobre ausencia de vulneración del derecho de huelga por extinción contractual por falta de reincorporación del trabajador en huelga, tras desistir de una primera demanda de despido; 259/2007, de 19 de diciembre, y 260/2007, de 20 de diciembre (*BOE* de 22 de enero de 2008), sobre derecho de huelga de los trabajadores extranjeros sin permiso de trabajo; 75/2010 y 76/2010, de 19 de octubre (*BOE* de 19 de noviembre), y 98/2010 a 105/2010, 16 de noviembre (*BOE* de 17 de diciembre), sobre nulidad de un despido por vulneración del ejercicio del derecho de huelga en un contexto de descentralización productiva; 33/2011, de 28 de marzo (*BOE* de 28 de abril), sobre vulneración del derecho de huelga por utilización de personal directivo de la empresa para editar el periódico durante el desarrollo de una huelga; 104/2011, de 20 de junio (*BOE* de 19 de julio), sobre indebida condena por desobediencia a quien era miembro del comité de huelga que resulta desproporcionada y contraria al ejercicio del derecho a la huelga; 124/2013, de 23 de mayo (*BOE* de 18 de junio), sobre competencia autonómica en la fijación de servicios esenciales para la comunidad en caso de huelga por quien ostenta la competencia sobre el aeropuerto correspondiente; 45/2016, de 14 de marzo (*BOE* de 22 de abril), sobre selección personal por la dirección de la empresa de los asignados a cubrir los servicios mínimos con independencia de quienes decidan acudir al trabajo no participando en la huelga; 69/2016, de 14 de abril (*BOE* de 20 de mayo), sobre imputación de responsabilidad extracontractual de un líder de un piquete con ocasión de daños ocasionados en el marco de una huelga; 12/2018, de 8 de febrero (*BOE* de 8 de marzo), sobre información individual de un trabajador de los motivos de adhesión a una huelga.

Asimismo, v. art. 55.1 CE; LO 4/1981, de 1 de junio (*BOE* de 5 de junio), sobre estados de alarma, excepción y sitio, arts. 11, 12, 23 y 32; OM de 30 de abril 1977 (*BOE* de 16 de mayo), de desarrollo del ejercicio de derecho de huelga en materia de Seguridad Social; art. 8.º*a*) de la Ley de Empresas de Trabajo Temporal, transcrita en nota al art. 43.

[40] V. art. 21 CE; LO 9/1983, de 15 de julio (*BOE* de 18 de julio), reguladora del derecho de reunión; arts. 77 a 80 ET.

[41] V. Título II ET y notas al mismo. V. art. 20.2 RDL 12/2018, de 7 de septiembre (*BOE* de 8 de septiembre), por el que se sanciona con la nulidad cualquier represalia contra el trabajador que participe en la prestación de los servicios esenciales o digitales, que informe a las autoridades públicas sobre incidentes perturbadores de la ciberseguridad en las redes y sistemas de información.

a) A la ocupación efectiva[42].

b) A la promoción y formación profesional en el trabajo, incluida la dirigida a su adaptación a las modificaciones operadas en el puesto de trabajo, así como al desarrollo de planes y acciones formativas tendentes a favorecer su mayor empleabilidad[43].

c) A no ser discriminadas directa o indirectamente para el empleo o, una vez empleados, por razones de estado civil, edad dentro de los límites marcados por esta ley, origen racial o étnico, condición social, religión o convicciones, ideas políticas, orientación sexual, identidad sexual, expresión de género, características sexuales, afiliación o no a un sindicato, por razón de lengua dentro del Estado español, discapacidad, así como por razón de sexo, incluido el trato desfavorable dispensado a mujeres u hombres por el ejercicio de los derechos de conciliación o corresponsabilidad de la vida familiar y laboral[44].

---

[42] V. STC 84/2002, de 22 de abril (*BOE* de 22 de mayo), sobre vulneración de la libertad sindical por indicios racionales de marginación laboral.

[43] V. arts. 35.1 CE y 22 a 24 ET; LO 3/2022, de 31 de marzo (*BOE* de 1 de abril), de ordenación e integración de la Formación Profesional; Ley 30/2015, de 9 de septiembre (*BOE* de 10 de septiembre), por la que se regula el Sistema de Formación Profesional para el empleo en el ámbito laboral, modificada por el anterior Ley Orgánica; RD 1.128/2003, de 5 de septiembre (*BOE* de 17 de septiembre), por el que se regula dicho catálogo, modificado por RD 295/2004, de 20 de febrero (*BOE* de 9 de marzo); RD 1.416/2005, de 25 de noviembre (*BOE* de 3 de diciembre); RD 1.087/2005, de 16 de septiembre (*BOE* de 5 de octubre), por el que se establecen nuevas cualificaciones profesionales que se incluyen en el catálogo nacional; RD 1.228/2006, de 27 de octubre (*BOE* de 3 de enero de 2007), por el que se complementa el catálogo nacional de cualificaciones profesionales; RD 34/2008, de 18 de enero (*BOE* de 31 de enero), por el que se regulan los certificados de profesionalidad, modificado por el RD 1.675/2010, de 10 de diciembre (*BOE* de 31 de diciembre).

[44] Letra *c)* redactada conforme al Real Decreto-Ley 5/2023, de 28 de junio (*BOE* de 29 de junio). Ley 15/2022, de 12 de julio (*BOE* de 13 de julio), integral para la igualdad de trato y la no discriminación. Conforme a su artículo 6: «*Definiciones.*—1. Discriminación directa e indirecta.

»*a)* La discriminación directa es la situación en que se encuentra una persona o grupo en que se integra que sea, haya sido o pudiera ser tratada de manera menos favorable que otras en situación análoga o comparable por razón de las causas previstas en el apartado 1 del artículo 2.

»Se considerará discriminación directa la denegación de ajustes razonables a las personas con discapacidad. A tal efecto, se entiende por ajustes razonables las modificaciones y adaptaciones necesarias y adecuadas del ambiente físico, social y actitudinal que no impongan una carga desproporcionada o indebida, cuando se requieran en un caso particular de manera eficaz y práctica, para facilitar la accesibilidad y la participación y garantizar a las personas con discapacidad el goce o ejercicio, en igualdad de condiciones con las demás, de todos los derechos.

»*b)* La discriminación indirecta se produce cuando una disposición, criterio o práctica aparentemente neutros ocasiona o puede ocasionar a una o varias personas una desventaja particular con respecto a otras por razón de las causas previstas en el apartado 1 del artículo 2.

»2. Discriminación por asociación y discriminación por error.

»*a*) Existe discriminación por asociación cuando una persona o grupo en que se integra, debido a su relación con otra sobre la que concurra alguna de las causas previstas en el apartado primero del artículo 2 de esta ley, es objeto de un trato discriminatorio.

»*b*) La discriminación por error es aquella que se funda en una apreciación incorrecta acerca de las características de la persona o personas discriminadas.

»3. Discriminación múltiple e interseccional.

»*a*) Se produce discriminación múltiple cuando una persona es discriminada de manera simultánea o consecutiva por dos o más causas de las previstas en esta ley.

»*b*) Se produce discriminación interseccional cuando concurren o interactúan diversas causas de las previstas en esta ley, generando una forma específica de discriminación.

»*c*) En supuestos de discriminación múltiple e interseccional la motivación de la diferencia de trato, en los términos del apartado segundo del artículo 4, debe darse en relación con cada uno de los motivos de discriminación.

»*d*) Igualmente, en supuestos de discriminación múltiple e interseccional las medidas de acción positiva contempladas en el apartado 7 de este artículo deberán atender a la concurrencia de las diferentes causas de discriminación.

»4. Acoso discriminatorio.

»Constituye acoso, a los efectos de esta ley, cualquier conducta realizada por razón de alguna de las causas de discriminación previstas en la misma, con el objetivo o la consecuencia de atentar contra la dignidad de una persona o grupo en que se integra y de crear un entorno intimidatorio, hostil, degradante, humillante u ofensivo.

»5. Inducción, orden o instrucción de discriminar.

»Es discriminatoria toda inducción, orden o instrucción de discriminar por cualquiera de las causas establecidas en esta ley.

»La inducción ha de ser concreta, directa y eficaz para hacer surgir en otra persona una actuación discriminatoria.

»6. Represalias.

»A los efectos de esta ley se entiende por represalia cualquier trato adverso o consecuencia negativa que pueda sufrir una persona o grupo en que se integra por intervenir, participar o colaborar en un procedimiento administrativo o proceso judicial destinado a impedir o hacer cesar una situación discriminatoria, o por haber presentado una queja, reclamación, denuncia, demanda o recurso de cualquier tipo con el mismo objeto.

»Quedan excluidos de lo dispuesto en el párrafo anterior los supuestos que pudieran ser constitutivos de ilícito penal.

»7. Medidas de acción positiva.

»Se consideran acciones positivas las diferencias de trato orientadas a prevenir, eliminar y, en su caso, compensar cualquier forma de discriminación o desventaja en su dimensión colectiva o social. Tales medidas serán aplicables en tanto subsistan las situaciones de discriminación o las desventajas que las justifican y habrán de ser razonables y proporcionadas en relación con los medios para su desarrollo y los objetivos que persigan.»

Ley 15/2022 declarada íntegramente constitucional por la STC 89/2024, de 5 de junio (*BOE* de 8 de julio). V. arts. 27 a 37 de la Ley 62/2003, de 30 de diciembre, de medidas fiscales, administrativas y del orden social (*BOE* del 31).

V. arts. 17, 22, 23.2, 24.2 y 28 ET. Para el régimen específico de prohibición de discriminación por razón de sexo, v. Ley 3/2007, de 22 de marzo (*BOE* de 23 de marzo), modificada por RDL 6/2019, de 1 de marzo (*BOE* de 7 de marzo).

V. RD 1.971/1999, de 23 de diciembre (*BOE* de 26 de enero de 2000), sobre procedimiento para reconocimiento, declaración y calificación del grado de minus-

d) A su integridad física y a una adecuada política de prevención de riesgos laborales[45].

e) Al respeto de su intimidad y a la consideración debida a su dignidad, comprendida la protección frente al acoso por razón de origen racial o étnico, religión o convicciones, discapa- cidad, edad u orientación sexual, y frente al acoso sexual y al acoso por razón de sexo[46].

f) A la percepción puntual de la remuneración pactada o legalmente establecida[47].

g) Al ejercicio individual de las acciones derivadas de su contrato de trabajo[48].

---

valía, modificado por RD 1.169/2003, de 12 de septiembre (*BOE* de 4 de octubre); por RD 290/2004, de 20 de febrero (*BOE* de 21 de febrero); por RD 504/2007, de 20 de abril (*BOE* de 21 de abril), y por RD 1.856/2009, de 4 de diciembre (*BOE* de 26 de diciembre).

[45] V. arts. 15 y 40.2 CE y 18 y 19 ET, modificado por RD 1.169/2003, de 12 de septiembre (*BOE* de 4 de octubre); Ley 31/1995, de 8 de noviembre (*BOE* de 10 de noviembre), de Prevención de Riesgos Laborales.

[46] V. arts. 20 bis y 54.2.*g)* ET. Sobre el derecho a la intimidad en el uso de dispositivos digitales, de videovigilancia, de grabación de sonidos y la utilización de sistemas de geolocalización, v. arts. 87, 89 y 90 de la LO 3/2018, de 5 de diciembre (*BOE* de 6 de diciembre), de protección de datos personales y garantía de los derechos digitales, transcritos en nota al art. 20 bis. Los incumplimientos de este derecho son tipificados como infracciones muy graves por el art. 8.°13 bis LISOS, conforme a la redacción dada por la LO 3/2007, de 22 de marzo (*BOE* de 23 de marzo). V. art. 18 CE; LO 1/1982, de 5 de mayo (*BOE* de 14 de mayo), de protección civil de derecho al honor, a la intimidad personal y familiar y a la propia imagen; LO 15/1999, de 13 de diciembre (*BOE* de 14 de diciembre), de protección de datos de carácter personal; OM de 15 de noviembre de 2000 (*BOE* de 5 de diciembre), por la que se crean, modifican y suprimen ficheros automatizados de datos de carácter personal gestionados por el Ministerio de Trabajo y Asuntos Sociales. V. art. 18 ET. Los actos contrarios a la intimidad y a la dignidad, así como el acoso sexual, son calificados como infracción muy grave por el art. 8.°11 y 13 LISOS [RD Legislativo 5/2000, de 4 de agosto (*BOE* de 8 de agosto)]. V. Convenio 190 OIT, sobre eliminación de la violencia y el acoso en el mundo del trabajo, ratificado por España el 8 de marzo de 2022 (*BOE* de 16 de junio). V. SSTC 224/1999, de 13 de diciembre (*BOE* de 20 de enero de 2000), sobre el alcance constitucional de la conducta de hostigamiento sexual; 207/2001, de 22 de octubre (*BOE* de 21 de noviembre), y 136/2001, de 18 de junio (*BOE* de 17 de julio), sobre falta de prueba del acoso sexual alegado; 250/2007, de 17 de diciembre (*BOE* de 22 de enero de 2008), sobre protección frente a acoso sexual por otro trabajador de la empresa y responsabilidad de esta última; 170/2013, de 7 de octubre (*BOE* de 7 de noviembre), sobre la corrección de la intervención del correo electrónico profesional en el ejercicio de su facultad supervisora implícita en la prohibición convencional de su uso extralaboral; 56/2019, de 6 de mayo, sobre acoso laboral por marginación continuada y carente de un objetivo legítimo en abuso de poder o arbitrariedad.

[47] V. arts. 29 y 50 ET. Su incumplimiento es calificado como infracción muy grave por el art. 8.°1 LISOS [RD Legislativo 5/2000, de 4 de agosto (*BOE* de 8 de agosto)].

[48] V. art. 2.°*a)* de la Ley 36/2011, de 10 de octubre (*BOE* de 11 de octubre), Reguladora de la Jurisdicción Social. V. STC 38/2005, de 28 de febrero (*BOE* de 5 de abril), sobre garantía de indemnidad (vulneración del derecho a la tutela judicial efectiva por

h) A cuantos otros se deriven específicamente del contrato de trabajo[49].

Art. 5.º *Deberes laborales.—* Los trabajadores tienen como deberes básicos:

a) Cumplir con las obligaciones concretas de su puesto de trabajo, de conformidad con las reglas de la buena fe y diligencia[50].

b) Observar las medidas de prevención de riesgos laborales que se adopten[51].

c) Cumplir las órdenes e instrucciones del empresario en el ejercicio regular de sus facultades directivas[52].

d) No concurrir con la actividad de la empresa, en los términos fijados en esta ley[53].

e) Contribuir a la mejora de la productividad[54].

f) Cuantos se deriven, en su caso, de los respectivos contratos de trabajo.

SECCIÓN 3.ª

Elementos
y eficacia del contrato
de trabajo

Art. 6.º *Trabajo de los menores*[55].—1. Se prohíbe la ad-

---

indicios de que el cese de la trabajadora por pérdida de confianza fue una represalia por haber pleiteado contra la empresa); STC 144/2005, de 6 de junio (*BOE* de 8 de julio), sobre garantía de indemnidad; STC 171/2005, de 20 de junio (*BOE* de 21 de julio), sobre garantía de indemnidad: indicios de que el cese por extinguirse una beca de investigación fue una represalia por haber pleiteado contra la Administración; 16/2006, de 19 de enero (*BOE* de 15 de febrero), sobre garantía de indemnidad: indicios de discriminación al no contratar como represalia por actuaciones de la Inspección de Trabajo y por conflicto colectivo instado por un sindicato; 120/2006, de 24 de abril (*BOE* de 26 de mayo), sobre garantía de indemnidad: indicios de discriminación por suprimir una mejora salarial como represalia por reclamaciones judiciales y extrajudiciales contra la empresa; 138/2006, de 8 de mayo (*BOE* de 8 de junio), sobre garantía de indemnidad; 125/2008, de 20 de octubre (*BOE* de 21 de noviembre), sobre garantía de indemnidad: despido por haber pleiteado con la empresa.

[49] Sobre el derecho a las invenciones del trabajador, v. arts. 15 a 20 de la Ley 24/2015, de 24 de julio (*BOE* de 25 de julio), de Patentes; RD Legislativo 1/1996, de 12 de abril (*BOE* de 22 de abril), por el que se aprueba el texto refundido de la Ley de Propiedad Intelectual, arts. 51 ss., modificada por la Ley 5/1998, de 6 de marzo (*BOE* de 7 de marzo), la Ley 23/2006, de 7 de julio (*BOE* de 8 de julio), el RDL 2/2018, de 13 de abril (*BOE* de 14 de abril) y la Ley 2/2019, de 1 de marzo (*BOE* de 2 de marzo).

[50] V. art. 20 ET.

[51] V. nota al art. 4.º2.*d*).

[52] V. art. 20 ET.

[53] V. art. 21 ET.

[54] V. arts. 52.*e*) y 64.7.*c*) ET.

[55] La trasgresión de este precepto es calificada como infracción muy grave por los arts. 8.º4 y 13.2 LISOS [RD Legislativo 5/2000, de 4 de agosto (*BOE* de 8 de agosto)]. V. Convenio n.º 182 de la OIT, ratificado por España por Instrumento de 14 de marzo

misión al trabajo a los menores de dieciséis años.

2. Los trabajadores menores de dieciocho años no podrán realizar trabajos nocturnos[56] ni aquellas actividades o puestos de trabajo respecto a los que se establezcan limitaciones a su contratación conforme a lo dispuesto en la Ley 31/1995, de 8 de noviembre, de Prevención de Riesgos Labora-

les, y en las normas reglamentarias aplicables[57].

3. Se prohíbe realizar horas extraordinarias a los menores de dieciocho años[58].

4. La intervención de los menores de dieciséis años en espectáculos públicos sólo se autorizará en casos excepcionales por la autoridad laboral, siempre que no suponga peligro para su salud ni para su formación

---

de 2001 (*BOE* de 17 de mayo), sobre prohibición de las peores formas de trabajo infantil y de la acción inmediata para su erradicación.

[56] La definición de trabajo nocturno, en el art. 36 ET.

[57] Art. 27 de la Ley 31/1995, de 8 de noviembre (*BOE* de 10 de noviembre), de Prevención de Riesgos Laborales:

«*Art. 27. Protección de los menores.*—1. Antes de la incorporación al trabajo de jóvenes menores de dieciocho años, previamente a cualquier modificación importante de sus condiciones de trabajo, el empresario deberá efectuar una evaluación de los puestos de trabajo a desempeñar por los mismos, a fin de determinar la naturaleza, el grado y la duración de su exposición, en cualquier actividad susceptible de presentar un riesgo específico al respecto, a agentes, procesos o condiciones de trabajo que puedan poner en peligro la seguridad o la salud de estos trabajadores.

»A tal fin, la evaluación tendrá especialmente en cuenta los riesgos específicos para la seguridad, la salud y el desarrollo de los jóvenes derivados de su falta de experiencia, de su inmadurez para evaluar los riesgos existentes o potenciales y de su desarrollo todavía incompleto.

»En todo caso, el empresario informará a dichos jóvenes y a sus padres o tutores que hayan intervenido en la contratación, conforme a lo dispuesto en la letra *b*) del artículo 7 del texto refundido de la Ley del Estatuto de los Trabajadores aprobado por el Real Decreto Legislativo 1/1995, de 24 de marzo, de los posibles riesgos y de todas las medidas adoptadas para la protección de su seguridad y salud.

»2. Teniendo en cuenta los factores anteriormente señalados, el Gobierno establecerá las limitaciones a la contratación de jóvenes menores de dieciocho años en trabajos que presenten riesgos específicos.»

Desarrollado provisionalmente por el D. de 26 de julio de 1957 (*BOE* de 26 de agosto), sobre trabajos prohibidos a mujeres y menores. V. también Directiva 94/33/CE, de 22 de junio (*DOCE* de 20 de agosto), relativa a la protección de los jóvenes en el trabajo; Convenios OIT n.º 77, ratificado por España por Instrumento de 8 de abril de 1971 (*BOE* de 20 de mayo de 1972), sobre examen médico de los menores (industria); n.º 79, ratificado el 8 de abril de 1971 (*BOE* de 22 de mayo), sobre trabajo nocturno de los menores (trabajos no industriales); n.º 78, ratificado el 8 de abril de 1971 (*BOE* de 22 de mayo de 1972), sobre examen médico de los menores (trabajos no industriales); n.º 90, ratificado el 8 de abril de 1971 (*BOE* de 22 de mayo), sobre trabajo nocturno de los menores (industria), y n.º 124, ratificado el 26 de noviembre de 1971 (*BOE* de 30 de noviembre de 1972), sobre examen médico de los menores en trabajos subterráneos.

[58] Otras especialidades en materia de jornada de menores, art. 34.3 y 4 ET.

profesional y humana. El permiso deberá constar por escrito y para actos determinados[59].

Art. 7.° *Capacidad para contratar.*—Podrán contratar la prestación de su trabajo:

a) Quienes tengan plena capacidad de obrar conforme a lo dispuesto en el Código Civil[60].

b) Los menores de dieciocho y mayores de dieciséis años, que vivan de forma independiente, con consentimiento de sus padres o tutores, o con autorización de la persona o institución que les tenga a su cargo[61].

Si el representante legal de una persona de capacidad limi-

---

[59] Desarrollado por el art. 2.°1 del RD 1.435/1985, de 1 de agosto (*BOE* de 14 de agosto), por el que se regula la relación laboral especial de los artistas en espectáculos públicos. Competencia transferida a las Comunidades Autónomas: v. LO 9/1992, de 23 de diciembre (*BOE* de 24 de diciembre), de transferencia de competencias a las Comunidades Autónomas que accedieron a la autonomía por la vía del art. 143 CE. V., para el País Vasco, RD 2.209/1979, de 7 de septiembre (*BOE* de 22 de septiembre); para Cataluña, RD 2.210/1979, de 7 de septiembre (*BOE* de 21 de septiembre); para Galicia, RD 2.412/1982, de 24 de julio (*BOE* de 28 de septiembre); para Andalucía, RD 4.043/1982, de 29 de diciembre (*BOE* de 3 de febrero de 1983); para la Comunidad Valenciana, RD 4.105/1982, de 29 de diciembre (*BOE* de 25 de febrero de 1983); para Canarias, RD 1.033/1984, de 11 de abril (*BOE* de 1 de junio); para Navarra, RD 937/1986, de 11 de abril (*BOE* de 14 de mayo); para Murcia, RD 375/1995, de 10 de marzo (*BOE* de 18 de abril); para Castilla-La Mancha, RD 384/1995, de 10 de marzo (*BOE* de 19 de abril); para Aragón; RD 572/1995, de 7 de abril (*BOE* de 10 de mayo); para Extremadura, RD 642/1995, de 21 de abril (*BOE* de 17 de mayo); para Madrid, RD 932/1995, de 9 de junio (*BOE* de 11 de julio); para Castilla y León, RD 831/1995, de 9 de junio (*BOE* de 6 de julio); para La Rioja, RD 946/1995, de 9 de junio (*BOE* de 6 de julio); para Baleares, RD 98/1996, de 26 de enero (*BOE* de 29 de febrero); para Cantabria, RD 1.900/1996, de 2 de agosto (*BOE* de 9 de septiembre); para Asturias, RD 2.090/1999, de 30 de diciembre (*BOE* de 26 de enero de 2000).

[60] Art. 239 Código Civil: «La emancipación tiene lugar: 1.° Por la mayor edad. 2.° Por concesión de los que ejerzan la patria potestad. 3.° Por concesión judicial». Art. 240 Código Civil: «La mayor edad empieza a los dieciocho años cumplidos. Para el cómputo de los años de la mayoría de edad se incluirá completo el día del nacimiento». Art. 241 Código Civil: «Para que tenga lugar la emancipación por concesión de quie nes ejerzan la patria potestad, se requiere que el menor tenga dieciséis años cumplidos y que la consienta». Art. 1.263 Código Civil: «Los menores de edad no emancipados podrán celebrar aquellos contratos que las leyes les permitan realizar por sí mismos o con asistencia de sus representantes y los relativos a bienes y servicios de la vida corriente propios de su edad de conformidad con los usos sociales».

[61] Esta otra situación de capacidad limitada ha sido parcialmente modificada con la nueva redacción del art. 162 del Código Civil, introducida con la Ley 11/1981, de 13 de mayo (*BOE* de 19 de mayo):

«Los padres que ostentan la patria potestad tienen la representación legal de sus hijos no emancipados [...].

tada la autoriza expresa o tácitamente para realizar un trabajo, queda ésta también autorizada para ejercitar los derechos y cumplir los deberes que

se derivan de su contrato y para
su cesación[62].

c) Los extranjeros, de acuerdo con lo dispuesto en la legislación específica sobre la materia[63].

»[...] Para celebrar contratos que obliguen al hijo a realizar prestaciones personales
se requiere el previo consentimiento de éste si tuviere suficiente juicio, sin perjuicio de
lo establecido en el artículo 158.»

[62] Completado por el art. 164 del Código Civil:

«Los padres administrarán los bienes de los hijos con la misma diligencia que los
suyos propios, cumpliendo las obligaciones generales de todo administrador y las especiales establecidas en la Ley Hipotecaria.

»Se exceptúan de la administración paterna:

»[...]

»3.° Los que el hijo mayor de dieciséis años hubiera adquirido con su trabajo o
industria. Los actos de administración ordinaria serán realizados por el hijo, que ne-
cesitará el consentimiento de los padres para los que excedan de ella.»

[63] V. art. 13 CE; LO 4/2000, de 11 de enero (*BOE* de 12 de enero), sobre derechos
y libertades de los extranjeros en España y su integración social, en particular en lo
que refiere a la necesidad de permiso de trabajo, modificada por la LO 8/2000, de 22
de diciembre (*BOE* de 23 de diciembre); por la LO 14/2003, de 20 de noviembre (*BOE*
de 21 de noviembre), por la LO 2/2009, de 11 de diciembre (*BOE* de 12 de diciembre)
y por el RDL 11/2018, de 31 de agosto (*BOE* de 4 de septiembre). La tipificación de
infracciones administrativas en materia de emigración, movimientos migratorios y
trabajo de extranjeros, en los arts. 33 a 37 LISOS [RD Legislativo 5/2000, de 4 de
agosto (*BOE* de 8 de agosto)], conforme al art. 48 de la Ley 62/2003, de 30 de diciembre (*BOE* de 31 de diciembre), modificado por la Ley 26/2009, de 23 de diciembre
(*BOE* de 24 de diciembre):

«1. Cuando se sancione a un empleador que utilice un trabajador extranjero sin
la preceptiva autorización de trabajo, el importe de la multa establecido en la LO
4/2000, sobre derechos y libertades de los extranjeros en España y su integración social,
se incrementará en la cuantía que resulte de calcular lo que hubiera correspondido
ingresar por cuotas de Seguridad Social y demás conceptos de recaudación conjunta,
desde el comienzo de la prestación del trabajo del trabajador extranjero hasta el último
día en que se constate dicha prestación de servicios.

»2. En el acta de infracción que la Inspección de Trabajo y Seguridad Social le-
vante al efecto, la propuesta de sanción especificará los parámetros utilizados para el
cálculo de la cuantía total de la multa según lo indicado en el apartado anterior.

»3. El importe correspondiente al incremento de esta sanción se recaudará conjuntamente con el de esta última conforme al procedimiento reglamentariamente establecido en ejecución de la citada LO 4/2000. Las cantidades recaudadas se transfe-
rirán periódicamente a la Tesorería General de la Seguridad Social a instancias del
Ministerio de Trabajo e Inmigración.»

Para la asunción de la competencia de las autorizaciones iniciales de trabajo a extranjeros por parte de las Comunidades Autónomas, v. art. 138.2.*a)* de la LO 6/2006,
de 19 de julio, de reforma del Estatuto de Autonomía de Cataluña; art. 62.1.*b)* de la
LO 2/2007, de 19 de marzo (*BOE* de 20 de marzo, de reforma del Estatuto de Autonomía para Andalucía. V. STC 31/2010, de 28 de junio, sobre constitucionalidad de la
transferencia de esta competencia.

V. RD 1.155/2024, de 19 de noviembre (*BOE* de 20 de noviembre), por el que se aprueba el Reglamento de la LO 4/2000, de 11 de enero; RD 1.463/2009, de 18 de septiembre (*BOE* de 22 de septiembre), sobre traspaso de competencias a Cataluña en materia de permiso de trabajo a extranjeros. V. disp. adic. 9.ª de la Ley 43/2006, de 29 de diciembre (*BOE* de 30 de diciembre); RD 865/2001, de 20 de julio (*BOE* de 21 de julio), por el que se aprueba el Reglamento de reconocimiento del estatuto de apátrida, en particular su art. 13; RD 344/2001, de 4 de abril (*BOE* de 6 de abril), por el que se crea el Consejo Superior de Política de Inmigración; RD 345/2001, de 4 de abril (*BOE* de 6 de abril), por el que se regula el Observatorio Permanente de la Inmigración; RD 367/2001, de 4 de abril (*BOE* de 6 de abril), por el que se regulan la composición, competencias y régimen de funcionamiento del Foro para la Integración Social de los Inmigrantes. V. art. 20 de la Ley 55/1999, de 29 de diciembre (*BOE* de 30 de diciembre), de medidas fiscales, administrativas y del orden social, en relación con la concesión automática del permiso de trabajo al personal extracomunitario enrolado en buques en el registro especial de buques y empresas navieras; OM de 25 de febrero de 1998 (*BOE* de 7 de marzo), por la que se fijan los requisitos y el procedimiento sobre concesión de autorización para trabajar, aplicación de determinados supuestos de preferencias, modificación de los permisos de trabajo y compatibilidad de permisos de trabajo; Resolución de 10 de octubre de 1988 (*BOE* de 4 de noviembre), sobre la tramitación de solicitudes de permisos de trabajo para realizar prácticas profesionales; OM de 7 de febrero de 1997 (*BOE* de 15 de febrero), por la que se regula la tarjeta de extranjero. Sobre las infracciones administrativas en materia de emigración, movimientos migratorios y trabajo de extranjeros, v. arts. 33 a 37 del RD Legislativo 5/2000, de 4 de agosto (*BOE* de 8 de agosto), por el que se aprueba el texto refundido de la Ley de Infracciones y Sanciones en el Orden Social; art. 312.2 del Código Penal, modificado por la Ley 4/2000, de 11 de enero (*BOE* de 12 de enero): «En la misma pena [prisión de dos a cinco años y multa de seis a doce meses] incurrirán quienes recluten personas o las determinen a abandonar su puesto de trabajo ofreciendo empleo o condiciones de trabajo engañosas o falsas, y quienes empleen a súbditos extranjeros sin permiso de trabajo en condiciones que perjudiquen, supriman o restrinjan los derechos que tuviesen reconocidos por disposiciones legales, convenios colectivos o contrato individual.»

Art. 313 del Código Penal, modificado por la LO 13/2007, de 19 de noviembre (*BOE* de 20 de noviembre):

«1. El que promoviere o favoreciere por cualquier medio la inmigración clandestina de trabajadores a España, o a otro país de la Unión Europea, será castigado con la pena prevista en el artículo anterior.

»2. Con la misma pena será castigado el que, simulando contrato o colocación, o usando de otro engaño semejante, determinare o favoreciere la emigración de alguna persona a otro país.»

V. Ley 12/2009, de 30 de octubre, reguladora del derecho de asilo y de la protección subsidiaria (*BOE* de 31 de octubre). Para los ciudadanos de los Estados miembros de la UE: RD 240/2007, de 16 de febrero (*BOE* de 28 de febrero), sobre entrada, libre circulación y residencia en España de ciudadanos de los Estados miembros de la Unión Europea y de otros Estados parte en el Acuerdo sobre el Espacio Económico Europeo; RD 1.325/2003, de 24 de octubre (*BOE* de 25 de octubre), del Reglamento de protección temporal en caso de afluencia masiva de personas desplazadas. V. Reglamento (UE) 492/2011 del Parlamento Europeo y del Consejo, de 5 de abril de 2011, relativo a la libre circulación de los trabajadores dentro de la Unión (texto codificado); Reglamento (CEE) 1.251/1970, de 29 de junio de 1970 (*DOCE* de 30 de junio), relativo al derecho de los trabajadores a permanecer en el territorio de un Estado miembro después de haber ejercido en él un empleo; Reglamento 2019/1149/UE, de 20 de junio (*DOUE* de 11 de julio), por el que se crea la autoridad Laboral Europea; Direc-

Art. 8.º *Forma del contrato.*—1. El contrato de trabajo se podrá celebrar por escrito o de palabra. Se presumirá existente entre todo el que presta un servicio por cuenta y dentro del ámbito de organización y dirección de otro y el que lo recibe a cambio de una retribución a aquél[64].

2. Deberán constar por escrito los contratos de trabajo cuando así lo exija una disposición legal y, en todo caso, los de prácticas y para la formación y el aprendizaje, los contratos a tiempo parcial, fijos-discontinuos y de relevo y los contratos para la realización de una obra o servicio determinado; también constarán por escrito los contratos por tiempo determinado cuya duración sea superior a cuatro semanas.

---

tiva 77/486, de 25 de julio de 1977 (*DOCE* de 6 de agosto), relativa a la escolarización de los trabajadores migrantes; Directiva 2003/86/CE, de 22 de septiembre (*DOUE* de 3 de octubre), sobre el derecho a la reagrupación familiar; Directiva 2004/38/CE, de 29 de abril (*DOUE* de 30 de abril), relativa al derecho de los ciudadanos de la Unión y de los miembros de su familia a circular y residir libremente en el territorio de los Estados miembros; Directiva 2005/ 85/ CE, de 1 de diciembre (*DOUE* de 13 de diciembre), sobre normas mínimas para los procedimientos que deben aplicar los Estados miembros para conceder o retirar la condición de refugiado. Directiva 2008/115, de 16 de diciembre (*DOUE* de 24 de diciembre) relativa a normas y procedimientos comunes en los Estados miembros para el retorno de los nacionales de terceros países en situación irregular. Directiva 2009/50/CE, de 25 de mayo (*DOUE* de 18 de junio), relativa a las condiciones de entrada y residencia de nacionales de terceros países para fines de empleo altamente cualificado; Directiva 2009/52/CE, de 18 de junio (*DOUE* de 30 de junio), por la que se establecen normas mínimas sobre las sanciones y medidas aplicables a los empleadores de nacionales de terceros países en situación irregular; Directiva 2014/54/UE, de 16 de abril (*DOUE* de 30 de abril), sobre medidas para facilitar el ejercicio de los derechos conferidos a los trabajadores en el contexto de la libre circulación de los trabajadores; Directiva 2016/801, de 11 de mayo (*DOUE* de 21 de mayo), relativa a los requisitos de entrada y residencia de los nacionales de terceros países con fines de investigación, estudios, prácticas, voluntariado, programas de intercambio de alumnos o proyectos educativos y colocación *au pair*; Directiva 2024/1233, de 24 de abril (*DOUE* de 30 de abril), por la que se establece un procedimiento único de solicitud de un permiso único que autoriza a los nacionales de terceros países a residir y trabajar en el territorio de un Estado miembro y por la que se establece un conjunto común de derechos para los trabajadores de terceros países que residen legalmente en un Estado miembro. Asimismo, STC 107/1984, de 23 de noviembre (*BOE* de 21 de diciembre), sobre licitud de la diferencia de tratamiento de los extranjeros con los españoles en el momento de la contratación laboral; STC 116/1993, de 29 de marzo; STC 150/1994, de 23 de mayo (*BOE* de 25 de junio), sobre la validez de la «tarjeta de estadística» de los residentes en Ceuta y Melilla como permiso de trabajo; STC 139/2016, de 21 de julio (*BOE* de 15 de agosto), sobre restricción del derecho a la asistencia sanitaria de los extranjeros en situación irregular.

V. también Convenio n.º 97 OIT, ratificado por España por Instrumento de 23 de febrero de 1967 (*BOE* de 7 de junio), sobre trabajadores migrantes; Convenio Europeo relativo al Estatuto Jurídico del Trabajador Migrante, del Consejo de Europa, ratificado el 29 de abril de 1980 (*BOE* de 18 de junio de 1983).

[64] Sobre la presunción de laboralidad de los distribuidores de mercancías con uso de algoritmos, v. disp. adic. 23.ª ET.

Deberán constar igualmente por escrito los contratos de trabajo de los pescadores, de los trabajadores que trabajen a distancia y de los trabajadores contratados en España al servicio de empresas españolas en el extranjero.

De no observarse la exigencia de forma escrita, el contrato de trabajo se presumirá celebrado por tiempo indefinido y a jornada completa, salvo prueba en contrario que acredite su naturaleza temporal o el carácter a tiempo parcial de los servicios.

Cualquiera de las partes podrá exigir que el contrato se formalice por escrito, incluso durante el transcurso de la relación laboral[65].

3. El empresario está obligado a comunicar a la oficina pública de empleo, en el plazo de los diez días siguientes a su concertación y en los términos que reglamentariamente se determinen, el contenido de los contratos de trabajo que celebre o las prórrogas de los mismos, deban o no formalizarse por escrito[66].

4. El empresario entregará a la representación legal de los trabajadores una copia básica de todos los contratos que deban celebrarse por escrito, a excepción de los contratos de relación laboral especial de alta dirección sobre los que se establece el deber de notificación a la representación legal de los trabajadores.

Con el fin de comprobar la adecuación del contenido del contrato a la legalidad vigente, esta copia básica contendrá todos los datos del contrato a excepción del número del documento nacional de identidad o del número de identidad de extranjero, el domicilio, el estado

---

[65] Apartado 2 conforme a la redacción del RD-Ley 24/2020, de 26 de junio (*BOE* de 27 de junio), de medidas sociales de reactivación del empleo y protección del trabajo autónomo y de competitividad del sector industrial. Se exige también la forma escrita para el auxiliar asociado, art. 10.3 ET; para los contratos de interinidad, art. 6.º1 del RD 2.720/1998, de 18 de diciembre (*BOE* de 8 de enero de 1999); personal laboral al servicio de las Administraciones Públicas [RDL 5/2015, de 30 de octubre (*BOE* de 31 de octubre), por el que se aprueba el texto refundido de la Ley del Estatuto Básico del Empleado Público].

Además se exige su celebración en modelo oficial normalizado para el contrato de relevo y del contrato del jubilado parcial [disp. adic. 1.ª del RD 1.131/2002, de 31 de octubre (*BOE* de 27 de noviembre)].

El incumplimiento de la forma escrita se califica como infracción grave por el art. 7.º1 LISOS [RD Legislativo 5/2000, de 4 de agosto (*BOE* de 8 de agosto)].

[66] V. Ley 3/2023, de 28 de febrero (*BOE* de 1 de marzo), de empleo. V. Reglamento UE 2016/589, de 13 de abril (*DOUE* de 22 de abril), relativo a una red europea de servicios de empleo (EURES), modificado por el Reglamento 2019/1149/UE, de 20 de junio (*DOUE* de 11 de julio), por el que se crea la autoridad Laboral Europea.

civil, y cualquier otro que, de acuerdo con la Ley Orgánica 1/1982, de 5 de mayo, de protección civil del derecho al honor, a la intimidad personal y familiar y a la propia imagen, pudiera afectar a la intimidad personal. El tratamiento de la información facilitada estará sometido a los principios y garantías previstos en la normativa aplicable en materia de protección de datos.

La copia básica se entregará por el empresario, en plazo no superior a diez días desde la formalización del contrato, a los representantes legales de los trabajadores, quienes la firmarán a efectos de acreditar que se ha producido la entrega.

Posteriormente, dicha copia básica se enviará a la oficina de empleo. Cuando no exista representación legal de los trabajadores también deberá formalizarse copia básica y remitirse a la oficina de empleo[67].

Los representantes de la Administración, así como los de las organizaciones sindicales y de las asociaciones empresariales, que tengan acceso a la copia básica de los contratos en virtud de su pertenencia a los órganos de participación institucional que reglamentariamente tengan tales facultades, observarán sigilo profesional, no pudiendo utilizar dicha documentación para fines distintos de los que motivaron su conocimiento[68].

5. Cuando la relación laboral sea de duración superior a cuatro semanas, el empresario deberá informar por escrito al trabajador, en los términos y plazos que se establezcan reglamentariamente, sobre los elementos esenciales del contrato y las principales condiciones de ejecución de la prestación laboral, siempre que tales elementos y condiciones no figuren en el

---

[67] La no entrega de la copia básica a los representantes de los trabajadores es calificada de infracción grave por el art. 14.4 LISOS [RD Legislativo 5/2000, de 4 de agosto (*BOE* de 8 de agosto)]. Para la información a los representantes de los contratos celebrados por su empresa con trabajadores autónomos económicamente dependientes, v. art. 12.1 de la Ley 20/2007, de 11 de julio (*BOE* de 12 de julio), desarrollado por el art. 7.º del RD 197/2009, de 23 de febrero (*BOE* de 4 de marzo).

[68] V. RD 355/1991, de 15 de marzo (*BOE* de 21 de marzo), por el que se regulan las comisiones de seguimiento de la contratación en el seno de las Comisiones Ejecutivas Provinciales o Insulares del Instituto Nacional de Empleo; OM de 17 de enero de 1991 (*BOE* de 19 de enero), por la que se regula el procedimiento de consulta a las organizaciones sindicales y empresariales más representativas para la elaboración de los programas de actuación de la Inspección de Trabajo y Seguridad Social, relativos al control de la contratación laboral; STC 142/1993, de 22 de abril (*BOE* de 28 de mayo), sobre constitucionalidad de este art. 8.º3 ET.

En cuanto al control de los representantes sobre los modelos de contrato, v. art. 64.4.*c*) ET. V. asimismo art. 15.4 ET.

contrato de trabajo formalizado por escrito[69].

Art. 9.º *Validez del contrato.*—1. Si resultase nula sólo una parte del contrato de trabajo, éste permanecerá válido en lo restante, y se entenderá completado con los preceptos jurídicos adecuados conforme a lo dispuesto en el artículo 3.1.

Si el trabajador tuviera asignadas condiciones o retribuciones especiales en virtud de contraprestaciones establecidas en la parte no válida del contrato, el órgano de la jurisdicción social que a instancia de parte declare la nulidad hará el debido pronunciamiento sobre la subsistencia o supresión en todo o en parte de dichas condiciones o retribuciones[70].

2. En caso de que el contrato resultase nulo, el trabajador podrá exigir, por el trabajo que ya hubiese prestado, la remuneración consiguiente a un contrato válido[71].

3. En caso de nulidad por discriminación salarial por razón de sexo, el trabajador tendrá derecho a la retribución correspondiente al trabajo igual o de igual valor[72].

SECCIÓN 4.ª

Modalidades del contrato de trabajo[73]

Art. 10. *Trabajo en común y contrato de grupo.*—1. Si el empresario diera un trabajo en común a un grupo de sus trabajadores, conservará respecto de

---

[69] V. RD 1.659/1998, de 24 de julio (*BOE* de 12 de agosto), de desarrollo de este apartado en materia de información al trabajador sobre los elementos esenciales del contrato de trabajo, modificado por la disp. final 2.ª del RD 1.620/2011, de 14 de noviembre (*BOE* de 17 de noviembre) y por el RD 618/2020, de 30 de junio (*BOE* de 2 de julio), por el que se establecen mejoras en las condiciones de trabajo en el sector pesquero; su incumplimiento se califica como infracción leve por el art. 6.º4 LISOS [RD Legislativo 5/2000, de 4 de agosto (*BOE* de 8 de agosto)]. V. arts. 4 y 5 Directiva 2019/1152, de 20 de junio de 2019 (*DOUE* de 11 de julio), relativa a unas condiciones laborales transparentes y previsibles en la Unión Europea.

[70] Arts. 1.º y 2.ºa) de la Ley 36/2011, de 10 de octubre (*BOE* de 11 de octubre), Reguladora de la Jurisdicción Social.

[71] Art. 58 Ley 8/2021, de 4 de junio, *BOE* de 5 de junio, sobre prohibición de contratación en el caso de existencia de antecedentes en el Registro Central de Delincuentes Sexuales y de Trata de Seres Humanos al inicio de la actividad en aquellos trabajos o actividades que impliquen contacto habitual con menores.

[72] Apartado 3 introducido por el RDL 6/2019, de 1 de marzo (*BOE* de 7 de marzo).

[73] V. art. 84 ET. La trasgresión de esta normativa es calificada como infracción grave por el art. 7.º2 LISOS [RD Legislativo 5/2000, de 4 de agosto (*BOE* de 8 de agosto)].

cada uno, individualmente, sus derechos y deberes.

2. Si el empresario hubiese celebrado un contrato con un grupo de trabajadores considerado en su totalidad, no tendrá frente a cada uno de sus miembros los derechos y deberes que como tal le competen. El jefe del grupo ostentará la representación de los que lo integren, respondiendo de las obligaciones inherentes a dicha representación.

3. Si el trabajador, conforme a lo pactado por escrito, asociare a su trabajo un auxiliar o ayudante, el empresario de aquél lo será también de éste.

Art. 11. *Contrato formativo*[74].—1. El contrato formativo tendrá por objeto la formación en alternancia con el trabajo retribuido por cuenta ajena en los términos establecidos en el apartado 2, o el desempeño de una actividad laboral destinada a adquirir una práctica profesional adecuada a los correspondientes niveles de estudios, en los términos establecidos en el apartado 3.

2. El contrato de formación en alternancia, que tendrá por objeto compatibilizar la actividad laboral retribuida con los correspondientes procesos formativos en el ámbito de la formación profesional, los estudios universitarios o del Catálogo de especialidades formativas del Sistema Nacional de Empleo, se realizará de acuerdo con las siguientes reglas[75]:

a) Se podrá celebrar con personas que carezcan de la

---

[74] Artículo redactado conforme al RDL 32/2021, de 28 de diciembre (*BOE* de 30 de diciembre), de medidas para la reforma laboral, la garantía de la estabilidad en el empleo y la transformación del mercado de trabajo. V. art. 10.2 de la Ley por la que se regulan las empresas de trabajo temporal, transcrita en nota al art. 43. Para la celebración de esta modalidad en relación con la incorporación de investigadores al sistema español de ciencia y tecnología, v. 20, 21 y 22 de la Ley 14/2011, de 1 de junio (*BOE* de 2 de junio), de la Ciencia, la Tecnología y la Innovación. V. también RD 103/2019, de 1 de marzo (*BOE* de 15 de marzo), por el que se aprueba el Estatuto del personal investigador predoctoral. V. RD 1.543/2011, de 31 de octubre (*BOE* de 18 de noviembre), por el que se regulan las prácticas no laborales en empresas; RD 592/2014, de 11 de julio (*BOE* de 30 de julio), por el que se regulan las prácticas académicas externas de los estudiantes universitarios. Conforme a la disp. adic. 2.ª del RDL 32/2021 citado «El Gobierno, en el plazo de seis meses desde la entrada en vigor de esta norma, convocará a las organizaciones sindicales y empresariales más representativas para, en el ámbito del diálogo social, abordar el Estatuto del Becario que tendrá por objeto la formación práctica tutorizada en empresas u organismos equiparados, así como la actividad formativa desarrollada en el marco de las practicas curriculares o extracurriculares previstas en los estudios oficiales».

[75] Para la cotización a la Seguridad Social de los contratos formativos en alternancia, v. disp. adic. 43.ª LGSS.

cualificación profesional reconocida por las titulaciones o certificados requeridos para concertar un contrato formativo para la obtención de práctica profesional regulada en el apartado 3.

Sin perjuicio de lo anterior, se podrán realizar contratos vinculados a estudios de formación profesional o universitaria con personas que posean otra titulación siempre que no haya tenido otro contrato formativo previo en una formación del mismo nivel formativo y del mismo sector productivo.

b) En el supuesto de que el contrato se suscriba en el marco de certificados de profesionalidad de nivel 1 y 2, y programas públicos o privados de formación en alternancia de empleo–formación, que formen parte del Catálogo de especialidades formativas del Sistema Nacional de Empleo, el contrato sólo podrá ser concertado con personas de hasta treinta años[76].

c) La actividad desempeñada por la persona trabajadora en la empresa deberá estar directamente relacionada con las actividades formativas que justifican la contratación laboral, coordinándose e integrándose en un programa de formación común, elaborado en el marco de los acuerdos y convenios de cooperación suscritos por las autoridades laborales o educativas de formación profesional o Universidades con empresas y entidades colaboradoras.

d) La persona contratada contará con una persona tutora designada por el centro o entidad de formación y otra designada por la empresa. Esta última, que deberá contar con la formación o experiencia adecuadas para tales tareas, tendrá como función dar seguimiento al plan formativo individual en la empresa, según lo previsto en el acuerdo de cooperación concertado con el centro o entidad formativa. Dicho centro o entidad deberá, a su vez, garantizar la coordinación con la persona tutora en la empresa.

e) Los centros de formación profesional, las entidades formativas acreditadas o inscritas y los centros universitarios, en el marco de los acuerdos y convenios de cooperación, elaborarán, con la participación de la empresa, los planes formativos individuales donde se especifique el contenido de la formación, el calendario y las actividades y los requisitos de tutoría para el cumplimiento de sus objetivos.

---

[76] V. RD 1.128/2003, de 5 de septiembre (*BOE* de 17 de septiembre), por el que se regula el Catálogo General de Cualificaciones Profesionales.

f) Son parte sustancial de este contrato tanto la formación teórica dispensada por el centro o entidad de formación o la propia empresa, cuando así se establezca, como la correspondiente formación práctica dispensada por la empresa y el centro. Reglamentariamente se desarrollarán el sistema de impartición y las características de la formación, así como los aspectos relacionados con la financiación de la actividad formativa.

g) La duración del contrato será la prevista en el correspondiente plan o programa formativo, con un mínimo de tres meses y un máximo de dos años, y podrá desarrollarse al amparo de un solo contrato de forma no continuada, a lo largo de diversos períodos anuales coincidentes con los estudios, de estar previsto en el plan o programa formativo. En caso de que el contrato se hubiera concertado por una duración inferior a la máxima legal establecida y no se hubiera obtenido el título, certificado, acreditación o diploma asociado al contrato formativo, podrá prorrogarse mediante acuerdo de las partes, hasta la obtención de dicho título, certificado, acreditación o diploma sin superar nunca la duración máxima de dos años[77].

h) Sólo podrá celebrarse un contrato de formación en alternancia por cada ciclo formativo de formación profesional y titulación universitaria, certificado de profesionalidad o itinerario de especialidades formativas del Catálogo de Especialidades Formativas del Sistema Nacional de Empleo.

No obstante, podrán formalizarse contratos de formación en alternancia con varias empresas en base al mismo ciclo, certificado de profesionalidad o itinerario de especialidades del Catálogo citado, siempre que dichos contratos respondan a distintas actividades vinculadas al ciclo, al plan o al programa formativo y sin que la duración máxima de todos los contratos pueda exceder el límite previsto en el apartado anterior.

i) El tiempo de trabajo efectivo, que habrá de ser compatible con el tiempo dedicado a las actividades formativas en el centro de formación, no podrá ser superior al 65 por 100, durante el primer año, o al 85 por 100, durante el segundo, de la jornada máxima prevista en el convenio colectivo de aplicación en la empresa, o, en su defecto, de la jornada máxima legal.

j) No se podrán celebrar contratos formativos en alter-

---

[77] V. disp. adic. 2.ª ET.

nancia cuando la actividad o puesto de trabajo correspondiente al contrato haya sido desempeñado con anterioridad por la persona trabajadora en la misma empresa bajo cualquier modalidad por tiempo superior a seis meses.

k) Las personas contratadas con contrato de formación en alternancia no podrán realizar horas complementarias ni horas extraordinarias, salvo en el supuesto previsto en el artículo 35.3. Tampoco podrán realizar trabajos nocturnos ni trabajo a turnos.

Excepcionalmente, podrán realizarse actividades laborales en los citados períodos cuando las actividades formativas para la adquisición de los aprendizajes previstos en el plan formativo no puedan desarrollarse en otros períodos, debido a la naturaleza de la actividad.

l) No podrá establecerse período de prueba en estos contratos.

m) La retribución será la establecida para estos contratos en el convenio colectivo de aplicación. En defecto de previsión convencional, la retribución no podrá ser inferior al 60 por 100 el primer año ni al 75 por 100 el segundo, respecto de la fijada en convenio para el grupo profesional y nivel retributivo correspondiente a las funciones desempeñadas, en proporción al tiempo de trabajo efectivo. En ningún caso la retribución podrá ser inferior al salario mínimo interprofesional en proporción al tiempo de trabajo efectivo[78].

3. El contrato formativo para la obtención de la práctica profesional adecuada al nivel de estudios se regirá por las siguientes reglas:

a) Podrá concertarse con quienes estuviesen en posesión de un título universitario o de un título de grado medio o superior, especialista, máster profesional o certificado del sistema de formación profesional, de acuerdo con lo previsto en la Ley Orgánica 5/2002, de 19 de junio, de las Cualificaciones y de la Formación Profesional, así como con quienes posean un título equivalente de enseñanzas artísticas o deportivas del sistema educativo, que habiliten o capaciten para el ejercicio de la actividad laboral[79].

b) El contrato de trabajo para la obtención de práctica profesional deberá concertarse

---

[78] V. art. 27 ET.

[79] La remisión a la LO 5/2002 debe entenderse realizada a la LO 3/2022, de 31 de marzo (*BOE* de 1 de abril), de ordenación e integración de la Formación Profesional.

dentro de los tres años, o de los cinco años si se concierta con una persona con discapacidad, siguientes a la terminación de los correspondientes estudios. No podrá suscribirse con quien ya haya obtenido experiencia profesional o realizado actividad formativa en la misma actividad dentro de la empresa por un tiempo superior a tres meses, sin que se computen a estos efectos los períodos de formación o prácticas que formen parte del currículo exigido para la obtención de la titulación o certificado que habilita esta contratación.

c) La duración de este contrato no podrá ser inferior a seis meses ni exceder de un año. Dentro de estos límites los convenios colectivos de ámbito sectorial estatal o autonómico, o en su defecto, los convenios colectivos sectoriales de ámbito inferior podrán determinar su duración, atendiendo a las características del sector y de las prácticas profesionales a realizar.

d) Ninguna persona podrá ser contratada en la misma o distinta empresa por tiempo superior a los máximos previstos en el apartado anterior en virtud de la misma titulación o certificado profesional. Tampoco se podrá estar contratado en formación en la misma empresa para el mismo puesto de trabajo por tiempo superior a los máximos previstos en el apartado anterior, aunque se trate de distinta titulación o distinto certificado.

A los efectos de este artículo, los títulos de grado, máster y doctorado correspondientes a los estudios universitarios no se considerarán la misma titulación, salvo que al ser contratado por primera vez mediante un contrato para la realización de práctica profesional la persona trabajadora estuviera ya en posesión del título superior de que se trate.

e) Se podrá establecer un período de prueba que en ningún caso podrá exceder de un mes, salvo lo dispuesto en convenio colectivo.

f) El puesto de trabajo deberá permitir la obtención de la práctica profesional adecuada al nivel de estudios o de formación objeto del contrato. La empresa elaborará el plan formativo individual en el que se especifique el contenido de la práctica profesional, y asignará tutor o tutora que cuente con la formación o experiencia adecuadas para el seguimiento del plan y el correcto cumplimiento del objeto del contrato.

g) A la finalización del contrato la persona trabajadora tendrá derecho a la certificación del contenido de la práctica realizada.

h) Las personas contratadas con contrato de formación para la obtención de práctica profesional no podrán realizar horas extraordinarias, salvo en el supuesto previsto en el artículo 35.3.

i) La retribución por el tiempo de trabajo efectivo será la fijada en el convenio colectivo aplicable en la empresa para estos contratos o en su defecto la del grupo profesional y nivel retributivo correspondiente a las funciones desempeñadas. En ningún caso la retribución podrá ser inferior a la retribución mínima establecida para el contrato para la formación en alternancia ni al salario mínimo interprofesional en proporción al tiempo de trabajo efectivo.

j) Reglamentariamente se desarrollará el alcance de la formación correspondiente al contrato de formación para la obtención de prácticas profesionales, particularmente, en el caso de acciones formativas específicas dirigidas a la digitalización, la innovación o la sostenibilidad, incluyendo la posibilidad de microacreditaciones de los sistemas de formación profesional o universitaria.

4. Son normas comunes del contrato formativo las siguientes[80]:

a) La acción protectora de la Seguridad Social de las personas que suscriban un contrato formativo comprenderá todas las contingencias protegibles y prestaciones, incluido el desempleo y la cobertura del Fondo de Garantía Salarial.

b) Las situaciones de incapacidad temporal, nacimiento, adopción, guarda con fines de adopción, acogimiento, riesgo durante el embarazo, riesgo durante la lactancia, violencia de género, interrumpirán el cómputo de la duración del contrato[81].

c) El contrato, que deberá formalizarse por escrito de conformidad con lo establecido en el artículo 8, incluirá obligatoriamente el texto del plan formativo individual al que se refieren los apartados 2.*b)*, *c)*, *d)*, *e)*, *g)*, *h)* y *k)* y 3.*e)* y *f)*, en el que se especifiquen el contenido de las prácticas o la formación y las actividades de tutoría para el cumplimiento de sus objetivos. Igualmente, incorporará el texto de los acuerdos y convenios a los que se refiere el apartado 2.*e)*.

d) Los límites de edad y en la duración máxima del contrato formativo no serán de aplicación cuando se concierte con personas con discapacidad o con los

---

[80] Para las especialidades de los contratos formativos celebrados con trabajadores con discapacidad, especialmente en cuanto a bonificaciones sociales y a los que se celebren en centros especiales de empleo. V. disp. adic. 20.ª ET.

[81] Letra *b)* conforme a la redacción de la Ley 4/2023, de 28 de febrero (*BOE* de 1 de marzo), para la igualdad real y efectiva de las personas trans y para la garantía de los derechos de las personas LGTBI.

colectivos en situación de exclusión social previstos en el artículo 2 de la Ley 44/2007, de 13 de diciembre, para la regulación del régimen de las empresas de inserción, en los casos en que sean contratados por parte de empresas de inserción que estén cualificadas y activas en el registro administrativo correspondiente. Reglamentariamente se establecerán dichos límites para adecuarlos a los estudios, al plan o programa formativo y al grado de discapacidad y características de estas personas.

e) Mediante convenio colectivo de ámbito sectorial estatal, autonómico o, en su defecto, en los convenios colectivos sectoriales de ámbito inferior, se podrán determinar los puestos de trabajo, actividades, niveles o grupos profesionales que podrán desempeñarse por medio de contrato formativo.

f) Las empresas que estén aplicando algunas de las medidas de flexibilidad interna reguladas en los artículos 47 y 47 bis podrán concertar contratos formativos siempre que las personas contratadas bajo esta modalidad no sustituyan funciones o tareas realizadas habitualmente por las personas afectadas por las medidas de suspensión o reducción de jornada.

g) Si al término del contrato la persona continuase en la empresa, no podrá concertarse un nuevo período de prueba, computándose la duración del contrato formativo a efectos de antigüedad en la empresa.

h) Los contratos formativos celebrados en fraude de ley o aquellos respecto de los cuales la empresa incumpla sus obligaciones formativas se entenderán concertados como contratos indefinidos de carácter ordinario.

i) Reglamentariamente se establecerán, previa consulta con las administraciones competentes en la formación objeto de realización mediante contratos formativos, los requisitos que deben cumplirse para la celebración de los mismos, tales como el número de contratos por tamaño de centro de trabajo, las personas en formación por tutor o tutora, o las exigencias en relación con la estabilidad de la plantilla.

5. La empresa pondrá en conocimiento de la representación legal de las personas trabajadoras los acuerdos de cooperación educativa o formativa que contemplen la contratación formativa, incluyendo la información relativa a los planes o programas formativos individuales, así como a los requisitos y las condiciones en las que se desarrollará la actividad de tutorización.

Asimismo, en el supuesto de diversos contratos vinculados a un único ciclo, certificado o itinerario en los términos referidos en el apartado 2.*h*), la empresa deberá trasladar a la representación legal de las personas trabajadoras toda la información de la que disponga al respecto de dichas contrataciones.

6. En la negociación colectiva se fijarán criterios y procedimientos tendentes a conseguir una presencia equilibrada de hombres y mujeres vinculados a la empresa mediante contratos formativos. Asimismo, podrán establecerse compromisos de conversión de los contratos formativos en contratos por tiempo indefinido.

7. Las empresas que pretendan suscribir contratos formativos, podrán solicitar por escrito al servicio público de empleo competente, información relativa a si las personas a las que pretenden contratar han estado previamente contratadas bajo dicha modalidad y la duración de estas contrataciones. Dicha información deberá ser trasladada a la representación legal de las personas trabajadoras y tendrá valor liberatorio a efectos de no exceder la duración máxima de este contrato.

Art. 12. *Contrato a tiempo parcial y contrato de relevo*[82].— 1. El contrato de trabajo se entenderá celebrado a tiempo parcial cuando se haya acordado la prestación de servicios durante un número de horas al día, a la semana, al mes o al año, inferior a la jornada de trabajo de un trabajador a tiempo completo comparable.

A efectos de lo dispuesto en el párrafo anterior, se entenderá por «trabajador a tiempo completo comparable» a un trabajador a tiempo completo de la misma empresa y centro de tra-

---

[82] La tipificación como infracción administrativa grave de la trasgresión de este artículo, en la LISOS, art. 7.°5, conforme a la redacción dada por el art. 14 de la Ley 12/2001, de 9 de julio (*BOE* de 10 de julio). Las medidas de fomento del empleo del trabajo a tiempo parcial, en el RDL 1/2011, de 11 de febrero (*BOE* de 12 de febrero). El régimen de Seguridad Social, en arts. 245 ss. de la Ley General de Seguridad Social [RDL 8/2015, de 30 de octubre (*BOE* de 31 de octubre)]. V. Directiva 97/81/CE del Consejo, de 15 de diciembre de 1997 (*DOCE* de 20 de enero de 1998), relativa al Acuerdo marco sobre el trabajo a tiempo parcial.

La acción protectora de la Seguridad Social se ha desarrollado por el RD 1.131/2002, de 31 de octubre (*BOE* de 27 de noviembre). V. Directiva 97/81/CE, de 15 de diciembre de 1997 (*DOCE* de 20 de enero de 1998), relativa al acuerdo marco sobre el trabajo a tiempo parcial. V. SSTC 22/1994, de 27 de enero (*BOE* de 2 de marzo), sobre discriminación retributiva de los trabajadores a tiempo parcial; 61/2013, de 14 de marzo (*BOE* de 10 de abril); 71/2013 y 72/2013, de 8 de abril (*BOE* de 10 de mayo); 116/2013 y 117/2013, de 20 de mayo (*BOE* de 18 de junio), sobre vulneración de los derechos a la igualdad en la ley y a no sufrir discriminación por razón de sexo en la determinación de los períodos de cotización de las prestaciones de Seguridad Social computando exclusivamente las horas trabajadas, en perjuicio de las trabaja-

bajo, con el mismo tipo de contrato de trabajo y que realice un trabajo idéntico o similar. Si en la empresa no hubiera ningún trabajador comparable a tiempo completo, se considerará la jornada a tiempo completo prevista en el convenio colectivo de aplicación o, en su defecto, la jornada máxima legal.

2. El contrato a tiempo parcial podrá concertarse por tiempo indefinido o por duración determinada en los supuestos en los que legalmente se permita la utilización de esta modalidad de contratación[83].

3. [...][84].

4. El contrato a tiempo parcial se regirá por las siguientes reglas[85]:

a) El contrato, conforme a lo dispuesto en el artículo 8.2, se deberá formalizar necesariamente por escrito. En el contrato deberá figurar el número de horas ordinarias de trabajo al día, a la semana, al mes o al año contratadas, así como el modo de su distribución según lo previsto en convenio colectivo.

De no observarse estas exigencias, el contrato se presumirá celebrado a jornada completa, salvo prueba en contrario que acredite el carácter parcial de los servicios.

b) Cuando el contrato a tiempo parcial conlleve la ejecución de una jornada diaria inferior a la de los trabajadores a tiempo completo y ésta se realice de forma partida, sólo será posible efectuar una única interrupción en dicha jornada diaria, salvo que se disponga otra cosa mediante convenio colectivo.

c) Los trabajadores a tiempo parcial no podrán realizar horas extraordinarias, salvo en los supuestos a los que se refiere el artículo 35.3.

---

doras a tiempo parcial; 91/2019, de 3 de julio (*BOE* de 12 de agosto), por la que se declara inconstitucional, nulo y discriminatorio para la mujer que exista desigualdad entre los trabajadores a tiempo parcial y los a tiempo completo a la hora de fijar el período de cotización para el cálculo de su jubilación.

[83] Apartado dos redactado conforme al RDL 32/2021, de 28 de diciembre (*BOE* de 30 de diciembre), de medidas para la reforma laboral, la garantía de la estabilidad en el empleo y la transformación del mercado de trabajo.

[84] Apartado 3 derogado por el RDL 32/2021, de 28 de diciembre (*BOE* de 30 de diciembre), de medidas para la reforma laboral, la garantía de la estabilidad en el empleo y la transformación del mercado de trabajo.

[85] V. SSTC 253/2004, de 22 de diciembre (*BOE* de 21 de enero de 2005), sobre inconstitucionalidad del régimen de determinación de los períodos de cotización de las prestaciones de Seguridad Social computando exclusivamente las horas trabajadas, en perjuicio de las trabajadoras a tiempo parcial, conforme a la versión del art. 12.4.2 del texto refundido de 1995; 49/2005, de 14 de marzo (*BOE* de 19 de abril), y 50/2005, de 14 de marzo (*BOE* de 19 de abril), sobre idéntica materia a la anterior.

La realización de horas complementarias se regirá por lo dispuesto en el apartado 5.

En todo caso, la suma de las horas ordinarias y complementarias, incluidas las previamente pactadas y las voluntarias, no podrá exceder del límite legal del trabajo a tiempo parcial definido en el apartado 1.

A estos efectos, la jornada de los trabajadores a tiempo parcial se registrará día a día y se totalizará mensualmente, entregando copia al trabajador, junto con el recibo de salarios, del resumen de todas las horas realizadas en cada mes, tanto las ordinarias como las complementarias a que se refiere el apartado 5.

El empresario deberá conservar los resúmenes mensuales de los registros de jornada durante un período mínimo de cuatro años.

En caso de incumplimiento de las referidas obligaciones de registro, el contrato se presumirá celebrado a jornada completa, salvo prueba en contrario que acredite el carácter parcial de los servicios.

d) Las personas trabajadoras a tiempo parcial tendrán los mismos derechos que los trabajadores a tiempo completo. Cuando corresponda en aten-ción a su naturaleza, tales derechos serán reconocidos en las disposiciones legales y reglamentarias y en los convenios colectivos de manera proporcional, en función del tiempo trabajado, debiendo garantizarse en todo caso la ausencia de discriminación, tanto directa como indirecta, entre mujeres y hombres[86].

e) La conversión de un trabajo a tiempo completo en un trabajo parcial y viceversa tendrá siempre carácter voluntario para el trabajador y no se podrá imponer de forma unilateral o como consecuencia de una modificación sustancial de condiciones de trabajo al amparo de lo dispuesto en el artículo 41.1.a). El trabajador no podrá ser despedido ni sufrir ningún otro tipo de sanción o efecto perjudicial por el hecho de rechazar esta conversión, sin perjuicio de las medidas que, de conformidad con lo dispuesto en los artículos 51 y 52.c), puedan adoptarse por causas económicas, técnicas, organizativas o de producción[87].

A fin de posibilitar la movilidad voluntaria en el trabajo a tiempo parcial, el empresario deberá informar a los trabajadores de la empresa sobre la

---

[86] Letra d) conforme al RDL 6/2019, de 1 de marzo (*BOE* de 7 de marzo).
[87] Para la reducción de jornada a través de expediente de regulación de empleo, v. art. 47 ET.

existencia de puestos de trabajo vacantes, de manera que aquéllos puedan formular solicitudes de conversión voluntaria de un trabajo a tiempo completo en un trabajo a tiempo parcial y viceversa, o para el incremento del tiempo de trabajo de los trabajadores a tiempo parcial, todo ello de conformidad con los procedimientos que se establezcan en convenio colectivo[88].

Con carácter general, las solicitudes a que se refiere el párrafo anterior deberán ser tomadas en consideración, en la medida de lo posible, por el empresario. La denegación de la solicitud deberá ser notificada por el empresario al trabajador por escrito y de manera motivada.

f) Los convenios colectivos establecerán medidas para facilitar el acceso efectivo de los trabajadores a tiempo parcial a la formación profesional continua, a fin de favorecer su progresión y movilidad profesionales.

5. Se consideran horas complementarias las realizadas como adición a las horas ordinarias pactadas en el contrato a tiempo parcial, conforme a las siguientes reglas[89]:

a) El empresario sólo podrá exigir la realización de horas complementarias cuando así lo hubiera pactado expresamente con el trabajador. El pacto sobre horas complementarias podrá acordarse en el momento de la celebración del contrato a tiempo parcial o con posterioridad al mismo, pero constituirá, en todo caso, un pacto específico respecto al contrato. El pacto se formalizará necesariamente por escrito[90].

b) Sólo se podrá formalizar un pacto de horas complementarias en el caso de contratos a tiempo parcial con una jornada de trabajo no inferior a diez horas semanales en cómputo anual.

c) El pacto de horas complementarias deberá recoger el número de horas complementarias cuya realización podrá ser requerida por el empresario.

El número de horas complementarias pactadas no podrá exceder del 30 por 100 de las horas ordinarias de trabajo objeto del contrato. Los convenios colectivos podrán establecer otro porcentaje máximo, que, en ningún caso, podrá ser inferior al citado 30 por 100 ni ex-

---

[88] La ausencia de información de estas vacantes es calificada como infracción administrativa leve por el art. 6.º5 LISOS, en la redacción dada por el art. 14 de la Ley 12/2001, de 9 de julio (*BOE* de 10 de julio).

[89] V. art. 11.2.*k*) ET para el contrato de formación en alternancia.

[90] Para pactos precedentes de horas complementarias, v. disp. trans. 6.ª ET.

ceder del 60 por 100 de las horas ordinarias contratadas.

d) El trabajador deberá conocer el día y la hora de realización de las horas complementarias pactadas con un preaviso mínimo de tres días, salvo que el convenio establezca un plazo de preaviso inferior.

e) El pacto de horas complementarias podrá quedar sin efecto por renuncia del trabajador, mediante un preaviso de quince días, una vez cumplido un año desde su celebración, cuando concurra alguna de las siguientes circunstancias:

1.ª La atención de las responsabilidades familiares enunciadas en el artículo 37.6.

2.ª Necesidades formativas, siempre que se acredite la incompatibilidad horaria.

3.ª Incompatibilidad con otro contrato a tiempo parcial.

f) El pacto de horas complementarias y las condiciones de realización de las mismas estarán sujetos a las reglas previstas en las letras anteriores. En caso de incumplimiento de tales reglas, la negativa del trabajador a la realización de las horas complementarias, pese a haber sido pactadas, no constituirá conducta laboral sancionable.

g) Sin perjuicio del pacto de horas complementarias, en los contratos a tiempo parcial de duración indefinida con una jornada de trabajo no inferior a diez horas semanales en cómputo anual, el empresario podrá, en cualquier momento, ofrecer al trabajador la realización de horas complementarias de aceptación voluntaria, cuyo número no podrá superar el 15 por 100, ampliables al 30 por 100 por convenio colectivo, de las horas ordinarias objeto del contrato. La negativa del trabajador a la realización de estas horas no constituirá conducta laboral sancionable.

Estas horas complementarias no se computarán a efectos de los porcentajes de horas complementarias pactadas que se establecen en la letra *c*).

h) La realización de horas complementarias habrá de respetar, en todo caso, los límites en materia de jornada y descansos establecidos en los artículos 34.3 y 4, 36.1 y 37.1.

i) Las horas complementarias efectivamente realizadas se retribuirán como ordinarias, computándose a efectos de bases de cotización a la Seguridad Social y períodos de carencia y bases reguladoras de las prestaciones. A tal efecto, el número y retribución de las horas complementarias realizadas se deberá recoger en el recibo individual de salarios y en los documentos de cotización a la Seguridad Social.

6. Para que el trabajador pueda acceder a la jubilación

parcial antes de alcanzar la edad ordinaria de jubilación, en los términos establecidos en el texto refundido de la Ley General de la Seguridad Social y demás disposiciones concordantes, la empresa deberá concertar simultáneamente un contrato de relevo indefinido y a tiempo completo[91].

El contrato de relevo deberá mantenerse vigente desde la fecha de efectos de la jubilación parcial hasta, al menos, los dos años posteriores a la extinción de la jubilación parcial. En el supuesto de que el contrato se extinga antes de dicho plazo, el empresario estará obligado a celebrar un nuevo contrato de relevo en los mismos términos del extinguido. En caso de incumplimiento por parte del empresario de la presente obligación será responsable del reintegro de la pensión que haya percibido el pensionista a tiempo parcial.

El contrato de relevo se celebrará con un trabajador en situación de desempleo o que tuviese concertado con la empresa un contrato de duración determinada. También podrá celebrarse un contrato fijo-discontinuo en los términos que se establezca reglamentariamente.

El puesto de trabajo del trabajador relevista podrá ser el mismo o diferente al del trabajador sustituido. En todo caso, deberá existir una correspondencia entre las bases de cotización de ambos, en los términos previstos en el texto refundido de la Ley General de la Seguridad Social.

La compatibilidad efectiva entre trabajo y pensión permitirá la acumulación del tiempo de trabajo en períodos de días en la semana, semanas en el mes, meses en el año u otros períodos de tiempo, de conformidad con lo dispuesto en pacto individual o, en su caso, en la negociación colectiva, en todas sus expresiones, incluido el acuerdo de centro de trabajo, sin que en ningún ámbito se pueda limitar o impedir su uso.

7. Cuando el trabajador acceda a la jubilación parcial una vez alcanzada la edad ordinaria de jubilación, en los términos establecidos en el texto refundido de la Ley General de la Se-

---

[91] Apartado 6 redactado conforme al RDL 11/2024, de 23 de diciembre (*BOE* de 24 de diciembre), para la mejora de la compatibilidad de la pensión de jubilación con el trabajo. El régimen de Seguridad Social en el art. 215.2 y 3 de la Ley General de Seguridad Social [RDL 8/2015, de 30 de octubre (*BOE* de 31 de octubre)]. Para la edad de jubilación mencionada en este apartado, v. arts. 205 ss. y disp. trans. 7.ª de la Ley General de la Seguridad Social.

guridad Social y demás disposiciones concordantes, se podrá celebrar un contrato de relevo, cuya jornada como mínimo será la dejada vacante por el jubilado parcial[92].

Dicho contrato de relevo podrá ser por tiempo indefinido o de duración determinada. En este último supuesto su duración será coincidente con el tiempo en que se mantenga la jubilación parcial y, en todo caso, con un mínimo de un año.

El contrato de relevo se celebrará con un trabajador en situación de desempleo o que tuviese concertado con la empresa un contrato de duración determinada.

El puesto de trabajo del trabajador relevista podrá ser el mismo o diferente del trabajador sustituido.

La compatibilidad efectiva entre trabajo y pensión permitirá la acumulación del tiempo de trabajo en períodos de días en la semana, semanas en el mes, meses en el año u otros períodos de tiempo, de conformidad con lo dispuesto en pacto individual o, en su caso, en la negociación colectiva, en todas sus expresiones, incluido el acuerdo de centro de trabajo, sin que en ningún ámbito se pueda limitar o impedir su uso.

8. La ejecución del contrato a tiempo parcial y retribución del jubilado parcial serán compatibles con la pensión que la Seguridad Social reconozca al trabajador en concepto de jubilación parcial[93].

El horario de trabajo del trabajador relevista podrá completar el del trabajador sustituido o simultanearse con él.

En la negociación colectiva se podrán establecer medidas para impulsar la celebración de contratos de relevo.

Art. 13. *Trabajo a distancia.*—Las personas trabajadoras podrán prestar trabajo a distancia en los términos previstos en la Ley 10/2021 de trabajo a distancia[94].

---

[92] Apartado 7 redactado conforme al RDL 11/2024, de 23 de diciembre (*BOE* de 24 de diciembre), para la mejora de la compatibilidad de la pensión de jubilación con el trabajo. El régimen de Seguridad Social en el art. 215.1 de la Ley General de Seguridad Social [RDL 8/2015, de 30 de octubre (*BOE* de 31 de octubre)]. Para la edad de jubilación mencionada en este apartado, v. arts. 205 ss. y disp. trans. 7.ª de la Ley General de la Seguridad Social.

[93] Apartado 8 redactado conforme al RDL 11/2024, de 23 de diciembre (*BOE* de 24 de diciembre), para la mejora de la compatibilidad de la pensión de jubilación con el trabajo.

[94] Art. 13 redactado conforme a la disp. final 3.ª de la Ley 10/2021, de 9 de julio (*BOE* de 10 de julio), conforme a cuyo articulado:

«Capítulo I. *Disposiciones generales*

»*Art. 1.º Ámbito de aplicación.*—Las relaciones de trabajo a las que resultará de aplicación el presente real decreto-ley serán aquellas en las que concurran las condiciones descritas en el artículo 1.1 del texto refundido de la Ley del Estatuto de los Trabajadores aprobado por el Real Decreto Legislativo 2/2015, de 23 de octubre, que se desarrollen a distancia con carácter regular.

»Se entenderá que es regular el trabajo a distancia que se preste, en un período de referencia de tres meses, un mínimo del treinta por ciento de la jornada, o el porcentaje proporcional equivalente en función de la duración del contrato de trabajo.

»*Art. 2.º Definiciones.*—A los efectos de lo establecido en este real decreto-ley, se entenderá por:

»*a)* «trabajo a distancia»: forma de organización del trabajo o de realización de la actividad laboral conforme a la cual esta se presta en el domicilio de la persona trabajadora o en el lugar elegido por esta, durante toda su jornada o parte de ella, con carácter regular.

»*b)* «teletrabajo»: aquel trabajo a distancia que se lleva a cabo mediante el uso exclusivo o prevalente de medios y sistemas informáticos, telemáticos y de telecomunicación.

»*c)* «trabajo presencial»: aquel trabajo que se presta en el centro de trabajo o en el lugar determinado por la empresa.

»*Art. 3.º Limitaciones en el trabajo a distancia.*—En los contratos de trabajo celebrados con menores y en los contratos en prácticas y para la formación y el aprendizaje, sólo cabrá un acuerdo de trabajo a distancia que garantice, como mínimo, un porcentaje del cincuenta por ciento de prestación de servicios presencial, sin perjuicio del desarrollo telemático, en su caso, de la formación teórica vinculada a estos últimos.

»*Art. 4.º Igualdad de trato y de oportunidades y no discriminación.*—1. Las personas que desarrollan trabajo a distancia tendrán los mismos derechos que hubieran ostentado si prestasen servicios en el centro de trabajo de la empresa, salvo aquellos que sean inherentes a la realización de la prestación laboral en el mismo de manera presencial, y no podrán sufrir perjuicio en ninguna de sus condiciones laborales, incluyendo retribución, estabilidad en el empleo, tiempo de trabajo, formación y promoción profesional.

»Sin perjuicio de lo previsto en el párrafo anterior, las personas que desarrollan total o parcialmente trabajo a distancia tendrán derecho a percibir, como mínimo, la retribución total establecida conforme a su grupo profesional, nivel, puesto y funciones, así como los complementos establecidos para las personas trabajadoras que sólo prestan servicios de forma presencial, particularmente aquellos vinculados a las condiciones personales, los resultados de la empresa o las características del puesto de trabajo.

»2. Las personas que desarrollan trabajo a distancia no podrán sufrir perjuicio alguno ni modificación en las condiciones pactadas, en particular en materia de tiempo de trabajo o de retribución, por las dificultades, técnicas u otras no imputables a la persona trabajadora, que eventualmente pudieran producirse, sobre todo en caso de teletrabajo.

»3. Las empresas están obligadas a evitar cualquier discriminación, directa o indirecta, particularmente por razón de sexo, edad, antigüedad o grupo profesional o discapacidad, de las personas trabajadoras que prestan servicios a distancia, asegurando la igualdad de trato y la prestación de apoyos, y realizando los ajustes razonables que resulten procedentes.

»Igualmente, las empresas están obligadas a tener en cuenta a las personas teletrabajadoras o trabajadoras a distancia y sus características laborales en el diagnóstico, implementación, aplicación, seguimiento y evaluación de medidas y planes de igualdad.

»4. De conformidad con lo previsto en la normativa aplicable, las empresas deberán tener en cuenta las particularidades del trabajo a distancia, especialmente del teletrabajo, en la configuración y aplicación de medidas contra el acoso sexual, acoso por razón de sexo, acoso por causa discriminatoria y acoso laboral.

»En la elaboración de medidas para la protección de las víctimas de violencia de género, deberán tenerse especialmente en cuenta, dentro de la capacidad de actuación empresarial en este ámbito, las posibles consecuencias y particularidades de esta forma de prestación de servicios en aras a la protección y garantía de derechos sociolaborales de estas personas.

»5. Las personas que realizan trabajo a distancia tienen los mismos derechos que las personas trabajadoras presenciales en materia de conciliación y corresponsabilidad, incluyendo el derecho de adaptación a la jornada establecido en el artículo 34.8 del Estatuto de los Trabajadores, a fin de que no interfiera el trabajo con la vida personal y familiar.

»Capítulo II. *El acuerdo de trabajo a distancia*

»*Sección 1.ª Voluntariedad del trabajo a distancia*

»*Art. 5.º Voluntariedad del trabajo a distancia y acuerdo de trabajo a distancia.*

»1. El trabajo a distancia será voluntario para la persona trabajadora y para la empleadora y requerirá la firma del acuerdo de trabajo a distancia regulado en este real decreto-ley, que podrá formar parte del contrato inicial o realizarse en un momento posterior, sin que pueda ser impuesto en aplicación del artículo 41 del Estatuto de los Trabajadores, todo ello sin perjuicio del derecho al trabajo a distancia que pueda reconocer la legislación o la negociación colectiva.

»2. La negativa de la persona trabajadora a trabajar a distancia, el ejercicio de la reversibilidad al trabajo presencial y las dificultades para el desarrollo adecuado de la actividad laboral a distancia que estén exclusivamente relacionadas con el cambio de una prestación presencial a otra que incluya trabajo a distancia, no serán causas justificativas de la extinción de la relación laboral ni de la modificación sustancial de las condiciones de trabajo.

»3. La decisión de trabajar a distancia desde una modalidad de trabajo presencial será reversible para la empresa y la persona trabajadora. El ejercicio de esta reversibilidad podrá ejercerse en los términos establecidos en la negociación colectiva o, en su defecto, en los fijados en el acuerdo de trabajo a distancia al que se refiere el artículo 7.

»*Sección 2.ª El acuerdo de trabajo a distancia*

»*Art. 6.º Obligaciones formales del acuerdo de trabajo a distancia.*—1. El acuerdo de trabajo a distancia deberá realizarse por escrito. Este acuerdo podrá estar incorporado al contrato de trabajo inicial o realizarse en un momento posterior, pero en todo caso deberá formalizarse antes de que se inicie el trabajo a distancia.

»2. La empresa deberá entregar a la representación legal de las personas trabajadoras una copia de todos los acuerdos de trabajo a distancia que se realicen y de sus actualizaciones, excluyendo aquellos datos que, de acuerdo con la Ley Orgánica 1/1982, de 5 de mayo, de protección civil del derecho al honor, a la intimidad personal y familiar y a la propia imagen, pudieran afectar a la intimidad personal, de conformidad con lo previsto en el artículo 8.4 del Estatuto de los Trabajadores. El tratamiento de la información facilitada estará sometido a los principios y garantías previstos en la normativa aplicable en materia de protección de datos.

»Esta copia se entregará por la empresa, en un plazo no superior a diez días desde su formalización, a la representación legal de las personas trabajadoras, que la firmarán a efectos de acreditar que se ha producido la entrega.

»Posteriormente, dicha copia se enviará a la oficina de empleo. Cuando no exista representación legal de las personas trabajadoras también deberá formalizarse copia básica y remitirse a la oficina de empleo.

»*Art. 7.º Contenido del acuerdo de trabajo a distancia.*—Será contenido mínimo obligatorio del acuerdo de trabajo a distancia, sin perjuicio de la regulación recogida al respecto en los convenios o acuerdos colectivos, el siguiente:

»*a*) Inventario de los medios, equipos y herramientas que exige el desarrollo del trabajo a distancia concertado, incluidos los consumibles y los elementos muebles, así como de la vida útil o período máximo para la renovación de estos.

»*b*) Enumeración de los gastos que pudiera tener la persona trabajadora por el hecho de prestar servicios a distancia, así como forma de cuantificación de la compensación que obligatoriamente debe abonar la empresa y momento y forma para realizar la misma, que se corresponderá, de existir, con la previsión recogida en el convenio o acuerdo colectivo de aplicación.

»*c*) Horario de trabajo de la persona trabajadora y dentro de él, en su caso, reglas de disponibilidad.

»*d*) Porcentaje y distribución entre trabajo presencial y trabajo a distancia, en su caso.

»*e*) Centro de trabajo de la empresa al que queda adscrita la persona trabajadora a distancia y donde, en su caso, desarrollará la parte de la jornada de trabajo presencial.

»*f*) Lugar de trabajo a distancia elegido por la persona trabajadora para el desarrollo del trabajo a distancia.

»*g*) Duración de plazos de preaviso para el ejercicio de las situaciones de reversibilidad, en su caso.

»*h*) Medios de control empresarial de la actividad.

»*i*) Procedimiento a seguir en el caso de producirse dificultades técnicas que impidan el normal desarrollo del trabajo a distancia.

»*j*) Instrucciones dictadas por la empresa, con la participación de la representación legal de las personas trabajadoras, en materia de protección de datos, específicamente aplicables en el trabajo a distancia.

»*k*) Instrucciones dictadas por la empresa, previa información a la representación legal de las personas trabajadoras, sobre seguridad de la información, específicamente aplicables en el trabajo a distancia.

»*l*) Duración del acuerdo de trabajo a distancia.

»*Art. 8.º Modificación del acuerdo de trabajo a distancia y ordenación de prioridades.*—1. La modificación de las condiciones establecidas en el acuerdo de trabajo a distancia, incluido el porcentaje de presencialidad, deberá ser objeto de acuerdo entre la empresa y la persona trabajadora, formalizándose por escrito con carácter previo a su aplicación. Esta modificación será puesta en conocimiento de la representación legal de las personas trabajadoras.

»2. Las personas que realizan trabajo a distancia desde el inicio de la relación laboral durante la totalidad de su jornada, tendrán prioridad para ocupar puestos de trabajo que se realizan total o parcialmente de manera presencial. A estos efectos, la empresa informará a estas personas que trabajan a distancia y a la representación legal de las personas trabajadoras de los puestos de trabajo vacantes de carácter presencial que se produzcan.

»3. Los convenios o acuerdos colectivos podrán establecer los mecanismos y criterios por los que la persona que desarrolla trabajo presencial puede pasar a trabajo a distancia o viceversa, así como preferencias vinculadas a determinadas circunstancias, como las relacionadas con la formación, la promoción y estabilidad en el empleo de personas con diversidad funcional o con riesgos específicos, la existencia de pluriempleo o pluriactividad o la concurrencia de determinadas circunstancias personales o familiares, así como la ordenación de las prioridades establecidas en el presente real decreto-ley.

»En el diseño de estos mecanismos se deberá evitar la perpetuación de roles y estereotipos de género y se deberá tener en cuenta el fomento de la corresponsabilidad entre mujeres y hombres, debiendo ser objeto de diagnóstico y tratamiento por parte del plan de igualdad que, en su caso, corresponda aplicar en la empresa.

»Capítulo III.   *Derechos de las personas trabajadoras a distancia*

»Sección 1.ª   *Derecho a la carrera profesional*

»*Art. 9.º Derecho a la formación.*—1.   Las empresas deberán adoptar las medidas necesarias para garantizar la participación efectiva en las acciones formativas de las personas que trabajan a distancia, en términos equivalentes a las de las personas que prestan servicios en el centro de trabajo de la empresa, debiendo atender el desarrollo de estas acciones, en lo posible, a las características de su prestación de servicios a distancia.

»2.   La empresa deberá garantizar a las personas que trabajan a distancia la formación necesaria para el adecuado desarrollo de su actividad tanto al momento de formalizar el acuerdo de trabajo a distancia como cuando se produzcan cambios en los medios o tecnologías utilizadas.

»*Art. 10. Derecho a la promoción profesional.*—Las personas que trabajan a distancia tendrán derecho, en los mismos términos que las que prestan servicios de forma presencial, a la promoción profesional, debiendo la empresa informar a aquellas, de manera expresa y por escrito, de las posibilidades de ascenso que se produzcan, ya se trate de puestos de desarrollo presencial o a distancia.

»Sección 2.ª   *Derechos relativos a la dotación y mantenimiento de medios y al abono y compensación de gastos*

»*Art. 11. Derecho a la dotación suficiente y mantenimiento de medios, equipos y herramientas.*—1.   Las personas que trabajan a distancia tendrán derecho a la dotación y mantenimiento adecuado por parte de la empresa de todos los medios, equipos y herramientas necesarios para el desarrollo de la actividad, de conformidad con el inventario incorporado en el acuerdo referido en el artículo 7 y con los términos establecidos, en su caso, en el convenio o acuerdo colectivo de aplicación. En el caso de personas con discapacidad trabajadores, la empresa asegurará que esos medios, equipos y herramientas, incluidos los digitales, sean universalmente accesibles, para evitar cualquier exclusión por esta causa.

»2.   Asimismo, se garantizará la atención precisa en el caso de dificultades técnicas, especialmente en el caso de teletrabajo.

»*Art. 12. El derecho al abono y compensación de gastos.*—1.   El desarrollo del trabajo a distancia deberá ser sufragado o compensado por la empresa, y no podrá suponer la asunción por parte de la persona trabajadora de gastos relacionados con los equipos, herramientas y medios vinculados al desarrollo de su actividad laboral.

»2.   Los convenios o acuerdos colectivos podrán establecer el mecanismo para la determinación, y compensación o abono de estos gastos.

»Sección 3.ª   *Derechos con repercusión en el tiempo de trabajo*

»*Art. 13. Derecho al horario flexible en los términos del acuerdo.*—De conformidad con los términos establecidos en el acuerdo de trabajo a distancia y la negociación colectiva, respetando los tiempos de disponibilidad obligatoria y la normativa sobre tiempo de trabajo y descanso, la persona que desarrolla trabajo a distancia podrá flexibilizar el horario de prestación de servicios establecido.

»*Art. 14. Derecho al registro horario adecuado.*—El sistema de registro horario que se regula en el artículo 34.9 del Estatuto de los Trabajadores, de conformidad con lo establecido en la negociación colectiva, deberá reflejar fielmente el tiempo que la persona trabajadora que realiza trabajo a distancia dedica a la actividad laboral, sin perjuicio de la flexibilidad horaria, y deberá incluir, entre otros, el momento de inicio y finalización de la jornada.

»*Sección 4.ª Derecho a la prevención de riesgos laborales*

»*Art. 15. Aplicación de la normativa preventiva en el trabajo a distancia.*—Las personas que trabajan a distancia tienen derecho a una adecuada protección en materia de seguridad y salud en el trabajo, de conformidad con lo establecido en la Ley 31/1995, de 8 de noviembre, de Prevención de Riesgos Laborales, y su normativa de desarrollo.

»*Art. 16. Evaluación de riesgos y planificación de la actividad preventiva.*—1. La evaluación de riesgos y la planificación de la actividad preventiva del trabajo a distancia deberán tener en cuenta los riesgos característicos de esta modalidad de trabajo, poniendo especial atención en los factores psicosociales, ergonómicos y organizativos y de la accesibilidad del entorno laboral efectivo. En particular, deberá tenerse en cuenta la distribución de la jornada, los tiempos de disponibilidad y la garantía de los descansos y desconexiones durante la jornada.

»La evaluación de riesgos únicamente debe alcanzar a la zona habilitada para la prestación de servicios, no extendiéndose al resto de zonas de la vivienda o del lugar elegido para el desarrollo del trabajo a distancia.

»2. La empresa deberá obtener toda la información acerca de los riesgos a los que está expuesta la persona que trabaja a distancia mediante una metodología que ofrezca confianza respecto de sus resultados, y prever las medidas de protección que resulten más adecuadas en cada caso.

»Cuando la obtención de dicha información exigiera la visita por parte de quien tuviera competencias en materia preventiva al lugar en el que, conforme a lo recogido en el acuerdo al que se refiere el artículo 7, se desarrolle el trabajo a distancia, deberá emitirse informe escrito que justifique dicho extremo que se entregará a la persona trabajadora y a las delegadas y delegados de prevención.

»La referida visita requerirá, en cualquier caso, el permiso de la persona trabajadora, de tratarse de su domicilio o del de una tercera persona física.

»De no concederse dicho permiso, el desarrollo de la actividad preventiva por parte de la empresa podrá efectuarse en base a la determinación de los riesgos que se derive de la información recabada de la persona trabajadora según las instrucciones del servicio de prevención.

»*Sección 5.ª Derechos relacionados con el uso de medios digitales*

»*Art. 17. Derecho a la intimidad y a la protección de datos.*—1. La utilización de los medios telemáticos y el control de la prestación laboral mediante dispositivos automáticos garantizará adecuadamente el derecho a la intimidad y a la protección de datos, en los términos previstos en la Ley Orgánica 3/2018, de 5 de diciembre, de Protección de Datos Personales y garantía de los derechos digitales, de acuerdo con los principios de idoneidad, necesidad y proporcionalidad de los medios utilizados.

»2. La empresa no podrá exigir la instalación de programas o aplicaciones en dispositivos propiedad de la persona trabajadora, ni la utilización de estos dispositivos en el desarrollo del trabajo a distancia.

»3. Las empresas deberán establecer criterios de utilización de los dispositivos digitales respetando en todo caso los estándares mínimos de protección de su intimidad de acuerdo con los usos sociales y los derechos reconocidos legal y constitucionalmente. En su elaboración deberá participar la representación legal de las personas trabajadoras.

»Los convenios o acuerdos colectivos podrán especificar los términos dentro de los cuales las personas trabajadoras pueden hacer uso por motivos personales de los equipos informáticos puestos a su disposición por parte de la empresa para el desarrollo del trabajo a distancia, teniendo en cuenta los usos sociales de dichos medios y las particularidades del trabajo a distancia.

»Art. 18. *Derecho a la desconexión digital.*—1. Las personas que trabajan a distancia, particularmente en teletrabajo, tienen derecho a la desconexión digital fuera de su horario de trabajo en los términos establecidos en el artículo 88 de la Ley Orgánica 3/2018, de 5 de diciembre.

»El deber empresarial de garantizar la desconexión conlleva una limitación del uso de los medios tecnológicos de comunicación empresarial y de trabajo durante los períodos de descanso, así como el respeto a la duración máxima de la jornada y a cualesquiera límites y precauciones en materia de jornada que dispongan la normativa legal o convencional aplicables.

»2. La empresa, previa audiencia de la representación legal de las personas trabajadoras, elaborará una política interna dirigida a personas trabajadoras, incluidas los que ocupen puestos directivos, en la que definirán las modalidades de ejercicio del derecho a la desconexión y las acciones de formación y de sensibilización del personal sobre un uso razonable de las herramientas tecnológicas que evite el riesgo de fatiga informática. En particular, se preservará el derecho a la desconexión digital en los supuestos de realización total o parcial del trabajo a distancia, así como en el domicilio de la persona empleada vinculado al uso con fines laborales de herramientas tecnológicas.

»Los convenios o acuerdos colectivos de trabajo podrán establecer los medios y medidas adecuadas para garantizar el ejercicio efectivo del derecho a la desconexión en el trabajo a distancia y la organización adecuada de la jornada de forma que sea compatible con la garantía de tiempos de descanso.

»Sección 6.ª *Derechos colectivos*

»Art. 19. *Derechos colectivos de las personas que trabajan a distancia.*—1. Las personas trabajadoras a distancia tendrán derecho a ejercitar sus derechos de naturaleza colectiva con el mismo contenido y alcance que el resto de las personas trabajadoras del centro al que están adscritas.

»A estos efectos, la negociación colectiva podrá establecer las condiciones para garantizar el ejercicio de los derechos colectivos de las personas trabajadoras a distancia, en atención a las singularidades de su prestación, con respeto pleno al principio de igualdad de trato y de oportunidades entre la persona trabajadora a distancia y la que desempeñe tareas en el establecimiento de la empresa.

»2. La empresa deberá suministrar a la representación legal de las personas trabajadoras los elementos precisos para el desarrollo de su actividad representativa, entre ellos, el acceso a las comunicaciones y direcciones electrónicas de uso en la empresa y la implantación del tablón virtual, cuando sea compatible con la forma de prestación del trabajo a distancia.

»Deberá asegurarse que no existen obstáculos para la comunicación entre las personas trabajadoras a distancia y sus representantes legales, así como con el resto de personas trabajadoras.

»3. Deberá garantizarse que las personas trabajadoras a distancia pueden participar de manera efectiva en las actividades organizadas o convocadas por su representación legal o por el resto de las personas trabajadoras en defensa de sus intereses laborales, en particular, su participación efectiva presencial para el ejercicio del derecho a voto en las elecciones a representantes legales.

»Capítulo IV. *Facultades de organización, dirección y control empresarial en el trabajo a distancia*

»Art. 20. *Protección de datos y seguridad de la información.*—1. Las personas trabajadoras, en el desarrollo del trabajo a distancia, deberán cumplir las instrucciones que haya establecido la empresa en el marco de la legislación sobre protección de datos, previa participación de la representación legal de las personas trabajadoras.

»2. Las personas trabajadoras deberán cumplir las instrucciones sobre seguridad de la información específicamente fijadas por la empresa, previa información a su representación legal, en el ámbito del trabajo a distancia.

»*Art. 21. Condiciones e instrucciones de uso y conservación de equipos o útiles informáticos.*—Las personas trabajadoras deberán cumplir las condiciones e instrucciones de uso y conservación establecidas en la empresa en relación con los equipos o útiles informáticos, dentro de los términos que, en su caso, se establezcan en la negociación colectiva.

»*Art. 22. Facultades de control empresarial.*—La empresa podrá adoptar las medidas que estime más oportunas de vigilancia y control para verificar el cumplimiento por la persona trabajadora de sus obligaciones y deberes laborales, incluida la utilización de medios telemáticos, guardando en su adopción y aplicación la consideración debida a su dignidad y teniendo en cuenta, en su caso, sus circunstancias personales, como la concurrencia de una discapacidad.

»*Disposición adicional primera. El trabajo a distancia en la negociación colectiva.*—1. Los convenios o acuerdos colectivos podrán establecer, en atención a la especificidad de la actividad concreta de su ámbito, la identificación de los puestos de trabajo y funciones susceptibles de ser realizados a través del trabajo a distancia, las condiciones de acceso y desarrollo de la actividad laboral mediante esta modalidad, la duración máxima del trabajo a distancia, así como contenidos adicionales en el acuerdo de trabajo a distancia y cuantas otras cuestiones se consideren necesario regular.

»2. Los convenios o acuerdos colectivos podrán regular una jornada mínima presencial en el trabajo a distancia, el ejercicio de la reversibilidad al trabajo en los locales de la empresa, un porcentaje o período de referencia inferiores a los fijados en el presente real decreto-ley a los efectos de calificar como «regular» esta modalidad de ejecución de la actividad laboral, un porcentaje de trabajo presencial de los contratos formativos diferente al previsto en el mismo, siempre que no se celebren con menores de edad, así como las posibles circunstancias extraordinarias de modulación del derecho a la desconexión.

»*Disposición adicional segunda. Personal laboral al servicio de las Administraciones Públicas.*—Las previsiones contenidas en el presente real decreto-ley no serán de aplicación al personal laboral al servicio de las Administraciones Públicas, que se regirá en esta materia por su normativa específica.

»*Disposición adicional tercera. Domicilio a efectos de considerar la Autoridad Laboral competente y los servicios y programas públicos de fomento de empleo aplicables.*—En el trabajo a distancia, se considerará como domicilio de referencia a efectos de considerar la Autoridad Laboral competente y los servicios y programas públicos de fomento del empleo aplicables, aquel que figure como tal en el contrato de trabajo y, en su defecto, el domicilio de la empresa o del centro o lugar físico de trabajo.

»[...]

»*Disposición transitoria primera. Situaciones de trabajo a distancia existentes a la entrada en vigor de esta Ley.*—1. Esta Ley será íntegramente aplicable a las relaciones de trabajo vigentes y que estuvieran reguladas, con anterioridad a su publicación, por convenios o acuerdos colectivos sobre condiciones de prestación de servicios a distancia, desde el momento en el que estos pierdan su vigencia.

»En caso de que los convenios o acuerdos referidos en el apartado anterior no prevean un plazo de duración, esta norma resultará de aplicación íntegramente una vez transcurrido un año desde su publicación en el *Boletín Oficial del Estado*, salvo que las partes firmantes de estos acuerden expresamente un plazo superior, que como máximo podrá ser de tres años.

»2. En ningún caso la aplicación de esta Ley podrá tener como consecuencia la compensación, absorción o desaparición de cualesquiera derechos o condiciones más beneficiosas que vinieran disfrutando las personas que prestasen con carácter previo sus servicios a distancia que se reflejarán en el acuerdo de trabajo a distancia, de conformidad con lo previsto en el artículo 7.

»El acuerdo de trabajo a distancia regulado en la sección segunda del capítulo II de esta Ley deberá formalizarse en el plazo de tres meses desde que esta norma resulte de aplicación a la relación laboral concreta. En idéntico plazo deberán efectuarse adaptaciones o modificaciones de los acuerdos de trabajo a distancia de carácter individual vigentes a la fecha de publicación de esta Ley, no derivados de convenios o acuerdos colectivos.

»[...]

»*Disposición transitoria tercera. Trabajo a distancia como medida de contención sanitaria derivada de la COVID-19.*—Al trabajo a distancia implantado excepcionalmente en aplicación del artículo 5 del RD-Ley 8/2020, de 17 de marzo, o como consecuencia de las medidas de contención sanitaria derivadas de la COVID-19, y mientras estas se mantengan, le seguirá resultando de aplicación la normativa laboral ordinaria. En todo caso, las empresas estarán obligadas a dotar de los medios, equipos, herramientas y consumibles que exige el desarrollo del trabajo a distancia, así como al mantenimiento que resulte necesario. En su caso, la negociación colectiva establecerá la forma de compensación de los gastos derivados para la persona trabajadora de esta forma de trabajo a distancia, si existieran y no hubieran sido ya compensados.»

En relación con lo previsto en el trabajo a distancia en las Administraciones Públicas, se ha adicionado un art. 47 bis al Estatuto Básico del Empleado Público, introducido por el art. 1 del RD-Ley 29/2020, de 29 de septiembre (*BOE* de 30 de septiembre):

«*Art. 47 bis. Teletrabajo.*—1. Se considera teletrabajo aquella modalidad de prestación de servicios a distancia en la que el contenido competencial del puesto de trabajo puede desarrollarse, siempre que las necesidades del servicio lo permitan, fuera de las dependencias de la Administración, mediante el uso de tecnologías de la información y comunicación.

»2. La prestación del servicio mediante teletrabajo habrá de ser expresamente autorizada y será compatible con la modalidad presencial. En todo caso, tendrá carácter voluntario y reversible salvo en supuestos excepcionales debidamente justificados. Se realizará en los términos de las normas que se dicten en desarrollo de este Estatuto, que serán objeto de negociación colectiva en el ámbito correspondiente y contemplarán criterios objetivos en el acceso a esta modalidad de prestación de servicio.

»El teletrabajo deberá contribuir a una mejor organización del trabajo a través de la identificación de objetivos y la evaluación de su cumplimiento.

»3. El personal que preste sus servicios mediante teletrabajo tendrá los mismos deberes y derechos, individuales y colectivos, recogidos en el presente Estatuto que el resto del personal que preste sus servicios en modalidad presencial, incluyendo la normativa de prevención de riesgos laborales que resulte aplicable, salvo aquellos que sean inherentes a la realización de la prestación del servicio de manera presencial.

»4. La Administración proporcionará y mantendrá a las personas que trabajen en esta modalidad, los medios tecnológicos necesarios para su actividad.

»5. El personal laboral al servicio de las Administraciones Públicas se regirá, en materia de teletrabajo, por lo previsto en el presente Estatuto y por sus normas de desarrollo.»

CAPÍTULO II

CONTENIDO DEL CONTRATO
DE TRABAJO

SECCIÓN 1.ª

*Duración
del contrato*

Art. 14. *Período de prueba*[95].—1. Podrá concertarse por escrito un período de prueba, con sujeción a los límites de duración que, en su caso, se establezcan en los convenios colectivos. En defecto de pacto en convenio, la duración del período de prueba no podrá exceder de seis meses para los técnicos titulados, ni de dos meses para los demás trabajadores. En las empresas de menos de veinticinco trabajadores el período de prueba no podrá exceder de tres meses para los trabajadores que no sean técnicos titulados.

En el supuesto de los contratos temporales de duración determinada del artículo 15 concertados por tiempo no superior a seis meses, el período de prueba no podrá exceder de un mes, salvo que se disponga otra cosa en convenio colectivo.

El empresario y el trabajador están, respectivamente, obligados a realizar las experiencias que constituyan el objeto de la prueba.

Será nulo el pacto que establezca un período de prueba cuando el trabajador haya ya desempeñado las mismas funciones con anterioridad en la empresa, bajo cualquier modalidad de contratación.

2. Durante el período de prueba, la persona trabajadora tendrá los derechos y obligaciones correspondientes al puesto de trabajo que desempeñe como si fuera de plantilla, excepto los derivados de la resolución de la relación laboral, que podrá producirse a instancia de cualquiera de las partes durante su transcurso.

La resolución a instancia empresarial será nula en el caso de las trabajadoras por razón de embarazo, desde la fecha de inicio del embarazo hasta el comienzo del período de suspensión a que se refiere el artículo 48.4, o maternidad, salvo que concurran motivos no relacionados con el embarazo o maternidad[96].

---

[95] V. art. 11.2.*l*) ET para la prohibición del pacto de período de prueba en el contrato de formación en alternancia.V. art. 84 ET. Art. 8 Directiva 2019/1152, de 20 de junio de 2019 (*DOUE* de 11 de julio), relativa a unas condiciones laborales transparentes y previsibles en la Unión Europea.

[96] Importantes matizaciones se formulan en las SSTC 94/1984, de 16 de octubre (*BOE* de 31 de octubre), sobre la extinción de la relación laboral durante el período de prueba fundada en motivos discriminatorios; 166/1988, de 26 de septiembre (*BOE* de 14 de octubre), sobre discriminación durante el período de prueba por embarazo de mujer

3. Transcurrido el período de prueba sin que se haya producido el desistimiento, el contrato producirá plenos efectos, computándose el tiempo de los servicios prestados en la antigüedad de la persona trabajadora en la empresa.

Las situaciones de incapacidad temporal, nacimiento, adopción, guarda con fines de adopción, acogimiento, riesgo durante el embarazo, riesgo durante la lactancia, violencia de género, que afecten a la persona trabajadora durante el período de prueba, interrumpen el cómputo del mismo siempre que se produzca acuerdo entre ambas partes[97].

Art. 15. *Duración del contrato de trabajo*[98].—1. El contrato de trabajo se presume concertado por tiempo indefinido.

El contrato de trabajo de duración determinada sólo podrá celebrarse por circunstancias de la producción o por sustitución de persona trabajadora[99].

---

trabajadora; 198/1996, de 3 de diciembre (*BOE* de 3 de enero), sobre cese de una trabajadora durante el período de prueba por inadecuación a su puesto de trabajo; 17/2007, de 12 de febrero (*BOE* de 14 de marzo), sobre tratamiento discriminatorio por razón de sexo con ocasión de despido por no superar un segundo período de prueba improcedente a causa de su embarazo; 173/2013, de 10 de octubre (*BOE* de 7 de noviembre), sobre posible ejercicio de la facultad de desistimiento cuando el mismo se produce estando la trabajadora embarazada sin que ello comporte tratamiento discriminatorio, sin perjuicio de que esta doctrina podría no ser aplicable a estas alturas dado que el inciso legal del art. 14.2, p. 2 es posterior a esta sentencia; 67/2022, de 2 de junio, ECLI:ES:TC:2022:67, sobre demostración por la empresa de ausencia de discriminación por razón de identidad de género a resultas de una decisión extintiva durante el período de prueba.

[97] Apartado 2 conforme al RDL 6/2019, de 1 de marzo (*BOE* de 7 de marzo). Apartado 3 conforme a la Ley 4/2023, de 28 de febrero (*BOE* de 1 de marzo), para la igualdad real y efectiva de las personas trans y para la garantía de los derechos de las personas LGTBI.

[98] Artículo redactado conforme al RDL 32/2021, de 28 de diciembre (*BOE* de 30 de diciembre), de medidas para la reforma laboral, la garantía de la estabilidad en el empleo y la transformación del mercado de trabajo. Para la evaluación periódica de las medidas introducidas por esta norma, v. disp. adic. 24.ª ET. Para el régimen aplicable al personal laboral del sector público, v. arts. 11 RD Legislativo 5/2015, de 30 de octubre (*BOE* de 31 de octubre), del Estatuto Básico del Empleado Público, Ley 20/2021, de 28 de diciembre (*BOE* de 29 de diciembre), de medidas urgentes para la reducción de la temporalidad en el empleo público, así como disps. adics. 4.ª, 5.ª RD-Ley 32/2021, de 28 de diciembre (*BOE* de 30 de diciembre). Para el contrato indefinido de actividades científico-técnicas en el marco de proyectos de investigación, v. arts. 23 bis, 32 bis, de la Ley 14/2011, de 1 de junio de la Ciencia, la Tecnología y la Innovación, conforme a la modificación del RDL 8/2022, de 5 de abril (*BOE* de 6 de abril), de contratación laboral del Sistema Español de Ciencia, Tecnología e Innovación.

[99] Para el contrato indefinido adscrito a obra en el sector de la construcción, v. disp. adic. 3.ª de la Ley 32/2006, de 18 de octubre, transcrita en nota a la disp. adic. 3.ª ET. V. arts. 8.º2 y 49.1.*c*) ET. V. RD 1.194/1985, de 17 de julio (*BOE* de 20 de julio), de normas sobre jubilación especial a los sesenta y cuatro años y nuevas contratacio-

nes; disp. adic. 3.ª de la LO 2/2006, de 3 de mayo (*BOE* de 18 de septiembre), de Educación, que contempla la contratación laboral de los profesores que, no perteneciendo a los cuerpos de funcionarios docentes, impartan la enseñanza de las religiones en los centros públicos; arts. 78, 80, 81, 83 y 84 de la LO 2/2023, de 22 de marzo (*BOE* de 23 de marzo), del Sistema Universitario; arts. 20 ss. de la Ley 14/2011, de 1 de junio (*BOE* de 2 de junio), de la Ciencia, la Tecnología y la Innovación; art. 62 de la Ley 1/2024, de 7 de junio (*BOE* de 8 de junio), por la que se regulan las enseñanzas artísticas superiores; arts. 20 ss. de la Ley 14/2011, de 1 de junio (*BOE* de 2 de junio), de la Ciencia, la Tecnología y la Innovación, modificado por la Ley 30/2015, de 9 de septiembre (*BOE* de 10 de septiembre); Ley 44/2007, de 13 de diciembre (*BOE* de 14 de diciembre), para la regulación de las empresas de inserción, en especial sus arts. 11 ss., modificada por la Ley 27/2009, de 30 de diciembre (*BOE* de 31 de diciembre); respecto del profesorado universitario, tener en cuenta que conforme al apartado 3 de la disp. derog. del RDL 32/2021 antes citado «Quedan derogadas las disposiciones referidas a los contratos temporales previstos en el artículo 15.1.*a*) del texto refundido de la Ley del Estatuto de los Trabajadores, según la redacción del precepto previa a la entrada en vigor del apartado tres del artículo primero, contenidas en cualquier norma del ordenamiento jurídico y, en particular, en la Ley Orgánica 6/2001, de 21 de diciembre, de Universidades y en la Ley 14/2011, de 1 de junio, de la Ciencia, la Tecnología y la Innovación»; RD 49/2010, de 22 de enero (*BOE* de 3 de febrero), por el que se crea el Registro Administrativo de Empresas de Inserción del Ministerio de Trabajo e Inmigración. Para la contratación temporal como medida de fomento del empleo, v. art. 17.3 ET y nota al mismo. V. Directiva 1999/70/CE, de 28 de junio (*DOCE* de 10 de julio), relativa al acuerdo marco de la CES, la UNICE y el CEEP sobre trabajo de duración determinada. V. SSTC 38/2007, de 15 de febrero (*BOE* de 14 de marzo), y 80/2007 a 80/2007, de 19 de abril (*BOE* de 23 de mayo), sobre constitucionalidad del régimen de contratación anual de los profesores de enseñanza religiosa en los centros públicos; 128/2007, de 4 de junio (*BOE* de 6 de julio), sobre cese como profesor de religión católica de un sacerdote secularizado por hacerse pública su condición de casado y con hijos y su pertenencia a un movimiento contrario a la ortodoxia; 51/2011, de 14 de abril (*BOE* de 10 de mayo), sobre discriminación por circunstancias personales y libertad ideológica en relación con el derecho a contraer matrimonio como divorciado por parte de una profesora de religión católica en un centro público.

El art. 28 de la Ley 31/1995, de 8 de noviembre (*BOE* de 10 de noviembre), de Prevención de Riesgos Laborales, dispone:

«*Art. 28. Relaciones de trabajo temporales, de duración determinada y en empresas de trabajo temporal.*—1. Los trabajadores con relaciones de trabajo temporales o de duración determinada, así como los contratados por empresas de trabajo temporal, deberán disfrutar del mismo nivel de protección en materia de seguridad y salud que los restantes trabajadores de la empresa en la que prestan sus servicios.

»La existencia de una relación de trabajo de las señaladas en el párrafo anterior no justificará en ningún caso una diferencia de trato por lo que respecta a las condiciones de trabajo, en lo relativo a cualquiera de los aspectos de la protección de la seguridad y la salud de los trabajadores.

»La presente Ley y sus disposiciones de desarrollo se aplicarán plenamente a las relaciones de trabajo señaladas en los párrafos anteriores.

»2. El empresario adoptará las medidas necesarias para garantizar que, con carácter previo al inicio de su actividad, los trabajadores a que se refiere el apartado anterior reciban información acerca de los riesgos a los que vayan a estar expuestos, en particular en lo relativo a la necesidad de cualificaciones o aptitudes profesionales determinadas, la exigencia de controles médicos especiales o la existencia de riesgos

Para que se entienda que concurre causa justificada de temporalidad será necesario que se especifiquen con precisión en el contrato la causa habilitante de la contratación temporal, las circunstancias concretas que la justifican y su conexión con la duración prevista.

2. A efectos de lo previsto en este artículo, se entenderá por circunstancias de la produc-

---

específicos del puesto de trabajo a cubrir, así como sobre las medidas de protección y prevención frente a los mismos.

»Dichos trabajadores recibirán, en todo caso, una formación suficiente y adecuada a las características del puesto de trabajo a cubrir, teniendo en cuenta su cualificación y experiencia profesional y los riesgos a los que vayan a estar expuestos.

»3. Los trabajadores a que se refiere el presente artículo tendrán derecho a una vigilancia periódica de su estado de salud, en los términos establecidos en el artículo 22 de esta Ley y en sus normas de desarrollo.

»4. El empresario deberá informar a los trabajadores designados para ocuparse de las actividades de protección y prevención o, en su caso, al servicio de prevención previsto en el artículo 31 de esta Ley de la incorporación de los trabajadores a que se refiere el presente artículo, en la medida necesaria para que puedan desarrollar de forma adecuada sus funciones respecto de todos los trabajadores de la empresa.»

La trasgresión de los límites normativos en materia de contratación temporal en el art. 7.º2 LISOS [RD Legislativo 5/2000, de 4 de agosto (*BOE* de 8 de agosto)], modificado por el RDL 32/2021 citado, conforme al cual se califica como infracción grave: «2. La transgresión de la normativa sobre modalidades contractuales, contratos de duración determinada y temporales, mediante su utilización en fraude de ley o respecto a personas, finalidades, supuestos y límites temporales distintos de los previstos legal, reglamentariamente, o mediante convenio colectivo cuando dichos extremos puedan ser determinados por la negociación colectiva. A estos efectos se considerará una infracción por cada una de las personas trabajadoras afectadas.»

Conforme al art. 151 de la Ley General de la Seguridad Social (texto refundido aprobado por el RDL 8/2015, de 30 de octubre, *BOE* de 31 de octubre), de acuerdo con redacción dada por el RDL 32/2021 citado:

«1. Los contratos de duración determinada inferior a treinta días tendrán una cotización adicional a cargo del empresario a la finalización del mismo.

»2. Dicha cotización adicional se calculará multiplicando por tres la cuota resultante de aplicar a la base mínima diaria de cotización del grupo 8 del Régimen General de la Seguridad Social para contingencias comunes, el tipo general de cotización a cargo de la empresa para la cobertura de las contingencias comunes.

»3. Esta cotización adicional no se aplicará a los contratos a los que se refiere este artículo, cuando sean celebrados con trabajadores incluidos en el Sistema Especial para Trabajadores por Cuenta Ajena Agrarios, en el Sistema Especial para Empleados de Hogar o en el Régimen Especial para la Minería del Carbón; ni a los contratos por sustitución.»

V. también SSTC 173/1994, de 7 de junio (*BOE* de 9 de julio); 3/1995, de 10 de enero (*BOE* de 11 de febrero); 17/2003, de 30 de enero (*BOE* de 5 de marzo), sobre el carácter discriminatorio de la no renovación de un contrato temporal por razón de embarazo de la trabajadora; 175/2005, de 4 de julio (*BOE* de 5 de agosto), sobre discriminación por razón del sexo por extinción del contrato temporal de una trabajadora a causa de su embarazo.

ción el incremento ocasional e imprevisible de la actividad y las oscilaciones, que, aun tratándose de la actividad normal de la empresa, generan un desajuste temporal entre el empleo estable disponible y el que se requiere, siempre que no respondan a los supuestos incluidos en el artículo 16.1.

Entre las oscilaciones a que se refiere el párrafo anterior se entenderán incluidas aquellas que derivan de las vacaciones anuales.

Cuando el contrato de duración determinada obedezca a estas circunstancias de la producción, su duración no podrá ser superior a seis meses. Por convenio colectivo de ámbito sectorial se podrá ampliar la duración máxima del contrato hasta un año.

En caso de que el contrato se hubiera concertado por una duración inferior a la máxima legal o convencionalmente establecida, podrá prorrogarse, mediante acuerdo de las partes, por una única vez, sin que la duración total del contrato pueda exceder de dicha duración máxima.

Igualmente, las empresas podrán formalizar contratos por circunstancias de la producción para atender situaciones ocasionales, previsibles y que tengan una duración reducida y delimitada en los términos previstos en este párrafo, incluidas las campañas agrarias y agroalimentarias. Las empresas sólo podrán utilizar este contrato un máximo de noventa días en el año natural, a excepción de las empresas del sector agrario y agroalimentario que podrán utilizar un total de ciento veinte días en el año natural, independientemente de las personas trabajadoras que sean necesarias para atender en cada uno de dichos días las concretas situaciones, que deberán estar debidamente identificadas en el contrato.

Estos noventa días, o ciento veinte días en los supuestos de las explotaciones y empresas del sector agroalimentario, no podrán ser utilizados de manera continuada. Las empresas, en el último trimestre de cada año, deberán trasladar a la representación legal de las personas trabajadoras una previsión anual de uso de estos contratos.

Constituye causa para la celebración de este contrato en el sector agrícola, ganadero y forestal y la industria asociada a estos sectores, la cobertura de una o varias campañas de corta duración, con el límite anual de ciento veinte jornadas reales.

No podrá identificarse como causa de este contrato la realización de los trabajos en el marco de contratas, subcontratas o concesiones administrativas que constituyan la actividad habitual u ordinaria de la empresa, sin perjuicio de su celebración cuando concurran las circunstancias de la producción en los términos anteriores[100].

3. Podrán celebrarse contratos de duración determinada para la sustitución de una persona trabajadora con derecho a reserva de puesto de trabajo, siempre que se especifique en el contrato el nombre de la persona sustituida y la causa de la sustitución. En tal supuesto, la prestación de servicios podrá iniciarse antes de que se produzca la ausencia de la persona sustituida, coincidiendo en el desarrollo de las funciones el tiempo imprescindible para garantizar el desempeño adecuado del puesto y, como máximo, durante quince días.

Asimismo, el contrato de sustitución podrá concertarse para completar la jornada reducida por otra persona trabajadora, cuando dicha reducción se ampare en causas legalmente establecidas o reguladas en el convenio colectivo y se especifique en el contrato el nombre de la persona sustituida y la causa de la sustitución.

El contrato de sustitución podrá ser también celebrado para la cobertura temporal de un puesto de trabajo durante el proceso de selección o promoción para su cobertura definitiva mediante contrato fijo, sin que su duración pueda ser en este caso superior a tres meses, o el plazo inferior recogido en convenio colectivo, ni pueda celebrarse un nuevo contrato con el mismo objeto una vez superada dicha duración máxima[101].

4. Las personas contratadas incumpliendo lo establecido en este artículo adquirirán la condición de fijas.

También adquirirán la condición de fijas las personas trabajadoras temporales que no hubieran sido dadas de alta en la Seguridad Social una vez transcurrido un plazo igual al que legalmente se hubiera podido fijar para el período de prueba.

5. Sin perjuicio de lo anterior, las personas trabajadoras

---

[100] Apartado 2 conforme a la redacción introducida por la disp. final 11.ª de la Ley 1/2025, de 1 de abril (*BOE* de 2 de abril), de prevención de las pérdidas y el desperdicio alimentario.

[101] Conforme al párrafo tercero de la disp. adic. 4.ª RDL 32/2021, de 28 de diciembre, «se podrán suscribir contratos de sustitución para cubrir temporalmente un puesto de trabajo hasta que finalice el proceso de selección para su cobertura definitiva, de acuerdo con los principios constitucionales de igualdad, mérito y capacidad y en los términos establecidos en la Ley 20/2021, de 28 de diciembre, de medidas urgentes para la reducción de la temporalidad en el empleo público».

que en un período de veinticuatro meses hubieran estado contratadas durante un plazo superior a dieciocho meses, con o sin solución de continuidad, para el mismo o diferente puesto de trabajo con la misma empresa o grupo de empresas, mediante dos o más contratos por circunstancias de la producción, sea directamente o a través de su puesta a disposición por empresas de trabajo temporal, adquirirán la condición de personas trabajadoras fijas. Esta previsión también será de aplicación cuando se produzcan supuestos de sucesión o subrogación empresarial conforme a lo dispuesto legal o convencionalmente.

Asimismo, adquirirá la condición de fija la persona que ocupe un puesto de trabajo que haya estado ocupado con o sin solución de continuidad, durante más de dieciocho meses en un período de veinticuatro meses mediante contratos por circunstancias de la producción, incluidos los contratos de puesta a disposición realizados con empresas de trabajo temporal[102].

6. Las personas con contratos temporales y de duración determinada tendrán los mismos derechos que las personas con contratos de duración indefinida, sin perjuicio de las particularidades específicas de cada una de las modalidades contractuales en materia de extinción del contrato y de aquellas expresamente previstas en la ley en relación con los contratos formativos. Cuando corresponda en atención a su naturaleza, tales derechos serán reconocidos en las disposiciones legales y reglamentarias y en los convenios colectivos de manera proporcional, en función del tiempo trabajado.

Cuando un determinado derecho o condición de trabajo esté atribuido en las disposiciones legales o reglamentarias y en los convenios colectivos en función de una previa antigüedad de la persona trabajadora, esta deberá computarse según los mismos criterios para todas

---

[102] Para las Administraciones Públicas, v. disp. adic. 15.ª ET. Según el art. 147 de la Ley 36/2011, de 10 de octubre (*BOE* de 11 de octubre), Reguladora de la Jurisdicción Social: «1. Cuando la Entidad Gestora de las prestaciones por desempleo constate que, en los cuatro años inmediatamente anteriores a una solicitud de prestaciones, el trabajador hubiera percibido prestaciones por finalización de varios contratos temporales con una misma empresa, podrá dirigirse de oficio a la autoridad judicial demandando que el empresario sea declarado responsable del abono de las mismas, salvo de la prestación correspondiente al último contrato temporal, si la reiterada contratación temporal fuera abusiva o fraudulenta, así como la condena al empresario a la devolución a la Entidad Gestora de aquellas prestaciones junto con las cotizaciones correspondientes».

las personas trabajadoras, cualquiera que sea su modalidad de contratación[103].

7. La empresa deberá informar a las personas con contratos de duración determinada o temporales, incluidos los contratos formativos, sobre la existencia de puestos de trabajo vacantes, a fin de garantizarles las mismas oportunidades de acceder a puestos permanentes que las demás personas trabajadoras. Esta información podrá facilitarse mediante un anuncio público en un lugar adecuado de la empresa o centro de trabajo, o mediante otros medios previstos en la negociación colectiva, que aseguren la transmisión de la información.

Dicha información será trasladada, además, a la representación legal de las personas trabajadoras[104].

Las empresas habrán de notificar, asimismo a la representación legal de las personas trabajadoras los contratos realizados de acuerdo con las modalidades de contratación por tiempo determinado previstas en este artículo, cuando no exista obligación legal de entregar copia básica de los mismos[105].

8. Los convenios colectivos podrán establecer planes de reducción de la temporalidad, así como fijar criterios generales relativos a la adecuada relación entre el volumen de la contratación de carácter temporal y la plantilla total de la empresa, criterios objetivos de conversión de los contratos de duración determinada o temporales en indefinidos, así como fijar porcentajes máximos de temporalidad y las consecuencias derivadas del incumplimiento de los mismos.

Asimismo, los convenios colectivos podrán establecer criterios de preferencia entre las personas con contratos de duración determinada o temporales, incluidas las personas puestas a disposición.

---

[103] V. SSTC 104/2004, de 28 de junio (*BOE* de 27 de julio), sobre el carácter discriminatorio de diferencia de tratamiento en función de la duración del contrato para el acceso a un plan de pensiones; 71/2016, de 14 de abril (*BOE* de 20 de mayo), sobre el carácter discriminatorio de la diferencia de tratamiento entre temporales y fijos respecto de una reducción de jornada por causas económicas; 149/2017, de 18 de diciembre (*BOE* de 17 de enero de 2018), sobre vulneración del derecho a la igualdad por denegar una solicitud de permuta de puestos de trabajo con la finalidad de conciliación familiar, basada la negativa en la temporalidad del contrato de trabajo.

[104] La ausencia de información sobre estas vacantes es calificada como infracción administrativa leve por el art. 6.º5 LISOS, redactado por el art. 14 de la Ley 12/2001, de 9 de julio (*BOE* de 10 de julio).

[105] V. art. 8.º4 ET. La no notificación es calificada como infracción grave por el art. 15.4 LISOS [RD Legislativo 5/2000, de 4 de agosto (*BOE* de 8 de agosto)].

Los convenios colectivos establecerán medidas para facilitar el acceso efectivo de estas personas trabajadoras a las acciones incluidas en el sistema de formación profesional para el empleo, a fin de mejorar su cualificación y favorecer su progresión y movilidad profesionales.

9. En los supuestos previstos en los apartados 4 y 5, la empresa deberá facilitar por escrito a la persona trabajadora, en los diez días siguientes al cumplimiento de los plazos indicados, un documento justificativo sobre su nueva condición de persona trabajadora fija de la empresa, debiendo informar a la representación legal de los trabajadores sobre dicha circunstancia[106].

En todo caso, la persona trabajadora podrá solicitar, por escrito al servicio público de empleo correspondiente un certificado de los contratos de duración determinada o temporales celebrados, a los efectos de poder acreditar su condición de persona trabajadora fija en la empresa.

El Servicio Público de Empleo emitirá dicho documento y lo pondrá en conocimiento de la empresa en la que la persona trabajadora preste sus servicios y de la Inspección de Trabajo y Seguridad Social, si advirtiera que se han sobrepasado los límites máximos temporales establecidos.

Art. 16. *Contrato fijo-discontinuo*[107].—1. El contrato por tiempo indefinido fijo-discontinuo se concertará para la realización de trabajos de naturaleza estacional o vinculados a actividades productivas de temporada, o para el desarrollo de aquellos que no tengan dicha naturaleza pero que, siendo de prestación intermitente, tengan períodos de ejecución ciertos, determinados o indeterminados.

El contrato fijo-discontinuo podrá concertarse para el desarrollo de trabajos consistentes en la prestación de servicios en el marco de la ejecución de contratas mercantiles o administrativas que, siendo previsi-

---

[106] El incumplimiento de este deber empresarial es calificado como infracción administrativa leve por el art. 6.ª4 bis LISOS [RD Legislativo 5/2000, de 4 de agosto (*BOE* de 8 de agosto)], conforme a la redacción de la Ley 35/2010, de 17 de septiembre (*BOE* de 18 de septiembre).

[107] Artículo redactado conforme al RDL 32/2021, de 28 de diciembre (*BOE* de 30 de diciembre), de medidas para la reforma laboral, la garantía de la estabilidad en el empleo y la transformación del mercado de trabajo. V. Directiva 97/81/CE del Consejo, de 15 de diciembre de 1997 (*DOCE* de 20 de enero de 1998), relativa al Acuerdo marco sobre el trabajo a tiempo parcial.

bles, formen parte de la actividad ordinaria de la empresa.

Asimismo, podrá celebrarse un contrato fijo-discontinuo entre una empresa de trabajo temporal y una persona contratada para ser cedida, en los términos previstos en el artículo 10.3 de la Ley 14/1994, de 1 de junio, por la que se regulan las empresas de trabajo temporal[108].

2. El contrato de trabajo fijo-discontinuo, conforme a lo dispuesto en el artículo 8.2, se deberá formalizar necesariamente por escrito y deberá reflejar los elementos esenciales de la actividad laboral, entre otros, la duración del período de actividad, la jornada y su distribución horaria, si bien estos últimos podrán figurar con carácter estimado, sin perjuicio de su concreción en el momento del llamamiento.

3. Mediante convenio colectivo o, en su defecto, acuerdo de empresa, se establecerán los criterios objetivos y formales por los que debe regirse el llamamiento de las personas

fijas-discontinuas. En todo caso, el llamamiento deberá realizarse por escrito o por otro medio que permita dejar constancia de la debida notificación a la persona interesada con las indicaciones precisas de las condiciones de su incorporación y con una antelación adecuada.

Sin perjuicio de lo anterior, la empresa deberá trasladar a la representación legal de las personas trabajadoras, con la suficiente antelación, al inicio de cada año natural, un calendario con las previsiones de llamamiento anual, o, en su caso, semestral, así como los datos de las altas efectivas de las personas fijas discontinuas una vez se produzcan.

Las personas fijas-discontinuas podrán ejercer las acciones que procedan en caso de incumplimientos relacionados con el llamamiento, iniciándose el plazo para ello desde el momento de la falta de este o desde el momento en que la conociesen[109].

---

[108] Para este art. 10.3, v. nota al art. 43 ET.

[109] Para la situación legal de desempleo, art. 267.1.*d*) de la Ley General de la Seguridad Social, texto refundido aprobado por el RDL 8/2015, de 30 de octubre (*BOE* de 31 de octubre). Conforme a la disp. adic. 12.ª de la Ley 3/2012, de 6 de julio (*BOE* de 7 de julio):

«1. Las empresas, excluidas las pertenecientes al sector público, dedicadas a actividades encuadradas en los sectores de turismo, comercio vinculado al mismo y hostelería que generen actividad productiva en los meses de marzo y de noviembre de cada año y que inicien y/o mantengan en alta durante dichos meses la ocupación de los trabajadores con contratos de carácter fijo discontinuo, podrán aplicar una bonificación en dichos meses del 50 por 100 de las cuotas empresariales a la Seguridad

4. Cuando la contratación fija-discontinua se justifique por la celebración de contratas, subcontratas o con motivo de concesiones administrativas en los términos de este artículo, los períodos de inactividad sólo podrán producirse como plazos de espera de recolocación entre subcontrataciones.

En estos supuestos, los convenios colectivos sectoriales podrán determinar un plazo máximo de inactividad entre subcontratas, que, en defecto de previsión convencional, será de tres meses. Una vez cumplido dicho plazo, la empresa adoptará las medidas coyunturales o definitivas que procedan, en los términos previstos en esta norma.

5. Los convenios colectivos de ámbito sectorial podrán establecer una bolsa sectorial de empleo en la que se podrán integrar las personas fijas-discontinuas durante los períodos de inactividad, con el objetivo de favorecer su contratación y su formación continua durante estos, todo ello

sin perjuicio de las obligaciones en materia de contratación y llamamiento efectivo de cada una de las empresas en los términos previstos en este artículo.

Estos mismos convenios podrán acordar, cuando las peculiaridades de la actividad del sector así lo justifiquen, la celebración a tiempo parcial de los contratos fijos-discontinuos, y la obligación de las empresas de elaborar un censo anual del personal fijo-discontinuo.

Asimismo, podrán establecer un período mínimo de llamamiento anual y una cuantía por fin de llamamiento a satisfacer por las empresas a las personas trabajadoras, cuando este coincida con la terminación de la actividad y no se produzca, sin solución de continuidad, un nuevo llamamiento.

6. Las personas trabajadoras fijas-discontinuas no podrán sufrir perjuicios por el ejercicio de los derechos de conciliación, ausencias con derecho a reserva de puesto de trabajo y otras causas justificadas en base a de-

---

Social por contingencias comunes, así como por los conceptos de recaudación conjunta de Desempleo, FOGASA y Formación profesional de dichos trabajadores.

»2. Lo dispuesto en esta disposición adicional será de aplicación desde la entrada en vigor de esta Ley hasta el día 31 de diciembre de 2013.

»3. El Gobierno procederá a la evaluación de la eficacia de esta disposición y sus efectos en la prolongación de los períodos de actividad de los trabajadores con contratos de carácter fijo discontinuo. Esta evaluación se realizará con anterioridad al 31 de diciembre de 2013.

»A la vista de dicha evaluación, y en función de la duración de los períodos de actividad durante 2012 y 2013, el Gobierno adoptará las medidas que correspondan sobre su mantenimiento, prórroga o modificación.»

rechos reconocidos en la ley o los convenios colectivos.

Las personas trabajadoras fijas-discontinuas tienen derecho a que su antigüedad se calcule teniendo en cuenta toda la duración de la relación laboral y no el tiempo de servicios efectivamente prestados, con la excepción de aquellas condiciones que exijan otro tratamiento en atención a su naturaleza y siempre que responda a criterios de objetividad, proporcionalidad y transparencia.

7. La empresa deberá informar a las personas fijas-discontinuas y a la representación legal de las personas trabajadoras sobre la existencia de puestos de trabajo vacantes de carácter fijo ordinario, de manera que aquellas puedan formular solicitudes de conversión voluntaria, de conformidad con los procedimientos que establezca el convenio colectivo sectorial o, en su defecto, el acuerdo de empresa.

8. Las personas trabajadoras fijas-discontinuas tendrán la consideración de colectivo prioritario para el acceso a las iniciativas de formación del sistema de formación profesional para el empleo

en el ámbito laboral durante los períodos de inactividad.

SECCIÓN 2.ª

Derechos y deberes derivados del contrato

Art. 17. *No discriminación en las relaciones laborales*[110].— 1. Se entenderán nulos y sin efecto los preceptos reglamentarios, las cláusulas de los convenios colectivos, los pactos individuales y las decisiones unilaterales del empresario que den lugar en el empleo, así como en materia de retribuciones, jornada y demás condiciones de trabajo, a situaciones de discriminación directa o indirecta desfavorables por razón de edad o discapacidad o a situaciones de discriminación directa o indirecta por razón de sexo, origen, incluido el racial o étnico, estado civil, condición social, religión o convicciones, ideas políticas, orientación e identidad sexual, expresión de género, características sexuales, adhesión o no a sindicatos y a sus acuerdos, vínculos de parentesco con

---

[110] Esta prohibición constituye una concreción de la más genérica establecida en el art. 14 CE: «Los españoles son iguales ante la ley, sin que pueda prevalecer discriminación alguna por razón de nacimiento, raza, sexo, religión, opinión o cualquier otra condición o circunstancia personal o social.» V. arts. 4.º2.*c*), 9.3, 16.2, 22.3 y 28 ET. Para la declaración también como discriminatorias de las diferencias por motivo de nacionalidad, de si disfrutan o no de residencia legal, así como por razón de identidad sexual, de expresión de género, enfermedad o condición de salud, estado serológico y/o predis-

posición genética a sufrir patologías y trastornos, así como situación socioeconómica, v. art. 2.º1 de la Ley 15/2022, de 12 de julio (*BOE* de 13 de julio), integral para la igualdad de trato y la no discriminación. Sin embargo, se matiza que «no obstante lo previsto en el apartado anterior, y de acuerdo con lo establecido en el apartado 2 del artículo 4.º de esta ley, podrán establecerse diferencias de trato cuando los criterios para tal diferenciación sean razonables y objetivos y lo que se persiga es lograr un propósito legítimo o así venga autorizado por norma con rango de ley, o cuando resulten de disposiciones normativas o decisiones generales de las administraciones públicas destinadas a proteger a las personas, o a grupos de población necesitados de acciones específicas para mejorar sus condiciones de vida o favorecer su incorporación al trabajo o a distintos bienes y servicios esenciales y garantizar el ejercicio de sus derechos y libertades en condiciones de igualdad». Al mismo tiempo se precisa que «La enfermedad no podrá amparar diferencias de trato distintas de las que deriven del propio proceso de tratamiento de la misma, de las limitaciones objetivas que imponga para el ejercicio de determinadas actividades o de las exigidas por razones de salud pública» (art. 2.º3). Ley 15/2022 declarada íntegramente constitucional por la STC 89/2024, de 5 de junio (*BOE* de 8 de julio). V. arts. 28 ss. Ley 62/2003, de 13 de octubre, transcritos en nota al art. 4.2.*c*). RD 902/2020, de 13 de octubre (*BOE* de 14 de octubre), de igualdad retributiva entre mujeres y hombres. Las decisiones empresariales discriminatorias son calificadas como infracciones muy graves por el art. 8.º12 LISOS [RD Legislativo 5/2000, de 4 de agosto (*BOE* de 8 de agosto], conforme a la redacción dada por la Ley 62/2003, de 30 de diciembre (*BOE* de 31 de diciembre); Ley 30/2003, de 13 de octubre (*BOE* de 14 de octubre), sobre medidas para incorporar la valoración del impacto de género en las disposiciones normativas que elabore el Gobierno; RD Legislativo 1/2013, de 29 de noviembre (*BOE* de 3 de diciembre), por el que se aprueba el texto refundido de la Ley General de derechos de las personas con discapacidad y su inserción social. V., asimismo, Directiva 2000/78/CE, de 27 de noviembre (*DOCE* de 2 de diciembre), relativa al establecimiento de un marco general para la igualdad de trato en el empleo y la ocupación; Directiva 2000/43/CE, de 24 de julio (*DOCE* de 19 de julio), relativa a la aplicación del principio de igualdad de trato de las personas independientemente de su origen racial o étnico; Directiva 2006/54/CE, de 5 de julio de 2006 (*DOUE* de 26 de julio), relativa a la aplicación del principio de igualdad de oportunidades e igualdad de trato entre hombres y mujeres en asuntos de empleo y ocupación (refundición). En materia sindical, v. arts. 12 a 15 de la LO 11/1985, de 2 de agosto (*BOE* de 8 de agosto), de Libertad Sindical:

«*Art. 12.*   Serán nulos y sin efecto los preceptos reglamentarios, las cláusulas de los convenios colectivos, los pactos individuales y las decisiones unilaterales del empresario que contengan o supongan cualquier tipo de discriminación en el empleo o en las condiciones de trabajo, sean favorables o adversas, por razón de adhesión o no a un sindicato, a sus acuerdos o al ejercicio en general de actividades sindicales.

»*Art. 13.*   Cualquier trabajador o sindicato que considere lesionados los derechos de libertad sindical, por actuación del empleador, asociación patronal, Administraciones Públicas o cualquier otra persona, entidad o corporación pública o privada, podrá recabar la tutela del derecho ante la jurisdicción competente a través del proceso de protección jurisdiccional de los derechos fundamentales de la persona.

»Expresamente serán consideradas lesiones a la libertad sindical los actos de injerencia consistentes en fomentar la constitución de sindicatos dominados o controlados por un empleador o una asociación empresarial, o en sostener económicamente o en otra forma sindicatos con el mismo propósito de control.

»*Art. 14.*   El sindicato a que pertenezca el trabajador presuntamente lesionado, así como cualquier sindicato que ostente la condición de más representativo, podrá personarse como coadyuvante en el proceso incoado por aquél.

»*Art. 15.* Si el órgano judicial entendiese probada la violación del derecho de libertad sindical decretará el cese inmediato del comportamiento antisindical, así como la reparación consiguiente de sus consecuencias ilícitas, remitiendo las actuaciones al Ministerio Fiscal, a los efectos de depuración de eventuales conductas delictivas.»

V. también arts. 177 ss. de la Ley 36/2011, de 10 de octubre (*BOE* de 11 de octubre), Reguladora de la Jurisdicción Social. En materia penal, art. 314 CP, redactado conforme a la LO 15/2003, de 25 de noviembre (*BOE* de 26 de noviembre).

«Los que produzcan una grave discriminación en el empleo, público o privado, contra alguna persona por razón de su ideología, religión o creencias, su pertenencia a una etnia, raza o nación, su sexo, orientación sexual, situación familiar, enfermedad o minusvalía, por ostentar la representación legal o sindical de los trabajadores, por el parentesco con otros trabajadores de la empresa o por el uso de alguna de las lenguas oficiales dentro del Estado español, y no restablezcan la situación de igualdad ante la ley tras requerimiento o sanción administrativa, reparando los daños económicos que se hayan derivado, serán castigados con la pena de prisión de seis meses a dos años o multa de doce a veinticuatro meses.»

Asimismo, Convenio n.º 111 OIT, ratificado por España por Instrumento de 26 de octubre de 1967 (*BOE* de 4 de diciembre de 1968), sobre discriminación (empleo y ocupación), y art. 14 del Convenio n.º 117 OIT, ratificado el 19 de febrero de 1973 (*BOE* de 5 de julio de 1974), sobre política social (normas y objetivos básicos); Convenios sobre la eliminación de todas las formas de discriminación contra la mujer, ratificados por España por Instrumento de 17 de julio de 1980 (*BOE* de 21 de marzo de 1984); RD 1.615/2009, de 26 de octubre (*BOE* de 3 de noviembre), por el que se regula la concesión y utilización del distintivo «Igualdad en la Empresa», modificado por RD 850/2015, de 28 de septiembre (*BOE* de 13 de octubre).

Asimismo, SSTC 38/1986, de 21 de marzo (*BOE* de 9 de abril), sobre carga de la prueba del tratamiento discriminatorio; 229/1992, de 14 de diciembre (*BOE* de 19 de enero de 1993), sobre el carácter discriminatorio de la prohibición del trabajo de la mujer en el interior de las minas; 2/1998, de 12 de enero (*BOE* de 12 de febrero), sobre diferencia salarial no discriminatoria y límites a la autonomía de la voluntad de la Administración Pública; 41/1999, de 22 de marzo (*BOE* de 27 de abril), sobre falta de diligencia del órgano judicial a fin de probar el carácter discriminatorio observado por la empresa en la selección de personal; 214/2001, de 29 de octubre (*BOE* de 30 de noviembre), sobre diferencias salariales que no acreditan una discriminación retributiva por ser representante sindical; 27/2004, de 4 de marzo (*BOE* de 6 de abril), sobre vulneración del derecho a la igualdad por el establecimiento de un plus salarial en convenio en cuantía diferente por razón de la fecha de ingreso en la empresa; 41/2006, de 13 de febrero (*BOE* de 16 de marzo), sobre discriminación por razón de orientación sexual; 5/2007, de 15 de enero (*BOE* de 15 de febrero), sobre vulneración del principio de igualdad por retribuciones diferentes a profesores españoles e italianos en un centro de enseñanza privado de un Estado extranjero sin justificación objetiva y razonable; 26/2011, de 14 de marzo (*BOE* de 11 de abril), sobre vulneración de la prohibición de discriminación por circunstancias familiares por no reconocimiento del derecho a elegir turno de trabajo a padre con responsabilidades familiares; 36/2011, de 28 de marzo (*BOE* de 28 de abril), sobre diferencias salariales por razón de la fecha de ingreso en la empresa resultantes de una decisión empresarial; 112/2017, de 16 de octubre (*BOE* de 24 de octubre), sobre falta de justificación de la prolongación durante 20 años de un sistema de doble escala salarial en función de la fecha de ingreso de los trabajadores; 108/2019, de 30 se septiembre, sobre discriminación por razón de sexo en el acceso al empleo por exclusión de la incorporación de una trabajadora tras un proceso de selección que se encontraba en situación de baja por maternidad; 67/2022, de 2 de junio, ECLI:ES:TC:2022:67, sobre discriminación por razón de identidad de

personas pertenecientes a o relacionadas con la empresa y lengua dentro del Estado español.

Serán igualmente nulas las órdenes de discriminar y las decisiones del empresario que supongan un trato desfavorable de los trabajadores como reacción ante una reclamación efectuada en la empresa o ante una acción administrativa o judicial destinada a exigir el cumplimiento del principio de igualdad de trato y no discriminación.

El incumplimiento de la obligación de tomar medidas de protección frente a la discriminación y la violencia dirigida a las personas LGTBI a que se refiere el artículo 62.3 de la Ley para la igualdad real y efectiva de las personas trans y para la garantía de los derechos de las personas LGTBI dará lugar a la asunción de responsabilidad de las personas empleadoras en los términos del artículo 62.2 de la misma norma[111].

2. Podrán establecerse por ley las exclusiones, reservas y preferencias para ser contratado libremente[112].

---

género y carga probatoria empresarial en caso de extinción durante el período de prueba.

[111] Apartado 1 conforme a la Ley 4/2023, de 28 de febrero (*BOE* de 1 de marzo), para la igualdad real y efectiva de las personas trans y para la garantía de los derechos de las personas LGTBI. El art. 62.3 mencionado establece que «Las personas empleadoras o prestadoras de bienes y servicios deberán adoptar métodos o instrumentos suficientes para la prevención y detección de las situaciones de discriminación por razón de las causas previstas en esta ley, así como articular medidas adecuadas para su cese inmediato».

[112] De conformidad con el art. 10.2 de la Ley 15/2022, de 12 de julio «mediante la negociación colectiva se podrán establecer medidas de acción positiva para prevenir, eliminar y corregir toda forma de discriminación en el ámbito del empleo y las condiciones de trabajo por las causas previstas en esta ley. Como parte de las medidas que, en su caso, pudieran acordarse en el marco de la negociación colectiva, podrán establecerse conjuntamente por las empresas y la representación legal de los trabajadores, objetivos y mecanismos de información y evaluación periódica». Ley 15/2022 declarada íntegramente constitucional por la STC 89/2024, de 5 de junio (*BOE* de 8 de julio). V. art. 42 del RD Legislativo 1/2013, de 29 de noviembre (*BOE* de 3 de diciembre), por el que se aprueba el texto refundido de la Ley General de derechos de las personas con discapacidad y su inserción social:

«1. Las empresas públicas y privadas que empleen a un número de cincuenta o más trabajadores vendrán obligadas a que de entre ellos, al menos, el 2 por 100 sean trabajadores con discapacidad. El cómputo mencionado anteriormente se realizará sobre la plantilla total de la empresa correspondiente, cualquiera que sea el número de centros de trabajo de aquélla y cualquiera que sea la forma de contratación laboral que vincule a los trabajadores de la empresa. Igualmente se entenderá que estarán incluidos en dicho cómputo los trabajadores con discapacidad que se encuentren en cada momento prestando servicios en las empresas públicas o privadas, en virtud de los contratos de puesta a disposición que las mismas hayan celebrado con empresas de trabajo temporal.

3. No obstante lo dispuesto en el apartado anterior, el Gobierno podrá regular medidas de reserva, duración o preferencia en el empleo que tengan por objeto facilitar la colocación de trabajadores demandantes de empleo[113].

»De manera excepcional, las empresas públicas y privadas podrán quedar exentas de esta obligación, de forma parcial o total, bien a través de acuerdos recogidos en la negociación colectiva sectorial de ámbito estatal y, en su defecto, de ámbito inferior, a tenor de lo dispuesto en el artículo 83.2 y 3, del texto refundido de la Ley del Estatuto de los Trabajadores, aprobado por el Real Decreto Legislativo 1/1995, de 24 de marzo, bien por opción voluntaria del empresario, debidamente comunicada a la autoridad laboral, y siempre que en ambos supuestos se apliquen las medidas alternativas que se determinen reglamentariamente.

»2. En las ofertas de empleo público se reservará un cupo para ser cubierto por personas con discapacidad en los términos establecidos en la normativa reguladora de la materia.»

V. Ley 53/2003, de 10 de diciembre (*BOE* de 11 de diciembre), sobre empleo público de discapacitados, arts. 37 y 37 bis; RD 364/2005, de 8 de abril (*BOE* de 20 de abril), por el que se regula el cumplimiento alternativo con carácter excepcional de la cuota de reserva en favor de los trabajadores con discapacidad. El incumplimiento de este deber de reserva es calificado como infracción grave por el art. 15.3 LISOS [RD Legislativo 5/2000, de 4 de agosto (*BOE* de 8 de agosto)]. V. disp. adic. 14.ª de la Ley 39/2006, de 14 de diciembre (*BOE* de 15 de diciembre), de promoción de la autonomía personal y de atención a las personas en situación de dependencia. V., asimismo, disp. adic. 6.ª de la Ley 13/1996, de 30 de diciembre (*BOE* de 31 de diciembre); RD 1.451/1983, de 11 de mayo (*BOE* de 4 de junio), sobre medidas de empleo selectivo y fomento del empleo de minusválidos, arts. 4.º a y 6.º Su art. 7.º fue modificado por el RD 4/1999, de 8 de enero (*BOE* de 26 de enero); RD 357/2006, de 24 de marzo (*BOE* de 7 de abril), por el que se regula la concesión de determinadas subvenciones en los ámbitos del empleo y de la formación profesional ocupacional. El incumplimiento de los apdos. 2 y 3 del art. 17 ET es considerado como infracción grave por el art. 15.2 LISOS [RD Legislativo 5/2000, de 4 de agosto (*BOE* de 8 de agosto)] y el incumplimiento en materia de integración de personas con discapacidad por el art. 15.3 LISOS, modificado por la Ley 13/2012, de 26 de diciembre (*BOE* de 27 de diciembre); para la contratación temporal de discapacitados, v. nota siguiente. V. también disp. adic. 4.ª del texto refundido de la Ley de Contratos del Sector Público, aprobado por RD Legislativo 3/2011, de 14 de noviembre, sobre contratación con empresas que tengan en su plantilla personas con discapacidad o en situación de exclusión social y con entidades sin ánimo de lucro; RD 1.865/2004, de 6 de septiembre (*BOE* de 7 de septiembre), por el que se regula el Consejo Nacional de la Discapacidad.

[113] Conforme a la Ley 43/2006, de 29 de diciembre (*BOE* de 30 de diciembre):

«*Disp. adic. 1.ª   Contrato temporal de fomento del empleo para personas con discapacidad.*—1. Las empresas podrán contratar temporalmente para la realización de sus actividades, cualquiera que fuere la naturaleza de las mismas, a trabajadores con discapacidad desempleados inscritos en la Oficina de Empleo, con un grado de minusvalía igual o superior al 33 por 100 o a pensionistas de la Seguridad Social que tengan reconocida una pensión de incapacidad permanente en el grado de total, absoluta o gran invalidez y a pensionistas de clases pasivas que tengan reconocida una pensión de jubilación o de retiro por incapacidad permanente para el servicio o inutilidad.

»2. La duración de estos contratos no podrá ser inferior a doce meses ni superior a tres años. Cuando se concierten por un plazo inferior al máximo establecido podrán prorrogarse antes de su terminación por períodos no inferiores a doce meses.

Asimismo, el Gobierno podrá otorgar subvenciones, desgravaciones y otras medidas para fomentar el empleo de grupos específicos de trabajadores que encuentren dificultades especiales para acceder al empleo. La regulación de las mismas se hará previa consulta a las organizaciones sindicales y asociaciones empresariales más representativas.

Las medidas a las que se refieren los párrafos anteriores se orientarán prioritariamente a fomentar el empleo estable de los trabajadores desempleados y la conversión de contratos temporales en contratos por tiempo indefinido[114].

»3. A la terminación del contrato el trabajador tendrá derecho a percibir una compensación económica equivalente a doce días de salario por año de servicio.

»4. No podrán contratar temporalmente al amparo de la presente disposición las empresas que en los doce meses anteriores a la contratación hayan extinguido contratos indefinidos por despido reconocido o declarado improcedente o por despido colectivo.

»El período de exclusión se contará a partir del reconocimiento o de la declaración de improcedencia del despido o de la extinción derivada del despido colectivo.

»5. A estos contratos les será de aplicación la subvención establecida en el artículo 12 del Real Decreto 1.451/1983, de 11 de mayo, por el que, en cumplimiento de lo previsto en Ley 13/1982, de 7 de abril, se regula el empleo selectivo y las medidas de fomento del empleo de los trabajadores minusválidos.

»6. La transformación de los contratos de duración determinada regulados en esta disposición en contratos indefinidos dará derecho a la obtención de las subvenciones establecidas en el Real Decreto 1.451/1983, de 11 de mayo.

»7. Los empresarios deberán contratar a los trabajadores a través de la Oficina de Empleo y formalizar los contratos por escrito en el modelo oficial que se facilite por el Servicio Público de Empleo Estatal.

»8. El Gobierno podrá modificar lo establecido en esta disposición, de acuerdo con el artículo 17.3 del Estatuto de los Trabajadores, previa consulta a las Organizaciones Empresariales y Sindicales más representativas.»

Téngase en cuenta que la Ley 13/1982 ha sido derogada y sustituida por el RD Legislativo 1/2013, de 29 de noviembre (*BOE* de 3 de diciembre), y que el capítulo II del RD 1.451/1983, de 11 de mayo, ha sido derogado por el RDL 3/2011, de 18 de febrero (*BOE* de 19 de febrero). V. Ley 44/2007, de 13 de diciembre (*BOE* de 14 de diciembre), para la regulación de las empresas de inserción, en especial sus arts. 11 ss.

[114] Cfr. RDL 3/2014, de 28 de febrero (*BOE* de 1 de marzo), de medidas urgentes para el fomento del empleo y la contratación indefinida, modificado por la Ley 18/2014, de 15 de octubre (*BOE* de 17 de octubre) y por el RDL 8/2019, de 8 de marzo (*BOE* de 12 de marzo). RD 368/2021, de 25 de mayo (*BOE* de 26 de mayo), sobre medidas de acción positiva para promover el acceso al empleo de personas con capacidad intelectual límite..

Las subvenciones principales se encuentran en el RDL 1/2023, de 10 de enero (*BOE* de 11 de enero), de medidas urgentes en materia de incentivos a la contratación laboral y mejora de la protección social de las personas artistas; art. 2.2 y 3 de la Ley 43/2006, de 29 de diciembre (*BOE* de 30 de diciembre).

4. Sin perjuicio de lo dispuesto en los apartados anteriores, la negociación colectiva podrá establecer medidas de acción positiva para favorecer el acceso de las mujeres a todas las profesiones. A tal efecto podrá establecer reservas y preferencias en las condiciones de contratación de modo que, en igualdad de condiciones de idoneidad, tengan preferencia para ser contratadas las personas del sexo menos representado en el grupo profesional de que se trate. Asimismo, la negociación colectiva podrá establecer este tipo de medidas en las condiciones de clasificación profesional, promoción y formación, de modo que, en igualdad de condiciones de idoneidad, tengan preferencia las personas del sexo menos representado para favorecer su acceso al grupo profesional o puesto de trabajo de que se trate[115].

5. El establecimiento de planes de igualdad en las empresas se ajustará a lo dispuesto en esta ley y en la Ley Orgánica 3/2007, de 22 de marzo, para la igualdad efectiva de mujeres y hombres[116].

La obtención indebida de todo este conjunto de subvenciones es calificada como infracción muy grave por el art. 16.3 LISOS [RD Legislativo 5/2000, de 4 de agosto (*BOE* de 8 de agosto)]. V. Orden TAS/1.622/2002, de 13 de junio (*BOE* de 29 de junio), por la que se regula la forma de garantizar, por los beneficiarios de las subvenciones y ayudas públicas que concede al Instituto Nacional de Empleo, los anticipos de pago sobre las mismas, así como por los obligados al pago en período voluntario de los fraccionamientos y aplazamientos que se concedan.

V. STC 22/2014, de 13 de febrero (*BOE* de 11 de marzo), sobre constitucionalidad de los preceptos relativos a la política y ejecución de la política de empleo contemplados en la Ley 53/2003, de 16 de diciembre, de empleo.

[115] Arts. 10.2 Ley 15/2022, de 12 de julio (*BOE* de 13 de julio), integral para la igualdad de trato y la no discriminación: «De acuerdo con lo dispuesto en esta ley y en la legislación laboral, mediante la negociación colectiva se podrán establecer medidas de acción positiva para prevenir, eliminar y corregir toda forma de discriminación en el ámbito del empleo y las condiciones de trabajo por las causas previstas en esta ley. Como parte de las medidas que, en su caso, pudieran acordarse en el marco de la negociación colectiva, podrán establecerse conjuntamente por las empresas y la representación legal de los trabajadores, objetivos y mecanismos de información y evaluación periódica». Ley 15/2022 declarada íntegramente constitucional por la STC 89/2024, de 5 de junio (*BOE* de 8 de julio). Art. 42 de la Ley 62/2003, de 30 de diciembre: «Los convenios colectivos podrán incluir medidas dirigidas a combatir todo tipo de discriminación en el trabajo, a favorecer la igualdad de oportunidades y a prevenir el acoso por razón de origen racial o étnico, religión o convicciones, discapacidad, edad u orientación sexual.»

[116] V. art. 85.2. El incumplimiento de este deber es tipificado como infracción administrativa grave o muy grave según la conducta por los arts. 7.º13, 8.º17 y 46 bis del RD Legislativo 5/2000, de 4 de agosto, conforme a la redacción dada por la anterior LO 3/2007, modificada por el RDL 6/2019, de 1 de marzo (*BOE* de 7 de marzo).

Art. 18. *Inviolabilidad de la persona del trabajador.*—Sólo podrán realizarse registros sobre la persona del trabajador, en sus taquillas y efectos particulares, cuando sean necesarios para la protección del patrimonio empresarial y del de los demás trabajadores de la empresa, dentro del centro de trabajo y en horas de trabajo. En su realización se respetará al máximo la dignidad e intimidad del trabajador y se contará con la asistencia de un representante legal de los trabajadores o, en su ausencia del centro de trabajo, de otro trabajador de la empresa, siempre que ello fuera posible[117].

Art. 19. *Seguridad y salud en el trabajo*[118].—1. El traba-

---

[117] V. arts. 18 CE y 4.º2.*d*) ET.

[118] V. arts. 40.2 CE y 4.º2.*d*), 5.º*b*) y 84 ET. La regulación general, en Ley 31/1995, de 8 de noviembre (*BOE* de 10 de noviembre), de Prevención de Riesgos Laborales, modificada por la Ley 50/1998, de 30 de diciembre (*BOE* de 31 de diciembre), de medidas fiscales, administrativas y del orden social; por la Ley 54/2003, de 12 de diciembre (*BOE* de 13 de diciembre); por la LO 3/2007, de 22 de marzo (*BOE* de 23 de marzo), y por el RDL 16/2022, de 6 de septiembre (*BOE* de 8 de septiembre); algunos de sus artículos, transcritos en notas a los arts. 6.º2, 15.1, 19.4 y 5, 39.1 y 64.7.2.º ET. V. art. 84 ET. Las infracciones administrativas en esta materia, en los arts. 11 a 13 LISOS [RD Legislativo 5/2000, de 4 de agosto (*BOE* de 8 de agosto)]; Ley 28/2005, de 26 de diciembre (*BOE* de 27 de diciembre), de medidas sanitarias frente al tabaquismo; Ley 32/2006, de 18 de octubre (*BOE* de 19 de octubre), reguladora de la subcontratación en el sector de la construcción, desarrollada por el RD 1.109/2007, de 24 de agosto (*BOE* de 25 de agosto), modificado por el RD 337/2010, de 19 de marzo (*BOE* de 23 de marzo). V. RD 707/2002, de 19 de julio (*BOE* de 31 de julio), por el que se aprueba el Reglamento sobre el procedimiento administrativo especial de actuación de la Inspección de Trabajo y Seguridad Social y para la imposición de medidas correctoras de incumplimientos en materia de prevención de riesgos laborales en el ámbito de la Administración General del Estado, modificado por RD 464/2003, de 25 de abril (*BOE* de 11 de junio); RD 597/2007, de 4 de mayo (*BOE* de 5 de mayo), sobre la publicación de las sanciones por infracciones muy graves en materia de prevención de riesgos laborales. V. RD 39/1997, de 17 de enero (*BOE* de 31 de enero), por el que se aprueba el Reglamento de los Servicios de Prevención, modificado por el RD 780/1998, de 30 de abril (*BOE* de 1 de mayo); por el RD 604/2006, de 19 de mayo (*BOE* de 29 de mayo); por el RD 298/2009, de 6 de marzo (*BOE* de 7 de marzo), y por el RD 337/2010, de 19 de marzo (*BOE* de 23 de marzo). V. Orden TIN/2.504/2010, de 20 de septiembre (*BOE* de 28 de septiembre), de desarrollo del Reglamento anterior, modificada por Orden ESS/2.259/2015, de 22 de octubre (*BOE* de 30 de octubre); Orden TIN/2.504/2010, de 20 de septiembre, por la que se desarrolla el RD 39/1997, de 17 de enero (*BOE* de 28 de septiembre), por el que se aprueba el Reglamento de los Servicios de Prevención, en lo referido a la acreditación de entidades especializadas como servicios de prevención, memoria de actividades preventivas y autorización para realizar la actividad de auditoría del sistema de prevención de las empresas; RD 171/2004, de 30 de enero (*BOE* de 31 de enero), de desarrollo del art. 24 LPRL en materia de coordinación de actividades empresariales; RD 413/1997, de 21 de marzo (*BOE* de 16 de abril), sobre protección opera-

cional de los trabajadores externos con riesgo de exposición a radiaciones ionizantes por intervención en zona controlada; RD 485/1997, de 14 de abril (*BOE* de 23 de abril), sobre disposiciones mínimas sobre señalización de seguridad y salud en el trabajo; RD 486/1997, de 14 de abril (*BOE* de 23 de abril), por el que se establecen las disposiciones mínimas de seguridad y salud en los lugares de trabajo, modificado por el RDL 4/2023, de 11 de mayo (*BOE* de 12 de mayo); RD 487/1997, de 14 de abril (*BOE* de 23 de abril), sobre disposiciones mínimas de seguridad y salud relativas a la manipulación manual de cargas que entrañe riesgos, en particular dorsolumbares, para los trabajadores; RD 488/1997, de 14 de abril (*BOE* de 23 de abril), sobre disposiciones mínimas de seguridad y salud relativas al trabajo con equipos que incluyan pantallas de visualización; RD 664/1997, de 12 de mayo (*BOE* de 24 de mayo), sobre protección de los trabajadores contra los riesgos relacionados con la exposición a agentes biológicos durante el trabajo; OM de 25 de marzo de 1998 (*BOE* de 30 de marzo), por la que se adapta el RD anterior en función del progreso técnico; RD 665/1997, de 12 de mayo (*BOE* de 24 de mayo), sobre protección de los trabajadores contra la exposición a riesgos cancerígenos durante el trabajo, modificado por RD 1.124/2000, de 16 de junio (*BOE* de 17 de junio), y por RD 349/2003, de 21 de marzo (*BOE* de 5 de abril); RD 1.932/1998, de 11 de septiembre (*BOE* de 18 de septiembre), de adaptación de los capítulos III y V de la Ley de Prevención de Riesgos Laborales, al ámbito de los centros y establecimientos militares, modificado por el RD 60/2018, de 9 de febrero (*BOE* 10 de febrero); RD 258/1999, de 12 de febrero (*BOE* de 24 de febrero), por el que se establecen las condiciones mínimas de protección de la salud y asistencia médica de los trabajadores del mar, modificado por RD 568/2011, de 20 de abril (*BOE* de 13 de mayo); RD 1.755/2007, de 28 de diciembre (*BOE* de 18 de enero de 2008), sobre prevención de riesgos laborales del personal militar de las fuerzas armadas y de la organización de los servicios de prevención del Ministerio de Defensa, modificado por RD 640/2011, de 9 de mayo (*BOE* de 31 de mayo); RD 374/2001, de 6 de abril (*BOE* de 1 de mayo), sobre protección de la seguridad y la salud de los trabajadores contra los riesgos relacionados con los agentes químicos durante el trabajo; OM de 22 de abril de 1997 (*BOE* de 24 de abril), por la que se regula el régimen de las Mutuas en el desarrollo de actividades de prevención de riesgos laborales; RD 773/1997, de 30 de mayo (*BOE* de 12 de junio), sobre disposiciones mínimas de seguridad y salud relativas a la utilización por los trabajadores de equipos de protección individual, modificado por RD 1.076/2021, de 7 de diciembre (*BOE* de 8 de diciembre); RD 1.215/1997, de 18 de julio (*BOE* de 7 de agosto), sobre disposiciones mínimas de seguridad y salud para la utilización por los trabajadores de los equipos de trabajo, modificado por RD 2.177/2004, de 12 de noviembre (*BOE* de 13 de noviembre); RD 1.216/1997, de 18 de julio (*BOE* de 7 de agosto), sobre disposiciones mínimas de seguridad y salud en el trabajo a bordo de los buques de pesca; RD 1.389/1997, de 7 de octubre (*BOE* de 8 de octubre), por el que se aprueban las disposiciones mínimas destinadas a proteger la seguridad y la salud de los trabajadores en las actividades mineras; RD 1.627/1997, de 24 de octubre (*BOE* de 25 de octubre), sobre disposiciones mínimas de seguridad y salud en las obras de construcción, modificado por RD 604/2006, de 19 de mayo (*BOE* de 29 de mayo), y por RD 337/2010, de 19 de marzo (*BOE* de 23 de marzo); RD 688/2005, de 10 de junio (*BOE* de 11 de junio), por el que se regula el régimen de funcionamiento de las Mutuas de Accidentes de Trabajo y Enfermedades Profesionales de la Seguridad Social como servicio de prevención ajeno; RD 216/1999, de 5 de febrero (*BOE* de 24 de febrero), sobre disposiciones mínimas de seguridad y salud en el trabajo en el ámbito de las empresas de trabajo temporal; RD 614/2001, de 8 de junio (*BOE* de 21 de junio), sobre disposiciones mínimas para la protección de la salud y seguridad de los trabajadores frente al riesgo eléctrico; RD 681/2003, de 12 de junio (*BOE* de 18 de junio), sobre la protección de la salud y la seguridad de los trabajadores expuestos a los riesgos derivados de atmósferas explosivas en el lugar de trabajo; RD 1.879/1996, de 2 de agosto, modificado por RD 309/2001, de 23 de marzo (*BOE* de 5 de abril), y por RD 1.595/2004, de 2 de julio (*BOE* de 3 de julio), por el que se regula la composición de la Comisión Nacional de Seguridad y Salud en el Trabajo; RD 179/2005, de 18 de febrero (*BOE* de 26 de febrero), sobre prevención de riesgos laborales en la Guardia Civil; RD 1.311/2005, de 4 de noviembre (*BOE* de 5 de noviembre), sobre protección de la salud y la seguridad de los trabajadores frente a los riesgos derivados o que pueden derivarse de la exposición a vibraciones mecánicas, modificado por el RD 330/2009, de 13 de marzo (*BOE* de 26 de marzo); RD 2/2006, de 16 de enero (*BOE* de 16 de enero), por el que se establecen normas sobre prevención de riesgos labora-les en la actividad de los funcionarios del Cuerpo Nacional de Policía; RD 286/2006, de 10 de marzo (*BOE* de 11 de marzo), sobre protección de la salud y la seguridad de los trabajadores contra los riesgos relacionados con la exposición al ruido; Orden INT/724/2006, de 10 de marzo (*BOE* de 16 de marzo), por la que se regulan los ór-ganos de prevención de riesgos laborales en la Guardia Civil; RD 396/2006, de 31 de marzo (*BOE* de 11 de abril), por el que se establecen las disposiciones mínimas de seguridad y salud aplicables a los trabajadores con riesgo de exposición al amianto; RD 1.696/2007, de 14 de diciembre (*BOE* de 31 de diciembre), por el que se regulan los reconocimientos médicos de embarque marítimo; RD 1.775/2007, de 28 de di-ciembre (*BOE* de 8 de enero de 2008), de prevención de riesgos laborales del personal militar de la Fuerzas Armadas y de la organización de los servicios de prevención del Ministerio de Defensa; RD 67/2010, de 29 de enero (*BOE* de 10 de febrero), de adap-tación de la legislación de prevención de riesgos laborales a la Administración Gene-ral del Estado; RD 486/2010, de 23 de abril (*BOE* de 24 de abril), sobre la protección de la salud y la seguridad de los trabajadores contra los riesgos relacionados con la exposición a radiaciones ópticas artificiales; RD 299/ 2016, de 22 de julio (*BOE* de 29 de julio), sobre la protección de la salud y la seguridad de los trabajadores contra los riesgos relacionados con la exposición a campos electromagnéticos; RD 130/2017, de 24 de febrero (*BOE* de 4 de marzo), por el que se aprueba el Reglamento de Ex-plosivos; RD 618/2020, de 30 de junio (*BOE* de 2 de julio), por el que se establecen mejoras en las condiciones de trabajo en el sector pesquero.

V. Directiva CEE 89/391, de 12 de junio de 1989 (*DOCE* de 29 de junio), relativa a la aplicación de medidas para promover la mejora de la seguridad y de la salud de los trabajadores en el trabajo; Directiva CEE 89/654, de 30 de noviembre de 1989 (*DOCE* de 30 de diciembre), sobre disposiciones mínimas de seguridad y de salud en los lugares de trabajo (Primera Directiva específica); Directiva 2009/104, de 16 de septiembre (*DOUE* de 3 de octubre), del Parlamento y del Consejo, sobre disposi-ciones mínimas de seguridad y de salud para la utilización por los trabajadores en el trabajo de los equipos de trabajo (Segunda Directiva específica), modificada por la Directiva 95/63/CEE, de 5 de diciembre (*DOCE* de 30 de diciembre); Directiva CEE 89/656, de 30 de noviembre de 1989 (*DOCE* de 30 de diciembre), sobre dispo-siciones mínimas de seguridad y de salud para la utilización por los trabajadores en el trabajo de equipos de protección individual (Tercera Directiva específica); Direc-tiva 89/656, de 21 de diciembre de 1989 (*DOCE* de 30 de diciembre), relativa a los equipos de protección industrial, si bien la misma queda derogada a partir del 21 de abril de 2018, fecha en la que vendrá sustituida por el Reglamento UE 2016/425, de 9 de marzo (*DOUE* de 31 de marzo), relativo a los equipos de protección; Directiva CEE 90/269, de 29 de mayo de 1990 (*DOCE* de 21 de junio), sobre disposiciones mínimas de seguridad y de salud relativas a la manipulación de cargas que entrañen riesgos, en particular dorsolumbares, para los trabajadores (Cuarta Directiva específica); Directiva CEE 90/270, de 29 de mayo de 1990 (*DOCE* de 21 de junio), sobre disposiciones mínimas de seguridad y salud relativas al trabajo con equipos que incluyen pantallas de visualización (Quinta Directiva específica); Directiva 2004/37/CE, de 24 de abril (*DOUE* de 30 de abril), relativa a la protección contra los riesgos relacionados con la exposición a agentes cancerígenos o mutágenos durante el trabajo (Sexta Directiva específica); modificada por la Directiva 2017/2398, de 12 de diciembre (*DOUE* de 27 de diciembre); Directiva CEE 2000/54, de 18 de septiembre (*DOCE* de 17 de octubre), sobre la protección de los trabajadores contra los riesgos relacionados con la exposición a agentes biológicos durante el trabajo (Séptima Directiva específica) modificada por la Directiva 2017/2398, de 12 de diciembre (*DOUE* 27 de diciembre); Directiva 92/57, de 24 de junio de 1992 (*DOCE* de 26 de agosto), relativa a las disposiciones mínimas de seguridad y de salud que deben aplicarse en las obras de construcción temporales o móviles (Octava Directiva específica); Directiva 92/58, de 24 de junio de 1992 (*DOCE* de 26 de agosto), relativa a las disposiciones mínimas en materia de señalización de seguridad y de salud en el trabajo (Novena Directiva específica); Directiva 92/85, de 19 de octubre de 1992 (*DOCE* de 28 de noviembre), relativa a la aplicación de medidas para promover la mejora de la seguridad y la salud en el trabajo de la trabajadora embarazada que haya dado a luz o en período de lactancia (Décima Directiva específica); Directiva 92/91, de 3 de noviembre de 1992 (*DOCE* de 28 de noviembre), relativa a las disposiciones mínimas destinadas a mejorar la protección en materia de seguridad y de salud de los trabajadores de las industrias extractivas por sondeos (Undécima Directiva específica); Directiva 92/104, de 3 de diciembre de 1992 (*DOCE* de 31 de diciembre), relativa a las disposiciones mínimas destinadas a mejorar la protección en materia de seguridad y de salud de los trabajadores en industrias extractivas a cielo abierto o subterráneos (Duodécima Directiva específica); Directiva 93/103, de 23 de noviembre (*DOCE* de 13 de diciembre), relativa a las disposiciones mínimas de seguridad y de salud en el trabajo a bordo de los buques de pesca (Decimotercera Directiva específica); Directiva 98/24, de 7 de abril de 1998 (*DOCE* de 5 de mayo), relativa a la protección de los trabajadores contra los riesgos relacionados con los agentes químicos durante el trabajo (Decimocuarta Directiva específica); Directiva 2000/39, de 8 de junio (*DOCE* de 16 de junio), por la que se establece una primera lista de valores límite de exposición profesional indicativos en aplicación de la Directiva anterior; Directiva 2006/15/CE, de 7 de febrero (*DOUE* de 9 de febrero), por la que se establece una segunda lista de valores límite de exposición profesional indicativos; Directiva 2009/161 (*DOUE* de 19 de diciembre), por la que se establece una tercera lista de valores límite de exposición profesional indicativos, modificada por la Directiva 2017/164, de 31 de enero (*DOUE* de 1 de febrero), por la que se establece una cuarta lista de valores límite de exposición profesional indicativos; Directiva 1999/92, de 16 de diciembre (*DOCE* de 28 de enero de 2000), relativa a las disposiciones mínimas para la mejora de la protección de la salud y la seguridad de los trabajadores expuestos a los riesgos derivados de atmósferas explosivas (Decimoquinta Directiva específica); Directiva 2002/44, de 25 de junio (*DOCE* de 6 de julio), sobre las disposiciones mínimas de seguridad y de salud relativas a la exposición de los trabajadores a los riesgos derivados de los agentes físicos (vibraciones) (Decimosexta Directiva específica); Directiva 2003/10, de 6 de febrero (*DOCE* de 15 de febrero), sobre las disposiciones mínimas de seguridad y de salud relativas a la exposición de los trabajadores a los riesgos derivados de los agentes físicos (ruidos) (Decimoséptima Directiva específica); Directiva 2006/25/CE, de 5 de abril (*DOUE* de 27 de abril), sobre las disposiciones mínimas de seguridad y de salud relativas a la exposición de los trabajadores a riesgos derivados de los agentes físicos (radiaciones ópticas artificiales) (Decimonovena Directiva específica); Directiva 2013/35/

jador, en la prestación de sus servicios, tendrá derecho a una protección eficaz en materia de seguridad y salud en el trabajo.

2. El trabajador está obligado a observar en su trabajo las medidas legales y reglamentarias de seguridad y salud en el trabajo.

3. En la inspección y control de dichas medidas que sean de observancia obligada por el empresario, el trabajador tiene derecho a participar por medio de sus representantes legales en el centro de trabajo, si no se cuenta con órganos o centros especializados competentes en

---

UE, de 26 de junio (*DOUE* de 29 de junio), sobre las disposiciones mínimas de salud y seguridad relativas a la exposición de los trabajadores a los riesgos derivados de agentes físicos (campos electromagnéticos) (Vigésima Directiva específica); Directiva 2017/159, de 19 de diciembre (*DOUE* de 31 de enero), por la que se aplica el Acuerdo relativo a la aplicación del Convenio sobre el trabajo en la pesca de 2007 de la Organización Internacional del Trabajo, celebrado el 21 de mayo de 2012 entre la Confederación General de Cooperativas Agrarias de la Unión Europea (Cogeca), la Federación Europea de Trabajadores del Transporte (ETF) y la Asociación de las Organizaciones Nacionales de Empresas Pesqueras de la Unión Europea (Europêche); Directiva CEE 91/383, de 25 de junio de 1991 (*DOCE* de 29 de julio), que completa las medidas tendentes a promover la mejora de la seguridad y de la salud en el trabajo de los trabajadores con una relación laboral de duración determinada o de empresas de trabajo temporal; Directiva 2009/148/CE, de 30 de noviembre (*DOUE* de 16 de diciembre), sobre la protección de los trabajadores contra la exposición al amiento durante el trabajo; Directiva 92/29, de 31 de marzo de 1992 (*DOCE* de 30 de abril), relativa a las disposiciones mínimas de seguridad y de salud para promover una mejor asistencia médica a bordo de los buques; Directiva 96/82, de 9 de diciembre de 1996 (*DOCE* de 14 de enero de 1997), relativa al control de los riesgos inherentes a los accidentes graves en los que intervengan sustancias peligrosas; Directiva CEE 91/322, de 29 de mayo de 1991 (*DOCE* de 5 de julio), relativa al establecimiento de valores límite de carácter indicativo, modificada por la Directiva 2017/164 (*DOUE* de 1 de febrero); Directiva CEE 78/610, de 29 de junio de 1978 (*DOCE* de 22 de julio), referente a la aproximación de las disposiciones legales, reglamentarias y administrativas de los Estados miembros, relativas a la protección sanitaria de los trabajadores expuestos al cloruro de vinilo monómero; Directiva CEE 82/501, de 24 de junio de 1982 (*DOCE* de 5 de agosto), relativa a los riesgos de accidentes graves en determinadas actividades industriales; Directiva Euratom 80/836, de 15 de julio de 1980 (*DOCE* de 17 de septiembre), por la que se modifican las directivas que establecen las normas básicas relativas a la protección sanitaria de la población y de los trabajadores contra los riesgos que resultan de las radiaciones ionizantes; Directiva 2013/59/Euratom, de 5 de diciembre (*DOUE* de 17 de enero de 2014), por la que se establecen normas de seguridad básicas para la protección contra los peligros derivados de la exposición a radiaciones ionizantes. V. Reglamento 2062/94, de 18 de julio de 1994 (*DOCE* de 20 de agosto), por el que se crea la Agencia Europea para la seguridad y salud en el trabajo, modificado por el Reglamento 1643/95, de 29 de junio de 1995 (*DOCE* de 7 de julio), y por el Reglamento 1.112/2005, de 20 de diciembre (*DOUE* de 15 de julio). V. Recomendaciones CEE de 20 de julio de 1962, relativa a la medicina del trabajo en la empresa, y 23 de julio de 1962, concerniente a la adopción de una lista europea de enfermedades profesionales (ambas en *DOCE* de 31 de agosto de 1962).

la materia a tenor de la legislación vigente[119].

4. El empresario está obligado a garantizar que cada trabajador reciba una formación teórica y práctica, suficiente y adecuada, en materia preventiva tanto en el momento de su contratación, cualquiera que sea la modalidad o duración de ésta, como cuando se produzcan cambios en las funciones que desempeñe o se introduzcan nuevas tecnologías o cambios en los equipos de trabajo. El trabajador está obligado a seguir la formación y a realizar las prácticas. Todo ello en los términos señalados en la Ley 31/1995, de 8 de noviembre, de Prevención de Riesgos Laborales, y en sus normas de desarrollo, en cuanto les sean de aplicación[120].

5. Los delegados de prevención y, en su defecto, los representantes legales de los trabajadores en el centro de trabajo, que aprecien una probabilidad seria y grave de accidente por la inobservancia de la legislación aplicable en la materia, requerirán al empresario por escrito para que adopte las medidas oportunas que hagan desaparecer el estado de riesgo; si la petición no fuese atendida en un plazo de cuatro días, se dirigirán a la autoridad competente; ésta, si apreciase las circunstancias alegadas, mediante resolución fundada, requerirá al empresario para que adopte las medidas de seguridad apropiadas o que suspenda sus actividades en la zona o local de trabajo o con el material en peligro. También podrá ordenar, con los informes téc-

---

[119] Aparte de las competencias generales atribuidas a los cómites de empresa y delegados de personal por el art. 64.1.7.*a*) ET de vigilancia y control de las condiciones de seguridad e higiene, v. los órganos de representación creados por la Ley 31/1995, cuyos artículos más relevantes a estos efectos se encuentran transcritos en nota al art. 64.7.

[120] Art. 19 de la Ley 31/1995, de 8 de noviembre (*BOE* de 10 de noviembre), de Prevención de Riesgos Laborales:

«1. En cumplimiento del deber de protección, el empresario deberá garantizar que cada trabajador reciba una formación teórica y práctica, suficiente y adecuada, en materia preventiva, tanto en el momento de su contratación, cualquiera que sea la modalidad o duración de ésta, como cuando se produzcan cambios en las funciones que desempeñe o se introduzcan nuevas tecnologías o cambios en los equipos de trabajo.

»La formación deberá estar centrada específicamente en el puesto de trabajo o función de cada trabajador, adaptarse a la evolución de los riesgos y a la aparición de otros nuevos y repetirse periódicamente, si fuera necesario.

»2. La formación a que se refiere el apartado anterior deberá impartirse, siempre que sea posible, dentro de la jornada de trabajo o, en su defecto, en otras horas pero con el descuento en aquélla del tiempo invertido en la misma. La formación se podrá impartir por la empresa mediante medios propios o concertándola con servicios ajenos, y su coste no recaerá en ningún caso sobre los trabajadores.»

Para las empresas de trabajo temporal, v. nota al art. 43.

nicos precisos, la paralización inmediata del trabajo si se estima un riesgo grave de accidente.

Si el riesgo de accidente fuera inminente, la paralización de las actividades podrá ser acordada por los representantes de los trabajadores, por mayoría de sus miembros. Tal acuerdo podrá ser adoptado por decisión mayorita-

ria de los delegados de prevención cuando no resulte posible reunir con la urgencia requerida al órgano de representación del personal. El acuerdo será comunicado de inmediato a la empresa y a la autoridad laboral, la cual, en veinticuatro horas, anulará o ratificará la paralización acordada[121].

---

[121] Conforme al art. 21 de la Ley 31/1995, de 8 de noviembre (*BOE* de 10 de noviembre), de Prevención de Riesgos Laborales:

«*Art. 21.   Riesgo grave e inminente.*—1.   Cuando los trabajadores estén o puedan estar expuestos a un riesgo grave e inminente con ocasión de su trabajo, el empresario estará obligado a:

»*a*)   Informar lo antes posible a todos los trabajadores afectados acerca de la existencia de dicho riesgo y de las medidas adoptadas o que, en su caso, deban adoptarse en materia de protección.

»*b*)   Adoptar las medidas y dar las instrucciones necesarias para que, en caso de peligro grave, inminente e inevitable, los trabajadores puedan interrumpir su actividad y, si fuera necesario, abandonar de inmediato el lugar de trabajo. En este supuesto no podrá exigirse a los trabajadores que reanuden su actividad mientras persista el peligro, salvo excepción debidamente justificada por razones de seguridad y determinada reglamentariamente.

»*c*)   Disponer lo necesario para que el trabajador que no pudiera ponerse en contacto con su superior jerárquico, ante una situación de peligro grave e inminente para su seguridad, la de otros trabajadores o la de terceros a la empresa, esté en condiciones, habida cuenta de sus conocimientos y de los medios técnicos puestos a su disposición, de adoptar las medidas necesarias para evitar las consecuencias de dicho peligro.

»2.   De acuerdo con lo previsto en el apartado 1 del artículo 14 de la presente Ley, el trabajador tendrá derecho a interrumpir su actividad y abandonar el lugar de trabajo, en caso necesario, cuando considere que dicha actividad entraña un riesgo grave e inminente para su vida o su salud.

»3.   Cuando en el caso a que se refiere el apartado 1 de este artículo el empresario no adopte o no permita la adopción de las medidas necesarias para garantizar la seguridad y la salud de los trabajadores, los representantes legales de éstos podrán acordar, por mayoría de sus miembros, la paralización de la actividad de los trabajadores afectados por dicho riesgo. Tal acuerdo será comunicado de inmediato a la empresa y a la autoridad laboral, la cual, en el plazo de veinticuatro horas, anulará o ratificará la paralización acordada.

»El acuerdo a que se refiere el párrafo anterior podrá ser adoptado por decisión mayoritaria de los Delegados de Prevención cuando no resulte posible reunir con la urgencia requerida al órgano de representación del personal.

»4.   Los trabajadores o sus representantes no podrán sufrir perjuicio alguno derivado de la adopción de las medidas a que se refieren los apartados anteriores, a menos que hubieran obrado de mala fe o cometido negligencia grave.»

V. STC 195/1996, de 28 de noviembre (*BOE* de 3 de enero de 1997), sobre competencia de las Comunidades Autónomas en esta materia.

Art. 20. *Dirección y control de la actividad laboral.*—1. El trabajador estará obligado a realizar el trabajo convenido bajo la dirección del empresario o persona en quien éste delegue[122].

2. En el cumplimiento de la obligación de trabajar asumida en el contrato, el trabajador debe al empresario la diligencia y la colaboración en el trabajo que marquen las disposiciones legales, los convenios colectivos y las órdenes o instrucciones adoptadas por aquél en el ejercicio regular de sus facultades de dirección y, en su defecto, por los usos y costumbres. En cualquier caso, el trabajador y el empresario se someterán en sus prestaciones recíprocas a las exigencias de la buena fe[123].

3. El empresario podrá adoptar las medidas que estime más oportunas de vigilancia y control para verificar el cumplimiento por el trabajador de sus obligaciones y deberes laborales, guardando en su adopción y aplicación la consideración debida a su dignidad y teniendo en cuenta, en su caso, la capacidad real de los trabajadores con discapacidad[124].

V. también art. 53 de la Ley 31/1995, antes referida.

Asimismo, v. arts. 164 y 168.3 de la Ley General de la Seguridad Social, texto refundido aprobado por RDL 8/2015, de 30 de octubre (*BOE* de 31 de octubre). En el ámbito penal, art. 316 del Código Penal: «Los que con infracción de las normas de prevención de riesgos laborales y estando legalmente obligados, no faciliten los medios necesarios para que los trabajadores desempeñen su actividad con las medidas de seguridad e higiene adecuadas, de forma que pongan así en peligro grave su vida, salud o integridad física, serán castigados con las penas de prisión de seis meses a tres años y multa de seis a doce meses.» Art. 317 CP: «Cuando el delito a que se refiere el artículo anterior se cometa por imprudencia grave, será castigado con la pena inferior en grado.»

[122] V. art. 5.ºa) y c) ET. Sobre el derecho a la desconexión digital, art. 88 de la LO 3/2018, de 5 de diciembre (*BOE* de 6 de diciembre), de protección de datos personales y garantía de los derechos digitales, transcrito en nota al art. 34.5. Reglamento UE 2024/1689, de 13 de junio de 2024 (*DOUE* de 12 de julio, sobre inteligencia artificial).

[123] V. arts. 21 y 54.2.d) ET; SSTC 88/1985, de 19 de julio (*BOE* de 14 de agosto); 6/1995, de 10 de enero (*BOE* de 11 de febrero); 106/1996, de 12 de junio (*BOE* de 12 de julio); 186/1996, de 25 de noviembre (*BOE* de 3 de enero de 1997), sobre la relación entre buena fe contractual y libertad de expresión; 99/1994, de 11 de abril (*BOE* de 17 de mayo), sobre poder de dirección y derecho a la propia imagen.

V. LO 2/1997, de 19 de junio (*BOE* de 20 de junio), reguladora de la cláusula de conciencia de los profesionales de la información.

[124] V. art. 64.5.f) ET; SSTC 98/2000, de 10 de abril, sobre vulneración del derecho a la intimidad personal por instalación de aparatos de captación y grabación del sonido en el centro de trabajo que no es indispensable para la seguridad y buen funcionamiento de la empresa; 186/2000, de 10 de julio (*BOE* de 11 de agosto), sobre instalación por la empresa de un circuito cerrado de televisión para controlar determinados puestos de trabajo que se encuentra justificada y es proporcionada; 241/2012, de 17 de diciembre (*BOE* de 22 de enero de 2013), sobre supuesta vulneración de los derechos

4. El empresario podrá verificar el estado de salud del trabajador que sea alegado por éste para justificar sus faltas de asistencia al trabajo, mediante reconocimiento a cargo de personal médico[125]. La negativa del trabajador a dichos reconocimientos podrá determinar la suspensión de los derechos económicos que pudieran existir a cargo del empresario por dichas situaciones.

Art. 20 bis. *Derechos de los trabajadores a la intimidad en relación con el entorno digital y a la desconexión.*—Los trabajadores tienen derecho a la intimidad en el uso de los dispositivos digitales puestos a su disposición por el empleador, a la desconexión digital y a la intimidad frente al uso de dispositivos de videovigilancia y geolocalización en los términos establecidos en la legislación vigente en materia de protección de datos personales y garantía de los derechos digitales[126].

Art. 21. *Pacto de no concurrencia y de permanencia en la empresa.*—1. No podrá efectuarse la prestación laboral de

a la intimidad y al secreto de las comunicaciones debida a intervención empresarial de comunicaciones informáticas resultante de un hallazgo casual y que se efectúa sobre un programa introducido en un soporte de uso común por todos los trabajadores; 29/2013, de 11 de febrero (*BOE* de 12 de marzo), sobre vulneración del derecho a la protección de datos de carácter personal por utilización de imágenes captadas por las cámaras de videovigilancia instaladas en el recinto universitario para una finalidad, la supervisión laboral, de la que no se informó al trabajador; 170/2013, de 7 de octubre (*BOE* de 7 de noviembre), sobre la corrección de la intervención del correo electrónico profesional en el ejercicio de su facultad supervisora implícita en la prohibición convencional de su uso extralaboral; 212/2013, de 16 de diciembre (*BOE* de 17 de enero de 2014), sobre visionado de cinta grabada por una cámara de seguridad con el que se trataba de acreditar la vulneración del derecho a la intimidad.

[125] V. SSTC 202/1999, de 8 de noviembre (*BOE* de 16 de diciembre), sobre imposibilidad de almacenamiento informático de los datos relativos al diagnóstico médico de la salud de los trabajadores, sin mediar consentimiento, y 153/2004, de 20 de septiembre (*BOE* de 22 de octubre), sobre derecho a la ejecución en sus propios términos de la sentencia anterior.

[126] Art. 20 bis introducido por la disp. final 13.ª de la LO 3/2018, de 5 de diciembre (*BOE* de 6 de diciembre), de protección de datos personales y garantías de los derechos digitales. La referencia a la legislación vigente en materia de protección de datos personales debe entenderse referida a los arts. 87 ss.:

«*Art. 87. Derecho a la intimidad y uso de dispositivos digitales en el ámbito laboral.*—1. Los trabajadores y los empleados públicos tendrán derecho a la protección de su intimidad en el uso de los dispositivos digitales puestos a su disposición por su empleador.

»2. El empleador podrá acceder a los contenidos derivados del uso de medios digitales facilitados a los trabajadores a los solos efectos de controlar el cumplimiento de las obligaciones laborales o estatutarias y de garantizar la integridad de dichos dispositivos.

»3. Los empleadores deberán establecer criterios de utilización de los dispositivos digitales respetando en todo caso los estándares mínimos de protección de su intimidad de acuerdo con los usos sociales y los derechos reconocidos constitucional y legalmente. En su elaboración deberán participar los representantes de los trabajadores.

»El acceso por el empleador al contenido de dispositivos digitales respecto de los que haya admitido su uso con fines privados requerirá que se especifiquen de modo preciso los usos autorizados y se establezcan garantías para preservar la intimidad de los trabajadores, tales como, en su caso, la determinación de los períodos en que los dispositivos podrán utilizarse para fines privados.

»Los trabajadores deberán ser informados de los criterios de utilización a los que se refiere este apartado.»

«*Art. 89. Derecho a la intimidad frente al uso de dispositivos de videovigilancia y de grabación de sonidos en el lugar de trabajo.*—1. Los empleadores podrán tratar las imágenes obtenidas a través de sistemas de cámaras o videocámaras para el ejercicio de las funciones de control de los trabajadores o los empleados públicos previstas, respectivamente, en el artículo 20.3 del Estatuto de los Trabajadores y en la legislación de función pública, siempre que estas funciones se ejerzan dentro de su marco legal y con los límites inherentes al mismo. Los empleadores habrán de informar con carácter previo, y de forma expresa, clara y concisa, a los trabajadores o los empleados públicos y, en su caso, a sus representantes, acerca de esta medida.

»En el supuesto de que se haya captado la comisión flagrante de un acto ilícito por los trabajadores o los empleados públicos se entenderá cumplido el deber de informar cuando existiese al menos el dispositivo al que se refiere el artículo 22.4 de esta ley orgánica.

»2. En ningún caso se admitirá la instalación de sistemas de grabación de sonidos ni de videovigilancia en lugares destinados al descanso o esparcimiento de los trabajadores o los empleados públicos, tales como vestuarios, aseos, comedores y análogos.

»3. La utilización de sistemas similares a los referidos en los apartados anteriores para la grabación de sonidos en el lugar de trabajo se admitirá únicamente cuando resulten relevantes los riesgos para la seguridad de las instalaciones, bienes y personas derivados de la actividad que se desarrolle en el centro de trabajo y siempre respetando el principio de proporcionalidad, el de intervención mínima y las garantías previstas en los apartados anteriores. La supresión de los sonidos conservados por estos sistemas de grabación se realizará atendiendo a lo dispuesto en el apartado 3 del artículo 22 de esta ley.»

«*Art. 90. Derecho a la intimidad ante la utilización de sistemas de geolocalización en el ámbito laboral.*—1. Los empleadores podrán tratar los datos obtenidos a través de sistemas de geolocalización para el ejercicio de las funciones de control de los trabajadores o los empleados públicos previstas, respectivamente, en el artículo 20.3 del Estatuto de los Trabajadores y en la legislación de función pública, siempre que estas funciones se ejerzan dentro de su marco legal y con los límites inherentes al mismo.

»2. Con carácter previo, los empleadores habrán de informar de forma expresa, clara e inequívoca a los trabajadores o los empleados públicos y, en su caso, a sus representantes, acerca de la existencia y características de estos dispositivos. Igualmente deberán informarles acerca del posible ejercicio de los derechos de acceso, rectificación, limitación del tratamiento y supresión.»

El derecho a la desconexión digital en el art. 88, transcrito en nota al art. 34.5.

V. STC 160/2021, de 4 de octubre, ECLI:ES:TC:2021:160, sobre no vulneración del derecho constitucional a la protección de datos cuando se utilizan grabaciones de conversaciones con clientes como medida de calidad con fines disciplinarios del trabajador.

un trabajador para diversos empresarios cuando se estime concurrencia desleal o cuando se pacte la plena dedicación mediante compensación económica expresa, en los términos que al efecto se convengan[127].

2. El pacto de no competencia para después de extinguido el contrato de trabajo, que no podrá tener una duración superior a dos años para los técnicos y de seis meses para los demás trabajadores, sólo será válido si concurren los requisitos siguientes:

a) Que el empresario tenga un efectivo interés industrial o comercial en ello.

b) Que se satisfaga al trabajador una compensación económica adecuada.

3. En el supuesto de compensación económica por la plena dedicación, el trabajador podrá rescindir el acuerdo y recuperar su libertad de trabajo en otro empleo, comunicándolo por escrito al empresario con un preaviso de treinta días, perdiéndose en este caso la compensación económica u otros derechos vinculados a la plena dedicación[128].

4. Cuando el trabajador haya recibido una especialización profesional con cargo al empresario para poner en marcha proyectos determinados o realizar un trabajo específico, podrá pactarse entre ambos la permanencia en dicha empresa durante cierto tiempo. El acuerdo no será de duración superior a dos años y se formalizará siempre por escrito. Si el trabajador abandona el trabajo antes del plazo, el empresario tendrá derecho a una indemnización de daños y perjuicios.

SECCIÓN 3.ª

Clasificación profesional y promoción en el trabajo

Art. 22. *Sistema de clasificación profesional.*—1. Mediante

---

[127] Conforme al art. 1.3 Ley 1/2019, de 20 de febrero (*BOE* de 21 de febrero), de secretos empresariales, la protección de secretos empresariales no podrá restringir la movilidad de los trabajadores; en particular, no podrá servir de base para justificar limitaciones del uso por parte de estos de experiencia y competencias adquiridas honestamente durante el normal transcurso de su carrera profesional o de información que no reúna todos los requisitos del secreto empresarial, ni para imponer en los contratos de trabajo restricciones no previstas legalmente. V. art. 54.2.*d*) ET.

[128] V. art. 9 Directiva 2019/1152, de 20 de junio de 2019 (*DOUE* de 11 de julio), relativa a unas condiciones laborales transparentes y previsibles en la Unión Europea. STC 125/2007, de 21 de mayo (*BOE* de 22 de junio), sobre vulneración del derecho de libertad de expresión por denegación autorización al redactor de un periódico con dedicación exclusiva para que siga participando en un programa de televisión tras haber criticado a su empresa en relación con una huelga general.

la negociación colectiva o, en su defecto, acuerdo entre la empresa y los representantes de los trabajadores, se establecerá el sistema de clasificación profesional de los trabajadores por medio de grupos profesionales[129].

2. Se entenderá por grupo profesional el que agrupe unitariamente las aptitudes profesionales, titulaciones y contenido general de la prestación, y podrá incluir distintas tareas, funciones, especialidades profesionales o responsabilidades asignadas al trabajador.

3. La definición de los grupos profesionales se ajustará a criterios y sistemas que, basados en un análisis correlacional entre sesgos de género, puestos de trabajo, criterios de encuadramiento y retribuciones, tengan como objeto garantizar la ausencia de discriminación, tanto directa como indirecta, entre mujeres y hombres. Estos criterios y sistemas, en todo caso, cumplirán con lo previsto en el artículo 28.1[130].

4. Por acuerdo entre el trabajador y el empresario se asignará al trabajador un grupo profesional y se establecerá como contenido de la prestación laboral objeto del contrato de trabajo la realización de todas las funciones correspondientes al grupo profesional asignado o solamente de alguna de ellas. Cuando se acuerde la polivalencia funcional o la realización de funciones propias de más de un grupo, la equiparación se realizará en virtud de las funciones que se desempeñen durante mayor tiempo.

Art. 23. *Promoción y formación profesional en el trabajo*[131].—1. El trabajador tendrá derecho:

a) Al disfrute de los permisos necesarios para concurrir

---

[129] V. arts. 16, 24, 39 y 84 ET.

[130] Apartado 3 conforme al RDL 6/ 2019, de 1 de marzo (*BOE* de 7 de marzo).

[131] Su trasgresión es calificada de infracción grave por el art. 7.º5 LISOS [RD Legislativo 5/2000, de 4 de agosto (*BOE* de 8 de agosto)]. V. Ley 30/2015, de 9 de septiembre (*BOE* de 10 de septiembre), por la que se regula el Sistema de Formación Profesional para el empleo en el ámbito laboral; RD 395/2007, de 23 de marzo (*BOE* de 11 de abril), por el que se regula el subsistema de formación profesional para el empleo, teniendo en cuenta que su art. 27 ha sido derogado por el RD 1.529/2012, de 8 de noviembre (*BOE* de 9 de noviembre); RD 357/2006, de 24 de marzo (*BOE* de 7 de abril), por el que se regula la concesión directa de determinadas subvenciones en los ámbitos del empleo y de la formación profesional ocupacional; Orden TAS/2.307/2007, de 27 de julio (*BOE* de 31 de julio), por la que se desarrolla el anterior RD y se regula el subsistema de formación profesional para el empleo en materia de formación de demanda y su financiación; Orden TAS/718/2008, de 7 de marzo (*BOE* de 18 de marzo), por la que se regula el subsistema de formación profesional para el empleo en materia de formación de oferta y se establecen las bases reguladoras para

a exámenes, así como a una preferencia a elegir turno de trabajo y a acceder al trabajo a distancia, si tal es el régimen instaurado en la empresa, y el puesto o funciones son compatibles con esta forma de realización del trabajo, cuando curse con regularidad estudios para la obtención de un título académico o profesional[132].

b) A la adaptación de la jornada ordinaria de trabajo para la asistencia a cursos de formación profesional.

c) A la concesión de los permisos oportunos de formación o perfeccionamiento profesional con reserva del puesto de trabajo[133].

d) A la formación necesaria para su adaptación a las modificaciones operadas en el puesto de trabajo. La misma correrá a cargo de la empresa, sin perjuicio de la posibilidad de obtener a tal efecto los créditos destinados a la formación. El tiempo destinado a la formación se considerará en todo caso tiempo de trabajo efectivo.

2. En la negociación colectiva se pactarán los términos del ejercicio de estos derechos, que se acomodarán a criterios y sistemas que garanticen la ausencia de discriminación, tanto directa como indirecta, entre trabajadores de uno y otro sexo.

---

la concesión de subvenciones públicas destinada a su financiación; IV Acuerdo Nacional de Formación, de 1 de febrero de 2006 (*BOE* de 27 de marzo), prorrogado en su vigencia por Acuerdo de 27 de diciembre de 2010 (*BOE* de 2 de febrero de 2011); RD 694/2017, de 3 de julio (*BOE* de 5 de julio), por el que se desarrolla la Ley 30/2015, de 9 de septiembre, por la que se regula el Sistema de Formación Profesional para el Empleo en el ámbito laboral. Art. 13 Directiva 2019/1152, de 20 de junio de 2019 (*DOUE* de 11 de julio), relativa a unas condiciones laborales transparentes y previsibles en la Unión Europea.

V. STC 95/2002, de 25 de abril (*BOE* de 22 de mayo), sobre incompatibilidad de este Acuerdo con las competencias ejecutivas de gestión de la formación continua por las Comunidades Autónomas; RD 1.684/1997, de 7 de noviembre (*BOE* de 18 de noviembre), por el que se aprueba el Reglamento de funcionamiento del Consejo General de Formación Profesional. Competencia de formación profesional transferida a las Comunidades Autónomas. V. disposiciones en notas a los arts. 6.º4 y 16 ET. Además, para La Rioja, RD 41/1999, de 15 de enero (*BOE* de 30 de enero), y RD 528/2006, de 28 de abril (*BOE* de 16 de mayo); para Navarra, RD 1.319/1997, de 1 de agosto (*BOE* de 1 de octubre), y RD 311/2001, de 23 de marzo (*BOE* de 9 de abril); para Asturias, RD 2.088/1999, de 30 de diciembre (*BOE* de 4 de febrero de 2000); para Murcia, RD 1.598/1999, de 15 de octubre (*BOE* de 5 de noviembre).

[132] Letra *a)* del apartado 1 conforme a la redacción dada por la disp. final 3.ª2 de la Ley 10/2021, de 9 de julio (*BOE* de 10 de julio), de trabajo a distancia.

[133] Convenio OIT n.º 140, ratificado por España por Instrumento de 16 de agosto de 1978 (*BOE* de 31 de octubre de 1979), sobre licencia pagada de estudios.

3. Los trabajadores con al menos un año de antigüedad en la empresa tienen derecho a un permiso retribuido de veinte horas anuales de formación profesional para el empleo, vinculada a la actividad de la empresa, acumulables por un período de hasta cinco años. El derecho se entenderá cumplido en todo caso cuando el trabajador pueda realizar las acciones formativas dirigidas a la obtención de la formación profesional para el empleo en el marco de un plan de formación desarrollado por iniciativa empresarial o comprometido por la negociación colectiva. Sin perjuicio de lo anterior, no podrá comprenderse en el derecho a que se refiere este apartado la formación que deba obligatoriamente impartir la empresa a su cargo conforme a lo previsto en otras leyes. En defecto de lo previsto en convenio colectivo, la concreción del modo de disfrute del permiso se fijará de mutuo acuerdo entre trabajador y empresario.

Art. 24. *Ascensos.*—1. Los ascensos dentro del sistema de clasificación profesional se producirán conforme a lo que se establezca en convenio o, en su defecto, en acuerdo colectivo entre la empresa y los representantes de los trabajadores[134].

En todo caso los ascensos se producirán teniendo en cuenta la formación, méritos, antigüedad del trabajador, así como las facultades organizativas del empresario.

2. Los ascensos y la promoción profesional en la empresa se ajustarán a criterios y sistemas que tengan como objetivo garantizar la ausencia de discriminación, tanto directa como indirecta, entre mujeres y hombres, pudiendo establecerse medidas de acción positiva dirigidas a eliminar o compensar situaciones de discriminación[135].

Art. 25. *Promoción económica.*—1. El trabajador, en función del trabajo desarrollado, podrá tener derecho a una promoción económica en los términos fijados en convenio colectivo o contrato individual.

2. Lo dispuesto en el apartado anterior se entiende sin perjuicio de los derechos adquiridos o en curso de adquisición en el tramo temporal correspondiente.

---

[134] V. arts. 22 y 39 ET.
[135] V. STC 182/205, de 4 de julio (*BOE* de 5 de agosto), sobre postergación profesional de una trabajadora a causa de sus embarazos y maternidades.

SECCIÓN 4.ª

Salarios y garantías salariales

Art. 26. *Del salario.*— 1. Se considerará salario la totalidad de las percepciones económicas de los trabajadores, en dinero o en especie, por la prestación profesional de los servicios laborales por cuenta ajena, ya retribuyan el trabajo efectivo, cualquiera que sea la forma de remuneración, o los períodos de descanso computables como de trabajo.

En ningún caso, incluidas las relaciones laborales de carácter especial a que se refiere el artículo 2, el salario en especie podrá superar el 30 por 100 de las percepciones salariales del trabajador, ni dar lugar a la minoración de la cuantía íntegra en dinero del salario mínimo interprofesional[136].

2. No tendrán la consideración de salario las cantidades percibidas por el trabajador en concepto de indemnizaciones o suplidos por los gastos reali-

zados como consecuencia de su actividad laboral, las prestaciones e indemnizaciones de la Seguridad Social y las indemnizaciones correspondientes a traslados, suspensiones o despidos.

3. Mediante la negociación colectiva o, en su defecto, el contrato individual, se determinará la estructura del salario, que deberá comprender el salario base, como retribución fijada por unidad de tiempo o de obra y, en su caso, complementos salariales fijados en función de circunstancias relativas a las condiciones personales del trabajador, al trabajo realizado o a la situación y resultados de la empresa, que se calcularán conforme a los criterios que a tal efecto se pacten. Igualmente se pactará el carácter consolidable o no de dichos complementos salariales, no teniendo el carácter de consolidables, salvo acuerdo en contrario, los que estén vinculados al puesto de trabajo o a la situación y resultados de la empresa[137].

---

[136] V. Ley 29/1994, de 24 de noviembre (*BOE* de 25 de noviembre), de Arrendamientos Urbanos, art. 5.°*a*), sobre la vivienda como salario en especie.

[137] V. disp. adic. 4.ª ET. V. SSTC 2/1998, de 12 de enero (*BOE* de 12 de febrero), sobre diferencia de trato salarial no discriminatoria; 39/2003, de 27 de febrero (*BOE* de 14 de marzo), sobre carácter no discriminatorio al denegar complemento por rendimiento derivado de situación de necesidad de reducción de empleo; 119/2002, de 20 de mayo (*BOE* de 19 de junio), sobre diferencia de retribuciones entre el personal contratado de la empresa y el de nuevo ingreso objetivamente justificado.

4. Todas las cargas fiscales y de Seguridad Social a cargo del trabajador serán satisfechas por el mismo, siendo nulo todo pacto en contrario[138].

5. Operará la compensación y absorción cuando los salarios realmente abonados, en su conjunto y cómputo anual, sean más favorables para los trabajadores que los fijados en el orden normativo o convencional de referencia.

Art. 27. *Salario mínimo interprofesional*[139].—1. El Go-

bierno fijará, previa consulta con las organizaciones sindicales y asociaciones empresariales más representativas, anualmente, el salario mínimo interprofesional, teniendo en cuenta:

a) El índice de precios de consumo.

b) La productividad media nacional alcanzada.

c) El incremento de la participación del trabajo en la renta nacional.

d) La coyuntura económica general.

---

[138] Directiva 2022/2041, de 19 de octubre (*DOUE* de 25 de octubre), sobre unos salarios mínimos adecuados en la Unión Europea. V. Ley 35/2006, de 28 de noviembre (*BOE* de 29 de noviembre), del Impuesto sobre la Renta de las Personas Físicas y de modificación parcial de las Leyes de los Impuestos sobre Sociedades, sobre la Renta de no Residentes y sobre el Patrimonio.

[139] V. art. 35 CE. V. arts. 11.2.*m*) y 3.*i*) para el contrato de formación. V. Real Decreto 87/2025, de 11 de febrero (*BOE* de 12 de febrero), por el que se fija el salario mínimo interprofesional para 2025. Conforme a su art. 1.º: «El salario mínimo para cualesquiera actividades en la agricultura, en la industria y en los servicios, sin distinción de sexo ni edad de los trabajadores, queda fijado en 39,47 euros/día o 1.184 euros/mes, según que el salario esté fijado por días o por meses. En el salario mínimo se computa únicamente la retribución en dinero, sin que el salario en especie pueda, en ningún caso, dar lugar a la minoración de la cuantía íntegra en dinero de aquél. Este salario se entiende referido a la jornada legal de trabajo en cada actividad, sin incluir en el caso del salario diario la parte proporcional de los domingos y festivos. Si se realizase jornada inferior se percibirá a prorrata. Para la aplicación en cómputo anual del salario mínimo se tendrán en cuenta las reglas sobre compensación que se establecen en los artículos siguientes.»

Para la retribución de los contratos para la formación y el aprendizaje, v. art. 11.2.*g*) ET. Para la diferencia de su cuantía por edades, v. STC 31/1984, de 7 de marzo (*BOE* de 3 de abril).

V. RDL 3/2004, de 25 de junio (*BOE* de 26 de junio), para la racionalización de la regulación del salario mínimo interprofesional y para el incremento de su cuantía:

«*Art. 1.º Desvinculación del salario mínimo interprofesional de otros efectos distintos de los laborales.*—1. Con el fin de garantizar la función del salario mínimo interprofesional como garantía salarial mínima de los trabajadores por cuenta ajena establecida en el artículo 27 del texto refundido de la Ley del Estatuto de los Trabajadores, aprobado por el Real Decreto Legislativo 1/1995, de 24 de marzo, y de limitar sus efectos a los estrictamente laborales, a partir de la fecha de entrada en vigor de este

Real decreto-ley dicho salario se desvinculará de otros efectos o finalidades distintas de la indicada anteriormente.

»2.   De acuerdo en el apartado anterior, se mantendrá la vinculación con el salario mínimo interprofesional en los supuestos que se indican a continuación para determinar:

»a)   El salario del trabajador en los términos y condiciones establecidos en las normas reguladoras de las relaciones laborales de carácter especial a que se refiere el artículo 2 del texto refundido de la Ley del Estatuto de los Trabajadores.

»b)   La retribución del trabajador contratado para la formación, en los términos del artículo 11.2 del texto refundido de la Ley del Estatuto de los Trabajadores.

»c)   Las garantías, privilegios y preferencias del salario establecidas en el artículo 32 del texto refundido de la Ley del Estatuto de los Trabajadores, así como en la legislación procesal civil y en la legislación concursal.

»d)   Los límites de la responsabilidad del Fondo de Garantía Salarial, en los términos del artículo 33 del texto refundido de la Ley del Estatuto de los Trabajadores.

»e)   El salario correspondiente a una colocación para que ésta sea considerada adecuada a los efectos de la protección por desempleo, según lo dispuesto en el último párrafo del artículo 231.3 del texto refundido de la Ley General de la Seguridad Social, aprobado por el Real Decreto Legislativo 1/1994, de 20 de junio.

»f)   La cuantía máxima del anticipo al que tiene derecho el trabajador que haya obtenido a su favor una sentencia en la que se condene al empresario al pago de una cantidad y contra la que se haya interpuesto recurso, conforme al artículo 287.3 del texto refundido de la Ley de Procedimiento Laboral, aprobado por el Real Decreto Legislativo 2/1995, de 7 de abril.

»g)   El importe de la garantía financiera que deben constituir las empresas de trabajo temporal, en los términos establecidos en el artículo 3 de la Ley 14/1994, de 1 de junio, por la que se regulan las empresas de trabajo temporal.

»h)   Los límites de referencia de las compensaciones mínimas que corresponden a los socios de trabajo y a los socios de las cooperativas de explotación comunitaria de la tierra, en los términos establecidos, respectivamente, en los artículos 13.4 y 97.5 de la Ley 27/1999, de 16 de julio, de Cooperativas.

»i)   La retribución de los trabajadores declarados en situación de incapacidad permanente parcial que se reincorporen a la empresa, en los términos establecidos en el artículo 1 del Real Decreto 1.451/1983, de 11 de mayo, por el que, en cumplimiento de lo previsto en la Ley 13/1982, de 7 de abril, se regula el empleo selectivo y las medidas de fomento del empleo de los trabajadores minusválidos.

»[...]

»k)   La cuantía de la subvención de los costes salariales derivados de los contratos que se suscriban con los alumnos trabajadores establecida en las siguientes normas:

»[...]

»3.ª   Asimismo, se mantendrá la vinculación con el salario mínimo interprofesional para determinar:

»a)   Las bases mínimas de cotización en los regímenes de la Seguridad Social, según lo dispuesto en el artículo 16 del texto refundido de la Ley General de la Seguridad Social.

»b)   Los requisitos de acceso y, en su caso, mantenimiento de las pensiones de viudedad, orfandad, prestaciones en favor de familiares, prestaciones familiares y por nacimiento o adopción del tercer o sucesivos hijos, así como el importe de la prestación económica por parto o adopción múltiples, establecida en el artículo 188 del texto refundido de la Ley General de la Seguridad Social.

Igualmente se fijará una revisión semestral para el caso de que no se cumplan las previsiones sobre el índice de precios citado.

La revisión del salario mínimo interprofesional no afectará a la estructura ni a la cuantía de los salarios profesionales cuando éstos, en su conjunto y cómputo anual, fueran superiores a aquél.

2. El salario mínimo interprofesional, en su cuantía, tanto anual como mensual, es inembargable. A efectos de determinar lo anterior se tendrán en cuenta tanto el período de devengo como la forma de cómputo, se incluya o no el prorrateo de las pagas extraordinarias, garantizándose la inembargabilidad de la cuantía que resulte en cada caso. En particular, si junto con el salario mensual se percibiese una gratificación o paga extraordinaria, el límite de inembargabilidad estará constituido por el doble del importe del salario mínimo interprofesional mensual y en el caso de que en el salario mensual percibido estuviera incluida la parte proporcional de las pagas o gratificaciones extraordinarias, el límite de inembargabilidad estará constituido por el importe del salario mínimo interprofesional en cómputo anual prorrateado entre doce meses[140].

»*c*) Los requisitos para el acceso y mantenimiento de las prestaciones que integran el sistema de protección por desempleo, en los términos que se determinan en el artículo 3.1 de este real decreto-ley.

»[...]

»*Art. 3.º Sistema de protección por desempleo.*—[...]

»4. Se mantendrá la vinculación con el salario mínimo interprofesional de la cuantía de las percepciones que, de acuerdo con el artículo 38.4 del Real Decreto 1.445/1982, de 25 de junio, modificado por el Real Decreto 1.809/1986, de 28 de junio, deben garantizarse a los perceptores de prestaciones por desempleo en relación con los trabajos de colaboración social que realicen conforme a lo previsto en el artículo 213.3 del texto refundido de la Ley General de la Seguridad Social.»

La referencia al texto refundido del Estatuto de los Trabajadores ha de entenderse realizada al RDL 2/2015, de 23 de octubre (*BOE* de 24 de octubre).

La referencia a la Ley General de la Seguridad Social ha de entenderse efectuada, respectivamente, a los arts. 299, 19, 182 y 272.2 del texto refundido aprobado por RDL 8/2015, de 30 de octubre (*BOE* de 31 de octubre).

La referencia a la Ley de Procedimiento Laboral ha de entenderse efectuada a la Ley 36/2011, de 10 de octubre (*BOE* de 11 de octubre), Reguladora de la Jurisdicción Social, art. 289.3. Téngase en cuenta que la Ley 13/1982 ha sido derogada y sustituida por el RDL 1/2013, de 27 de noviembre (*BOE* de 3 de diciembre).

La cuantía para 2025 del Indicador Público de Efectos Múltiples (**IPREM**) viene determinada por la disp. adic. 90.ª de la Ley 31/2022, de 23 de diciembre (*BOE* de 24 de diciembre), de Presupuestos Generales del Estado para 2023.

[140] Apartado 2 conforme a la Ley 3/2023, de 28 de febrero (*BOE* de 1 de marzo), de Empleo. Para la aplicación de este apartado al personal de alta dirección, v. disp. adic. 5.ª ET.

Art. 28. *Igualdad de remu-* 1. El empresario está obligado
neración por razón de sexo [141].— a pagar por la prestación de un

---

Regla de inembargabilidad completada por los arts. 607 ss. de la Ley 1/2000, de 7 de enero (*BOE* de 8 de enero), de Enjuiciamiento Civil, modificado por la Ley 13/2009, de 3 de noviembre (*BOE* de 4 de noviembre), de reforma de la legislación procesal para la implantación de la nueva Oficina judicial:

«*Art. 607. Embargo de sueldos y pensiones.*—1. Es inembargable el salario, sueldo, pensión, retribución o su equivalente, que no exceda de la cuantía señalada para el salario mínimo interprofesional.

»2. Los salarios, sueldos, jornales, retribuciones o pensiones que sean superiores al salario mínimo interprofesional se embargarán conforme a esta escala:

»1.º Para la primera cuantía adicional hasta la que suponga el importe del doble del salario mínimo interprofesional, el 30 por 100.

»2.º Para la cuantía adicional hasta el importe equivalente a un tercer salario mínimo interprofesional, el 50 por 100.

»3.º Para la cuantía adicional hasta el importe equivalente a un cuarto salario mínimo interprofesional, el 60 por 100.

»4.º Para la cuantía adicional hasta el importe equivalente a un quinto salario mínimo interprofesional, el 75 por 100.

»5.º Para cualquier cantidad que exceda de la anterior cuantía, el 90 por 100.

»3. Si el ejecutado es beneficiario de más de una percepción, se acumularán todas ellas para deducir una sola vez la parte inembargable. Igualmente serán acumulables los salarios, sueldos y pensiones, retribuciones o equivalentes de los cónyuges cuando el régimen económico que les rija no sea el de separación de bienes y rentas de toda clase, circunstancia que habrán de acreditar al Secretario judicial.

»4. En atención a las cargas familiares del ejecutado, el Secretario judicial podrá aplicar una rebaja de entre un 10 a un 15 por 100 en los porcentajes establecidos en los números 1, 2, 3 y 4 del apartado 2 del presente artículo.

»5. Si los salarios, sueldos, pensiones o retribuciones estuvieron gravados con descuentos permanentes o transitorios de carácter público, en razón de la legislación fiscal, tributaria o de Seguridad Social, la cantidad líquida que percibiera el ejecutado, deducidos éstos, será la que sirva de tipo para regular el embargo.

»6. Los anteriores apartados de este artículo serán de aplicación a los ingresos procedentes de actividades profesionales y mercantiles autónomas.»

Asimismo, conforme al art. 1.º del RDL 8/2011, de 1 de julio (*BOE* de 7 de julio):

«En el caso de que, de acuerdo con lo dispuesto en el artículo 129 de la Ley Hipotecaria, el precio obtenido por la venta de la vivienda habitual hipotecada sea insuficiente para cubrir el crédito garantizado, en la ejecución forzosa posterior basada en la misma deuda, la cantidad inembargable establecida en el artículo 607.1 de la Ley de Enjuiciamiento Civil se incrementará en un 50 por 100 y además en otro 30 por 100 del salario mínimo interprofesional por cada miembro del núcleo familiar que no disponga de ingresos propios regulares, salario o pensión superiores al salario mínimo interprofesional. A estos efectos, se entiende por núcleo familiar, el cónyuge o pareja de hecho, los ascendientes y descendientes de primer grado que convivan con el ejecutado.

»Los salarios, sueldos, jornales, retribuciones o pensiones que sean superiores al salario mínimo interprofesional y, en su caso, a las cuantías que resulten de aplicar la regla para la protección del núcleo familiar prevista en el apartado anterior, se embargarán conforme a la escala prevista en el artículo 607.2 de la misma ley.»

[141] Artículo redactado conforme al RDL 6/2019, de 3 de marzo (*BOE* de 7 de marzo), desarrollado por el RD 902/2020, de 13 de octubre (*BOE* de 14 de oc-

trabajo de igual valor la misma retribución, satisfecha directa o indirectamente, y cualquiera que sea la naturaleza de la misma, salarial o extrasalarial, sin que pueda producirse discriminación alguna por razón de sexo en ninguno de los elementos o condiciones de aquélla.

Un trabajo tendrá igual valor que otro cuando la naturaleza de las funciones o tareas efectivamente encomendadas, las condiciones educativas, profesionales o de formación exigidas para su ejercicio, los factores estrictamente relacionados con su desempeño y las condiciones laborales en las que dichas actividades se llevan a cabo en realidad sean equivalentes.

2. El empresario está obligado a llevar un registro con los valores medios de los salarios, los complementos salariales y las percepciones extrasalariales de su plantilla, desagregados por sexo y distribuidos por grupos profesionales, categorías profesionales o puestos de trabajo iguales o de igual valor.

Las personas trabajadoras tienen derecho a acceder, a través de la representación legal de

---

tubre), de igualdad retributiva entre mujeres y hombres y RD 901/2020, de 13 de octubre (*BOE* de 14 de octubre), por el que se regulan los planes de igualdad.

V. arts. 14 y 35.1 CE y arts. 9.3 y 17 ET. Convenio OIT n.º 100, ratificado por España por Instrumento de 26 de octubre de 1967 (*BOE* de 4 de diciembre de 1967), sobre igualdad de remuneración; Directiva 2006/54/CE, de 5 de julio de 2006 (*DOUE* de 26 de julio), relativa a la aplicación del principio de igualdad de oportunidades e igualdad de trato entre hombres y mujeres en asuntos de empleo y ocupación (refundición); Directiva 2023/970, de 10 de mayo de 2023 (*DOUE* de 17 de mayo), por la que se refuerza la aplicación del principio de igualdad de retribución entre hombres y mujeres por un mismo trabajo o un trabajo de igual valor a través de medidas de transparencia retributiva y de mecanismos para su cumplimiento; SSTC 128/1987, de 16 de julio (*BOE* de 11 de agosto), sobre el carácter no discriminatorio de la percepción sólo por las mujeres de una ayuda económica por guardería como medida de acción positiva; 145/1991, de 1 de julio (*BOE* de 22 de julio), sobre discriminación salarial por razón de sexo; 199/1991, de 28 de octubre (*BOE* de 27 de noviembre), sobre igualdad en materia salarial; 28/1992, de 9 de marzo (*BOE* de 10 de abril), sobre igualdad en percepciones extrasalariales; 58/1994, de 28 de febrero (*BOE* de 24 de marzo), sobre discriminación salarial por razón de sexo en la realización de trabajos diferentes pero de igual valor; 286/1994, de 27 de octubre (*BOE* de 29 de noviembre), sobre idéntica materia a la anterior; 317/1994, de 28 noviembre (*BOE* de 28 de diciembre), sobre el carácter discriminatorio de la dote por matrimonio; 147/1995, de 16 de octubre (*BOE* de 10 de noviembre), sobre discriminación salarial por razón de sexo en la realización de trabajos diferentes pero de igual valor; 250/2000, de 30 de octubre (*BOE* de 1 de diciembre), sobre la toma en consideración del esfuerzo físico como factor diferencial del desarrollo de trabajos de distinto valor con distintas retribuciones, y 183/2000, de 10 de julio (*BOE* de 11 de agosto), sobre el carácter discriminatorio por razón de sexo del cálculo de indemnizaciones por extinción de los contratos, sobre la base de un salario declarado judicialmente discriminatorio.

los trabajadores en la empresa, al registro salarial de su empresa.

3. Cuando en una empresa con al menos cincuenta trabajadores, el promedio de las retribuciones a los trabajadores de un sexo sea superior a los del otro en un 25 por 100 o más, tomando el conjunto de la masa salarial o la media de las percepciones satisfechas, el empresario deberá incluir en el Registro salarial una justificación de que dicha diferencia responde a motivos no relacionados con el sexo de las personas trabajadoras.

Art. 29. *Liquidación y pago*[142].—1. La liquidación y el pago del salario se harán puntual y documentalmente en la fecha y lugar convenidos o conforme a los usos y costumbres. El período de tiempo a que se refiere el abono de las retribuciones periódicas y regulares no podrá exceder de un mes[143].

El trabajador y, con su autorización, sus representantes legales, tendrán derecho a percibir, sin que llegue el día señalado para el pago, anticipos a cuenta del trabajo ya realizado[144].

La documentación del salario se realizará mediante la entrega al trabajador de un recibo individual y justificativo del pago del mismo. El recibo de salarios se ajustará al modelo que apruebe el Ministerio de Empleo y Seguridad Social, salvo que por convenio colectivo o, en su defecto, por acuerdo entre la empresa y los representantes de los trabajadores, se establezca otro modelo que contenga con la debida claridad y separación las diferentes percepciones del trabajador, así como las deducciones que legalmente procedan[145].

La liquidación de los salarios que correspondan a quienes presten servicios en trabajos que tengan el carácter de fijos-discontinuos, en los supuestos de conclusión de cada período de actividad, se llevará a cabo con

---

[142] Para la aplicación de este artículo al personal de alta dirección, v. disp. adic. 5.ª ET.

[143] Se califica como infracción leve no entregar el recibo de salario, grave no consignar las cantidades realmente abonadas, y muy grave el impago o los retrasos continuados en el abono del salario, según arts. 6.º2, 7.º3 y 8.º1 LISOS [RD Legislativo 5/2000, de 4 de agosto (*BOE* de 8 de agosto)].

[144] V. Decreto 3.084/1974, de 11 de octubre (*BOE* de 13 de noviembre), sobre anticipos de salarios en ofertas de empleo.

[145] V. OM de 27 de diciembre de 1994 (*BOE* de 13 de enero de 1995), por la que se aprueba el modelo de recibo individual de salario, modificada por Orden ESS/2.098/2014, de 6 de noviembre (*BOE* de 11 de noviembre).

sujeción a los trámites y garantías establecidos en el artículo 49.2.

2. El derecho al salario a comisión nacerá en el momento de realizarse y pagarse el negocio, la colocación o venta en que hubiera intervenido el trabajador, liquidándose y pagándose, salvo que se hubiese pactado otra cosa, al finalizar el año.

El trabajador y sus representantes legales pueden pedir en cualquier momento comunicaciones de la parte de los libros referentes a tales devengos[146].

3. El interés por mora en el pago del salario será el 10 por 100 de lo adeudado.

4. El salario, así como el pago delegado de las prestaciones de la Seguridad Social, podrá efectuarlo el empresario en moneda de curso legal o mediante cheque u otra modalidad de pago similar a través de entidades de crédito, previo informe al comité de empresa o delegados de personal.

Art. 30. *Imposibilidad de la prestación.*—Si el trabajador no pudiera prestar sus servicios una vez vigente el contrato porque el empresario se retrasare en darle trabajo por impedimentos imputables al mismo y no al trabajador, éste conservará el derecho a su salario, sin que pueda hacérsele compensar el que perdió con otro trabajo realizado en otro tiempo[147].

Art. 31. *Gratificaciones extraordinarias.*—El trabajador tiene derecho a dos gratificaciones extraordinarias al año, una de ellas con ocasión de las fiestas de Navidad y la otra en el mes que se fije por convenio colectivo o por acuerdo entre el empresario y los representantes legales de los trabajadores. Igualmente se fijará por convenio colectivo la cuantía de tales gratificaciones[148].

No obstante, podrá acordarse en convenio colectivo que las gratificaciones extraordinarias se prorrateen en las doce mensualidades.

---

[146] Para el caso específico de los representantes de comercio, v. art. 8.º del RD 1.438/1985, de 1 de agosto (*BOE* de 15 de agosto), por el que se regula la relación laboral de carácter especial de las personas que intervengan en operaciones mercantiles por cuenta de uno o más empresarios, sin asumir el riesgo y ventura de aquéllas, recogido en apéndice al final de esta obra.

[147] V. art. 47 ET.

[148] V. STC 177/1993, de 31 de mayo (*BOE* de 5 de julio), sobre discriminación de trabajadores temporales en la determinación de la cuantía de las gratificaciones extraordinarias.

Art. 32. *Garantías del salario.*—1. Los créditos salariales por los últimos treinta días de trabajo y en cuantía que no supere el doble del salario mínimo interprofesional gozarán de preferencia sobre cualquier otro crédito, aunque éste se encuentre garantizado por prenda o hipoteca[149].

2. Los créditos salariales gozarán de preferencia sobre cualquier otro crédito respecto de los objetos elaborados por los trabajadores mientras sean propiedad o estén en posesión del empresario.

3. Los créditos por salarios no protegidos en los apartados anteriores tendrán la condición de singularmente privilegiados en la cuantía que resulte de multiplicar el triple del salario mínimo interprofesional por el número de días del salario pendientes de pago, gozando de preferencia sobre cualquier otro crédito, excepto los créditos con derecho real, en los supuestos en los que éstos, con arreglo a la ley, sean preferentes. La misma consideración tendrán las indemnizaciones por despido en la cuantía correspondiente al mínimo legal calculada sobre una base que no supere el triple del salario mínimo[150].

4. El plazo para ejercitar los derechos de preferencia del crédito salarial es de un año, a contar desde el momento en que debió percibirse el salario, transcurrido el cual prescribirán tales derechos.

5. Las preferencias reconocidas en los apartados precedentes serán de aplicación en todos los supuestos en los que, no hallándose el empresario declarado en concurso, los correspondientes créditos concurran con otro u otros sobre bienes de aquél. En caso de concurso, serán de aplicación las disposiciones de la Ley 22/2003, de 9 de julio, Concursal, relativas a la clasificación de los créditos y a las ejecuciones y apremios[151].

---

[149] La cuantía del salario mínimo, en nota al art. 27. Art. 162.2 de la Ley General de la Seguridad Social [RDL 8/2015, de 30 de octubre (*BOE* de 31 de octubre)]: «Las prestaciones que deban satisfacer los empresarios a su cargo, conforme a lo establecido en el artículo 167.2 y en el párrafo segundo del artículo 173.1, o por su colaboración en la gestión y, en su caso, las mutuas colaboradoras con la Seguridad Social en régimen de liquidación, tendrán el carácter de créditos privilegiados, gozando, al efecto, del régimen establecido en el artículo 32 del texto refundido de la Ley del Estatuto de los Trabajadores.»

[150] Para las cantidades no protegidas por estos privilegios, v. arts. 1.924.2.°*d*) C.c. y 913.1 y 914.2 C. de C. Para la protección de los créditos en concepto de derechos de autor, v. art. 54 de la Ley 22/1987, de 11 de noviembre, de Propiedad Intelectual.

[151] La remisión a la Ley 22/2003 debe entenderse realizada al RD Legislativo 1/2020, de 5 de mayo (*BOE* de 7 de mayo), por el que se aprueba el texto refundido de

Art. 33. *El Fondo de Garantía Salarial*[152].—1. El Fondo de Garantía Salarial, organismo autónomo adscrito al Ministerio de Empleo y Seguridad Social, con personalidad jurídica y capacidad de obrar para el cumplimiento de sus fines, abonará a los trabajadores el importe de los salarios pendientes de pago a causa de insolvencia o concurso del empresario.

A los anteriores efectos, se considerará salario la cantidad reconocida como tal en acto de conciliación o en resolución judicial por todos los conceptos a que se refiere el artículo 26.1, así como los salarios de tramitación en los supuestos en que legalmente procedan, sin que pueda el Fondo abonar, por uno u otro concepto, conjunta o separadamente, un importe superior a la cantidad resultante de multiplicar el doble del salario mínimo interprofesional diario, incluyendo la parte proporcional de las pagas extraordinarias, por el número de días de salario pendiente de pago, con un máximo de ciento veinte días.

2. El Fondo de Garantía Salarial, en los casos del apartado anterior, abonará indemnizaciones reconocidas como consecuencia de sentencia, auto, acto de conciliación judicial o resolución administrativa a favor de los trabajadores a causa de despido o extinción de los contratos conforme a los artículos 50, 51, 52, 40.1 y 41.3, y de extinción de contratos conforme a los artículos 181 y 182 del texto refundido de la Ley Concursal, aprobado por el Real Decreto Legislativo 1/2020, de 5 de mayo, y al ar-

---

la Ley Concursal, arts. 242, 245, 250 y 280; el art. 242 redactado conforme a la Ley 16/2022, de 5 de septiembre (*BOE* de 6 de septiembre).

[152] Para la aplicación de este artículo al personal de alta dirección, v. disp. adic. 5.ª ET. Desarrollado reglamentariamente por RD 505/1985, de 6 de marzo (*BOE* de 17 de abril; corrección de errores de 27 de mayo), sobre organización y funcionamiento del Fondo de Garantía Salarial, modificado por RD 372/2001, de 6 de abril (*BOE* de 7 de abril), por RD 1.300/2009, de 31 de julio (*BOE* de 19 de agosto), y por el RDL 16/2022, de 6 de septiembre (*BOE* de 8 de septiembre); OM de 20 de agosto de 1985 (*BOE* de 28 de agosto), por la que se desarrollan los acuerdos de devolución de las cantidades satisfechas por el Fondo de Garantía Salarial, modificada por la OM de 20 de enero de 1999 (*BOE* de 30 de enero); OM de 24 de octubre de 1985 (*BOE* de 26 de noviembre), de constitución de las Comisiones Provinciales de Seguimiento del Fondo de Garantía Salarial, modificada por la OM de 5 de octubre de 1999 (*BOE* de 16 de octubre). Para el salario mínimo, art. 27 ET y nota al mismo. V., asimismo, Directiva CEE 80/987, de 20 de octubre de 1980 (*DOCE* de 28 de octubre), concerniente a la armonización de las legislaciones de los Estados miembros relativas a la protección de los trabajadores asalariados en los casos de insolvencia del empleador, modificada por la Directiva 87/164, de 2 de marzo de 1987 (*DOCE* de 11 de marzo), y por la Directiva 2002/74, de 23 de septiembre de 2002 (*DOCE* de 8 de octubre).

tículo 11.2 del Real Decreto 1.620/2011, de 14 de noviembre, por el que se regula la relación laboral de carácter especial del servicio del hogar familiar, así como las indemnizaciones por extinción de contratos temporales o de duración determinada en los casos que legalmente procedan. En todos los casos, con el límite máximo de una anualidad, excepto en el supuesto del artículo 41.3 de esta norma, en que el límite máximo será de nueve mensualidades y en el del artículo 11.2 del Real Decreto 1.620/2011, de 14 de noviembre, en que el límite será de seis mensualidades, sin que el salario diario, base del cálculo, pueda exceder del doble del salario mínimo interprofesional, incluyendo la parte proporcional de las pagas extraordinarias.

El importe de la indemnización, a los solos efectos de abono por el Fondo de Garantía Salarial para los casos de despido o extinción de los contratos conforme a los artículos 50 y 56, se calculará sobre la base de treinta días por año de servicio, con el límite fijado en el párrafo anterior[153].

3. En caso de procedimientos concursales, desde el momento en que se tenga conocimiento de la existencia de créditos laborales o se presuma la posibilidad de su existencia, el juez, de oficio o a instancia de parte, citará al Fondo de Garantía Salarial, sin cuyo requisito no asumirá éste las obligaciones señaladas en los apartados anteriores. El Fondo se personará en el expediente como responsable legal subsidiario del pago de los citados créditos, pudiendo instar lo que a su derecho convenga y sin perjuicio de que, una vez realizado, continúe como acreedor en el expediente. A los efectos del abono por el Fondo de las cantidades que resulten reconocidas a favor de los trabajadores, se tendrán en cuenta las reglas siguientes:

Primera. Sin perjuicio de los supuestos de responsabilidad directa del organismo en los casos legalmente establecidos, el reconocimiento del derecho a la prestación exigirá que los créditos de los trabajadores aparezcan incluidos en la lista de acreedores o, en su caso, reconocidos como deudas de la masa por el órgano del concurso competente para ello en cuantía igual o superior a la que se solicita del Fondo, sin perjuicio de la obligación de aquéllos de reducir su solicitud o de re-

---

[153] Apartado 2 redactado conforme al RDL 16/2022, de 6 de septiembre (*BOE* de 8 de septiembre). Los artículos mencionados de la Ley Concursal transcritos en nota al art. 57.

embolsar al Fondo la cantidad que corresponda cuando la cuantía reconocida en la lista definitiva fuese inferior a la solicitada o a la ya percibida.

Segunda. Las indemnizaciones a abonar a cargo del Fondo, con independencia de lo que se pueda pactar en el proceso concursal, se calcularán sobre la base de veinte días por año de servicio, con el límite máximo de una anualidad, sin que el salario diario, base del cálculo, pueda exceder del doble del salario mínimo interprofesional, incluyendo la parte proporcional de las pagas extraordinarias.

Tercera. En el supuesto de que los trabajadores perceptores de estas indemnizaciones solicitaran del Fondo el abono de la parte de indemnización no satisfecha por el empresario, el límite de la prestación indemnizatoria a cargo del Fondo se reducirá en la cantidad ya percibida por aquéllos.

4. El Fondo asumirá las obligaciones especificadas en los apartados anteriores, previa instrucción de expediente para la comprobación de su procedencia[154].

Para el reembolso de las cantidades satisfechas, el Fondo de Garantía Salarial se subrogará obligatoriamente en los derechos y acciones de los trabajadores, conservando el carácter de créditos privilegiados que les confiere el artículo 32 de esta ley. Si dichos créditos concurriesen con los que puedan conservar los trabajadores por la parte no satisfecha por el Fondo, unos y otros se abonarán a prorrata de sus respectivos importes[155].

---

[154] V. arts. 2.°*ñ*) y *f*), 23 y 24 de la Ley 36/2011, de 10 de octubre (*BOE* de 11 de octubre), Reguladora de la Jurisdicción Social. V. también Res. de 5 de julio de 2001 (*BOE* de 31 de julio), por la que se aprueba el modelo impreso de solicitud de prestaciones; STC 90/1994, de 17 de marzo (*BOE* de 14 de abril), sobre constitucionalidad de la presunción de veracidad de las afirmaciones de hecho contenidas en el expediente administrativo y vinculación de este último por lo resuelto en el proceso de cognición previo.

[155] Para las excepciones en caso de concurso de acreedores, v. nota al art. 44.1 ET. Conforme al art. 2.°5 y 6 del RD 505/1985, de 6 de marzo, redactado por el RD 372/2001, de 6 de abril (*BOE* de 7 de abril), modificado por el RD 1.300/2009, de 31 de julio (*BOE* de 19 de agosto):

«5. No obstante lo anterior, cuando los beneficiarios de las prestaciones del Fondo de Garantía Salarial fueran trabajadores que, tras cesar en la empresa en la que prestaban servicios, constituyan una sociedad laboral, una cooperativa de trabajo asociado u otro tipo de cooperativa, a cuyos socios trabajadores les sean de aplicación las normas establecidas para los socios trabajadores de las mencionadas cooperativas de trabajo asociado, no procederá la devolución de las prestaciones recibidas, siempre que el importe de las deudas derivadas de las mismas haya sido íntegramente aportado a la sociedad o cooperativa constituida, como capital social.

5. El Fondo de Garantía Salarial se financiará con las aportaciones efectuadas por todos los empresarios a que se refiere el artículo 1.2 de esta ley, tanto si son públicos como privados.

El tipo de cotización se fijará por el Gobierno sobre los salarios que sirvan de base para el cálculo de la cotización para atender las contingencias derivadas de accidentes de trabajo, enfermedad profesional y desempleo en el sistema de la Seguridad Social[156].

6. A los efectos de este artículo se entiende que existe insolvencia del empresario cuando, instada la ejecución en la forma establecida por la Ley 36/2011, de 10 de octubre, Reguladora de la Jurisdicción Social, no se consiga satisfacción de los créditos laborales. La resolución en que conste la declaración de insolvencia será dictada previa audiencia del Fondo de Garantía Salarial[157].

7. El derecho a solicitar del Fondo de Garantía Salarial el pago de las prestaciones que resultan de los apartados anteriores prescribirá al año de la fecha del acto de conciliación, sentencia, auto o resolución de la autoridad laboral en que se reconozca la deuda por salarios o se fijen las indemnizaciones.

Tal plazo se interrumpirá por el ejercicio de las acciones ejecutivas o de reconocimiento del crédito en procedimiento concursal y por las demás formas legales de interrupción de la prescripción.

8. El Fondo de Garantía Salarial tendrá la consideración

»6. Si la sociedad, por cualquier causa, perdiera su calificación de laboral en un plazo de quince años a contar desde su constitución, deberá restituir al Fondo de Garantía Salarial las cantidades que les fueron abonadas por dicho organismo a sus socios trabajadores en concepto de salarios o indemnizaciones adeudadas por la empresa precedente.

»Esto mismo será de aplicación si en dicho plazo causa baja como socio de la sociedad laboral o cooperativa de las referidas en el apartado anterior, cualquiera de los socios trabajadores que hubieran percibido las prestaciones del Fondo de Garantía Salarial y que fueron aportadas a la constitución de la propia sociedad laboral o cooperativa, en cuanto a la parte correspondiente al socio que causa baja, salvo que la baja se haya producido por causas ajenas a la autonomía de la voluntad de las partes, como el fallecimiento, incapacidad permanente o la jubilación del socio trabajador y siempre que no suponga la disminución del nivel de empleo que tenía la sociedad a la fecha de su constitución.»

[156] Actualmente el tipo de cotización fijado es con carácter general del 0,2 por 100 y del 0,1 por 100 para el sistema especial para trabajadores por cuenta ajena agrarios, siendo su base de cotización la correspondiente a las contingencias de accidente de trabajo y enfermedades profesionales (art. 122.11.2 de la Ley 31/2022, de 23 de diciembre, *BOE* de 24 de diciembre, de Presupuestos Generales del Estado para el año 2023).

[157] Arts. 276 y 277 de dicha Ley 36/2011.

de parte en la tramitación de los procedimientos arbitrales, a efectos de asumir las obligaciones previstas en este artículo[158].

9. El Fondo de Garantía Salarial dispensará la protección regulada en este artículo en relación con los créditos impagados de los trabajadores que ejerzan o hayan ejercido habitualmente su trabajo en España cuando pertenezcan a una empresa con actividad en el territorio de al menos dos Estados miembros de la Unión Europea, uno de los cuales sea España, cuando concurran, conjuntamente, las siguientes circunstancias:

a) Que se haya solicitado la apertura de un procedimiento colectivo basado en la insolvencia del empresario en un Estado miembro distinto de España, previsto por sus disposiciones legales y administrativas, que implique el desapoderamiento parcial o total del empresario y el nombramiento de un síndico o persona que ejerza una función similar.

b) Que se acredite que la autoridad competente, en virtud de dichas disposiciones, ha decidido la apertura del procedimiento; o bien que ha comprobado el cierre definitivo de la empresa o el centro de trabajo del empresario, así como la insuficiencia del activo disponible para justificar la apertura del procedimiento.

Cuando, de acuerdo con los términos establecidos en este apartado, la protección de los créditos impagados corresponda al Fondo de Garantía Salarial, éste solicitará información de la institución de garantía del Estado miembro en el que se tramite el procedimiento colectivo de insolvencia sobre los créditos pendientes de pago de los trabajadores y sobre los satisfechos por dicha institución de garantía y pedirá su colaboración para garantizar que las cantidades abonadas a los trabajadores sean tenidas en cuenta en el procedimiento, así como para conseguir el reembolso de dichas cantidades.

10. En el supuesto de procedimiento concursal solicitado en España en relación con una empresa con actividad en el territorio de al menos otro Estado miembro de la Unión Europea, además de España, el Fondo de Garantía Salarial estará obligado a proporcionar información a la institución de garantía del Estado en cuyo territorio los trabajadores de la empresa en estado de insolvencia hayan ejercido o ejerzan habitualmente su trabajo, en particular, poniendo en su conocimiento los créditos pendientes de pago de los trabajadores, así

---

[158] V. art. 91 ET.

como los satisfechos por el propio Fondo de Garantía Salarial.

Asimismo, el Fondo de Garantía Salarial prestará a la institución de garantía competente la colaboración que le sea requerida en relación con su intervención en el procedimiento y con el reembolso de las cantidades abonadas a los trabajadores.

11. El Fondo procederá a la instrucción de un expediente para la comprobación de la procedencia de los salarios e indemnizaciones reclamados, respetando en todo caso los límites previstos en los apartados anteriores. Concluida la instrucción del expediente, el órgano competente dictará resolución en el plazo máximo de tres meses contados desde la presentación en forma de la solicitud. La notificación al interesado deberá ser cursada dentro del plazo de diez días a partir de la fecha en que el acto haya sido dictado. Transcurrido dicho plazo sin que haya recaído resolución expresa, el solicitante podrá entender estimada por silencio administrativo la solicitud de reconocimiento de las obligaciones con cargo al Fondo, sin que en ningún caso pueda obtenerse por silencio el reconocimiento de obligaciones en favor de personas que no puedan ser legalmente beneficiarias o por cuantía superior a la que resulte por aplicación de los límites previstos en los apartados anteriores. La resolución expresa posterior al vencimiento del plazo sólo podrá dictarse de ser confirmatoria del reconocimiento de la obligación, en favor de personas que puedan ser legalmente beneficiarias y dentro de los límites previstos en los apartados anteriores. En todo caso, a efectos probatorios, se podrá solicitar un certificado acreditativo del silencio producido, en el que se incluirán las obligaciones con cargo al Fondo que, dentro de los límites previstos en los apartados anteriores, deben entenderse reconocidas. Contra dicha resolución podrá interponerse demanda ante el órgano jurisdiccional del orden social competente en el plazo de dos meses contados desde el día siguiente al de la notificación si el acto fuera expreso; si no lo fuera, dicho plazo se contará a partir del día siguiente a aquel en que deba entenderse estimada la solicitud conforme a lo establecido en el apartado anterior por silencio[159].

---

[159] Apartado 11 introducido por la disp. final 5.ª del RD-Ley 19/2020, de 26 de mayo (*BOE* de 27 de mayo), por el que se adoptan medidas complementarias en materia agraria, científica, económica, de empleo y Seguridad Social y tributarias para paliar los efectos del COVID-19.

SECCIÓN 5.ª

Tiempo de trabajo

Art. 34. *Jornada*[160].—
1. La duración de la jornada de trabajo será la pactada en los convenios colectivos o contratos de trabajo.

La duración máxima de la jornada ordinaria de trabajo será de cuarenta horas semanales de trabajo efectivo de promedio en cómputo anual.

2. Mediante convenio colectivo o, en su defecto, por acuerdo entre la empresa y los representantes de los trabajadores, se podrá establecer la distribución irregular de la jornada a lo largo del año. En defecto de pacto, la empresa podrá distribuir de manera irregular a lo largo del año el 10 por 100 de la jornada de trabajo.

Dicha distribución deberá respetar en todo caso los períodos mínimos de descanso diario y semanal previstos en la ley y el trabajador deberá conocer con un preaviso mínimo de cinco días el día y la hora de la prestación de trabajo resultante de aquélla.

La compensación de las diferencias, por exceso o por defecto, entre la jornada realizada y la duración máxima de la jornada ordinaria de trabajo legal o pactada será exigible según lo

---

[160] Esta Sección 5.ª está desarrollada reglamentariamente por el RD 1.561/1995, de 21 de septiembre (*BOE* de 26 de septiembre), sobre jornadas especiales de trabajo, modificado por el RD 285/2002, de 22 de marzo (*BOE* de 5 de abril); por el RD 294/2004, de 20 de febrero (*BOE* de 27 de febrero), por el RD 1.579/2008, de 26 de septiembre (*BOE* de 4 de octubre), y por el RD 311/2016, de 29 de julio (*BOE* de 30 de julio). También modificado por el RD 902/2007, de 6 de julio (*BOE* de 18 de julio), en lo relativo al tiempo de trabajo de los trabajadores que realizan actividades móviles en transportes por carretera. Asimismo modificado por el RD 1.635/2011, de 14 de noviembre (*BOE* de 17 de diciembre), en materia de tiempo de presencia en el transporte por carretera. Modificado por el RD 618/2020, de 30 de junio (*BOE* de 2 de julio), por el que se establecen mejoras en las condiciones de trabajo en el sector pesquero. V. disp. trans. 5.ª ET. La trasgresión de las normas sobre jornada es calificada como infracción grave por el art. 7.º5 LISOS [RD Legislativo 5/2000, de 4 de agosto (*BOE* de 8 de agosto)]. V., asimismo, Directiva 2003/88/CE, de 4 de noviembre (*DOUE* de 18 de noviembre), relativa a determinados aspectos de la ordenación del tiempo de trabajo; Directiva 2002/15, de 11 de marzo (*DOCE* de 23 de marzo), relativa a la ordenación del tiempo de trabajo de las personas que realizan actividades móviles de transporte por carretera. Directiva 2014/112, de 19 de diciembre (*DOUE* de 23 de diciembre), por la que se aplica el Acuerdo europeo sobre determinados aspectos de la ordenación del tiempo de trabajo en el transporte de navegación interior celebrado por la Unión Europea de Navegación Fluvial (EBU), la Organización Europea de Patrones de Barco (ESO) y la Federación Europea de Trabajadores Terrestres (ETF); arts. 10 a 12 Directiva 2019/1152, de 20 de junio de 2019 (*DOUE* de 11 de julio), relativa a unas condiciones laborales transparentes y previsibles en la Unión Europea.

acordado en convenio colectivo o, a falta de previsión al respecto, por acuerdo entre la empresa y los representantes de los trabajadores. En defecto de pacto, las diferencias derivadas de la distribución irregular de la jornada deberán quedar compensadas en el plazo de doce meses desde que se produzcan.

3. Entre el final de una jornada y el comienzo de la siguiente mediarán, como mínimo, doce horas.

El número de horas ordinarias de trabajo efectivo no podrá ser superior a nueve diarias, salvo que por convenio colectivo o, en su defecto, acuerdo entre la empresa y los representantes de los trabajadores, se establezca otra distribución del tiempo de trabajo diario, respetando en todo caso el descanso entre jornadas.

Los trabajadores menores de dieciocho años no podrán realizar más de ocho horas diarias de trabajo efectivo, incluyendo, en su caso, el tiempo dedicado a la formación y, si trabajasen para varios empleadores, las horas realizadas con cada uno de ellos[161].

4. Siempre que la duración de la jornada diaria continuada exceda de seis horas, deberá establecerse un período de descanso durante la misma de duración no inferior a quince minutos. Este período de descanso se considerará tiempo de trabajo efectivo cuando así esté establecido o se establezca por convenio colectivo o contrato de trabajo.

En el caso de los trabajadores menores de dieciocho años, el período de descanso tendrá una duración mínima de treinta minutos, y deberá establecerse siempre que la duración de la jornada diaria continuada exceda de cuatro horas y media.

5. El tiempo de trabajo se computará de modo que tanto al comienzo como al final de la jornada diaria el trabajador se encuentre en su puesto de trabajo[162].

---

[161] Para las limitaciones al trabajo de los menores, v. art. 6.º ET.

[162] Sobre el derecho a la desconexión digital, art. 88 de la LO 3/2018, de 5 de diciembre (*BOE* de 6 de diciembre), de protección de datos personales y garantía de los derechos digitales:

«*Art. 88.   Derecho a la desconexión digital en el ámbito laboral.*—1.   Los trabajadores y los empleados públicos tendrán derecho a la desconexión digital a fin de garantizar, fuera del tiempo de trabajo legal o convencionalmente establecido, el respeto de su tiempo de descanso, permisos y vacaciones, así como de su intimidad personal y familiar.

»2.   Las modalidades de ejercicio de este derecho atenderán a la naturaleza y objeto de la relación laboral, potenciarán el derecho a la conciliación de la actividad laboral y la vida personal y familiar y se sujetarán a lo establecido en la negociación colectiva o, en su defecto, a lo acordado entre la empresa y los representantes de los trabajadores.

»3.   El empleador, previa audiencia de los representantes de los trabajadores, elaborará una política interna dirigida a trabajadores, incluidos los que ocupen puestos

6. Anualmente se elaborará por la empresa el calendario laboral, debiendo exponerse un ejemplar del mismo en un lugar visible de cada centro de trabajo[163].

7. El Gobierno, a propuesta de la persona titular del Ministerio de Trabajo, Migraciones y Seguridad Social y previa consulta a las organizaciones sindicales y empresariales más representativas, podrá establecer ampliaciones o limitaciones en la ordenación y duración de la jornada de trabajo y de los descansos, así como especialidades en las obligaciones de registro de jornada, para aquellos sectores, trabajos y categorías profesionales que por sus peculiaridades así lo requieran[164].

---

directivos, en la que definirán las modalidades de ejercicio del derecho a la desconexión y las acciones de formación y de sensibilización del personal sobre un uso razonable de las herramientas tecnológicas que evite el riesgo de fatiga informática. En particular, se preservará el derecho a la desconexión digital en los supuestos de realización total o parcial del trabajo a distancia así como en el domicilio del empleado vinculado al uso con fines laborales de herramientas tecnológicas.»

Para las especialidades en el trabajo a distancia, art. 18 Ley 10/2021, de 9 de julio (*BOE* de 10 de julio), transcrito en nota al art. 13.

[163] La no exposición en lugar visible del calendario es calificada de infracción leve por el art. 6.º1 LISOS [RD Legislativo 5/2000, de 4 de agosto (*BOE* de 8 de agosto)]. V. disp. adic. 3.ª del RD 1.561/1995, de 21 de septiembre (*BOE* de 26 de septiembre), sobre jornadas especiales de trabajo.

[164] Apartado 7 redactado conforme al RDL 8/2019, de 8 de marzo (*BOE* de 12 de marzo). Dicha autorización, aunque todavía sin adaptación a la modificación introducida por la última norma mencionada, la ha ejercido el Gobierno a través del RD 1.561/1995, de 21 septiembre (*BOE* de 26 de septiembre), arts. 3.º ss., modificado por el RD 285/2002, de 22 de marzo (*BOE* de 5 de abril); por el RD 294/2004, de 20 de febrero (*BOE* de 27 de febrero), y por el RD 902/2007, de 6 de julio (*BOE* de 18 de julio), en lo relativo al tiempo de trabajo de los trabajadores que realizan actividades móviles en transportes por carretera. V. también RD 525/2002, de 14 de junio (*BOE* de 26 de junio), sobre el control de cumplimiento del acuerdo comunitario relativo a la ordenación del tiempo de trabajo de la gente del mar; RDL 1/2010, de 5 de febrero (*BOE* de 5 de febrero), por el que se regula la prestación de servicios de tránsito aéreo, se establecen las obligaciones de los proveedores civiles de dichos servicios y se fijan determinadas condiciones laborales para los controladores civiles de tránsito aéreo. Las ampliaciones afectan a empleados de fincas urbanas y guardas vigilantes no ferroviarios, trabajo en el campo, trabajo de puesta a punto y cierre de los demás, transportes por carretera, trabajo en el mar, transportes ferroviarios, trabajo del personal de vuelo y de tierra relacionado con el tráfico aéreo, trabajo en situaciones especiales de aislamiento. Las limitaciones afectan a los tiempos de exposición al riesgo, trabajo en el campo, trabajo de interior en minas, construcción y obras públicas y trabajo en cámaras frigoríficas y de congelación. V. Directiva 1999/63/CE, de 21 de junio (*DOCE* de 10 de julio), relativa a la aplicación del Acuerdo europeo sobre la ordenación del tiempo de trabajo de la gente del mar, suscrito por la Asociación de Armadores de la Comunidad Europea (ECSA) y la Federación de Sindicatos del Transporte de la Unión Europea (FST), modificada por las Directivas 2009/13/CE, de 16 de febrero (*DOUE* de 20 de mayo)

8. Las personas trabajadoras tienen derecho a solicitar las adaptaciones de la duración y distribución de la jornada de trabajo, en la ordenación del tiempo de trabajo y en la forma de prestación, incluida la prestación de su trabajo a distancia, para hacer efectivo su derecho a la conciliación de la vida familiar y laboral. Dichas adaptaciones deberán ser razonables y proporcionadas en relación con las necesidades de la persona trabajadora y con las necesidades organizativas o productivas de la empresa.

En el caso de que tengan hijos o hijas, las personas trabajadoras tienen derecho a efectuar dicha solicitud hasta que los hijos o hijas cumplan doce años.

Asimismo, tendrán ese derecho aquellas que tengan necesidades de cuidado respecto de los hijos e hijas mayores de doce años, el cónyuge o pareja de hecho, familiares por consanguinidad hasta el segundo grado de la persona trabajadora, así como de otras personas dependientes cuando, en este úl-timo caso, convivan en el mismo domicilio, y que por razones de edad, accidente o enfermedad no puedan valerse por sí mismos, debiendo justificar las circunstancias en las que fundamenta su petición.

En la negociación colectiva se podrán establecer, con respeto a lo dispuesto en este apartado, los términos de su ejercicio, que se acomodarán a criterios y sistemas que garanticen la ausencia de discriminación, tanto directa como indirecta, entre personas trabajadoras de uno y otro sexo. En su ausencia, la empresa, ante la solicitud de la persona trabajadora, abrirá un proceso de negociación con esta que tendrá que desarrollarse con la máxima celeridad y, en todo caso, durante un período máximo de quince días, presumiéndose su concesión si no concurre oposición motivada expresa en este plazo.

Finalizado el proceso de negociación, la empresa, por escrito, comunicará la aceptación de la petición. En caso contrario, planteará una pro-

---

y 2018/131, de 23 de enero (*DOUE* de 26 de enero); Directiva 1999/95, de 13 de diciembre (*DOCE* de 20 de enero de 2000), sobre el cumplimiento de las disposiciones relativas al tiempo de trabajo de la gente del mar a bordo de buques que hagan escala en puertos de la Comunidad; Directiva 2000/79/CE, de 27 de noviembre (*DOCE* de 1 de diciembre), relativa a la aplicación del Acuerdo europeo sobre la ordenación del tiempo de trabajo del personal de vuelo en la aviación civil; Directiva 2005/47/CE, de 18 de julio (*DOUE* de 25 de julio), relativa a la aplicación del acuerdo sobre condiciones de los trabajadores móviles que realizan servicios de interoperatividad transfronterizo en el sector ferroviario.

puesta alternativa que posibilite las necesidades de conciliación de la persona trabajadora o bien manifestará la negativa a su ejercicio. Cuando se plantee una propuesta alternativa o se deniegue la petición, se motivarán las razones objetivas en las que se sustenta la decisión.

La persona trabajadora tendrá derecho a regresar a la situación anterior a la adaptación una vez concluido el período acordado o previsto o cuando decaigan las causas que motivaron la solicitud.

En el resto de los supuestos, de concurrir un cambio de circunstancias que así lo justifique, la empresa sólo podrá denegar el regreso solicitado cuando existan razones objetivas motivadas para ello.

Lo dispuesto en los párrafos anteriores se entiende, en todo caso, sin perjuicio de los permisos a los que tenga derecho la persona trabajadora de acuerdo con lo establecido en el artículo 37 y 48 bis.

Las discrepancias surgidas entre la dirección de la empresa y la persona trabajadora serán resueltas por la jurisdicción social, a través del procedimiento establecido en el artículo 139 de la Ley 36/2011, de 10 de octubre, reguladora de la jurisdicción social[165].

9. La empresa garantizará el registro diario de jornada, que deberá incluir el horario concreto de inicio y finalización de la jornada de trabajo de cada persona trabajadora, sin perjuicio de la flexibilidad horaria que se establece en este artículo.

Mediante negociación colectiva o acuerdo de empresa o, en su defecto, decisión del empresario previa consulta con los representantes legales de los trabajadores en la empresa, se organizará y documentará este registro de jornada.

La empresa conservará los registros a que se refiere este precepto durante cuatro años y permanecerán a disposición de las personas trabajadoras, de sus representantes legales y de la Inspección de Trabajo y Seguridad Social[166].

Art. 35. *Horas extraordinarias.*—1. Tendrán la consideración de horas extraordinarias aquellas horas de trabajo que se realicen sobre la duración máxima de la jornada ordinaria de

---

[165] Apartado 8 redactado conforme al RD-Ley 5/2023, de 28 de junio (*BOE* de 29 de junio).

[166] Apartado 9 introducido por el RDL 8/2019, de 8 de marzo (*BOE* de 12 de marzo). El incumplimiento de este deber se tipifica como infracción administrativa grave (art. 7.5 Ley de Infracciones y Sanciones en el Orden Social).

trabajo, fijada de acuerdo con el artículo anterior. Mediante convenio colectivo o, en su defecto, contrato individual, se optará entre abonar las horas extraordinarias en la cuantía que se fije, que en ningún caso podrá ser inferior al valor de la hora ordinaria, o compensarlas por tiempos equivalentes de descanso retribuido. En ausencia de pacto al respecto, se entenderá que las horas extraordinarias realizadas deberán ser compensadas mediante descanso dentro de los cuatro meses siguientes a su realización[167].

2. El número de horas extraordinarias no podrá ser superior a ochenta al año, salvo lo previsto en el apartado 3. Para los trabajadores que por la modalidad o duración de su contrato realizasen una jornada en cómputo anual inferior a la jornada general en la empresa, el número máximo anual de horas extraordinarias se reducirá en la misma proporción que exista entre tales jornadas.

A los efectos de lo dispuesto en el párrafo anterior, no se computarán las horas extraordinarias que hayan sido compensadas mediante descanso dentro de los cuatro meses siguientes a su realización.

El Gobierno podrá suprimir o reducir el número máximo de horas extraordinarias por tiempo determinado, con carácter general o para ciertas ramas de actividad o ámbitos territoriales, para incrementar las oportunidades de colocación de los trabajadores en situación de desempleo[168].

3. No se tendrá en cuenta, a efectos de la duración máxima de la jornada ordinaria laboral, ni para el cómputo del número máximo de las horas extraordinarias autorizadas, el exceso de las trabajadas para prevenir o reparar siniestros y otros daños extraordinarios y urgentes, sin perjuicio de su compensación como horas extraordinarias.

4. La prestación de trabajo en horas extraordinarias será voluntaria, salvo que su realización se haya pactado en convenio colectivo o contrato indivi-

---

[167] Respecto de la prohibición de realización de horas extraordinarias, v. arts. 6.3 ET para los trabajos de menores; 11.2.*k*) ET para el contrato de formación en alternancia; 11.3.*h*) para el contrato de formación para la obtención de práctica profesional; 36.1 para los trabajos nocturnos; 47.7.*d*) para las situaciones de reducción de jornada y suspensión de la relación laboral. Para el régimen de las horas complementarias de los trabajadores a tiempo parcial, v. art. 12.4.*c*) y 5 ET.

[168] Para las limitaciones de las horas extraordinarias del trabajo de interior en minas, v. art. 28 del RD 1.561/1995, de 21 de septiembre (*BOE* de 26 de septiembre), sobre jornadas especiales de trabajo. Para los buques v. nota al art. 1.º4 ET.

dual de trabajo, dentro de los límites del apartado 2^{169}.

5. A efectos del cómputo de horas extraordinarias, la jornada de cada trabajador se registrará día a día y se totalizará en el período fijado para el abono de las retribuciones, entregando copia del resumen al trabajador en el recibo correspondiente.

Art. 36. *Trabajo nocturno, trabajo a turnos y ritmo de trabajo.*—1. A los efectos de lo dispuesto en esta ley, se considera trabajo nocturno el realizado entre las diez de la noche y las seis de la mañana. El empresario que recurra regularmente a la realización de trabajo nocturno deberá informar de ello a la autoridad laboral[170].

La jornada de trabajo de los trabajadores nocturnos no podrá exceder de ocho horas diarias de promedio, en un período de referencia de quince días. Dichos trabajadores no podrán realizar horas extraordinarias.

Para la aplicación de lo dispuesto en el párrafo anterior, se considerará trabajador nocturno a aquel que realice normalmente en período nocturno una parte no inferior a tres horas de su jornada diaria de trabajo, así

como a aquel que se prevea que puede realizar en tal período una parte no inferior a un tercio de su jornada de trabajo anual.

Resultará de aplicación a lo establecido en el párrafo segundo lo dispuesto en el artículo 34.7. Igualmente, el Gobierno podrá establecer limitaciones y garantías adicionales a las previstas en el presente artículo para la realización de trabajo nocturno en ciertas actividades o por determinada categoría de trabajadores, en función de los riesgos que comporten para su salud y seguridad.

2. El trabajo nocturno tendrá una retribución específica que se determinará en la negociación colectiva, salvo que el salario se haya establecido atendiendo a que el trabajo sea nocturno por su propia naturaleza o se haya acordado la compensación de este trabajo por descansos.

3. Se considera trabajo a turnos toda forma de organización del trabajo en equipo según la cual los trabajadores ocupan sucesivamente los mismos puestos de trabajo, según un cierto ritmo, continuo o discontinuo, implicando para el trabajador la necesidad de prestar sus servicios en horas dife-

---

[169] Para las limitaciones en el trabajo de menores, v. art. 6.°3 ET; para las limitaciones en el trabajo nocturno, v. art. 36.1 ET.

[170] Para las limitaciones en el trabajo de menores, v. art. 6.°2 ET.

rentes en un período determinado de días o de semanas[171].

En las empresas con procesos productivos continuos durante las veinticuatro horas del día, en la organización del trabajo de los turnos se tendrá en cuenta la rotación de los mismos y que ningún trabajador esté en el de noche más de dos semanas consecutivas, salvo adscripción voluntaria[172].

Las empresas que por la naturaleza de su actividad realicen el trabajo en régimen de turnos, incluidos los domingos y días festivos, podrán efectuarlo bien por equipos de trabajadores que desarrollen su actividad por semanas completas, o contratando personal para completar los equipos necesarios durante uno o más días a la semana[173].

4. Los trabajadores nocturnos y quienes trabajen a turnos deberán gozar en todo momento de un nivel de protección en materia de salud y seguridad adaptado a la naturaleza de su trabajo, y equivalente al de los restantes trabajadores de la empresa.

El empresario deberá garantizar que los trabajadores nocturnos que ocupe dispongan de una evaluación gratuita de su estado de salud, antes de su afectación a un trabajo nocturno y, posteriormente, a intervalos regulares, en los términos establecidos en la Ley 31/1995, de 8 de noviembre, de Prevención de Riesgos Laborales, y en sus normas de desarrollo. Los trabajadores nocturnos a los que se reconozcan problemas de salud ligados al hecho de su trabajo nocturno tendrán derecho a ser destinados a un puesto de trabajo diurno que exista en la empresa y para el que sean profesionalmente aptos. El cambio de puesto de trabajo se llevará a cabo de conformidad con lo dispuesto en los artículos 39 y 41, en su caso, de la presente ley.

5. El empresario que organice el trabajo en la empresa según un cierto ritmo deberá tener en cuenta el principio general de adaptación del trabajo a la persona, especialmente de cara a atenuar el trabajo monótono y repetitivo en función del tipo de actividad y de las exigencias en materia de seguridad y salud de los trabajadores.

---

[171] Para las peculiaridades del descanso diario y semanal en estos casos de trabajos a turnos, v. RD 1.561/1995, de 21 de septiembre, art. 32.

[172] V. STC 26/2011, de 14 de marzo (*BOE* de 11 de abril), sobre vulneración de la prohibición de discriminación por circunstancias familiares por no reconocimiento del derecho a elegir turno de trabajo a padre con responsabilidades familiares.

[173] Para las especialidades en el trabajo a tiempo parcial, v. art. 12 ET.

Dichas exigencias deberán ser tenidas particularmente en cuenta a la hora de determinar los períodos de descanso durante la jornada de trabajo.

Art. 37. *Descanso semanal, fiestas y permisos.*—1. Los trabajadores tendrán derecho a un descanso mínimo semanal, acumulable por períodos de hasta catorce días, de día y medio ininterrumpido que, como regla general, comprenderá la tarde del sábado o, en su caso, la mañana del lunes y el día completo del domingo. La duración del descanso semanal de los menores de dieciocho años será, como mínimo, de dos días ininterrumpidos[174].

Resultará de aplicación al descanso semanal lo dispuesto en el artículo 34.7 en cuanto a ampliaciones y reducciones, así como para la fijación de regímenes de descanso alternativos para actividades concretas.

2. Las fiestas laborales, que tendrán carácter retribuido y no recuperable, no podrán exceder de catorce al año, de las cuales dos serán locales. En cualquier caso se respetarán como fiestas de ámbito nacional las de la Natividad del Señor, Año Nuevo, 1 de mayo, como Fiesta del Trabajo, y 12 de octubre, como Fiesta Nacional de España.

Respetando las expresadas en el párrafo anterior, el Gobierno podrá trasladar a los lunes todas las fiestas de ámbito nacional que tengan lugar entre semana, siendo, en todo caso, objeto de traslado al lunes inmediatamente posterior el descanso laboral correspondiente a las fiestas que coincidan con domingo.

Las comunidades autónomas, dentro del límite anual de catorce días festivos, podrán señalar aquellas fiestas que por tradición les sean propias, sustituyendo para ello las de ámbito nacional que se determinen re-

---

[174] V. arts. 2.º, 9.º, 18 y 27 del RD 1.561/1991, de 21 de septiembre. La competencia en materia de régimen de descanso dominical y semanal ha sido transferida a las Comunidades Autónomas; v. RRDD de transferencia citados en nota al art. 6.º4 ET. Para el descanso laboral semanal y fiestas anuales de conformidad con las prácticas de determinadas confesiones religiosas, v. el Acuerdo con la Santa Sede sobre asuntos jurídicos de 3 de junio de 1979; Ley 24/1992, de 10 de noviembre (*BOE* de 12 de noviembre), sobre acuerdo de cooperación del Estado con la Federación de Entidades Evangélicas de España, art. 12; Ley 25/1992, de 10 de noviembre (*BOE* de 12 de noviembre), sobre acuerdo de cooperación del Estado con la Federación de Comunidades Israelitas de España, art. 12; Ley 26/1992, de 10 de noviembre (*BOE* de 12 de noviembre), sobre acuerdo de cooperación del Estado con la Comisión Islámica del Estado, art. 12. Asimismo, STC 19/1985, de 13 de febrero (*BOE* de 15 de marzo), sobre derecho al descanso sabático por razones religiosas.

glamentariamente y, en todo caso, las que se trasladen a lunes. Asimismo, podrán hacer uso de la facultad de traslado a lunes prevista en el párrafo anterior.

Si alguna comunidad autónoma no pudiera establecer una de sus fiestas tradicionales por no coincidir con domingo un suficiente número de fiestas nacionales podrá, en el año que así ocurra, añadir una fiesta más, con carácter de recuperable, al máximo de catorce[175].

3. La persona trabajadora, previo aviso y justificación, podrá ausentarse del trabajo, con derecho a remuneración, por alguno de los motivos y por el tiempo siguiente[176]:

a) Quince días naturales en caso de matrimonio o registro de pareja de hecho.

b) Cinco días por accidente o enfermedad graves, hospitalización o intervención quirúrgica sin hospitalización que precise reposo domiciliario del cónyuge, pareja de hecho o pa-

rientes hasta el segundo grado por consanguineidad o afinidad, incluido el familiar consanguíneo de la pareja a de hecho, así como de cualquier otra persona distinta de las anteriores, que conviva con la persona trabajadora en el mismo domicilio y que requiera el cuidado efectivo de aquélla.

b bis) Dos días por el fallecimiento del cónyuge, pareja de hecho o parientes hasta el segundo grado de consanguinidad o afinidad. Cuando con tal motivo la persona trabajadora necesite hacer un desplazamiento al efecto, el plazo se ampliará en dos días[177].

c) Un día por traslado del domicilio habitual.

d) Por el tiempo indispensable, para el cumplimiento de un deber inexcusable de carácter público y personal, comprendido el ejercicio del sufragio activo. Cuando conste en una norma legal o convencional un período determinado, se estará a lo que ésta disponga en cuan-

---

[175] V. arts. 45 a 47 del RD 2.001/1983, de 28 de julio (*BOE* de 29 de julio), sobre regulación de la jornada de trabajo, jornadas especiales y descanso. Se ha producido en esta materia transferencia de competencia a las Comunidades Autónomas. V. normas citadas en nota al art. 6.º4 ET; asimismo, STC 7/1985, de 25 de enero (*BOE* de 12 de febrero), sobre competencia del Estado y no de las Comunidades Autónomas para desarrollar reglamentariamente el art. 37.2 ET.

[176] Para los permisos contemplados en este precepto por nacimiento, adopción, del progenitor diferente de la madre biológica y lactancia del personal laboral al servicio de las Administraciones Públicas, v. disp. adic. 22.ª ET.

[177] El párrafo introductorio y las letras *a*), *b*) y *b bis*) conforme al RD-Ley 5/2023, de 28 de junio (*BOE* de 29 de junio).

to a duración de la ausencia y a su compensación económica[178].

Cuando el cumplimiento del deber antes referido suponga la imposibilidad de la prestación del trabajo debido en más del 20 por 100 de las horas laborables en un período de tres meses, podrá la empresa pasar al trabajador afectado a la situación de excedencia regulada en el artículo 46.1.

En el supuesto de que el trabajador, por cumplimiento del deber o desempeño del cargo, perciba una indemnización, se descontará el importe de la misma del salario a que tuviera derecho en la empresa.

e) Para realizar funciones sindicales o de representación del personal en los términos establecidos legal o convencionalmente[179].

f) Por el tiempo indispensable para la realización de exámenes prenatales y técnicas de preparación al parto y, en los casos de adopción, guarda con fines de adopción o acogimiento, para la asistencia a las precepti-

vas sesiones de información y preparación y para la realización de los preceptivos informes psicológicos y sociales previos a la declaración de idoneidad, siempre, en todos los casos, que deban tener lugar dentro de la jornada de trabajo.

g) Hasta cuatro días por imposibilidad de acceder al centro de trabajo o transitar por las vías de circulación necesarias para acudir al mismo, como consecuencia de las recomendaciones, limitaciones o prohibiciones al desplazamiento establecidas por las autoridades competentes, así como cuando concurra una situación de riesgo grave e inminente, incluidas las derivadas de una catástrofe o fenómeno meteorológico adverso. Transcurridos los cuatro días, el permiso se prolongará hasta que desaparezcan las circunstancias que lo justificaron, sin perjuicio de la posibilidad de la empresa de aplicar una suspensión del contrato de trabajo o una reducción de jornada derivada de fuerza mayor en los

---

[178] V. art. 7.º de la LO 5/1995, de 22 de mayo (*BOE* de 23 de mayo), del Tribunal del Jurado. El régimen retributivo e indemnizatorio del desempeño de tales funciones está regulado por el RD 385/1996, de 1 de marzo (*BOE* de 14 de marzo). Respecto de la compatibilidad con el ejercicio del sufragio activo, v. art. 13 del RD 605/1999, de 16 de abril (*BOE* de 17 de abril), de regulación complementaria de los procesos electorales. Respecto de la compatibilidad con la condición de miembro de la mesa electoral, interventores o apoderados electorales, v. arts. 28.1, 76.4 y 78.4 de la LO 5/1985, de 19 de junio, de Régimen Electoral General.

[179] V. arts. 68.*e*) ET y 9.º1.*a*), 9.º2 y 10.3 de la LO 11/1985, de 1 de agosto (*BOE* de 8 de agosto), de Libertad Sindical, transcritos en nota al art. 61.

términos previstos en el artículo 47.6.

Cuando la naturaleza de la prestación laboral sea compatible con el trabajo a distancia y el estado de las redes de comunicación permita su desarrollo, la empresa podrá establecerlo, observando el resto de las obligaciones formales y materiales recogidas en la Ley 10/2021, de 9 de julio, de trabajo a distancia, y, en particular, el suministro de medios, equipos y herramientas adecuados[180].

g) [*sic*] Por el tiempo indispensable para la realización de los actos preparatorios de la donación de órganos o tejidos siempre que deban tener lugar dentro de la jornada de trabajo[181].

4. En los supuestos de nacimiento, adopción, guarda con fines de adopción o acogimiento, de acuerdo con el artículo 45.1.*d*), las personas trabajadoras tendrán derecho a una hora de ausencia del trabajo, que podrán dividir en dos fracciones, para el cuidado del lactante hasta que este cumpla nueve meses. La duración del permiso se incrementará proporcionalmente en los casos de nacimiento, adopción, guarda con fines de adopción o acogimiento múltiples.

Quien ejerza este derecho, por su voluntad, podrá sustituirlo por una reducción de su jornada en media hora con la misma finalidad o acumularlo en jornadas completas.

La reducción de jornada contemplada en este apartado constituye un derecho individual de las personas trabajadoras sin que pueda transferirse su ejercicio a la otra persona progenitora, adoptante, guardadora o acogedora. No obstante, si dos personas trabajadoras de la misma empresa ejercen este derecho por el mismo sujeto causante, podrá limitarse su ejercicio simultáneo por razones fundadas y objetivas de funcionamiento de la empresa, debidamente motivadas por escrito, debiendo en tal caso la empresa ofrecer un plan alternativo que asegure el disfrute de ambas personas trabajadoras y que posibilite el ejercicio de los derechos de conciliación.

Cuando ambas personas progenitoras, adoptantes, guardadoras o acogedoras ejerzan este derecho con la misma duración

---

[180] Letra *g*) conforme al Real Decreto-Ley 8/2024, de 28 de noviembre (*BOE* de 29 de noviembre).

[181] Segunda letra *g*) introducida por el art. 2 de la Ley 6/2024, de 20 de diciembre (*BOE* de 21 de diciembre), para la mejora de la protección de las personas donantes en vivo de órganos o tejidos para su posterior trasplante.

y régimen, el período de disfrute podrá extenderse hasta que el lactante cumpla doce meses, con reducción proporcional del salario a partir del cumplimiento de los nueve meses[182].

5. Las personas trabajadoras tendrán derecho a ausentarse del trabajo durante una hora en el caso de nacimiento prematuro de hijo o hija, o que, por cualquier causa, deban permanecer hospitalizados a continuación del parto. Asimismo, tendrán derecho a reducir su jornada de trabajo hasta un máximo de dos horas, con la disminución proporcional del salario. Para el disfrute de este permiso se estará a lo previsto en el apartado 7[183].

6. Quien por razones de guarda legal tenga a su cuidado directo algún menor de doce años o una persona con discapacidad que no desempeñe una actividad retribuida tendrá derecho a una reducción de la jornada de trabajo diaria, con la disminución proporcional del salario entre, al menos, un octavo y un máximo de la mitad de la duración de aquélla.

Tendrá el mismo derecho quien precise encargarse del cuidado directo del cónyuge o pareja de hecho, o un familiar hasta el segundo grado de consanguinidad y afinidad, incluido el familiar consanguíneo de la pareja de hecho, que por razones de edad, accidente o enfermedad no pueda valerse por sí mismo, y que no desempeñe actividad retribuida.

El progenitor, guardador con fines de adopción o acogedor permanente tendrá derecho a una reducción de la jornada de trabajo, con la disminución proporcional del salario de, al menos, la mitad de la duración de aquella, para el cuidado, durante la hospitalización y tratamiento continuado, del menor a su cargo afectado por cáncer (tumores malignos, melanomas y carcinomas), o por cualquier otra enfermedad grave, que implique un ingreso hospitalario de larga duración y requiera la necesidad de su cuidado directo, continuo y permanente, acreditado por el informe del servicio público de salud u órgano administrativo sanitario de la comunidad autónoma correspondiente y, como máximo, hasta que el hijo o persona que hubiere sido objeto de acogimiento permanente o de guarda con fi-

---

[182] Apartado 4 conforme al Real Decreto-Ley 2/2024, de 21 de mayo (*BOE* de 22 de mayo).

[183] Apartado 5 conforme al RDL 6/2019, de 1 de marzo (*BOE* de 7 de marzo). Para el caso de que durante esta reducción se produzca la extinción del contrato, para el cálculo de la indemnización correspondiente, v. disp. adic. 19.ª ET.

nes de adopción cumpla los veintitrés años.

En consecuencia, el mero cumplimiento de los dieciocho años de edad por el hijo o el menor sujeto a acogimiento permanente o a guarda con fines de adopción no será causa de extinción de la reducción de la jornada, si se mantiene la necesidad de cuidado directo, continuo y permanente.

No obstante, cumplidos los dieciocho años, se podrá reconocer el derecho a la reducción de jornada hasta que el causante cumpla veintitrés años en los supuestos en que el padecimiento de cáncer o enfermedad grave haya sido diagnosticado antes de alcanzar la mayoría de edad, siempre que en el momento de la solicitud se acrediten los requisitos establecidos en los párrafos anteriores, salvo la edad.

Asimismo, se mantendrá el derecho a esta reducción hasta que la persona cumpla veintiséis años si antes de alcanzar veintitrés años acreditara, además, un grado de discapacidad igual o superior al 65 por 100.

Por convenio colectivo, se podrán establecer las condiciones y supuestos en los que esta reducción de jornada se podrá acumular en jornadas completas.

En los supuestos de nulidad, separación, divorcio, extinción de la pareja de hecho o cuando se acredite ser víctima de violencia de género, el derecho a la reducción de jornada se reconocerá a favor del progenitor, guardador o acogedor con quien conviva la persona enferma, siempre que cumpla el resto de los requisitos exigidos.

Cuando la persona enferma que se encuentre en los supuestos previstos en los párrafos tercero y cuarto de este apartado contraiga matrimonio o constituya una pareja de hecho, tendrá derecho a la reducción de jornada quien sea su cónyuge o pareja de hecho, siempre que acredite las condiciones para acceder al derecho a la misma.

Las reducciones de jornada contempladas en este apartado constituyen un derecho individual de los trabajadores, hombres o mujeres. No obstante, si dos o más trabajadores de la misma empresa generasen este derecho por el mismo sujeto causante, el empresario podrá limitar su ejercicio simultáneo por razones fundadas y objetivas de funcionamiento de la empresa, debidamente motivadas por escrito, debiendo en tal caso la empresa ofrecer un plan alternativo que asegure el disfrute de ambas personas trabajadoras y que posibilite el ejercicio de los derechos de conciliación.

En el ejercicio de este derecho se tendrá en cuenta el fomento de la corresponsabilidad entre mujeres y hombres y, asimismo, evitar la perpetuación de roles y estereotipos de género[184].

7. La concreción horaria y la determinación de los permisos y reducciones de jornada, previstos en los apartados 4, 5 y 6, corresponderán a la persona trabajadora dentro de su jornada ordinaria[185]. No obstante, los convenios colectivos podrán establecer criterios para la concreción horaria de la reducción de jornada a que se refiere el apartado 6, en atención a los derechos de conciliación de la vida personal, familiar y laboral de la persona trabajadora y las necesidades productivas y organizativas de las empresas. La persona trabajadora, salvo fuerza mayor, deberá preavisar al empresario con una

antelación de quince días o la que se determine en el convenio colectivo aplicable, precisando la fecha en que iniciará y finalizará el permiso de cuidado del lactante o la reducción de jornada.

Las discrepancias surgidas entre empresario y trabajador sobre la concreción horaria y la determinación de los períodos de disfrute previstos en los apartados 4, 5 y 6 serán resueltas por la jurisdicción social a través del procedimiento establecido en el artículo 139 de la Ley 36/2011, de 10 de octubre, Reguladora de la Jurisdicción Social[186].

8. Las personas trabajadoras que tengan la consideración de víctimas de violencia de género, de violencia sexual o de víctimas del terrorismo tendrán derecho, para hacer efectiva su

---

[184] Apartado 6 redactado conforme al RD-Ley 5/2023, de 28 de junio (*BOE* de 29 de junio). V. disps. adics. 18.ª y 19.ª ET; STC 3/2020, de 15 de enero (*BOE* de 15 de febrero), sobre vulneración del derecho a no ser discriminada por razón de sexo por denegación del derecho a reducción de jornada por guarda legal de hijo menor interpretando la ley sin ponderar el derecho fundamental; STC de 79/2020, de 2 de julio, sobre discriminación por razón de sexo al reducirse desproporcionadamente el cómputo de horas de salida de guardia de personal sanitario, computadas como tiempo de trabajo efectivo. Para el derecho a prestación de Seguridad Social en estos casos cuando la reducción sea al menos del 50 por 100 cuando ambos progenitores trabajen, arts. 190 ss. Ley General de la Seguridad Social.

[185] Sobre la necesaria toma en consideración de las circunstancias personales y familiares para justificar una modificación de este horario por la empresa cuando la empresa pretende modificar el horario por causas técnicas, organizativas o productivas de una trabajadora, que puede implicar en caso contrario discriminación por sexo (STC 119/2021, de 31 de mayo, ECLI:ES:TC:2021:119).

[186] Apartado 7 conforme a la LO 10/2022, de 6 de septiembre (*BOE* de 7 de septiembre). V. SSTC 109/1993, de 25 de marzo (*BOE* de 27 de abril), y 187/1993, de 14 de junio (*BOE* de 19 de julio), sobre trato diferenciado por razón de sexo durante el período de lactancia.

protección o su derecho a la asistencia social integral, a la reducción de la jornada de trabajo con disminución proporcional del salario o a la reordenación del tiempo de trabajo, a través de la adaptación del horario, de la aplicación del horario flexible o de otras formas de ordenación del tiempo de trabajo que se utilicen en la empresa. También tendrán derecho a realizar su trabajo total o parcialmente a distancia o a dejar de hacerlo si este fuera el sistema establecido, siempre en ambos casos que esta modalidad de prestación de servicios sea compatible con el puesto y funciones desarrolladas por la persona[187].

Estos derechos se podrán ejercitar en los términos que para estos supuestos concretos se establezcan en los convenios colectivos o en los acuerdos entre la empresa y los representantes legales de las personas trabajadoras, o conforme al acuerdo entre la empresa y las personas trabajadoras afectadas. En su defecto, la concreción de estos derechos corresponderá a estas, siendo de aplicación las reglas establecidas en el apartado anterior, incluidas las relativas a la resolución de discrepancias[188].

9. La persona trabajadora tendrá derecho a ausentarse del trabajo por causa de fuerza mayor cuando sea necesario por motivos familiares urgentes relacionados con familiares o personas convivientes, en caso de enfermedad o accidente que hagan indispensable su presencia inmediata.

Las personas trabajadoras tendrán derecho a que sean retribuidas las horas de ausencia por las causas previstas en el presente apartado equivalentes a cuatro días al año, conforme a lo establecido en convenio colectivo o, en su defecto, en acuerdo entre la empresa y la representación legal de las personas trabajadoras aportando las personas trabajadoras, en su caso, acreditación del motivo de ausencia[189].

Art. 38. *Vacaciones anuales*[190].—1. El período de vacaciones anuales retribuidas, no

---

[187] Párrafo primero conforme a la Ley Orgánica 2/2024, de 1 de agosto (*BOE* de 2 de agosto), de representación paritaria y presencia equilibrada de mujeres y hombres.

[188] Apartado 8 conforme a la Ley 4/2023, de 28 de febrero (*BOE* de 1 de marzo), para la igualdad real y efectiva de las personas trans y para la garantía de los derechos de las personas LGTBI. V. disp. adic. 14.ª ET.

[189] Apartado 9 conforme al RD-Ley 5/2023, de 28 de junio (*BOE* de 29 de junio).

[190] La trasgresión de este precepto es calificada como infracción grave por el art. 7.º5 LISOS [RD Legislativo 5/2000, de 4 de agosto (*BOE* de 8 de agosto)].

sustituible por compensación económica, será el pactado en convenio colectivo o contrato individual. En ningún caso la duración será inferior a treinta días naturales[191].

2. El período o períodos de su disfrute se fijará de común acuerdo entre el empresario y el trabajador, de conformidad con lo establecido en su caso en los convenios colectivos sobre planificación anual de las vacaciones.

En caso de desacuerdo entre las partes, la jurisdicción social fijará la fecha que para el disfrute corresponda y su decisión será irrecurrible. El procedimiento será sumario y preferente[192].

3. El calendario de vacaciones se fijará en cada empresa. El trabajador conocerá las fechas que le correspondan dos meses antes, al menos, del comienzo del disfrute.

Cuando el período de vacaciones fijado en el calendario de vacaciones de la empresa al que se refiere el párrafo anterior coincida en el tiempo con una incapacidad temporal derivada del embarazo, el parto o la lactancia natural o con el período de suspensión del contrato de trabajo previsto en los apartados 4, 5 y 7 del artículo 48, se tendrá derecho a disfrutar las vacaciones en fecha distinta a la de la incapacidad temporal o a la del disfrute del permiso que por aplicación de dicho precepto le correspondiera, al finalizar el período de suspensión, aunque haya terminado el año natural a que corresponda.

En el supuesto de que el período de vacaciones coincida con una incapacidad temporal por contingencias distintas a las señaladas en el párrafo anterior que imposibilite al trabajador disfrutarlas, total o parcialmente, durante el año natural a que corresponden, el trabajador podrá hacerlo una vez finalice su incapacidad y siempre que no hayan transcurrido más de dieciocho meses a partir del final del año en que se hayan originado.

---

[191] V. art. 40.2 CE. El régimen jurídico de las vacaciones se completa con el Convenio OIT n.º 132, ratificado por España por Instrumento de 16 de junio de 1972 (*BOE* de 5 de julio de 1974), sobre vacaciones pagadas; Convenio OIT n.º 146, ratificado el 16 de febrero de 1979 (*BOE* de 20 de marzo de 1980), sobre vacaciones anuales pagadas (gentes de mar). V. también art. 58.3 ET; STC 192/2003, de 27 de octubre (*BOE* de 26 de noviembre), sobre el derecho a trabajar en otra empresa durante el período vacacional.

[192] V. arts. 2.º*a*), 125 y 126 de la Ley 36/2011, de 10 de octubre (*BOE* de 11 de octubre), Reguladora de la Jurisdicción Social.

CAPÍTULO III

MODIFICACIÓN, SUSPENSIÓN Y EXTINCIÓN DEL CONTRATO DE TRABAJO

SECCIÓN 1.ª

Movilidad funcional y geográfica

Art. 39. *Movilidad funcional.*—1. La movilidad funcional en la empresa se efectuará de acuerdo a las titulaciones académicas o profesionales precisas para ejercer la prestación laboral y con respeto a la dignidad del trabajador[193].

2. La movilidad funcional para la realización de funciones, tanto superiores como inferiores, no correspondientes al grupo profesional sólo será posible si existen, además, razones técnicas u organizativas que la justifiquen y por el tiempo imprescindible para su atención[194]. El empresario deberá comunicar su decisión y las razones de ésta a los representantes de los trabajadores.

En el caso de encomienda de funciones superiores a las del

---

[193] Art. 25.1, párr. 2.º, de la Ley 31/1995, de 8 de noviembre (*BOE* de 10 de noviembre), de Prevención de Riesgos Laborales: «Los trabajadores no serán empleados en aquellos puestos de trabajo en los que, a causa de sus características personales, estado biológico o por su discapacidad física, psíquica o sensorial debidamente reconocida, puedan ellos, los demás trabajadores u otras personas relacionadas con la empresa ponerse en situación de peligro o, en general, cuando se encuentren manifiestamente en estados o situaciones transitorias que no respondan a las exigencias psicofísicas de los respectivos puestos de trabajo.» V. SSTC 128/2002, de 3 de junio (*BOE* de 26 de junio), sobre vulneración del derecho a la tutela judicial efectiva por sentencia que no razona la inexistencia de represalia empresarial por movilidad funcional presuntamente decidida por ejercer acciones judiciales el trabajador afectado, y 114/2002, de 20 de mayo (*BOE* de 19 de junio), sobre vulneración de la libertad sindical de un representante sindical, funcionario público, por cambio de puesto de trabajo, no justificado por razones de organización del servicio.

[194] V. arts. 22 y 24 ET y art. 26 de la Ley 31/1995, de 8 de noviembre (*BOE* de 10 de noviembre), de Prevención de Riesgos Laborales, redactado conforme a la Ley 39/1999, de 5 de noviembre (*BOE* de 12 de noviembre), para promover la conciliación de la vida familiar y laboral de las personas trabajadoras, y conforme a la LO 3/2007, de 22 de marzo (*BOE* de 23 de marzo), para la igualdad efectiva de mujeres y hombres:

«*Art. 26. Protección de la maternidad.*—1. La evaluación de los riesgos a que se refiere el artículo 16 de la presente Ley deberá comprender la determinación de la naturaleza, el grado y la duración de la exposición de las trabajadoras en situación de embarazo o parto reciente a agentes, procedimientos o condiciones de trabajo que puedan influir negativamente en la salud de las trabajadoras o del feto, en cualquier actividad susceptible de presentar un riesgo específico. Si los resultados de la evaluación revelasen un riesgo para la seguridad y la salud o una posible repercusión sobre el embarazo o la lactancia de las citadas trabajadoras, el empresario adoptará las medidas necesarias para evitar la exposición a dicho riesgo, a través de una adaptación

grupo profesional por un período superior a seis meses durante un año u ocho durante dos años, el trabajador podrá reclamar el ascenso, si a ello no obsta lo dispuesto en convenio colectivo o, en todo caso, la cobertura de la vacante correspondiente a las funciones por él realizadas conforme a las reglas

---

de las condiciones o del tiempo de trabajo de la trabajadora afectada. Dichas medidas incluirán, cuando resulte necesario, la no realización de trabajo nocturno o de trabajo a turnos.

»2. Cuando la adaptación de las condiciones o del tiempo de trabajo no resultase posible o, a pesar de tal adaptación, las condiciones de un puesto de trabajo pudieran influir negativamente en la salud de la trabajadora embarazada o del feto, y así lo certifiquen los Servicios Médicos del Instituto Nacional de la Seguridad Social o de las Mutuas, con el informe del médico del Servicio Nacional de la Salud que asista facultativamente a la trabajadora, ésta deberá desempeñar un puesto de trabajo o función diferente y compatible con su estado. El empresario deberá determinar, previa consulta con los representantes de los trabajadores, la relación de los puestos de trabajo exentos de riesgos a estos efectos.

»El cambio de puesto o función se llevará a cabo de conformidad con las reglas y criterios que se apliquen en los supuestos de movilidad funcional y tendrá efectos hasta el momento en que el estado de salud de la trabajadora permita su reincorporación al anterior puesto.

»En el supuesto de que, aun aplicando las reglas señaladas en el párrafo anterior, no existiese puesto de trabajo o función compatible, la trabajadora podrá ser destinada a un puesto no correspondiente a su grupo o categoría equivalente, si bien conservará el derecho al conjunto de retribuciones de su puesto de origen.

»3. Si dicho cambio de puesto no resultara técnica u objetivamente posible, o no pueda razonablemente exigirse por motivos justificados, podrá declararse el paso de la trabajadora afectada a la situación de suspensión del contrato por riesgo durante el embarazo, contemplada en el artículo 45.1.*d*) el Estatuto de los Trabajadores, durante el período necesario para la protección de su seguridad o de su salud y mientras persista la imposibilidad de reincorporarse a su puesto anterior o a otro puesto compatible con su estado.

»4. Lo dispuesto en los números 1 y 2 de este artículo será también de aplicación durante el período de lactancia natural, si las condiciones de trabajo pudieran influir negativamente en la salud de la mujer o del hijo y así lo certifiquen los Servicios Médicos del Instituto Nacional de la Seguridad Social o de las Mutuas, en función de la Entidad con la que la empresa tenga concertada la cobertura de los riesgos profesionales, con el informe del médico del Servicio Nacional de Salud que asista facultativamente a la trabajadora o a su hijo. Podrá, asimismo, declararse el pase de la trabajadora afectada a la situación de suspensión del contrato por riesgo durante la lactancia natural de hijos menores de nueve meses contemplada en el artículo 45.1.*d*) del Estatuto de los Trabajadores, si se dan las circunstancias previstas en el número 3 de este artículo.

»5. Las trabajadoras embarazadas tendrán derecho a ausentarse del trabajo, con derecho a remuneración, para la realización de exámenes prenatales y técnicas de preparación al parto, previo aviso al empresario y justificación de la necesidad de su realización dentro de la jornada de trabajo.»

V. STC 87/1998, de 21 de abril (*BOE* de 20 de mayo), sobre lesión a la libertad sindical con motivo del ejercicio de la movilidad funcional empresarial.

en materia de ascensos aplicables en la empresa, sin perjuicio de reclamar la diferencia salarial correspondiente. Estas acciones serán acumulables. Contra la negativa de la empresa, y previo informe del comité o, en su caso, de los delegados de personal, el trabajador podrá reclamar ante la jurisdicción social[195]. Mediante la negociación colectiva se podrán establecer períodos distintos de los expresados en este artículo a efectos de reclamar la cobertura de vacantes.

3. El trabajador tendrá derecho a la retribución correspondiente a las funciones que efectivamente realice, salvo en los casos de encomienda de funciones inferiores, en los que mantendrá la retribución de origen. No cabrá invocar como causa de despido objetivo la ineptitud sobrevenida o la falta de adaptación en los supuestos de realización de funciones distintas de las habituales como consecuencia de la movilidad funcional[196].

4. El cambio de funciones distintas de las pactadas no incluido en los supuestos previstos en este artículo requerirá el acuerdo de las partes o, en su defecto, el sometimiento a las reglas previstas para las modificaciones sustanciales de condiciones de trabajo o a las que a tal fin se hubieran establecido en convenio colectivo[197].

Art. 40. *Movilidad geográfica.*—1. El traslado de trabajadores que no hayan sido contratados específicamente para prestar sus servicios en empresas con centros de trabajo móviles o itinerantes a un centro de trabajo distinto de la misma empresa que exija cambios de residencia requerirá la existencia de razones económicas, técnicas, organizativas o de producción que lo justifiquen. Se consideraran tales las que estén relacionadas con la competitividad, productividad u organización técnica o del trabajo en la empresa, así como las contrataciones referidas a la actividad empresarial.

La decisión de traslado deberá ser notificada por el empresario al trabajador, así como a

---

[195] V. art. 137 de la Ley 36/2011, de 10 de octubre (*BOE* de 11 de octubre), Reguladora de la Jurisdicción Social. V. STC 20/1993, de 18 de enero (*BOE* de 12 de febrero), sobre acumulabilidad de demanda judicial de clasificación profesional y diferencia retributiva.

[196] V. art. 52.*a*) y *b*) ET.

[197] V. arts. 41 y 85.1 ET; STC 105/1992, de 1 de julio (*BOE* de 24 de julio), sobre la imposibilidad de que el pacto individual sustituya al acuerdo de los representantes colectivos previsto en el art. 41 ET.

sus representantes legales, con una antelación mínima de treinta días a la fecha de su efectividad.

Notificada la decisión de traslado, el trabajador tendrá derecho a optar entre el traslado, percibiendo una compensación por gastos, o la extinción de su contrato, percibiendo una indemnización de veinte días de salario por año de servicio, prorrateándose por meses los períodos de tiempo inferiores a un año y con un máximo de doce mensualidades[198]. La compensación a que se refiere el primer supuesto comprenderá tanto los gastos propios como los de los familiares a su cargo, en los términos que se convengan entre las partes, y nunca será inferior a los límites mínimos establecidos en los convenios colectivos.

Sin perjuicio de la ejecutividad del traslado en el plazo de incorporación citado, el trabajador que, no habiendo optado por la extinción de su contrato, se muestre disconforme con la decisión empresarial podrá impugnarla ante la jurisdicción social. La sentencia declarará el traslado justificado o injustificado y, en este último caso, reconocerá el derecho del trabajador a ser reincorporado al centro de trabajo de origen[199].

Cuando, con objeto de eludir las previsiones contenidas en el apartado siguiente, la empresa realice traslados en períodos sucesivos de noventa días en número inferior a los umbrales allí señalados, sin que concurran causas nuevas que justifiquen tal actuación, dichos nuevos traslados se considerarán efectuados en fraude de ley y serán declarados nulos y sin efecto.

2. El traslado a que se refiere el apartado anterior deberá ir precedido de un período de consultas con los representantes legales de los trabajadores de una duración no superior a quince días, cuando afecte a la totalidad del centro de trabajo, siempre que éste ocupe a más de cinco trabajadores, o cuando, sin afectar a la totalidad del centro de trabajo, en un período de noventa días comprenda a un número de trabajadores de, al menos:

a) Diez trabajadores, en las empresas que ocupen menos de cien trabajadores.

---

[198] Para la suspensión de este derecho en caso de empresas en concurso, cfr. art. 184 RD Legislativo 1/2020, de 5 de mayo (*BOE* de 7 de mayo), por el que se aprueba el texto refundido de la Ley Concursal, transcrito en nota al art. 57.

[199] V. art. 138 de la Ley 36/2011, de 10 de octubre (*BOE* de 11 de octubre), Reguladora de la Jurisdicción Social. V. también art. 59.4 ET.

b) El 10 por 100 del número de trabajadores de la empresa en aquellas que ocupen entre cien y trescientos trabajadores.

c) Treinta trabajadores en las empresas que ocupen más de trescientos trabajadores.

Dicho período de consultas deberá versar sobre las causas motivadoras de la decisión empresarial y la posibilidad de evitar o reducir sus efectos, así como sobre las medidas necesarias para atenuar sus consecuencias para los trabajadores afectados. La consulta se llevará a cabo en una única comisión negociadora, si bien, de existir varios centros de trabajo, quedará circunscrita a los centros afectados por el procedimiento. La comisión negociadora estará integrada por un máximo de trece miembros en representación de cada una de las partes.

La intervención como interlocutores ante la dirección de la empresa en el procedimiento de consultas corresponderá a los sujetos indicados en el artículo 41.4, en el orden y condiciones señalados en el mismo.

La comisión representativa de los trabajadores deberá quedar constituida con carácter previo a la comunicación empresarial de inicio del procedimiento de consultas. A estos efectos, la dirección de la empresa deberá comunicar de manera fehaciente a los trabajadores o a sus representantes su intención de iniciar el procedimiento. El plazo máximo para la constitución de la comisión representativa será de siete días desde la fecha de la referida comunicación, salvo que alguno de los centros de trabajo que vaya a estar afectado por el procedimiento no cuente con representantes legales de los trabajadores, en cuyo caso el plazo será de quince días.

Transcurrido el plazo máximo para la constitución de la comisión representativa, la dirección de la empresa podrá comunicar el inicio del período de consultas a los representantes de los trabajadores. La falta de constitución de la comisión representativa no impedirá el inicio y transcurso del período de consultas, y su constitución con posterioridad al inicio del mismo no comportará, en ningún caso, la ampliación de su duración.

La apertura del período de consultas y las posiciones de las partes tras su conclusión deberán ser notificadas a la autoridad laboral para su conocimiento.

Durante el período de consultas, las partes deberán negociar de buena fe, con vistas a la consecución de un acuerdo. Dicho acuerdo requerirá la conformidad de la mayoría de los representantes legales de los trabajadores o, en su caso, de la mayoría de los miembros de la comisión representativa de los trabajadores siempre que, en ambos casos, representen a la mayoría de los trabajadores del centro o centros de trabajo afectados.

Tras la finalización del período de consultas el empresario notificará a los trabajadores su decisión sobre el traslado, que se regirá a todos los efectos por lo dispuesto en el apartado 1.

Contra las decisiones a que se refiere el presente apartado se podrá reclamar en conflicto colectivo, sin perjuicio de la acción individual prevista en el apartado 1. La interposición del conflicto paralizará la tramitación de las acciones individuales iniciadas, hasta su resolución[200].

El acuerdo con los representantes de los trabajadores en el período de consultas se entenderá sin perjuicio del derecho de los trabajadores afectados al ejercicio de la opción prevista en el párrafo tercero del apartado 1.

El empresario y la representación de los trabajadores podrán acordar en cualquier mo-mento la sustitución del período de consultas a que se refiere este apartado por la aplicación del procedimiento de mediación o arbitraje que sea de aplicación en el ámbito de la empresa, que deberá desarrollarse dentro del plazo máximo señalado para dicho período[201].

3. Si por traslado uno de los cónyuges cambia de residencia, el otro, si fuera trabajador de la misma empresa, tendrá derecho al traslado a la misma localidad, si hubiera puesto de trabajo.

4. Las personas trabajadoras que tengan la consideración de víctimas de violencia de género, de víctimas de violencia sexual o de víctimas del terrorismo que se vean obligadas a abandonar el puesto de trabajo en la localidad donde venían prestando sus servicios, para hacer efectiva su protección o su derecho a la asistencia social integral, tendrán derecho preferente a ocupar otro puesto de trabajo, del mismo grupo profesional o categoría equivalente, que la empresa tenga vacante en cualquier otro de sus centros de trabajo.

En tales supuestos, la empresa estará obligada a comunicar

[200] V. arts. 138 y 153 ss. de la Ley 36/2011, de 10 de octubre (*BOE* de 11 de octubre), Reguladora de la Jurisdicción Social, ambos conforme a la redacción dada por la Ley 3/2012, de 6 de julio (*BOE* de 7 de julio).
[201] V. art. 85.1 ET.

a las personas trabajadoras las vacantes existentes en dicho momento o las que se pudieran producir en el futuro.

El traslado o el cambio de centro de trabajo tendrá una duración inicial de seis meses, durante los cuales la empresa tendrá la obligación de reservar el puesto de trabajo que anteriormente ocupaban las personas trabajadoras.

Terminado este período, las personas trabajadoras podrán optar entre el regreso a su puesto de trabajo anterior o la continuidad en el nuevo. En este último caso, decaerá la mencionada obligación de reserva[202].

5. Para hacer efectivo su derecho de protección a la salud, los trabajadores con discapacidad que acrediten la necesidad de recibir fuera de su localidad un tratamiento de habilitación o rehabilitación médico-funcional o atención, tratamiento u orientación psicológica relacionado con su discapacidad, tendrán derecho preferente a ocupar otro puesto de trabajo, del mismo grupo profesional, que la empresa tuviera vacante en otro de sus centros de trabajo en una localidad en que sea más accesible dicho tratamiento, en los términos y condiciones establecidos en el apartado anterior para las trabajadoras víctimas de violencia de género o de violencia sexual y para las víctimas del terrorismo[203].

6. Por razones económicas, técnicas, organizativas o de producción, o bien por contrataciones referidas a la actividad empresarial, la empresa podrá efectuar desplazamientos temporales de sus trabajadores que exijan que éstos residan en población distinta de la de su domicilio habitual, abonando, además de los salarios, los gastos de viaje y las dietas.

El trabajador deberá ser informado del desplazamiento con una antelación suficiente a la fecha de su efectividad, que no podrá ser inferior a cinco días laborables en el caso de desplazamientos de duración superior a tres meses; en este último supuesto, el trabajador tendrá derecho a un permiso de cuatro días laborables en su domicilio de origen por cada tres meses de desplazamiento, sin computar como tales los de viaje, cuyos gastos correrán a cargo del empresario.

Contra la orden de desplazamiento, sin perjuicio de su eje-

---

[202] Apartado 4 conforme a la Ley Orgánica 2/2024, de 1 de agosto (*BOE* de 2 de agosto), de representación paritaria y presencia equilibrada de mujeres y hombres.

[203] Apartado 5 conforme a la Ley Orgánica 2/2024, de 1 de agosto (*BOE* de 2 de agosto), de representación paritaria y presencia equilibrada de mujeres y hombres.

cutividad, podrá recurrir el trabajador en los mismos términos previstos en el apartado 1 para los traslados.

Los desplazamientos cuya duración en un período de tres años exceda de doce meses tendrán, a todos los efectos, el tratamiento previsto en esta ley para los traslados[204].

7. Los representantes legales de los trabajadores tendrán prioridad de permanencia en los puestos de trabajo a que se refiere este artículo. Mediante convenio colectivo o acuerdo alcanzado durante el período de consultas se podrán establecer prioridades de permanencia a favor de trabajadores de otros colectivos, tales como trabajadores con cargas familiares, mayores de determinada edad o personas con discapacidad.

Art. 41. *Modificaciones sustanciales de condiciones de tra-*

bajo[205].—1. La dirección de la empresa podrá acordar modificaciones sustanciales de las condiciones de trabajo cuando existan probadas razones económicas, técnicas, organizativas o de producción. Se considerarán tales las que estén relacionadas con la competitividad, productividad u organización técnica o del trabajo en la empresa.

Tendrán la consideración de modificaciones sustanciales de las condiciones de trabajo, entre otras, las que afecten a las siguientes materias:

a) Jornada de trabajo[206].

b) Horario y distribución del tiempo de trabajo.

c) Régimen de trabajo a turnos.

d) Sistema de remuneración y cuantía salarial.

e) Sistema de trabajo y rendimiento.

f) Funciones, cuando excedan de los límites que para la

---

[204] V. Ley 45/1999, de 29 de noviembre (*BOE* de 30 de noviembre), sobre el desplazamiento de trabajadores en el marco de una prestación de servicios transnacional, modificada por el RD Legislativo 5/2000, de 4 de agosto (*BOE* de 8 de agosto), por la Ley 62/2003, de 30 de diciembre (*BOE* de 31 de diciembre), por el RD-Ley 9/2017, de 26 de mayo (*BOE* de 27 de mayo) y por el RD-Ley 7/2021, de 27 de abril (*BOE* de 28 de abril).

[205] El incumplimiento de los procedimientos previstos en el presente artículo es calificado como infracción grave por el art. 7.°6 LISOS [RD Legislativo 5/2000, de 4 de agosto (*BOE* de 8 de agosto)]. V. art. 6 Directiva 2019/1152, de 20 de junio de 2019 (*DOUE* de 11 de julio), relativa a unas condiciones laborales transparentes y previsibles en la Unión Europea.

[206] Para la modificación en el trabajo a tiempo parcial, v. art. 12.4.*e*) ET; para la reducción temporal de jornada, v. art. 47 ET. Ídem para las situaciones de concurso de acreedores, conforme a los arts. 169 ss. RD Legislativo 1/2020, de 5 de mayo (*BOE* de 7 de mayo), por el que se aprueba el texto refundido de la Ley Concursal, preceptos transcritos en nota al art. 57.

movilidad funcional prevé el artículo 39.

2. Las modificaciones sustanciales de las condiciones de trabajo podrán afectar a las condiciones reconocidas a los trabajadores en el contrato de trabajo, en acuerdos o pactos colectivos o disfrutadas por éstos en virtud de una decisión unilateral del empresario de efectos colectivos[207].

Se considera de carácter colectivo la modificación que, en un período de noventa días, afecte al menos a:

a) Diez trabajadores, en las empresas que ocupen menos de cien trabajadores.

b) El 10 por 100 del número de trabajadores de la empresa en aquellas que ocupen entre cien y trescientos trabajadores.

c) Treinta trabajadores, en las empresas que ocupen más de trescientos trabajadores.

Se considera de carácter individual la modificación que, en el período de referencia establecido, no alcance los umbrales señalados para las modificaciones colectivas.

3. La decisión de modificación sustancial de condiciones de trabajo de carácter individual deberá ser notificada por el empresario al trabajador afectado y a sus representantes legales con una antelación mínima de quince días a la fecha de su efectividad.

En los supuestos previstos en las letras a), b), c), d) y f) del apartado 1, si el trabajador resultase perjudicado por la modificación sustancial tendrá derecho a rescindir su contrato y percibir una indemnización de veinte días de salario por año de servicio prorrateándose por meses los períodos inferiores a un año y con un máximo de nueve meses[208].

Sin perjuicio de la ejecutividad de la modificación en el plazo de efectividad anteriormente citado, el trabajador que, no habiendo optado por la rescisión de su contrato, se muestre disconforme con la decisión empresarial podrá impugnarla ante la jurisdicción social. La sentencia declarará la modificación justificada o injustificada y, en este último caso, reconocerá el derecho del trabajador a ser repuesto en sus anteriores condiciones[209].

---

[207] STC 8/2015, de 22 de enero (*BOE* de 24 de febrero), sobre la constitucionalidad de la modificación a través de este precepto de los convenios colectivos extraestatutarios por decisión unilateral del empleador.

[208] Para la suspensión de este derecho en caso de empresas en concurso, cfr. art. 184 RD Legislativo 1/2020, de 5 de mayo (*BOE* de 7 de mayo), por el que se aprueba el texto refundido de la Ley Concursal, precepto transcrito en nota al art. 57.

[209] V. art. 138 de la Ley 36/2011, de 10 de octubre (*BOE* de 11 de octubre), Reguladora de la Jurisdicción Social, en la redacción dada por la Ley 3/2012, de 6 de julio

Cuando con objeto de eludir las previsiones contenidas en el apartado siguiente, la empresa realice modificaciones sustanciales de las condiciones de trabajo en períodos sucesivos de noventa días en número inferior a los umbrales que establece el apartado 2 para las modificaciones colectivas, sin que concurran causas nuevas que justifiquen tal actuación, dichas nuevas modificaciones se considerarán efectuadas en fraude de ley y serán declaradas nulas y sin efecto.

4. Sin perjuicio de los procedimientos específicos que puedan establecerse en la negociación colectiva, la decisión de modificación sustancial de condiciones de trabajo de carácter colectivo deberá ir precedida de un período de consultas con los representantes legales de los trabajadores, de duración no superior a quince días, que versará sobre las causas motivadoras de la decisión empresarial y la posibilidad de evitar o reducir sus efectos, así como sobre las medidas necesarias para atenuar sus consecuencias para los trabajadores afectados. La consulta se llevará a cabo en una única comisión negociadora, si bien, de existir varios centros de trabajo, quedará circunscrita a los centros afectados por el procedimiento. La comisión negociadora estará integrada por un máximo de trece miembros en representación de cada una de las partes.

La intervención como interlocutores ante la dirección de la empresa en el procedimiento de consultas corresponderá a las secciones sindicales cuando éstas así lo acuerden, siempre que tengan la representación mayoritaria en los comités de empresa o entre los delegados de personal de los centros de trabajo afectados, en cuyo caso representarán a todos los trabajadores de los centros afectados.

En defecto de lo previsto en el párrafo anterior, la intervención como interlocutores se regirá por las siguientes reglas:

a) Si el procedimiento afecta a un único centro de trabajo, corresponderá al comité de empresa o a los delegados de personal. En el supuesto de que en el centro de trabajo no exista representación legal de los trabajadores, éstos podrán optar por atribuir su representación para la negociación del acuerdo, a su elección, a una comisión de un máximo de tres miembros integrada por trabajadores de la propia empresa y elegida por és-

---

(*BOE* de 7 de julio); STC 87/1996, de 21 de mayo (*BOE* de 21 de junio), sobre ejecución provisional de la sentencia de instancia.

tos democráticamente o a una comisión de igual número de componentes designados, según su representatividad, por los sindicatos más representativos y representativos del sector al que pertenezca la empresa y que estuvieran legitimados para formar parte de la comisión negociadora del convenio colectivo de aplicación a la misma.

En el supuesto de que la negociación se realice con la comisión cuyos miembros sean designados por los sindicatos, el empresario podrá atribuir su representación a las organizaciones empresariales en las que estuviera integrado, pudiendo ser las mismas más representativas a nivel autonómico, y con independencia de que la organización en la que esté integrado tenga carácter intersectorial o sectorial.

b) Si el procedimiento afecta a más de un centro de trabajo, la intervención como interlocutores corresponderá:

En primer lugar, al comité intercentros, siempre que tenga atribuida esa función en el convenio colectivo en que se hubiera acordado su creación.

En otro caso, a una comisión representativa que se constituirá de acuerdo con las siguientes reglas:

1.ª Si todos los centros de trabajo afectados por el procedimiento cuentan con represen-

tantes legales de los trabajadores, la comisión estará integrada por éstos.

2.ª Si alguno de los centros de trabajo afectados cuenta con representantes legales de los trabajadores y otros no, la comisión estará integrada únicamente por representantes legales de los trabajadores de los centros que cuenten con dichos representantes. Y ello salvo que los trabajadores de los centros que no cuenten con representantes legales opten por designar la comisión a que se refiere la letra a), en cuyo caso la comisión representativa estará integrada conjuntamente por representantes legales de los trabajadores y por miembros de las comisiones previstas en dicho párrafo, en proporción al número de trabajadores que representen.

En el supuesto de que uno o varios centros de trabajo afectados por el procedimiento que no cuenten con representantes legales de los trabajadores opten por no designar la comisión de la letra a), se asignará su representación a los representantes legales de los trabajadores de los centros de trabajo afectados que cuenten con ellos, en proporción al número de trabajadores que representen.

3.ª Si ninguno de los centros de trabajo afectados por el procedimiento cuenta con representantes legales de los trabajadores, la comisión representativa estará integrada por quienes sean elegidos por y entre los miembros de las comisiones designadas en los centros de trabajo afectados conforme a lo dispuesto en la letra *a*), en proporción al número de trabajadores que representen.

En todos los supuestos contemplados en este apartado, si como resultado de la aplicación de las reglas indicadas anteriormente el número inicial de representantes fuese superior a trece, éstos elegirán por y entre ellos a un máximo de trece, en proporción al número de trabajadores que representen.

La comisión representativa de los trabajadores deberá quedar constituida con carácter previo a la comunicación empresarial de inicio del procedimiento de consultas. A estos efectos, la dirección de la empresa deberá comunicar de manera fehaciente a los trabajadores o a sus representantes su intención de iniciar el procedimiento de modificación sustancial de condiciones de trabajo. El plazo máximo para la constitución de la comisión representativa será de siete días desde la fecha de la referida comunicación, salvo que alguno de los centros de trabajo que vaya a estar afectado por el procedimiento no cuente con representantes legales de los trabajadores, en cuyo caso el plazo será de quince días.

Transcurrido el plazo máximo para la constitución de la comisión representativa, la dirección de la empresa podrá comunicar el inicio del período de consultas a los representantes de los trabajadores. La falta de constitución de la comisión representativa no impedirá el inicio y transcurso del período de consultas, y su constitución con posterioridad al inicio del mismo no comportará, en ningún caso, la ampliación de su duración.

Durante el período de consultas, las partes deberán negociar de buena fe, con vistas a la consecución de un acuerdo. Dicho acuerdo requerirá la conformidad de la mayoría de los representantes legales de los trabajadores o, en su caso, de la mayoría de los miembros de la comisión representativa de los trabajadores siempre que, en ambos casos, representen a la mayoría de los trabajadores del centro o centros de trabajo afectados.

El empresario y la representación de los trabajadores podrán acordar en cualquier momento la sustitución del período de consultas por el procedimiento de mediación o arbitraje que sea de aplicación en el ámbito de la empresa, que deberá desarrollarse dentro del plazo máximo señalado para dicho período.

Cuando el período de consultas finalice con acuerdo se presumirá que concurren las causas justificativas a que alude el apartado 1 y sólo podrá ser impugnado ante la jurisdicción social por la existencia de fraude, dolo, coacción o abuso de derecho en su conclusión. Ello sin perjuicio del derecho de los trabajadores afectados a ejercitar la opción prevista en el párrafo segundo del apartado 3[210].

5. La decisión sobre la modificación colectiva de las condiciones de trabajo será notificada por el empresario a los trabajadores una vez finalizado el período de consultas sin acuerdo y surtirá efectos en el plazo de los siete días siguientes a su notificación.

Contra las decisiones a que se refiere el presente apartado se podrá reclamar en conflicto colectivo, sin perjuicio de la acción individual prevista en el apartado 3. La interposición del conflicto paralizará la tramitación de las acciones individuales iniciadas hasta su resolución[211].

6. La modificación de las condiciones de trabajo establecidas en los convenios colectivos regulados en el título III deberá realizarse conforme a lo establecido en el artículo 82.3.

7. En materia de traslados se estará a lo dispuesto en las normas específicas establecidas en el artículo 40.

SECCIÓN 2.ª

Garantías por cambio de empresario

Art. 42. *Subcontratación de obras y servicios*[212].—1. Las empresas que contraten o subcontraten con otras la realización de obras o servicios corres-

---

[210] Ver art. 85.1 ET.

[211] V. arts. 138 y 153 ss. de la Ley 36/2011, de 10 de octubre (*BOE* de 11 de octubre), Reguladora de la Jurisdicción Social —ambos en la redacción dada por la Ley 3/2012, de 6 de julio (*BOE* de 7 de julio)— y 59.4 ET.

[212] Artículo redactado conforme al RDL 32/2021, de 28 de diciembre (*BOE* de 30 de diciembre), de medidas para la reforma laboral, la garantía de la estabilidad en el empleo y la transformación del mercado de trabajo. V. Ley 32/2006, de 18 de octubre (*BOE* de 19 de octubre), reguladora de la subcontratación en el sector de la construcción, modificada por la Ley 25/2009, de 22 de diciembre (*BOE* de 23 de diciembre) y por el RDL 32/2021 antes citado, y desarrollada por el RD 1.109/2007, de 24 de agosto (*BOE* de 25 de agosto), modificado por RD 327/2009, de 13 de marzo (*BOE* de 14 de marzo). V. art. 1.º4 del RD 290/2004, de 20 de febrero (*BOE* de 21 de febrero), por el que se regulan los enclaves laborales como medida de fomento del empleo de las personas con discapacidad.

pondientes a la propia actividad de aquellas deberán comprobar que dichas contratistas están al corriente en el pago de las cuotas de la Seguridad Social. Al efecto, recabarán por escrito, con identificación de la empresa afectada, certificación negativa por descubiertos en la Tesorería General de la Seguridad Social, que deberá librar inexcusablemente dicha certificación en el término de treinta días improrrogables y en los términos que reglamentariamente se establezcan. Transcurrido este plazo, quedará exonerada de responsabilidad la empresa solicitante[213].

2. La empresa principal, salvo el transcurso del plazo antes señalado respecto a la Seguridad Social, y durante los tres años siguientes a la terminación de su encargo, responderá soli-

dariamente de las obligaciones referidas a la Seguridad Social contraídas por los contratistas y subcontratistas durante el período de vigencia de la contrata.

De las obligaciones de naturaleza salarial contraídas por las contratistas y subcontratistas con las personas trabajadoras a su servicio responderá solidariamente durante el año siguiente a la finalización del encargo.

No habrá responsabilidad por los actos de la contratista cuando la actividad contratada se refiera exclusivamente a la construcción o reparación que pueda contratar una persona respecto de su vivienda, así como cuando el propietario o propietaria de la obra o industria no contrate su realización por razón de una actividad empresarial[214].

---

[213] Para la extensión de esta obligación y correspondiente responsabilidad a las contratas «que se presten de forma continuada en sus centros de trabajo», v. arts. 16.5, 142.1 y 168.1 de la Ley General de la Seguridad Social, texto refundido aprobado por RDL 8/2015, de 30 de octubre (*BOE* de 31 de octubre). La responsabilidad administrativa en el art. 22.12 LISOS (RD Legislativo 5/2000, de 4 de agosto, *BOE* de 8 de agosto, conforme a la redacción dada por el anterior RDL 5/2011).

[214] En los pliegos de cláusulas administrativas particulares se tiene que incluir «la obligación del adjudicatario de cumplir las condiciones salariales de los trabajadores conforme al Convenio Colectivo sectorial de aplicación» (art. 122.2 de la Ley 9/2017, de 8 de noviembre, *BOE* de 9 de noviembre, de contratos del sector público, por la que se transponen al ordenamiento jurídico español las Directivas del Parlamento Europeo y del Consejo 2014/23/UE y 2014/24/UE, de 26 de febrero de 2014). La responsabilidad en materia de seguridad y salud laborales viene establecida por el art. 42.3 LISOS (RD Legislativo 5/2000, de 4 de agosto, *BOE* de 8 de agosto), modificado por la Ley 54/2003, de 12 de diciembre (*BOE* de 13 de diciembre):

«3. La empresa principal responderá solidariamente con los contratistas y subcontratistas a que se refiere el apartado 3 del artículo 24 de la Ley de Prevención de Riesgos Laborales del cumplimiento, durante el período de la contrata, de las obligaciones impuestas por dicha Ley en relación con los trabajadores que aquéllos ocupen en los centros de trabajo de la empresa principal, siempre que la infracción se haya producido en el centro de trabajo de dicho empresario principal.

»En las relaciones de trabajo mediante empresas de trabajo temporal, y sin perjuicio de las responsabilidades propias de éstas, la empresa usuaria será responsable de las condiciones de ejecución del trabajo en todo lo relacionado con la protección de la seguridad y la salud de los trabajadores, así como del recargo de prestaciones económicas del sistema de Seguridad Social que puedan fijarse, en caso de accidente de trabajo o enfermedad profesional que tenga lugar en su centro de trabajo durante el tiempo de vigencia del contrato de puesta a disposición y traigan su causa de falta de medidas de seguridad e higiene.

»Los pactos que tengan por objeto la elusión, en fraude de ley, de las responsabilidades establecidas en este apartado son nulos y no producirán efecto alguno.»

Art. 24 de la Ley 31/1995, de 8 de noviembre (*BOE* de 10 de noviembre), de Prevención de Riesgos Laborales, modificado por la Ley 29/1999, de 16 de julio (*BOE* de 17 de julio), y por la Ley 54/2003, de 12 de diciembre (*BOE* de 13 de diciembre):

«*Art. 24.*   *Coordinación de actividades empresariales.*—1.   Cuando en un mismo centro de trabajo desarrollen actividades trabajadores de dos o más empresas, éstas deberán cooperar en la aplicación de la normativa sobre prevención de riesgos laborales. A tal fin, establecerán los medios de coordinación que sean necesarios en cuanto a la protección y prevención de riesgos laborales y la información sobre los mismos a sus respectivos trabajadores, en los términos previstos en el apartado 1 del artículo 18 de esta Ley.

»2.   El empresario titular del centro de trabajo adoptará las medidas necesarias para que aquellos otros empresarios que desarrollen actividades en su centro de trabajo reciban la información y las instrucciones adecuadas, en relación con los riesgos existentes en el centro de trabajo y con las medidas de protección y prevención correspondientes, así como sobre las medidas de emergencia a aplicar, para su traslado a sus respectivos trabajadores.

»3.   Las empresas que contraten o subcontraten con otras la realización de obras o servicios correspondientes a la propia actividad de aquéllas y que se desarrollen en sus propios centros de trabajo deberán vigilar el cumplimiento por dichos contratistas y subcontratistas de la normativa de prevención de riesgos laborales.

»4.   Las obligaciones consignadas en el último párrafo del apartado 1 del artículo 41 de esta ley serán también de aplicación, respecto de las operaciones contratadas, en los supuestos en que los trabajadores de la empresa contratista o subcontratista no presten servicios en los centros de trabajo de la empresa principal, siempre que tales trabajadores deban operar con maquinaria, equipos, productos, materias primas o útiles proporcionados por la empresa principal.

»5.   Los deberes de cooperación y de información e instrucción recogidos en los apartados 1 y 2 serán de aplicación respecto de los trabajadores autónomos que desarrollen actividades en dichos centros de trabajo.

»6.   Las obligaciones previstas en este artículo serán desarrolladas reglamentariamente.»

Art. 23.2, párrafo 3.º, LISOS (RD Legislativo 5/2000, de 4 de agosto, *BOE* de 8 de agosto): «Los empresarios que contraten o subcontraten la realización de obras o servicios, correspondientes a la propia actividad, responderán solidariamente de las infracciones a que se refiere el apartado 1 anterior, cometidos por el empresario contratista o subcontratista durante todo el período de vigencia de la contrata.» El n.º 1 citado califica como infracción muy grave «dar ocupación como trabajadores a beneficiarios o solicitantes de pensiones u otras prestaciones periódicas de la Seguridad

3. Las personas trabajadoras de la contratista o subcontratista deberán ser informadas por escrito por su empresa de la identidad de la empresa principal para la cual estén prestando servicios en cada momento. Dicha información deberá facilitarse antes del inicio de la respectiva prestación de servicios e incluirá el nombre o razón social de la empresa principal, su domicilio social y su número de identificación fiscal. Asimismo, la contratista o subcontratista deberán informar de la identidad de la empresa principal a la Tesorería General de la Seguridad Social en los términos que reglamentariamente se determinen[215].

4. Sin perjuicio de la información sobre previsiones en materia de subcontratación a la que se refiere el artículo 64, cuando la empresa concierte un contrato de prestación de obras o servicios con una empresa contratista o subcontratista, deberá informar a la representación legal de las personas trabajadoras sobre los siguientes extremos:

a) Nombre o razón social, domicilio y número de identificación fiscal de la empresa contratista o subcontratista.

b) Objeto y duración de la contrata.

c) Lugar de ejecución de la contrata.

d) En su caso, número de personas trabajadoras que serán ocupadas por la contrata o subcontrata en el centro de trabajo de la empresa principal.

e) Medidas previstas para la coordinación de actividades desde el punto de vista de la prevención de riesgos laborales.

Cuando las empresas principal, contratista o subcontratista compartan de forma continuada un mismo centro de trabajo, la

---

Social, cuyo disfrute sea incompatible con el trabajo por cuenta ajena, cuando no se les haya dado de alta en la Seguridad Social con carácter previo al inicio de la actividad.» V. RD 171/2004, de 30 de enero (*BOE* de 31 de enero), por el que se desarrolla la Ley de Prevención de Riesgos Laborales en materia de coordinación de actividades empresariales.

Cfr. también los arts. 164 y 168.1 de la Ley General de la Seguridad Social, texto refundido aprobado por RDL 8/2015, de 30 de octubre (*BOE* de 31 de octubre); STC 81/1995, de 5 de junio (*BOE* de 8 de julio), relativa a la responsabilidad solidaria por el recargo de prestaciones económicas de Seguridad Social con ocasión de incumplimientos en materia de seguridad en el trabajo. Para la responsabilidad en materia tributaria por repercusión o retenciones a los trabajadores, art. 43.1.*f)* de la Ley 58/2003, de 17 de diciembre (*BOE* de 18 de diciembre), General Tributaria.

[215] Se califica como infracción administrativa grave la ausencia de cumplimiento de este deber de información [art. 7.º11 LISOS, en la redacción dada por el art. 14 de la Ley 12/2001, de 9 de julio (*BOE* de 10 de julio)].

primera deberá disponer de un libro registro en el que se refleje la información anterior respecto de todas las empresas citadas. Dicho libro estará a disposición de la representación legal de las personas trabajadoras[216].

5. La empresa contratista o subcontratista deberá informar igualmente a la representación legal de las personas trabajadoras, antes del inicio de la ejecución de la contrata, sobre los mismos extremos a que se refieren el apartado 3 y las letras *b*) a *e*) del apartado 4.

6. El convenio colectivo de aplicación para las empresas contratistas y subcontratistas será el del sector de la actividad desarrollada en la contrata o subcontrata, con independencia de su objeto social o forma jurídica, salvo que exista otro convenio sectorial aplicable conforme a lo dispuesto en el título III.

No obstante, cuando la empresa contratista o subcontratista cuente con un convenio propio, se aplicará este, en los términos que resulten del artículo 84[217].

7. Las personas trabajadoras de las empresas contratistas y subcontratistas, cuando no tengan representación legal, tendrán derecho a formular a la representación legal de personas trabajadoras de la empresa principal cuestiones relativas a las condiciones de ejecución de la actividad laboral, mientras compartan centro de trabajo y carezcan de representación.

Lo dispuesto en el párrafo anterior no será de aplicación a las reclamaciones de la persona trabajadora respecto de la empresa de la que depende.

8. La representación legal de las personas trabajadoras de la empresa principal y de las empresas contratistas y subcontratistas, cuando compartan de forma continuada centro de trabajo, podrán reunirse a efectos de coordinación entre ellos y en relación con las condiciones de ejecución de la actividad laboral en los términos previstos en el artículo 81.

La capacidad de representación y ámbito de actuación de la representación de las personas trabajadoras, así como su crédito horario, vendrán determinados por la legislación vi-

---

[216] Se tipifica como infracción grave «no disponer la empresa principal del libro de registro de las empresas contratistas o subcontratistas que compartan de forma continuada un mismo centro de trabajo a que se refiere el art. 42.4 del Estatuto de los Trabajadores, cuando ello comporte la ausencia de información a los representantes legales de los trabajadores» (art. 7.12 LISOS, conforme a la redacción del art. 14 Ley 43/2006, de 29 de diciembre, *BOE* de 30 de diciembre).

[217] Sobre la inaplicación de este apartado a las contratas suscritas con centros especiales de empleo, v. disp. adic. 27.ª ET.

gente y, en su caso, por los convenios colectivos de aplicación.

Art. 43. *Cesión de trabajadores*[218].—1. La contrata-

---

[218] Las empresas de trabajo temporal reguladas por la Ley 14/1994, de 1 de junio (*BOE* de 2 de junio), modificada por las disposiciones que se indican al final de la presente nota:

«Capítulo I. *Empresas de trabajo temporal.*

»*Art. 1.º Concepto.*—Se denomina empresa de trabajo temporal a aquella cuya actividad fundamental consiste en poner a disposición de otra empresa usuaria, con carácter temporal, trabajadores por ella contratados. La contratación de trabajadores para cederlos temporalmente a otra empresa sólo podrá efectuarse a través de empresas de trabajo temporal debidamente autorizadas en los términos previstos en esta ley.

»Las empresas de trabajo temporal podrán, además, actuar como agencias de colocación cuando cumplan los requisitos establecidos en la Ley 56/2003, de 16 de diciembre, de Empleo, y su normativa de desarrollo. Asimismo, podrán desarrollar actividades de formación para la cualificación profesional conforme a la normativa específica de aplicación, así como de asesoramiento y consultoría de recursos humanos.

»En su relación tanto con los trabajadores como con las empresas clientes las empresas de trabajo temporal deberán informar expresamente y en cada caso si su actuación lo es en la condición de empresa de trabajo temporal o en el ejercicio de cualquier otra de las actividades permitidas.

»Los centros portuarios de empleo que puedan crearse al amparo de lo establecido en el Real Decreto-Ley 8/2017, de 12 de mayo, operarán como empresas de trabajo temporal específicas del sector de la estiba portuaria, con las particularidades previstas en el capítulo V de esta ley y en su reglamento de desarrollo.

»*Art. 2.º Autorización administrativa.*—1. Las personas físicas o jurídicas que pretendan realizar la actividad constitutiva de empresa de trabajo temporal deberán obtener autorización administrativa previa.

»La autorización será única, tendrá eficacia en todo el territorio nacional y se concederá sin límite de duración.

»2. Para obtener la autorización, la empresa deberá justificar ante el órgano administrativo competente el cumplimiento de los requisitos siguientes:

»*a)* Disponer de una estructura organizativa que le permita cumplir las obligaciones que asume como empleador en relación con el objeto social.

»*b)* Dedicarse exclusivamente a la actividad constitutiva de empresa de trabajo temporal, sin perjuicio de lo establecido en el artículo 1.

»*c)* Encontrarse al corriente en el cumplimiento de sus obligaciones tributarias y con la Seguridad Social.

»*d)* Garantizar, en los términos previstos en el artículo siguiente, el cumplimiento de las obligaciones salariales, indemnizatorias y con la Seguridad Social.

»*e)* No haber sido sancionada con suspensión de actividad en dos o más ocasiones.

»*f)* Incluir en su denominación los términos "empresa de trabajo temporal" o su abreviatura "ETT".

»3. A efectos de apreciar el cumplimiento del requisito relativo a la estructura organizativa, se valorará la adecuación y suficiencia de los elementos de la empresa para desarrollar la actividad planteada como objeto de la misma, particularmente en lo que se refiere a la selección de los trabajadores, su formación y las restantes obligaciones laborales. Para esta valoración se tendrán en cuenta factores tales como la dimensión y equipamiento de los centros de trabajo; el número, dedicación, cualificación profesional y estabilidad en el empleo de los trabajadores contratados para prestar servicios bajo la dirección de la empresa de trabajo temporal; y el sistema organizativo y los procesos tecnológicos utilizados para la selección y formación de los trabajadores contratados para su puesta a disposición en empresas usuarias.

»La empresa de trabajo temporal deberá contar con un número mínimo de doce trabajadores, o el que corresponda proporcionalmente, contratados para prestar servicios bajo su dirección con contratos de duración indefinida, a tiempo completo o parcial, por cada mil trabajadores contratados en el año inmediatamente anterior, computados teniendo en cuenta el número de días totales de puesta a disposición del conjunto de los trabajadores cedidos, dividido por trescientos sesenta y cinco; o, cuando el número de trabajadores cedidos, computados conforme a la regla anterior, fuera superior a cinco mil, al menos sesenta trabajadores.

»Este requisito mínimo deberá mantenerse durante todo el tiempo de actividad de la empresa de trabajo temporal, adaptándolo anualmente a la evolución del número de contratos gestionados.

Sin perjuicio de lo indicado en los párrafos anteriores, para poder iniciar su actividad de puesta a disposición de trabajadores, la empresa deberá contar al menos con tres trabajadores con contrato de duración indefinida, a tiempo completo o parcial, mínimo que deberá mantenerse durante todo el tiempo de actividad.

»4. [...]

»5. La solicitud de autorización presentada conforme a lo previsto en este artículo se resolverá en el plazo de un mes desde su presentación.

»Transcurrido dicho plazo sin que haya recaído resolución expresa, la solicitud se entenderá estimada.

»6. La autorización expirará cuando se deje de realizar la actividad durante un año ininterrumpido.

»7. La empresa de trabajo temporal estará obligada a mantener una estructura organizativa que responda a la actividad efectivamente desarrollada así como a actualizar anualmente la garantía financiera.

»Si, como consecuencia de la vigilancia del cumplimiento de la normativa laboral, la autoridad laboral que concedió la autorización apreciase el incumplimiento de alguna de estas obligaciones, procederá a iniciar de oficio el oportuno procedimiento de extinción de la autorización.

»La apertura de este procedimiento se notificará a la empresa de trabajo temporal, a fin de que pueda efectuar las alegaciones que considere oportunas, recabándose informe preceptivo y no vinculante de la Inspección de Trabajo y Seguridad Social e informe de los representantes de los trabajadores de la empresa de trabajo temporal.

»Si en el expediente quedase acreditado el incumplimiento, la resolución declarará la extinción de la autorización, especificando las carencias o deficiencias que la justifican. La reanudación de la actividad de la empresa requerirá una nueva autorización.

»*Art. 3.º Garantía financiera.*—1. Las empresas de trabajo temporal deberán constituir una garantía, a disposición de la autoridad laboral que conceda la autorización administrativa, que podrá consistir en:

»*a*) Depósito en dinero efectivo o en valores públicos en la Caja General de Depósitos o en sus sucursales.

»*b*) Aval o fianza de carácter solidario prestado por un Banco, Caja de Ahorros, Cooperativa de Crédito, Sociedad de Garantía Recíproca o mediante póliza de seguros contratada al efecto.

»2. Para obtener la autorización y durante el primer año de ejercicio, la garantía debe alcanzar un importe igual a veinticinco veces el salario mínimo interprofesional vigente en ese momento, en cómputo anual.

»En los ejercicios subsiguientes, esta garantía deberá alcanzar un importe igual al 10 por 100 de la masa salarial del ejercicio económico inmediato anterior, sin que en ningún caso dicho importe pueda ser inferior al indicado en el párrafo anterior tomando en consideración la cuantía del salario mínimo interprofesional vigente en cada momento.

»3. Mientras desarrolle su actividad, la empresa deberá actualizar anualmente la garantía financiera en los términos previstos en el apartado anterior.

»4 La garantía constituida responderá, en la forma prevista reglamentariamente, de las deudas por indemnizaciones, salariales y de Seguridad Social.

»5. La garantía constituida será devuelta cuando la empresa de trabajo temporal haya cesado en su actividad y no tenga obligaciones indemnizatorias, salariales o de Seguridad Social pendientes, extremos que deberán acreditarse ante la autoridad laboral competente.

»*Art. 4.º Registro.*—1. La autoridad laboral que, de conformidad con lo establecido en el artículo 2 de esta ley, conceda la autorización administrativa llevará un Registro de las Empresas de Trabajo Temporal, en el que se inscribirán las empresas autorizadas, haciendo constar los datos relativos a la identificación de la empresa, nombre de quienes ostenten cargos de dirección o sean miembros de los órganos de administración de las empresas que revistan la forma jurídica de sociedad, domicilio y número de autorización administrativa, así como si la empresa de trabajo temporal actúa también como agencia de colocación.

»Asimismo será objeto de inscripción la suspensión de actividades que se acuerde por la autoridad laboral conforme a lo previsto en esta ley así como el cese en la condición de empresa de trabajo temporal.

»2. Reglamentariamente se determinarán los datos que obren en los Registros de las autoridades competentes que deban incorporarse a una base de datos cuya gestión, en soporte electrónico, corresponderá a la Dirección General de Empleo del Ministerio de Empleo y Seguridad Social.

»3. La empresa de trabajo temporal deberá hacer constar su identificación como tal empresa y el número de autorización administrativa y autoridad que la ha concedido en la publicidad y ofertas de empleo que efectúe.»

»*Art. 5.º Obligaciones de información a la autoridad laboral.*—1. La empresa de trabajo temporal deberá remitir a la autoridad laboral que haya concedido la autorización administrativa una relación de los contratos de puesta a disposición celebrados, así como los datos relativos a la masa salarial del ejercicio económico inmediato anterior, todo ello en los términos que reglamentariamente se establezcan.

»La relación de contratos de puesta a disposición será remitida por la autoridad laboral a los órganos de participación institucional a los que se refiere el artículo 8.3.*b*) del texto refundido de la Ley del Estatuto de los Trabajadores, aprobado por el Real Decreto Legislativo 1/1995, de 24 de marzo, resultando igualmente de aplicación lo dispuesto en el mismo en materia de sigilo profesional.

»2. Igualmente, la empresa de trabajo temporal deberá informar a dicha autoridad laboral sobre todo cambio de titularidad, apertura y cierre de centros de trabajo y cese de la actividad.

»3. La autoridad laboral que reciba cualquiera de las informaciones referidas en el apartado anterior deberá a su vez comunicarla a la autoridad laboral de las Comunidades Autónomas afectadas, así como, en su caso, a la Dirección General de Empleo del Ministerio de Empleo y Seguridad Social.

»A efectos de transmitir la información, las autoridades laborales podrán utilizar la base de datos a que se refiere el artículo 4.2.

»Capítulo II. *Contrato de puesta a disposición.*

»*Art. 6.º Supuestos de utilización.*—1. El contrato de puesta a disposición es el celebrado entre la empresa de trabajo temporal y la empresa usuaria teniendo por objeto la cesión del trabajador para prestar servicios en la empresa usuaria, a cuyo poder de dirección quedará sometido aquél.

»2. Podrán celebrarse contratos de puesta a disposición entre una empresa de trabajo temporal y una empresa usuaria en los mismos supuestos y bajo las mismas condiciones y requisitos en que la empresa usuaria podría celebrar un contrato de duración determinada conforme a lo dispuesto en el artículo 15 del Estatuto de los Trabajadores.

Asimismo, podrán celebrarse contratos de puesta a disposición entre una empresa de trabajo temporal y una empresa usuaria en los mismos supuestos y bajo las mismas condiciones y requisitos en que la empresa usuaria podría celebrar un contrato de trabajo en prácticas o un contrato para la formación y el aprendizaje conforme a lo dispuesto en el artículo 11 del Estatuto de los Trabajadores.

»3. El contrato de puesta a disposición se formalizará por escrito en los términos que reglamentariamente se establezcan.

»*Art. 7.º Duración.*—1. En materia de duración del contrato de puesta a disposición, se estará a lo dispuesto en los artículos 11 y 15 del Estatuto de los Trabajadores y en sus disposiciones de desarrollo para la modalidad de contratación correspondiente al supuesto del contrato de puesta a disposición, sin perjuicio de lo dispuesto en el artículo 12.3 de esta ley en cuanto a los eventuales períodos de formación previos a la prestación efectiva de servicios.

»2. Si a la finalización del plazo de puesta a disposición el trabajador continuara prestando servicios en la empresa usuaria, se le considerará vinculado a la misma por un contrato indefinido.

»3. Será nula la cláusula del contrato de puesta a disposición que prohíba la contratación del trabajador por la empresa usuaria a la finalización del contrato de puesta a disposición.

»*Art. 8.º Exclusiones.*—Las empresas no podrán celebrar contratos de puesta a disposición en los siguientes casos:

»*a)* Para sustituir a trabajadores en huelga en la empresa usuaria.

»*b)* Para la realización de trabajos u ocupaciones especialmente peligrosos para la seguridad y la salud en el trabajo, en los términos previstos en la disposición adicional segunda de esta Ley y, de conformidad con ésta, en los convenios o acuerdos colectivos.

»*c)* Cuando en los doce meses inmediatamente anteriores a la contratación la empresa haya amortizado los puestos de trabajo que se pretendan cubrir por despido improcedente o por las causas previstas en los artículos 50, 51 y 52, apartado *c*), del Estatuto de los Trabajadores, excepto en los supuestos de fuerza mayor.

»*d)* Para ceder trabajadores a otra empresa de trabajo temporal.

»*Art. 9.º Información a los representantes de los trabajadores en la empresa.*—La empresa usuaria deberá informar a los representantes de los trabajadores sobre cada contrato de puesta a disposición y motivo de utilización, dentro de los diez días siguientes a la celebración. En el mismo plazo deberá entregarles una copia básica del contrato de trabajo o de la orden de servicio, en su caso, del trabajador puesto a disposición, que le deberá haber facilitado la empresa de trabajo temporal.

»Capítulo III. *Relaciones laborales en la empresa de trabajo temporal.*

»*Art. 10. Forma y duración.*—1. El contrato de trabajo celebrado entre la empresa de trabajo temporal y el trabajador para prestar servicios en empresas usuarias podrá concertarse por tiempo indefinido o por duración determinada coincidente con la del contrato de puesta a disposición.

»Dichos contratos se deberán formalizar por escrito de acuerdo con lo establecido para cada modalidad. Asimismo, la empresa de trabajo temporal deberá comunicar su contenido a la oficina pública de empleo, en los términos que reglamentariamente se determinen, en el plazo de los diez días siguientes a su celebración.

»2. Las empresas de trabajo temporal podrán celebrar contratos de trabajo en prácticas y contratos para la formación y el aprendizaje con los trabajadores contratados para ser puestos a disposición de las empresas usuarias de acuerdo con lo previsto en la normativa reguladora de dichos contratos.

»3. La empresa de trabajo temporal podrá celebrar también con el trabajador un contrato de trabajo para la cobertura de varios contratos de puesta a disposición sucesivos con empresas usuarias diferentes, siempre que tales contratos de puesta a disposición estén plenamente determinados en el momento de la firma del contrato de trabajo y respondan en todos los casos a un supuesto de contratación de los contemplados en el artículo 15.2 del Estatuto de los Trabajadores, debiendo formalizarse en el contrato de trabajo cada puesta a disposición con los mismos requisitos previstos en el apartado 1 y en sus normas de desarrollo reglamentario.

»Igualmente, las empresas de trabajo temporal podrán celebrar contratos de carácter fijo-discontinuo para la cobertura de contratos de puesta a disposición vinculados a necesidades temporales de diversas empresas usuarias, en los términos previstos en el artículo 15 del Estatuto de los Trabajadores, coincidiendo en este caso los períodos de inactividad con el plazo de espera entre dichos contratos. En este supuesto, las referencias efectuadas en el artículo 16 del Estatuto de los Trabajadores a la negociación colectiva se entenderán efectuadas a los convenios colectivos sectoriales o de empresa de las empresas de trabajo temporal. Estos convenios colectivos podrán, asimismo, fijar una garantía de empleo para las personas contratadas bajo esta modalidad.

»*Art. 11. Derechos de los trabajadores.*—1. Los trabajadores contratados para ser cedidos a empresas usuarias tendrán derecho durante los períodos de prestación de servicios en las mismas a la aplicación de las condiciones esenciales de trabajo y empleo que les corresponderían de haber sido contratados directamente por la empresa usuaria para ocupar el mismo puesto.

»A estos efectos, se considerarán condiciones esenciales de trabajo y empleo las referidas a la remuneración, la duración de la jornada, las horas extraordinarias, los períodos de descanso, el trabajo nocturno, las vacaciones y los días festivos.

»La remuneración comprenderá todas las retribuciones económicas, fijas o variables, establecidas para el puesto de trabajo a desarrollar en el convenio colectivo aplicable a la empresa usuaria que estén vinculadas a dicho puesto de trabajo. Deberá incluir, en todo caso, la parte proporcional correspondiente al descanso semanal, las pagas extraordinarias, los festivos y las vacaciones. Será responsabilidad de la empresa usuaria la cuantificación de las percepciones finales del trabajador y, a tal efecto, dicha empresa usuaria deberá consignar las retribuciones a que se refiere este párrafo en el contrato de puesta a disposición del trabajador.

»Asimismo, los trabajadores contratados para ser cedidos tendrán derecho a que se les apliquen las mismas disposiciones que a los trabajadores de la empresa usuaria en materia de protección de las mujeres embarazadas y en período de lactancia, y de los menores, así como a la igualdad de trato entre hombres y mujeres y a la aplicación de las mismas disposiciones adoptadas con vistas a combatir las discriminaciones basadas en el sexo, la raza o el origen étnico, la religión o las creencias, la discapacidad, la edad, la orientación e identidad sexual, la expresión de género o las características sexuales.

»2. Cuando el contrato se haya concertado por tiempo determinado el trabajador tendrá derecho, además, a recibir una indemnización económica a la finalización del contrato de puesta a disposición equivalente a la parte proporcional de la cantidad que resultaría de abonar doce días de salario por cada año de servicio, o a la establecida en su caso, en la normativa específica que sea de aplicación. La indemnización podrá ser prorrateada durante la vigencia del contrato.

»*Art. 12.   Obligaciones de la empresa.*—1.   Corresponde a la empresa de trabajo temporal el cumplimiento de las obligaciones salariales y de Seguridad Social en relación con los trabajadores contratados para ser puestos a disposición de la empresa usuaria.

»2.   Las empresas de trabajo temporal estarán obligadas a destinar anualmente el 1 por 100 de la masa salarial a la formación de los trabajadores contratados para ser cedidos a empresas usuarias, sin perjuicio de la obligación legal de cotizar por formación profesional.

»3.   La empresa de trabajo temporal deberá asegurarse de que el trabajador, previamente a su puesta a disposición de la empresa usuaria, posee la formación teórica y práctica en materia de prevención de riesgos laborales necesaria para el puesto de trabajo a desempeñar, teniendo en cuenta su cualificación y experiencia profesional y los riesgos a los que vaya a estar expuesto. En caso contrario, deberá facilitar dicha formación al trabajador, con medios propios o concertados, y durante el tiempo necesario, que formará parte de la duración del contrato de puesta a disposición pero será en todo caso previo a la prestación efectiva de los servicios. A tal efecto, la celebración de un contrato de puesta a disposición sólo será posible para la cobertura de un puesto de trabajo respecto del que se haya realizado previamente la preceptiva evaluación de riesgos laborales, conforme a lo dispuesto en los artículos 15.1.*b*) y 16 de la Ley 31/1995, de 8 de noviembre, de Prevención de Riesgos Laborales.

»El gasto de formación en materia preventiva será computado a efectos de lo dispuesto en el apartado 2 anterior, pero el montante establecido en dicho apartado no constituye en ningún caso un límite a las necesidades de formación en materia preventiva.

»3 bis.   Las empresas de trabajo temporal que celebren contratos para la formación y el aprendizaje con trabajadores contratados para ser puestos a disposición de las empresas usuarias deberán cumplir las obligaciones en materia formativa establecidas en el artículo 11.2 del Estatuto de los Trabajadores y sus normas de desarrollo.

»4.   Será nula toda cláusula del contrato de trabajo que obligue al trabajador a pagar a la empresa de trabajo temporal cualquier cantidad a título de gasto de selección, formación o contratación.

»*Art. 13.   Negociación colectiva.*—En ausencia de órganos de representación legal de los trabajadores, estarán legitimados para negociar los convenios colectivos que afecten a las empresas de trabajo temporal las Organizaciones Sindicales más representativas, entendiéndose válidamente constituida la representación de los trabajadores en la Comisión negociadora cuando de ella formen parte tales Organizaciones.

»*Art. 14.   Aplicación de la normativa laboral común.*—Lo previsto en el presente Capítulo, excepto en el artículo 13, no será de aplicación a los trabajadores contratados por la empresa de trabajo temporal para prestar servicios exclusivamente bajo su dirección y control.

»Capítulo IV.   *Relación del trabajador con la empresa usuaria.*

»*Art. 15.   Dirección y control de la actividad laboral.*—1.   Cuando los trabajadores desarrollen tareas en el ámbito de la empresa usuaria, de acuerdo con lo previsto en esta norma, las facultades de dirección y control de la actividad laboral serán ejercidas por aquélla durante el tiempo de prestación de servicios en su ámbito.

»2.   En tales supuestos y sin perjuicio del ejercicio por la empresa de trabajo temporal de la facultad disciplinaria atribuida por el artículo 58 del Estatuto de los Trabajadores, cuando una empresa usuaria considere que por parte del trabajador se hubiera producido un incumplimiento contractual lo pondrá en conocimiento de la empresa de trabajo temporal a fin de que por ésta se adopten las medidas sancionadoras correspondientes.

»*Art. 16. Obligaciones de la empresa usuaria.*—1. Con carácter previo al inicio de la prestación de servicios, la empresa usuaria deberá informar al trabajador sobre los riesgos derivados de su puesto de trabajo así como las medidas de protección y prevención contra los mismos.

»2. La empresa usuaria es responsable de la protección en materia de seguridad e higiene en el trabajo así como del recargo de prestaciones de Seguridad Social a que se refiere el artículo 93 del Decreto 2.065/1974, de 30 de mayo [actualmente art. 164 del RDL 8/2015], por el que se aprueba el Texto Refundido de la Ley General de la Seguridad Social, en caso de accidente de trabajo o enfermedad profesional que tenga lugar en su centro de trabajo durante la vigencia del contrato de puesta a disposición y traigan su causa de falta de medidas de seguridad e higiene.

»3. La empresa usuaria responderá subsidiariamente de las obligaciones salariales y de Seguridad Social contraídas con el trabajador durante la vigencia del contrato de puesta a disposición, así como de la indemnización económica derivada de la extinción del contrato de trabajo. Dicha responsabilidad será solidaria en el caso de que el referido contrato se haya realizado incumpliendo lo dispuesto en los artículos 6 y 8 de la presente Ley.

»Reglamentariamente se determinará la información que la empresa de trabajo temporal debe suministrar a la empresa usuaria.

»*Art. 17. Derechos de los trabajadores en la empresa usuaria.*—1. Los trabajadores puestos a disposición tendrán derecho a presentar a través de los representantes de los trabajadores de la empresa usuaria reclamaciones en relación con las condiciones de ejecución de su actividad laboral.

»Los representantes de los trabajadores de la empresa usuaria tendrán atribuida la representación de los trabajadores en misión, mientras ésta dure, a efectos de formular cualquier reclamación en relación con las condiciones de ejecución de la actividad laboral, en todo aquello que atañe a la prestación de sus servicios en éstas, sin que ello pueda suponer una ampliación del crédito de horas mensuales retribuidas a que tengan derecho dichos representantes, conforme a lo dispuesto en el apartado *e*) del artículo 68 del Estatuto de los Trabajadores.

»Lo dispuesto en los párrafos anteriores no será de aplicación a las reclamaciones del trabajador respecto de la empresa de trabajo temporal de la cual depende.

»2. Igualmente, tendrán derecho a la utilización de los servicios de transporte, de comedor, de guardería y otros servicios comunes e instalaciones colectivas de la empresa usuaria durante el plazo de duración del contrato de puesta a disposición en las mismas condiciones que los trabajadores contratados directamente por la empresa usuaria.

»3. La empresa usuaria deberá informar a los trabajadores cedidos por empresas de trabajo temporal, sobre la existencia de puestos de trabajo vacantes, a fin de garantizarles las mismas oportunidades de acceder a puestos permanentes que a los trabajadores contratados directamente por aquélla. Esta información podrá facilitarse mediante un anuncio público en un lugar adecuado de la empresa o centro de trabajo, o mediante otros medios previstos en la negociación colectiva, que aseguren la transmisión de la información.

»4. Mediante la negociación colectiva se adoptarán las medidas adecuadas para facilitar el acceso de los trabajadores cedidos por empresas de trabajo temporal a la formación disponible para los trabajadores de las empresas usuarias.

»[...]

»Disposiciones adicionales.

»*1.ª* En todo lo no previsto en la presente Ley se aplicará la legislación laboral y de seguridad social a las relaciones existentes entre la empresa de trabajo temporal y el trabajador, y entre éste y la empresa usuaria, y la legislación civil y mercantil a las relaciones entre la empresa de trabajo temporal y la empresa usuaria.

»*2.ª Trabajos u ocupaciones de especial peligrosidad para la seguridad y la salud en el trabajo.*—1. De conformidad con lo dispuesto en el artículo 8.*b*) de esta Ley, no podrán celebrarse contratos de puesta a disposición para la realización de los siguientes trabajos en actividades de especial peligrosidad:

»*a*) Trabajos que impliquen la exposición a radiaciones ionizantes en zonas controladas según el Real Decreto 783/2001, de 6 de julio, por el que se aprueba el Reglamento sobre protección sanitaria contra radiaciones ionizantes.

»*b*) Trabajos que impliquen la exposición a agentes cancerígenos, mutagénicos o tóxicos para la reproducción, de primera y segunda categoría, según el Real Decreto 363/1995, de 10 de marzo, por el que se aprueba el Reglamento sobre notificación de sustancias nuevas y clasificación, envasado y etiquetado de sustancias peligrosas, y el Real Decreto 255/2003, de 28 de febrero, por el que se aprueba el Reglamento sobre clasificación, envasado y etiquetado de preparados peligrosos, así como sus respectivas normas de desarrollo y de adaptación al progreso técnico.

»*c*) Trabajos que impliquen la exposición a agentes biológicos de los grupos 3 y 4, según el Real Decreto 664/1997, de 12 de mayo, sobre la protección de los trabajadores contra los riesgos relacionados con la exposición a agentes biológicos durante el trabajo, así como sus normas de modificación, desarrollo y adaptación al progreso técnico.

»2. Con anterioridad al 31 de marzo de 2011, mediante los acuerdos interprofesionales o convenios colectivos a que se refiere el artículo 83 del texto refundido de la Ley del Estatuto de los Trabajadores, aprobado por Real Decreto Legislativo 1/1995, de 24 de marzo, o la negociación colectiva sectorial de ámbito estatal en las actividades de la construcción, la minería a cielo abierto y de interior, las industrias extractivas por sondeos en superficie terrestre, los trabajos en plataformas marinas, la fabricación, manipulación y utilización de explosivos, incluidos los artículos pirotécnicos y otros objetos o instrumentos que contengan explosivos y los trabajos con riesgos eléctricos en alta tensión podrán determinarse, por razones de seguridad y salud en el trabajo, limitaciones para la celebración de contratos de puesta a disposición, siempre que cumplan los siguientes requisitos:

»*a*) Deberán referirse a ocupaciones o puestos de trabajo concretos o a tareas determinadas.

»*b*) Habrán de justificarse por razón de los riesgos para la seguridad y salud en el trabajo asociados a los puestos o trabajos afectados.

»*c*) Deberán fundamentarse en un informe razonado que se acompañará a la documentación exigible para el registro, depósito y publicación del convenio o acuerdo colectivo por la autoridad laboral.

»3. Desde el 1 de abril de 2011, respetando las limitaciones que, en su caso, hubieran podido establecerse mediante la negociación colectiva conforme a lo señalado en el apartado anterior, podrán celebrarse contratos de puesta a disposición en el ámbito de las actividades antes señaladas. Sin perjuicio del cumplimiento de los requisitos establecidos legal y reglamentariamente, la celebración de contratos de puesta a disposición estará sujeta a los siguientes requisitos:

»*a*) La empresa de trabajo temporal deberá organizar de forma total o parcial sus actividades preventivas con recursos propios debidamente auditados conforme a la normativa de prevención de riesgos laborales y tener constituido un comité de seguridad y salud en el trabajo del que formen parte un número no inferior a cuatro delegados de prevención.

»*b*) El trabajador deberá poseer las aptitudes, competencias, cualificaciones y formación específica requeridas para el desempeño del puesto de trabajo, debiendo acreditarse las mismas documentalmente por la empresa de trabajo temporal.

»4. Lo establecido en los convenios o acuerdos colectivos conforme a lo señalado en el apartado 2 se entiende sin perjuicio de las reglas sobre vigencia, prórroga, denuncia y renegociación de los convenios colectivos en el título III del texto refundido del Estatuto de los Trabajadores.

»*3.ª* 1. Las Cooperativas, debidamente constituidas e inscritas de acuerdo con su legislación específica, podrán obtener la correspondiente autorización administrativa para operar como empresas de trabajo temporal en los términos establecidos en la presente Ley.

»A tal efecto, las Cooperativas de Trabajo Asociado podrán contratar a cuantos trabajadores precisen para ponerlos a disposición de las empresas usuarias, de conformidad con lo establecido en los artículos 6, 8 y 10 de esta Ley, aunque el número de asalariados con contrato por tiempo indefinido supere el 10 por 100 del total de sus socios.

»2. Las relaciones entre la Cooperativa que actúe como empresa de trabajo temporal y sus socios trabajadores o socios de trabajo cuya actividad consista en prestar servicios en empresas usuarias, así como las correspondientes obligaciones de Seguridad Social, se regirán por lo previsto en la legislación aplicable a dicho tipo de sociedades.

»*4.ª Validez de limitaciones o prohibiciones de recurrir a empresas de trabajo temporal.*—A partir del 1 de abril de 2011, se suprimen todas las limitaciones o prohibiciones actualmente vigentes para la celebración de contratos de puesta a disposición por las empresas de trabajo temporal, incluida la establecida en la disposición adicional quinta de la Ley 30/2007, de 30 de octubre, de contratos del sector público, con la única excepción de lo establecido en la presente Ley. A partir de esa fecha, las limitaciones o prohibiciones que puedan ser establecidas sólo serán válidas cuando se justifiquen por razones de interés general relativas a la protección de los trabajadores cedidos por empresas de trabajo temporal, a la necesidad de garantizar el buen funcionamiento del mercado de trabajo y a evitar posibles abusos.

»Antes de la fecha señalada en el párrafo anterior, previa negociación en la Mesa General de Negociación de las Administraciones Públicas, el Gobierno establecerá los criterios funcionales de aplicación de lo dispuesto en dicho párrafo en el ámbito de dichas Administraciones.

»Las empresas de trabajo temporal no podrán realizar con las Administraciones Públicas contratos de puesta a disposición de trabajadores para la realización de tareas que, por una norma con rango de Ley, estén reservadas a los funcionarios públicos.

»*5.ª Autoridad laboral competente en determinados supuestos.*—1. En el caso de que la empresa dejara de disponer de centros de trabajo en la Comunidad Autónoma cuya autoridad laboral hubiera concedido la autorización, será autoridad laboral competente, a los efectos establecidos en esta ley, la de la Comunidad Autónoma en la que disponga de centro de trabajo o la Dirección General de Empleo del Ministerio de Empleo y Seguridad Social si dispone de centros en dos o más Comunidades Autónomas.

»2. En el supuesto de empresas de trabajo temporal que sólo tengan centros de trabajo en las ciudades de Ceuta o Melilla, será autoridad laboral competente, a los efectos establecidos en esta ley, la respectiva Delegación del Gobierno.

»*6.ª Ventanilla única.*—A los efectos de garantizar lo dispuesto en el artículo 22 de la Ley 20/2013, de 9 de diciembre, de garantía de la unidad de mercado,

ción de trabajadores para cederlos temporalmente a otra
empresa sólo podrá efectuarse a
través de empresas de trabajo
temporal debidamente autorizadas en los términos que legalmente se establezcan.

2. En todo caso, se entiende
que se incurre en la cesión ilegal
de trabajadores contemplada en

---

se adoptarán las medidas necesarias para su cumplimiento y en particular para
garantizar la interoperabilidad de los distintos sistemas que dependan del Ministerio de Empleo y Seguridad Social, de acuerdo con el Esquema Nacional de Interoperabilidad.

»Disposición final.   Se faculta al Gobierno para dictar cuantas disposiciones sean
necesarias para la aplicación y desarrollo de esta Ley.»

El art. 2.4 de esta Ley ha sido declarado inconstitucional por la STC 69/2018, de
21 de junio (*BOE* de 25 de julio), ECLI:ES:TS:2018:69. Téngase en cuenta que esta
Ley ha sido modificada sucesivamente por las normas siguientes: Ley 63/1997, de 26
de diciembre (*BOE* de 30 de diciembre); Ley 50/1998, de 30 de diciembre (*BOE* de 31
de diciembre), de medidas fiscales, administrativas y del orden social; Ley 29/1999, de
16 de julio (*BOE* de 17 de julio); Ley 45/1999, de 29 de noviembre (*BOE* de 30 de noviembre), sobre el desplazamiento de trabajadores en el marco de una prestación de
servicios transnacional; RD Legislativo 5/2000, de 4 de agosto (*BOE* de 8 de agosto),
por el que se aprueba el texto refundido de la Ley sobre Infracciones y Sanciones en
el Orden Social; Ley 14/2000, de 29 de diciembre (*BOE* de 30 de diciembre), de medidas fiscales, administrativas y del orden social; Ley 12/2001, de 9 de julio (*BOE* de 10
de julio), de Medidas Urgentes de Reforma del Mercado de Trabajo para el incremento del empleo y la mejora de su calidad; Ley 43/2006, de 29 de diciembre (*BOE* de 30
de diciembre), para la mejora del crecimiento y del empleo; Ley 35/2010, de 17 de
septiembre (*BOE* de 18 de septiembre), de Medidas Urgentes para la Reforma del
Mercado de Trabajo; RDL 8/2011, de 1 de julio (*BOE* de 7 de julio); Ley 3/2012, de 6
de julio (*BOE* de 7 de julio); RDL 4/2013, de 22 de febrero (*BOE* de 23 de febrero);
RDL 16/2013, de 20 de diciembre (*BOE* de 21 de diciembre); Ley 18/2014, de 15 de
octubre (*BOE* de 17 de octubre); RDL 9/2019, de 29 de marzo (*BOE* de 30 de marzo);
RDL 32/2021, de 28 de diciembre (*BOE* de 30 de diciembre); Ley 4/2022, de 25 de
febrero (*BOE* de 1 de marzo); Ley 4/2023, de 28 de febrero (*BOE* de 1 de marzo). El
RDL 9/2019 antes citado introduce un nuevo capítulo a la Ley de Empresas de Trabajo Temporal por medio del cual se regulan los Centros portuarios de empleo como
una empresa de trabajo temporal específica que operan en el sector de la estiba y
desestiba. V. Directiva 2008/104, de 19 de noviembre (*DOUE* de 5 de diciembre), relativa al trabajo a través de empresas de trabajo temporal.

La tipificación de infracciones administrativas, en arts. 18 y 19 LISOS [RD Legislativo 5/2000, de 4 de agosto (*BOE* de 8 de agosto)]. V. igualmente art. 42 de esta última
Ley. V. también Ley 45/1999, de 29 de noviembre (*BOE* de 30 de noviembre), sobre el
desplazamiento de trabajadores en el marco de una prestación de servicios transnacional;
RD 417/2015, de 29 de mayo (*BOE* de 20 de junio), por el que se aprueba el Reglamento de las empresas de trabajo temporal. OTES 1324/2024, de 20 de noviembre (*BOE* de
25 de noviembre), por el que se desarrolla el Real Decreto anterior. V. art. 28 de la Ley
31/1995, de 8 de noviembre (*BOE* de 10 de noviembre), de Prevención de Riesgos Laborales, parcialmente trascrito en nota al art. 15.1 ET. V. art. 2.°*a*) de la Ley 36/2011, de 10
de octubre (*BOE* de 11 de octubre), Reguladora de la Jurisdicción Social, y RD 216/1999,
de 5 de febrero (*BOE* de 24 de febrero), sobre disposiciones mínimas de seguridad y
salud en el trabajo en el ámbito de las empresas de trabajo temporal.

este artículo cuando se produzca alguna de las siguientes circunstancias: que el objeto de los contratos de servicios entre las empresas se limite a una mera puesta a disposición de los trabajadores de la empresa cedente a la empresa cesionaria, o que la empresa cedente carezca de una actividad o de una organización propia y estable, o no cuente con los medios necesarios para el desarrollo de su actividad, o no ejerza las funciones inherentes a su condición de empresario.

3. Los empresarios, cedente y cesionario, que infrinjan lo señalado en los apartados anteriores responderán solidariamente de las obligaciones contraídas con los trabajadores y con la Seguridad Social, sin perjuicio de las demás responsabilidades, incluso penales, que procedan por dichos actos[219].

4. Los trabajadores sometidos al tráfico prohibido tendrán derecho a adquirir la condición de fijos, a su elección, en la empresa cedente o cesionaria. Los derechos y obligaciones del trabajador en la empresa cesionaria serán los que correspondan en condiciones ordinarias a un trabajador que preste servicios en el mismo o equivalente puesto de trabajo, si bien la antigüedad se computará desde el inicio de la cesión ilegal[220].

Art. 44. *La sucesión de empresa*[221].—1. El cambio de titularidad de una empresa, de un

---

[219] La cesión ilegal se califica como infracción muy grave por el art. 8.°2 LISOS [RD Legislativo 5/2000, de 4 de agosto (*BOE* de 8 de agosto)]. Art. 312.1 del Código Penal, conforme a la redacción dada por la LO 4/2000, de 11 de enero (*BOE* de 12 de enero), sobre derechos y libertades de los extranjeros en España y su integración social: «Serán castigados con las penas de prisión de dos a cinco años y multa de seis a doce meses, los que trafiquen de manera ilegal con mano de obra.» V. STC 215/2001, de 29 de octubre (*BOE* de 30 de noviembre), sobre legitimación de un sindicato para comparecer en un proceso de oficio por acta de infracción administrativa en un proceso por cesión ilegal de trabajadores.

[220] V. STC 196/2000, de 24 de julio (*BOE* de 24 de agosto), sobre despido de trabajadores tras la declaración judicial de vinculación contractual como empleados de la empresa cedente.

[221] V. también art. 49.1.*g*) ET y 328 del Código Penal. Para el caso singular del personal de alta dirección, v. art. 10.3.*d*) del RD 1.382/1985, de 1 de agosto, trascrito en apéndice. Para las actividades portuarias, art. 9.°3 del Reglamento UE 2017/352, de 15 de febrero (*DOUE* de 3 de marzo), por el que se crea un marco para la prestación de servicios portuarios y se adoptan normas comunes sobre la transparencia financiera de los puertos. Asimismo, Directiva 2001/23/CE, de 12 de marzo (*DOCE* de 22 de marzo), sobre la aproximación de las legislaciones de los Estados miembros relativas al mantenimiento de los derechos de los trabajadores en caso de traspaso de la empresa, centro de trabajo o de parte del centro de trabajo. Para el supuesto de las cooperativas, v. art. 86 de la Ley 27/1999, de 16 de julio (*BOE* de 17 de julio), de Cooperativas. Para el supuesto particular de reversión

centro de trabajo o de una unidad productiva autónoma no extinguirá por sí mismo la relación laboral, quedando el nuevo empresario subrogado en los derechos y obligaciones laborales y de Seguridad Social del anterior, incluyendo los compromisos de pensiones, en los términos previstos en su normativa específica, y, en general, cuantas obligaciones en materia de protección social complementaria hubiere adquirido el cedente[222].

2. A los efectos de lo previsto en este artículo, se considerará que existe sucesión de empresa cuando la transmisión afecte a una entidad económica que mantenga su identidad, entendida como un conjunto de medios organizados a fin de llevar a cabo una actividad económica, esencial o accesoria.

3. Sin perjuicio de lo establecido en la legislación de Seguridad Social, el cedente y el cesionario, en las transmisiones que tengan lugar por actos *inter vivos*, responderán solidariamente durante tres años de las obligaciones laborales nacidas con anterioridad a la transmisión y que no hubieran sido satisfechas[223].

El cedente y el cesionario también responderán solidariamente de las obligaciones nacidas con posterioridad a la transmisión, cuando la cesión fuese declarada delito.

---

a lo público de servicios previamente gestionados en régimen privado, cfr. art. 130.3 Ley 9/2017, de 8 de noviembre (*BOE* de 9 de noviembre), de Contratos del Sector Público, disp. adic. 26.ª y disp. trans. 3.ª de la Ley 3/2017, de 27 de junio (*BOE* de 28 de junio), de Presupuestos Generales del Estado para el año 2017; disp. adic. 26.ª modificada por la disp. final 42.ª de la Ley 6/2018, de 3 de julio (*BOE* de 4 de julio), de Presupuestos Generales del Estado para el año 2018. No obstante, téngase en cuenta que la STC de 31 de octubre de 2018 ha declarado inconstitucional el inciso «ni a personal de empresas que a su vez tengan un contrato administrativo con la Administración respectiva» de los apartados *a*) y *b*) de la disp. adic. 26.ª mencionada. Para la subrogación contractual en el ámbito de la estiba y desestiba a través de la negociación colectiva a resultas de la disolución de las SAGEP, art. 4 del RDL 9/2019, de 29 de marzo (*BOE* de 30 de marzo).

[222] Para las situaciones de concurso de acreedores, v. arts. 221 ss. RD Legislativo 1/2020, de 5 de mayo (*BOE* de 7 de mayo), por el que se aprueba el texto refundido de la Ley Concursal.

[223] Para la responsabilidad de Seguridad Social, v. art. 168.2 de la Ley General de la Seguridad Social, texto refundido aprobado por RDL 8/2015, de 30 de octubre (*BOE* de 31 de octubre): «En los casos de sucesión en la titularidad de la explotación, industria o negocio, el adquirente responderá solidariamente con el anterior o con sus herederos del pago de las prestaciones causadas antes de dicha sucesión [...]. Reglamentariamente se regulará la expedición de certificados por la Administración de la Seguridad Social que impliquen garantía de no responsabilidad para los adquirentes.» Para la responsabilidad por las cotizaciones, v. art. 142.1 de esta misma Ley.

4. Salvo pacto en contrario, establecido mediante acuerdo de empresa entre el cesionario y los representantes de los trabajadores una vez consumada la sucesión, las relaciones laborales de los trabajadores afectados por la sucesión seguirán rigiéndose por el convenio colectivo que en el momento de la transmisión fuere de aplicación en la empresa, centro de trabajo o unidad productiva autónoma transferida.

Esta aplicación se mantendrá hasta la fecha de expiración del convenio colectivo de origen o hasta la entrada en vigor de otro convenio colectivo nuevo que resulte aplicable a la entidad económica transmitida.

5. Cuando la empresa, el centro de trabajo o la unidad productiva objeto de la transmisión conserve su autonomía, el cambio de titularidad del empresario no extinguirá por sí mismo el mandato de los representantes legales de los trabajadores, que seguirán ejerciendo sus funciones en los mismos términos y bajo las mismas condiciones que regían con anterioridad[224].

6. El cedente y el cesionario deberán informar a los representantes legales de sus trabajadores respectivos afectados por el cambio de titularidad, de los siguientes extremos:

a) Fecha prevista de la transmisión.

b) Motivos de la transmisión.

c) Consecuencias jurídicas, económicas y sociales, para los trabajadores, de la transmisión.

d) Medidas previstas respecto de los trabajadores.

7. De no haber representantes legales de los trabajadores, el cedente y el cesionario deberán facilitar la información mencionada en el apartado anterior a los trabajadores que pudieren resultar afectados por la transmisión[225].

8. El cedente vendrá obligado a facilitar la información mencionada en los apartados anteriores con la suficiente antelación, antes de la realización de la transmisión. El cesionario estará obligado a comunicar estas informaciones con la suficiente antelación y, en todo caso, antes de que sus trabajadores se vean afectados en sus condiciones de em-

---

[224] V. STC 64/2016, de 11 de abril (*BOE* de 20 de mayo), sobre supuesta vulneración del derecho a la libertad sindical: pérdida de la condición de representantes de los trabajadores resultante del cierre del centro de trabajo y el traslado de la actividad a otro centro.

[225] Se califica como infracción administrativa grave el incumplimiento de este deber de información [art. 7.°11 LISOS, redactado por la Ley 12/2001, de 9 de julio (*BOE* de 10 de julio)].

pleo y de trabajo por la transmisión.

En los supuestos de fusión y escisión de sociedades, el cedente y el cesionario habrán de proporcionar la indicada información, en todo caso, al tiempo de publicarse la convocatoria de las juntas generales que han de adoptar los respectivos acuerdos.

9. El cedente o el cesionario que previere adoptar, con motivo de la transmisión, medidas laborales en relación con sus trabajadores vendrá obligado a iniciar un período de consultas con los representantes legales de los trabajadores sobre las medidas previstas y sus consecuencias para los trabajadores. Dicho período de consultas habrá de celebrarse con la suficiente antelación, antes de que las medidas se lleven a efecto. Durante el período de consultas, las partes deberán negociar de buena fe, con vistas a la consecución de un acuerdo. Cuando las medidas previstas consistieren en traslados colectivos o en modificaciones sustanciales de las condiciones de trabajo de carácter colectivo, el procedimiento del período de consultas al que

se refiere el párrafo anterior se ajustará a lo establecido en los artículos 40.2 y 41.4.

10. Las obligaciones de información y consulta establecidas en este artículo se aplicarán con independencia de que la decisión relativa a la transmisión haya sido adoptada por los empresarios cedente y cesionario o por las empresas que ejerzan el control sobre ellos. Cualquier justificación de aquéllos basada en el hecho de que la empresa que tomó la decisión no les ha facilitado la información necesaria no podrá ser tomada en consideración a tal efecto.

SECCIÓN 3.ª

Suspensión del contrato

Art. 45. *Causas y efectos de la suspensión.*—1. El contrato de trabajo podrá suspenderse por las siguientes causas:

a) Mutuo acuerdo de las partes[226].

b) Las consignadas válidamente en el contrato.

c) Incapacidad temporal de los trabajadores[227].

---

[226] Sobre la posible suspensión del contrato como consecuencia de la celebración de un contrato de trabajo especial de alta dirección, v. art. 9.° del RD 1.382/1985, de 1 de agosto (*BOE* de 12 de agosto), por el que se regula la relación laboral de carácter especial del personal de alta dirección recogido en apéndice a esta obra.

[227] V. arts. 48.2 y 49.1.*e*) ET. Art. 173.1 de la Ley General de Seguridad Social, texto refundido aprobado por RDL 8/2015, de 30 de octubre (*BOE* de 31 de octubre):

d) Nacimiento, adopción, guarda con fines de adopción o acogimiento, de conformidad con el Código Civil o las leyes civiles de las comunidades autónomas que lo regulen, de menores de seis años o de menores de edad mayores de seis años con discapacidad o que por sus circunstancias y experiencias personales o por provenir del extranjero, tengan especiales dificultades de inserción social y familiar debidamente acreditadas por los servicios sociales competentes[228].

e) Riesgo durante el embarazo y riesgo durante la lactancia natural de un menor de nueve meses[229].

f) Ejercicio de cargo público representativo.

g) Privación de libertad del trabajador, mientras no exista sentencia condenatoria.

«1. El subsidio se abonará, en caso de accidente de trabajo o enfermedad profesional, desde el día siguiente al de la baja en el trabajo, estando a cargo del empresario el salario íntegro correspondiente al día de la baja.

»En caso de enfermedad común o de accidente no laboral, el subsidio se abonará, respectivamente, a partir del décimo sexto día de baja en el trabajo ocasionada por la enfermedad o el accidente, estando a cargo del empresario el abono de la prestación al trabajador desde los días cuarto al decimoquinto de baja, ambos inclusive.»

V. RD 625/2014, de 18 de julio (*BOE* de 21 de julio), por el que se regulan determinados aspectos de la gestión y control de los procesos por incapacidad temporal en los primeros trescientos sesenta y cinco días de su duración; desarrollado por la Orden ESS/1.187/2015, de 15 de junio (*BOE* de 20 de junio).

V. SSTC 37/1994, de 10 de febrero (*BOE* de 17 de marzo), y 129/1994, de 5 de mayo (*BOE* de 31 de mayo), sobre constitucionalidad de este último precepto.

[228] Letra *d*) conforme a la disp. final 13.ª de la LO 1/2023, de 28 de febrero (*BOE* de 1 de marzo). V. arts. 37, 46.3 y 48.4, 5, 6 y 7 ET; Convenio OIT n.° 103, ratificado por España por instrumento de 26 de mayo de 1965 (*BOE* de 31 de agosto de 1966), sobre protección de la maternidad; Directiva 92/85/CEE, de 19 de octubre de 1992 (*DOCE* de 28 de noviembre), relativa a la aplicación de medidas para promover la mejora de la seguridad y la salud en el trabajo de la trabajadora que haya dado a luz o en período de lactancia. Para el tratamiento correspondiente en materia de Seguridad Social, v. arts. 177 ss. Ley General de la Seguridad Social, texto refundido aprobado por RDL 8/2015, de 30 de octubre (*BOE* de 31 de octubre); RD 292/2009, de 6 de marzo (*BOE* de 21 de marzo), por el que se regulan las prestaciones económicas del Sistema de Seguridad Social por maternidad, paternidad, riesgo durante el embarazo y riesgo durante la lactancia natural. Para los trabajadores a tiempo parcial, v. RD 1.131/2002, de 31 de octubre (*BOE* de 27 de noviembre), por el que se regula la Seguridad Social de los trabajadores contratados a tiempo parcial, así como la jubilación parcial. V. Ley 21/1987, de 11 de noviembre (*BOE* de 17 de noviembre), por la que se modifican determinados artículos del Código Civil y de la Ley de Enjuiciamiento en materia de adopción; STC 161/2004, de 4 de octubre (*BOE* de 9 de noviembre), sobre discriminación por razón de sexo por suspensión del contrato de trabajo a causa de embarazo sin evaluación previa de riesgos seguida de posible cambio de tareas.

[229] V. art. 48.8 ET.

h)   Suspensión de empleo y sueldo, por razones disciplinarias.

i)   Fuerza mayor temporal.

j)   Causas económicas, técnicas, organizativas o de producción.

k)   Excedencia forzosa.

l)   Ejercicio del derecho de huelga[230].

m)   Cierre legal de la empresa[231].

n)   Decisión de la persona trabajadora que se vea obligada a abandonar su puesto de traba-

---

[230] V. nota al art. 4.º1.*e*) ET.

[231] Desarrollado por el RDL 17/1977, de 4 de marzo (*BOE* de 9 de marzo), sobre Relaciones de Trabajo:

«Capítulo II.   *Cierre patronal.*

»*Art. 12.*   1.   Los empresarios sólo podrán proceder al cierre del centro de trabajo en caso de huelga o cualesquiera otra modalidad de irregularidad colectiva en el régimen de trabajo, cuando concurra alguna de las circunstancias que siguen:

»*a*)   Existencia de notorio peligro de violencia para las personas o de daños graves para las cosas.

»*b*)   Ocupación ilegal del centro de trabajo o de cualquiera de sus dependencias, o peligro cierto de que ésta se produzca.

»*c*)   Que el volumen de la inasistencia o irregularidades en el trabajo impidan gravemente el proceso normal de producción.

»2.   El cierre patronal, efectuado dentro de los términos establecidos en el presente Real Decreto-Ley, producirá respecto al personal afectado los efectos previstos en los párrafos 1, 2 y 3 del artículo 6 del mismo.

»*Art. 13.*   1.   El empresario al amparo de lo prevenido en el artículo anterior procediera al cierre del centro de trabajo, deberá ponerlo en conocimiento de la Autoridad laboral en el término de doce horas.

»2.   El cierre de los centros de trabajo se limitará al tiempo indispensable para asegurar la reanudación de la actividad de la empresa, o para la remoción de las causas que lo motivaron.

»*Art. 14.*   El empresario que hubiera acordado el cierre del centro de trabajo al amparo de lo prevenido en el artículo 12 y que no lo hubiera reabierto a iniciativa propia o instancia de los trabajadores, deberá hacerlo, dando opción a su personal a reintegrarse a la actividad laboral, cuando fuera requerido a tales fines por la Autoridad laboral, en el plazo que establezca el propio requerimiento, incurriendo en caso contrario en las sanciones previstas en el artículo 15.

»Capítulo III.   *Sanciones.*

»*Art. 15.*   El empresario que procediera al cierre del centro de trabajo, salvo en los supuestos previstos en el artículo 12, será sancionado en la forma y por los órganos que establece el artículo 33 de la Ley de Relaciones Laborales.

»Las sanciones que establece dicho artículo se entienden sin perjuicio de la obligación empresarial de reabrir el centro de trabajo ilícitamente cerrado y de abono a los trabajadores que hayan dejado de prestar sus servicios como consecuencia del cierre del centro de trabajo los salarios devengados durante el período de cierre ilegal.»

La referencia al art. 33 de la Ley de Relaciones Laborales actualmente hay que entenderla hecha al art. 8.º9 LISOS [RD Legislativo 5/2000, de 4 de agosto (*BOE* de 8 de agosto)], que califica tal conducta como infracción muy grave. V. también SSTC de 11/1981, de 8 de abril (*BOE* de 25 de abril), y 72/1982, de 2 de diciembre (*BOE* de 29 de diciembre).

jo como consecuencia de ser víctima de violencia de género o de violencia sexual[232].

o) Disfrute del permiso parental[233].

2. La suspensión exonera de las obligaciones recíprocas de trabajar y remunerar el trabajo[234].

Art. 46. *Excedencias.—* 1. La excedencia podrá ser voluntaria o forzosa. La forzosa, que dará derecho a la conservación del puesto y al cómputo de la antigüedad de su vigencia, se concederá por la designación o elección para un cargo público que imposibilite la asistencia al trabajo. El reingreso deberá ser solicitado dentro del mes siguiente al cese en el cargo público[235].

2. El trabajador con al menos una antigüedad en la empresa de un año tiene derecho a que se le reconozca la posibilidad de situarse en excedencia voluntaria por un plazo no menor a cuatro meses y no mayor a cinco años. Este derecho sólo podrá ser ejercitado otra vez por el mismo trabajador si han transcurrido cuatro años desde el final de la anterior excedencia voluntaria.

3. Los trabajadores tendrán derecho a un período de excedencia de duración no superior a tres años para atender al cuidado de cada hijo, tanto cuando lo sea por naturaleza, como por adopción, o en los supuestos de guarda con fines de adopción o acogimiento permanente, a contar desde la fecha de nacimiento o, en su caso, de la resolución judicial o administrativa[236].

También tendrán derecho a un período de excedencia, de duración no superior a dos años, salvo que se establezca una duración mayor por negociación colectiva, los trabajadores para atender al cuidado del

---

[232] Letra *n*) redactada conforme a la Ley Orgánica 2/2024, de 1 de agosto (*BOE* de 2 de agosto), de representación paritaria y presencia equilibrada de mujeres y hombres.

[233] V. art. 48 bis, letra *o*) conforme al RD-Ley 5/2023, de 28 de junio (*BOE* 29 de junio).

[234] Para sus efectos sobre la duración del período de prueba, v. art. 14.3 ET. Para los contratos de duración determinada, v. RD 2.720/1998, de 18 de diciembre (*BOE* de 8 de enero de 1999), cuyo art. 7.º dispone que la suspensión «no comportará la ampliación de su duración, salvo pacto en contrario».

[235] Otro tipo de excedencia se encuentra en el art. 37.3.*d*) ET. V. también art. 48.3 ET. Para la excedencia por incompatibilidad de trabajos en el sector público, cfr. art. 10 de la Ley 53/1984, de 26 de diciembre (*BOE* de 4 de enero de 1985).

[236] Apartado 3 conforme al RD-Ley 5/2023, de 28 de junio (*BOE* de 29 de junio). V. STC 233/2007, de 5 de noviembre (*BOE* de 10 de diciembre), sobre supuesta vulneración del derecho a no ser discriminada por razón de sexo tras reintegración por excedencia: inexistencia de postergación profesional a causa de maternidad.

cónyuge o pareja de hecho, o de un familiar hasta el segundo grado de consanguinidad y por afinidad, incluido el familiar consanguíneo de la pareja de hecho, que por razones de edad, accidente, enfermedad o discapacidad no pueda valerse por sí mismo, y no desempeñe actividad retribuida.

La excedencia contemplada en el presente apartado, cuyo período de duración podrá disfrutarse de forma fraccionada, constituye un derecho individual de los trabajadores y trabajadoras. No obstante, si dos o más personas trabajadoras de la misma empresa generasen este derecho por el mismo sujeto causante, la empresa podrá limitar su ejercicio simultáneo por razones fundadas y objetivas de funcionamiento debidamente motivadas por escrito debiendo en tal caso la empresa ofrecer un plan alternativo que asegure el disfrute de ambas personas trabajadoras y que posibilite el ejercicio de los derechos de conciliación. Cuando un nuevo sujeto causante diera derecho a un nuevo período de excedencia, el inicio de la misma dará fin al que, en su caso, se viniera disfrutando.

El período en que la persona trabajadora permanezca en situación de excedencia conforme a lo establecido en este artículo será computable a efectos de antigüedad y el trabajador tendrá derecho a la asistencia a cursos de formación profesional, a cuya participación deberá ser convocado por la empresa, especialmente con ocasión de su reincorporación. Durante el primer año tendrá derecho a la reserva de su puesto de trabajo. Transcurrido dicho plazo, la reserva quedará referida a un puesto de trabajo del mismo grupo profesional o categoría equivalente[237].

No obstante, cuando la persona trabajadora forme parte de una familia que tenga reconocida la condición de familia numerosa, la reserva de su puesto de trabajo se extenderá hasta un máximo de quince meses cuando se trate de una familia numerosa de categoría general, y hasta un máximo de dieciocho meses si se trata de categoría especial. Cuando la persona ejerza este derecho con la misma duración y régimen que el otro progenitor, la reserva de puesto de trabajo se ex-

---

[237] V. disp. adic. 21.ª11.ª ET. V. Directiva 2019/1158/UE, de 20 de junio (*DOUE* de 12 de julio), relativa a la conciliación de la vida familiar y la vida profesional de los progenitores y los cuidadores, y por la que se deroga la Directiva 2010/18/UE; STC 240/1999, de 20 de diciembre, sobre carácter discriminatorio de la denegación de la excedencia por cuidado de hijos por tratarse de funcionaria interina.

tenderá hasta un máximo de dieciocho meses.

En el ejercicio de este derecho se tendrá en cuenta el fomento de la corresponsabilidad entre mujeres y hombres y, asimismo, evitar la perpetuación de roles y estereotipos de género.

4. Asimismo podrán solicitar su paso a la situación de excedencia en la empresa los trabajadores que ejerzan funciones sindicales de ámbito provincial o superior mientras dure el ejercicio de su cargo representativo[238].

5. El trabajador en excedencia voluntaria conserva sólo un derecho preferente al reingreso en las vacantes de igual o similar categoría a la suya que hubiera o se produjeran en la empresa[239].

6. La situación de excedencia podrá extenderse a otros supuestos colectivamente acordados, con el régimen y los efectos que allí se prevean[240].

Art. 47. *Reducción de jornada o suspensión del contrato por causas económicas, técnicas, organizativas o de producción o derivadas de fuerza mayor*[241].— 1. La empresa podrá reducir temporalmente la jornada de

---

[238] V. arts. 48.3 ET y 9.º1.*b*) de la LO 11/1985, de 1 de agosto (*BOE* de 8 de agosto), de Libertad Sindical; SSTC 99/1987, de 11 de junio (*BOE* de 26 de junio), sobre la inconstitucionalidad de la concesión de la excedencia en exclusiva a los cargos de sindicatos más representativos, respecto de los funcionarios públicos; 263/1994, de 3 de octubre (*BOE* de 8 de noviembre), sobre razonabilidad de la diferencia entre excedencia forzosa para los cargos de sindicatos más representativos y excedencia voluntaria para los cargos del resto de los sindicatos; 18/2003, de 30 de enero (*BOE* de 5 de marzo), sobre derecho del funcionario público cargo sindical a la situación equivalente a la excedencia laboral, con reserva de plaza y destino y antigüedad.
[239] V. STC 33/1986, de 21 de febrero (*BOE* de 21 de marzo), sobre la adopción de medidas judiciales en el caso de imposibilidad de hecho de reincorporación del trabajador.
[240] Para la inconstitucionalidad de la excedencia obligatoria con ocasión del matrimonio, v. SSTC 67/1982, de 15 de noviembre (*BOE* de 10 de diciembre); 7/1983, de 14 de febrero (*BOE* de 9 de marzo); 8/1983, de 18 de febrero (*BOE* de 9 de marzo); 8/1983, de 18 de febrero (*BOE* de 23 de marzo); 13/1983, de 23 de febrero (*BOE* de 23 de marzo); 15/1983, de 4 de marzo (*BOE* de 12 de abril), y 86/1983, de 26 de octubre (*BOE* de 7 de noviembre). Sobre la nulidad radical de la no readmisión en estos casos, STC 66/1993, de 1 de marzo (*BOE* de 1 de abril).
[241] Artículo redactado conforme al RDL 32/2021, de 28 de diciembre (*BOE* de 30 de diciembre), de medidas para la reforma laboral, la garantía de la estabilidad en el empleo y la transformación del mercado de trabajo. Precepto desarrollado reglamentariamente por el RD 1.483/2012, de 29 de octubre, modificado por RD 608/2023, de 11 de julio (*BOE* de 12 de julio). Para la inaplicación de este precepto a los organismos públicos, disp. adic. 17.ª ET. Para las acciones formativas durante estos períodos de regulación temporal de empleo, V. disp. adic. 25.ª ET. V. arts. 68.*b*) y 85.1 ET. Para las situaciones de concurso de acreedores, v. arts. 169 ss. Real Decreto Legislativo 1/2020, de 5 de mayo

trabajo de las personas trabajadoras o suspender temporalmente los contratos de trabajo, por causas económicas, técnicas, organizativas o de producción de carácter temporal, con arreglo a lo previsto en este artículo y al procedimiento que se determine reglamentariamente[242].

2. A efectos de lo previsto en este artículo, se entiende que concurren causas económicas cuando de los resultados de la empresa se desprenda una situación económica negativa, en casos tales como la existencia de pérdidas actuales o previstas, o la disminución persistente de su nivel de ingresos ordinarios o ventas. En todo caso, se entenderá que la disminución es persistente si durante dos trimestres consecutivos el nivel de ingresos ordinarios o ventas de cada trimestre es inferior al registrado en el mismo trimestre del año anterior.

Se entiende que concurren causas técnicas cuando se produzcan cambios, entre otros, en

el ámbito de los medios o instrumentos de producción; causas organizativas cuando se produzcan cambios, entre otros, en el ámbito de los sistemas y métodos de trabajo del personal o en el modo de organizar la producción; y causas productivas cuando se produzcan cambios, entre otros, en la demanda de los productos o servicios que la empresa pretende colocar en el mercado.

3. El procedimiento, que será aplicable cualquiera que sea el número de personas trabajadoras de la empresa y el número de personas afectadas por la reducción o por la suspensión, se iniciará mediante comunicación a la autoridad laboral competente y la apertura simultánea de un período de consultas con la representación legal de las personas trabajadoras de duración no superior a quince días.

En el supuesto de empresas de menos de cincuenta personas de plantilla, la duración del período de consultas no será superior a siete días.

(*BOE* de 7 de mayo), por el que se aprueba el texto refundido de la Ley Concursal, preceptos transcritos en nota al art. 57.

Para la protección por desempleo en estos casos, V. arts. 262 ss. Ley General de la Seguridad Social, texto refundido aprobado por RDL 8/2015, de 30 de octubre (*BOE* de 31 de octubre).

[242] Conforme al artículo 173 del RD-Ley 5/2023, de 28 de junio (*BOE* de 29 de junio), «las empresas que se acojan a las medidas de reducción de jornada o suspensión de contratos reguladas en el artículo 47 del texto refundido de la Ley del Estatuto de los Trabajadores por causas relacionadas con la invasión de Ucrania y que se beneficien de apoyo público no podrán utilizar estas causas para realizar despidos».

La consulta se llevará a cabo en una única comisión negociadora, si bien, de existir varios centros de trabajo, quedará circunscrita a los centros afectados por el procedimiento. La comisión negociadora estará integrada por un máximo de trece miembros en representación de cada una de las partes.

La intervención como interlocutores ante la dirección de la empresa en el procedimiento de consultas corresponderá a los sujetos indicados en el artículo 41.4, en el orden y condiciones señalados en el mismo.

La comisión representativa de las personas trabajadoras deberá quedar constituida con carácter previo a la comunicación empresarial de apertura del período de consultas. A estos efectos, la dirección de la empresa deberá comunicar de manera fehaciente a las personas trabajadoras o a sus representantes su intención de iniciar el procedimiento. El plazo máximo para la constitución de la comisión representativa será de cinco días desde la fecha de la referida comunicación, salvo que alguno de los centros de trabajo que vaya a estar afectado por el procedimiento no cuente con representantes legales de los trabajadores, en cuyo caso el plazo será de diez días.

Transcurrido el plazo máximo para la constitución de la comisión representativa, la dirección de la empresa podrá comunicar formalmente a la representación de las personas trabajadoras y a la autoridad laboral el inicio del período de consultas. La falta de constitución de la comisión representativa no impedirá el inicio y transcurso del período de consultas, y su constitución con posterioridad al inicio del mismo no comportará, en ningún caso, la ampliación de su duración.

La autoridad laboral recabará informe preceptivo de la Inspección de Trabajo y Seguridad Social sobre los extremos de dicha comunicación y sobre el desarrollo del período de consultas. El informe deberá ser evacuado en el improrrogable plazo de quince días desde la notificación a la autoridad laboral de la finalización del período de consultas y quedará incorporado al procedimiento[243].

Cuando el período de consultas finalice con acuerdo se presumirá que concurren las causas justificativas a que alude el apartado 1 y sólo podrá ser impugnado ante la jurisdicción social por la existencia de fraude,

---

[243] Para el acceso a los datos de los expedientes por parte de la Seguridad Social, el Servicio Público de Empleo y la Inspección de Trabajo, v. disp. adic. 26.ª ET.

dolo, coacción o abuso de derecho en su conclusión.

Durante el período de consultas, las partes deberán negociar de buena fe, con vistas a la consecución de un acuerdo. Dicho acuerdo requerirá la conformidad de la mayoría de los representantes legales de los trabajadores o, en su caso, de la mayoría de miembros de la comisión representativa de las personas trabajadoras siempre que, en ambos casos, representen a la mayoría de las personas trabajadoras del centro o centros de trabajo afectados.

La empresa y la representación de las personas trabajadoras podrán acordar en cualquier momento la sustitución del período de consultas por el procedimiento de mediación o arbitraje que sea de aplicación en el ámbito de la empresa, que deberá desarrollarse dentro del plazo máximo señalado para dicho período[244].

Tras la finalización del período de consultas, la empresa notificará a las personas trabajadoras y a la autoridad laboral su decisión sobre la reducción de jornada o la suspensión de contratos, que deberá incluir el período dentro del cual se va a llevar a cabo la aplicación de estas medidas.

La decisión empresarial surtirá efectos a partir de la fecha de su comunicación a la autoridad laboral, salvo que en ella se contemple una posterior.

Si en el plazo de quince días desde la fecha de la última reunión celebrada en el período de consultas, la empresa no hubiera comunicado a los representantes de los trabajadores y a la autoridad laboral su decisión sobre la suspensión de contratos o reducción temporal de jornada, se producirá la caducidad del procedimiento en los términos que reglamentariamente se establezcan.

La decisión empresarial podrá ser impugnada por la autoridad laboral a petición de la entidad gestora de la prestación por desempleo cuando aquella pudiera tener por objeto la obtención indebida de las prestaciones por parte de las personas trabajadoras, por inexistencia de la causa motivadora de la situación legal de desempleo.

Contra las decisiones a que se refiere el presente apartado podrá reclamar la persona trabajadora ante la jurisdicción social que declarará la medida justificada o injustificada. En este último caso, la sentencia declarará la inmediata reanudación del contrato de trabajo y condenará a la empresa al pago de los sala-

---

[244] V. art. 85.1 ET.

rios dejados de percibir por la persona trabajadora hasta la fecha de la reanudación del contrato o, en su caso, al abono de las diferencias que procedan respecto del importe recibido en concepto de prestaciones por desempleo durante el período de suspensión, sin perjuicio del reintegro que proceda realizar por el empresario del importe de dichas prestaciones a la entidad gestora del pago de las mismas, así como del ingreso de las diferencias de cotización a la Seguridad Social. Cuando la decisión empresarial afecte a un número de personas igual o superior a los umbrales previstos en el artículo 51.1 se podrá reclamar en conflicto colectivo, sin perjuicio de la acción individual. La interposición del conflicto colectivo paralizará la tramitación de las acciones individuales iniciadas, hasta su resolución.

4. En cualquier momento durante la vigencia de la medida de reducción de jornada o suspensión de contratos basada en causas económicas, organizativas, técnicas o de producción, la empresa podrá comunicar a la representación de las personas trabajadoras con la que hubiera desarrollado el período de consultas una propuesta de prórroga de la medida. La necesidad de esta prórroga deberá ser tratada en un período de consultas de duración máxima de cinco días,

y la decisión empresarial será comunicada a la autoridad laboral en un plazo de siete días, surtiendo efectos desde el día siguiente a la finalización del período inicial de reducción de jornada o suspensión de la relación laboral.

Salvo en los plazos señalados, resultarán de aplicación a este período de consultas las previsiones recogidas en el apartado 3.

5. Las empresas podrán aplicar la reducción de la jornada de trabajo o la suspensión de los contratos de trabajo por causa derivada de fuerza mayor temporal, previo procedimiento tramitado conforme a lo dispuesto en este apartado, en el artículo 51.7 y en sus disposiciones reglamentarias de aplicación.

El procedimiento se iniciará mediante solicitud de la empresa dirigida a la autoridad laboral competente, acompañada de los medios de prueba que estime necesarios, y simultánea comunicación a la representación legal de las personas trabajadoras.

La existencia de fuerza mayor temporal como causa motivadora de la suspensión o reducción de jornada de los contratos de trabajo, deberá ser constatada por la autoridad laboral, cualquiera que sea el número de personas trabajadoras afectadas.

La autoridad laboral solicitará informe preceptivo de la Inspección de Trabajo y Seguridad Social antes de dictar resolución. Este informe deberá pronunciarse sobre la concurrencia de la fuerza mayor.

La resolución de la autoridad laboral se dictará, previas las actuaciones e informes indispensables, en el plazo de cinco días desde la solicitud, y deberá limitarse, en su caso, a constatar la existencia de la fuerza mayor alegada por la empresa, correspondiendo a esta la decisión sobre la reducción de las jornadas de trabajo o suspensión de los contratos de trabajo. La resolución surtirá efectos desde la fecha del hecho causante de la fuerza mayor, y hasta la fecha determinada en la misma resolución.

Si no se emite resolución expresa en el plazo indicado, se entenderá autorizado el expediente de regulación temporal de empleo.

En el supuesto de que se mantenga la fuerza mayor a la finalización del período determinado en la resolución del expediente, se deberá solicitar una nueva autorización.

6. La fuerza mayor temporal podrá estar determinada por impedimentos o limitaciones en la actividad normalizada de la empresa que sean consecuencia de decisiones adoptadas por la autoridad pública competente, incluidas aquellas orientadas a la protección de la salud pública[245].

También estará determinada por el mantenimiento, transcurridos los cuatro días previstos en el artículo 37.3.g), de la imposibilidad de acceder al centro de trabajo o a las vías de circulación necesarias para acudir al mismo, salvo que sea posible el trabajo a distancia en los términos recogidos en dicho precepto.

Por el contrario, las circunstancias del párrafo anterior no serán constitutivas de fuerza mayor durante la duración del permiso del artículo 37.3.g). Durante la misma, sólo podrá justificarse la fuerza mayor en base a otras circunstancias, en cuyo caso los efectos se retrotraerán al momento del hecho causante correspondiente.

Será de aplicación el procedimiento previsto para los expedientes por causa de fuerza mayor temporal a que se refiere el apartado anterior, con las siguientes particularidades:

a) La solicitud de informe por parte de la autoridad laboral a la Inspección de Trabajo y

---

[245] Se consideran expresamente como causa de fuerza mayor las situaciones de emergencia a efectos de protección civil (art. 24.2 Ley 17/2015, de 9 de julio, *BOE* de 10 de enero de 2016).

Seguridad Social no será pre-ceptiva.

b) La empresa deberá justi-ficar, en la documentación remi-tida junto con la solicitud, la existencia de las concretas limi-taciones o del impedimento a su actividad como consecuencia de la decisión de la autoridad com-petente.

c) La autoridad laboral au-torizará el expediente si se en-tienden justificadas las limita-ciones o impedimento refe-ridos[246].

7. Serán normas comunes aplicables a los expedientes de regulación temporal de empleo por causas económicas, técni-cas, organizativas y de produc-ción, y a los que estén basados en una causa de fuerza mayor temporal, las siguientes:

a) La reducción de jornada podrá ser de entre un 10 y un 70 por 100 y computarse sobre la base de la jornada diaria, sema-nal, mensual o anual.

En la medida en que ello sea viable, se priorizará la adopción de medidas de reducción de jor-nada frente a las de suspensión de contratos.

b) La empresa junto con la notificación, comunicación o solicitud, según proceda, a la autoridad laboral sobre su deci-sión de reducir la jornada de trabajo o suspender los contra-tos de trabajo, a que se refieren los apartados 3, 4, 5 y 6, comu-nicará, a través de los procedi-mientos automatizados que se establezcan:

1.º El período dentro del cual se va a llevar a cabo la aplicación de la suspensión del contrato o la reducción de jor-nada.

2.º La identificación de las personas trabajadoras incluidas en el expediente de regulación temporal de empleo.

3.º El tipo de medida a apli-car respecto de cada una de las personas trabajadoras y el por-centaje máximo de reducción de jornada o el número máximo de días de suspensión de contrato a aplicar[247].

---

[246] Apartado 6 conforme al Real Decreto-Ley 8/2024, de 28 de noviembre (*BOE* de 29 de noviembre).

[247] Conforme a la disp. adic. 42.ª de la Ley General de la Seguridad Social: «Al objeto de reducir las cargas administrativas de las empresas, reglamentariamente se establecerá por el Servicio Público de Empleo Estatal y la Tesorería General de la Seguridad Social, un procedimiento único a través del cual las empresas puedan co-municar, a ambas entidades, el inicio y finalización de los períodos de suspensión temporal de contratos de trabajo y reducción temporal de jornada de trabajo de los trabajadores afectados por un expediente de regulación temporal de empleo.

A través de dicho procedimiento las empresas deberán poder comunicar esta infor-mación de tal forma que la misma surta efecto para el desarrollo de la totalidad de las competencias de ambas entidades».

c) Durante el período de aplicación del expediente, la empresa podrá desafectar y afectar a las personas trabajadoras en función de las alteraciones de las circunstancias señaladas como causa justificativa de las medidas, informando previamente de ello a la representación legal de las personas trabajadoras y previa comunicación a la entidad gestora de las prestaciones sociales y, conforme a los plazos establecidos reglamentariamente, a la Tesorería General de la Seguridad Social, a través de los procedimientos automatizados que establezcan dichas entidades.

d) Dentro del período de aplicación del expediente no podrán realizarse horas extraordinarias, establecerse nuevas externalizaciones de actividad ni concertarse nuevas contrataciones laborales. Esta prohibición no resultará de aplicación en el supuesto en que las personas en suspensión contractual o reducción de jornada que presten servicios en el centro de trabajo afectado por nuevas contrataciones o exter-

nalizaciones no puedan, por formación, capacitación u otras razones objetivas y justificadas, desarrollar las funciones encomendadas a aquellas, previa información al respecto por parte de la empresa a la representación legal de las personas trabajadoras[248].

Las empresas que desarrollen las acciones formativas a las que se refiere la disposición adicional vigesimoquinta, a favor de las personas afectadas por el expediente de regulación temporal de empleo, tendrán derecho a un incremento de crédito para la financiación de acciones en el ámbito de la formación programada, en los términos previstos en el artículo 9.7 de la Ley 30/2015, de 9 de septiembre, por la que se regula el Sistema de Formación Profesional para el empleo en el ámbito laboral.

e) Los beneficios en materia de cotización vinculados a los expedientes de regulación temporal de empleo, de carácter voluntario para la empresa, estarán condicionados, asimismo, al mantenimiento en el empleo de

---

[248] Para las nuevas contrataciones de contratos formativos, v. art. 11.4.*f*) ET. Se tipifica como infracción administrativa grave la formalización de nuevas contrataciones laborales incumpliendo lo establecido para los períodos de reducción de jornada o suspensión del contrato de trabajo, considerándose una infracción por cada trabajador contratado (art. 7.14 Ley de Infracciones y Sanciones en el Orden Social) y como infracción administrativa muy grave establecer en esto caso nuevas externalizaciones o adoptar medidas suspensivas o de reducción de jornada sin cumplir los procedimientos establecidos al efecto (arts. 8.3 y 20 Ley de Infracciones y Sanciones en el Orden Social).

las personas trabajadoras afectadas con el contenido y requisitos previstos en el apartado 10 de la disposición adicional cuadragésima cuarta del texto refundido de la Ley General de la Seguridad Social, aprobado por el Real Decreto Legislativo 8/2015, de 30 de octubre[249].

f) La prestación a percibir por las personas trabajadoras se regirá por lo establecido en el

---

[249] Para la cotización, art. 153 bis y disp. adic. 44.ª de la Ley General de la Seguridad Social: «Artículo 153 bis. Cotización en los supuestos de reducción de jornada o suspensión de contrato. En los supuestos de reducción temporal de jornada o suspensión temporal del contrato de trabajo, ya sea por decisión del empresario al amparo de lo establecido en los artículos 47 o 47 bis del texto refundido de la Ley del Estatuto de los Trabajadores, o en virtud de resolución judicial adoptada en el seno de un procedimiento concursal, la empresa está obligada al ingreso de las cuotas correspondientes a la aportación empresarial.

»En caso de causarse derecho a la prestación por desempleo o a la prestación a la que se refiere la disposición adicional cuadragésima primera, corresponde a la entidad gestora de la prestación el ingreso de la aportación del trabajador en los términos previstos en el artículo 273.2 y en dicha disposición adicional, respectivamente.

»En estos supuestos, las bases de cotización a la Seguridad Social para el cálculo de la aportación empresarial por contingencias comunes y por contingencias profesionales, estarán constituidas por el promedio de las bases de cotización en la empresa afectada correspondientes a dichas contingencias de los seis meses naturales inmediatamente anteriores al inicio de cada situación de reducción de jornada o suspensión del contrato. Para el cálculo de dicho promedio, se tendrá en cuenta el número de días en situación de alta, en la empresa de que se trate, durante el período de los seis meses indicados. Las bases de cotización calculadas conforme a lo indicado anteriormente se reducirán, en los supuestos de reducción temporal de jornada, en función de la jornada de trabajo no realizada.

»Durante los períodos de suspensión temporal de contrato de trabajo y de reducción temporal de jornada, respecto de la jornada de trabajo no realizada, no resultarán de aplicación las normas de cotización correspondientes a las situaciones de incapacidad temporal, descanso por nacimiento y cuidado de menor, y riesgo durante el embarazo y la lactancia natural.»

«Disposición adicional cuadragésimo cuarta. Beneficios en la cotización a la Seguridad Social aplicables a los expedientes de regulación temporal de empleo y al Mecanismo RED.

»1. Durante la aplicación de los expedientes de regulación temporal de empleo a los que se refieren los artículos 47 y 47 bis del texto refundido de la Ley del Estatuto de los Trabajadores, las empresas podrán acogerse voluntariamente, siempre y cuando concurran las condiciones y requisitos incluidos en esta disposición adicional, a las exenciones en la cotización a la Seguridad Social sobre la aportación empresarial por contingencias comunes y por conceptos de recaudación conjunta a que se refiere el artículo 153 bis, que se indican a continuación:

»*a)* El 20 por 100 a los expedientes de regulación temporal de empleo por causas económicas, técnicas, organizativas o de producción a los que se refieren los artículos 47.1 y 47.4 del texto refundido de la Ley del Estatuto de los Trabajadores.

»Estas exenciones resultarán de aplicación exclusivamente en el caso de que las empresas desarrollen las acciones formativas a las que se refiere la disposición adicional vigesimoquinta del texto refundido de la Ley del Estatuto de los Trabajadores.

»*b*) El 90 por 100 a los expedientes de regulación temporal de empleo por causa de fuerza mayor temporal a los que se refiere el artículo 47.5 del texto refundido de la Ley del Estatuto de los Trabajadores.

»*c*) El 90 por 100 a los expedientes de regulación temporal de empleo por causa de fuerza mayor temporal determinada por impedimentos o limitaciones en la actividad normalizada de la empresa, a los que se refiere el artículo 47.6 del texto refundido de la Ley del Estatuto de los Trabajadores.

»*d*) En los expedientes de regulación temporal de empleo a los que resulte de aplicación el Mecanismo RED de Flexibilidad y Estabilización del Empleo en su modalidad cíclica, a los que se refiere al artículo 47 bis.1.*a*) del texto refundido de la Ley del Estatuto de los Trabajadores:

»1.º El 60 por 100, desde la fecha en que se produzca la activación, por acuerdo del Consejo de Ministros, hasta el último día del cuarto mes posterior a dicha fecha de activación.

»2.º El 30 por 100, durante los cuatro meses inmediatamente siguientes a la terminación del plazo al que se refiere el párrafo 1.º anterior.

»3.º El 20 por 100, durante los cuatro meses inmediatamente siguientes a la terminación del plazo al que se refiere el párrafo 2.º anterior.

»*e*) El 40 por 100 a los expedientes de regulación temporal de empleo a los que resulte de aplicación el Mecanismo RED de Flexibilidad y Estabilización del Empleo en su modalidad sectorial, a los que se refiere al artículo 47 bis.1.*b*) del texto refundido de la Ley del Estatuto de los Trabajadores.

»Estas exenciones resultarán de aplicación exclusivamente en el caso de que las empresas desarrollen las acciones formativas a las que se refiere la disposición adicional vigesimoquinta del texto refundido de la Ley del Estatuto de los Trabajadores.

»Estas exenciones se aplicarán respecto de las personas trabajadoras afectadas por las suspensiones de contratos o reducciones de jornada, en alta en los códigos de cuenta de cotización de los centros de trabajo afectados.

»El Consejo de Ministros, atendiendo a las circunstancias que concurran en la coyuntura macroeconómica general o en la situación en la que se encuentre determinado sector o sectores de la actividad, podrá impulsar las modificaciones legales necesarias para modificar los porcentajes de las exenciones en la cotización a la Seguridad Social reguladas en esta disposición, así como establecer la aplicación de exenciones a la cotización debida por los trabajadores reactivados, tras los períodos de suspensión del contrato o de reducción de la jornada, en el caso de los expedientes de regulación temporal de empleo a los que se refiere el artículo 47 bis.1.*a*) de la Ley del Estatuto de los Trabajadores.

»2. Las exenciones en la cotización a que se refiere esta disposición adicional no tendrán efectos para las personas trabajadoras, manteniéndose la consideración del período en que se apliquen como efectivamente cotizado a todos los efectos.

»3. Para la aplicación de estas exenciones no resultará de aplicación lo establecido en los apartados 1 y 3 del artículo 20.

»4. Las exenciones reguladas en esta disposición adicional, que se financiarán con aportaciones del Estado, serán a cargo de los presupuestos de la Seguridad Social, de las mutuas colaboradoras con la Seguridad Social, del Servicio Público de Empleo Estatal y del Fondo de Garantía Salarial, respecto a las exenciones que correspondan a cada uno de ellos.

»5. Estas exenciones en la cotización se aplicarán por la Tesorería General de la Seguridad Social a instancia de la empresa, previa comunicación de la identificación de las personas trabajadoras y período de la suspensión o reducción de jornada y previa presentación de declaración responsable, respecto de cada código de cuenta de cotización, en el que figuren de alta las personas trabajadoras adscritas a los centros de trabajo afectados, y mes de devengo. Esta declaración hará referencia tanto a la existencia como al mantenimiento de la vigencia de los expedientes de regulación temporal de empleo y al cumplimiento de los requisitos establecidos para la aplicación de estas exenciones. La declaración hará referencia a haber obtenido, en su caso, la correspondiente resolución de la autoridad laboral emitida de forma expresa o por silencio administrativo.

»Para que la exención resulte de aplicación estas declaraciones responsables se deberán presentar antes de solicitarse el cálculo de la liquidación de cuotas correspondiente al período de devengo de cuotas sobre el que tengan efectos dichas declaraciones.

»6. Junto con la comunicación de la identificación de las personas trabajadoras y período de suspensión o reducción de jornada se realizará, en los supuestos a los que se refieren las letras *a*) y *e*) del apartado 1, una declaración responsable sobre el compromiso de la empresa de realización de las acciones formativas a las que se refiere esta disposición.

»Para que la exención resulte de aplicación, esta declaración responsable se deberá presentar antes de solicitarse el cálculo de la liquidación de cuotas correspondiente al período de devengo de las primeras cuotas sobre las que tengan efectos dichas declaraciones. Si la declaración responsable se efectuase en un momento posterior a la última solicitud del cálculo de la liquidación de cuotas dentro del período de presentación en plazo reglamentario correspondiente, estas exenciones únicamente se aplicarán a las liquidaciones que se presenten con posterioridad, pero no a los períodos ya liquidados.

»7. Las comunicaciones y declaraciones responsables a las que se refieren los apartados anteriores se deberán realizar, mediante la transmisión de los datos que establezca la Tesorería General de la Seguridad Social, a través del Sistema de remisión electrónica de datos en el ámbito de la Seguridad Social (Sistema RED), regulado en la Orden ESS/484/2013, de 26 de marzo.

»8. La Tesorería General de la Seguridad Social comunicará al Servicio Público de Empleo Estatal la relación de personas trabajadoras por las que las empresas se han aplicado las exenciones, conforme a lo establecido en las letras *a*) y *e*) del apartado 1.

»El Servicio Público de Empleo Estatal, por su parte, verificará la realización de las acciones formativas a las que se refiere la disposición adicional vigesimoquinta del texto refundido de la Ley del Estatuto de los Trabajadores, conforme a todos los requisitos establecidos en la misma y en la presente disposición.

»Cuando no se hayan realizado las acciones formativas a las que se refiere este artículo, según la verificación realizada por el Servicio Público de Empleo Estatal, la Tesorería General de la Seguridad Social informará de tal circunstancia a la Inspección de Trabajo y Seguridad Social para que ésta inicie los expedientes sancionadores y liquidatorios de cuotas que correspondan, respecto de cada una de las personas trabajadoras por las que no se hayan realizado dichas acciones.

»En el supuesto de que la empresa acredite la puesta a disposición de las personas trabajadoras de las acciones formativas no estará obligada al reintegro de las exenciones a las que se refieren las letras *a*) y *e*) del apartado 1, cuando la persona trabajadora no las haya realizado.

»9. Las empresas que se hayan beneficiado de las exenciones conforme a lo establecido en las letras *a*) y *e*) del apartado 1, que incumplan las obligaciones de formación a las que se refieren estas letras deberán ingresar el importe de las cotizaciones de cuyo pago resultaron exoneradas respecto de cada trabajador en el que se haya incumplido este requisito, con el recargo y los intereses de demora correspondientes, según lo establecido en las normas recaudatorias de la Seguridad Social, previa determinación por

artículo 267 del texto refundido de la Ley General de la Seguridad Social y sus normas de desarrollo.

Art. 47 bis. *Mecanismo RED de Flexibilidad y Estabilización del Empleo*[250].—1. El Mecanismo RED de Flexibilidad y Estabilización del Empleo es un instrumento de flexibilidad y estabilización del empleo que, una vez activado por el Consejo de Ministros, permitirá a las empresas la solicitud de medidas de reducción de jornada y suspensión de contratos de trabajo.

Este Mecanismo RED tendrá dos modalidades:

---

la Inspección de Trabajo y Seguridad Social del incumplimiento de estas las obligaciones y de los importes a reintegrar.

»10. Las exenciones en la cotización reguladas en la presente disposición adicional estarán condicionadas al mantenimiento en el empleo de las personas trabajadoras afectadas durante los seis meses siguientes a la finalización del período de vigencia del expediente de regulación temporal de empleo.

»Las empresas que incumplan este compromiso deberán reintegrar el importe de las cotizaciones de cuyo pago resultaron exoneradas en relación a la persona trabajadora respecto de la cual se haya incumplido este requisito, con el recargo y los intereses de demora correspondientes, según lo establecido en las normas recaudatorias de la Seguridad Social, previa comprobación del incumplimiento de este compromiso y la determinación de los importes a reintegrar por la Inspección de Trabajo y Seguridad Social.

»No se considerará incumplido este compromiso cuando el contrato de trabajo se extinga por despido disciplinario declarado como procedente, dimisión, muerte, jubilación o incapacidad permanente total, absoluta o gran invalidez de la persona trabajadora. Tampoco se considera incumplido por el fin del llamamiento de las personas con contrato fijo-discontinuo, cuando este no suponga un despido sino una interrupción del mismo.

»En particular, en el caso de contratos temporales, no se entenderá incumplido este requisito cuando el contrato se haya formalizado de acuerdo con lo previsto en el artículo 15 del Estatuto de los Trabajadores y se extinga por finalización de su causa, o cuando no pueda realizarse de forma inmediata la actividad objeto de contratación.»

[250] Art. 47 bis introducido por el RDL 32/2021, de 28 de diciembre (*BOE* de 30 de diciembre), de medidas para la reforma laboral, la garantía de la estabilidad en el empleo y la transformación del mercado de trabajo. Precepto desarrollado reglamentariamente por medio del RD 608/2023, de 11 de julio (*BOE* de 12 de julio). Para la evaluación de los resultados del mecanismo RED y, en su caso, adopción de medidas adicionales para favorecer la transición profesional de las personas afectadas, V. disp. adic. 1.ª RDL 32/2021, de 28 de diciembre. Respecto al cómputo estadístico de los afectados por estos expedientes como ocupados, disp. adic. 6.ª RDL 32/2021, de 28 de diciembre. Para la inaplicación de este precepto a los organismos públicos, disp. adic. 17.ª ET en relación con la disp. final 3.ª RDL 32/2021, de 28 de diciembre: «Las referencias normativas al artículo 47 del texto refundido de la Ley del Estatuto de los Trabajadores, contenidas en dicho texto legal, deberán extenderse, a los mismos efectos, al artículo 47 bis de la referida disposición». Orden PJC/1.472/2024, de 26 de diciembre (*BOE* de 27 de diciembre) de activación del mecanismo REDS para la fabricación de vehículos de motor.

a) Cíclica, cuando se aprecie una coyuntura macroeconómica general que aconseje la adopción de instrumentos adicionales de estabilización, con una duración máxima de un año.

b) Sectorial, cuando en un determinado sector o sectores de actividad se aprecien cambios permanentes que generen necesidades de recualificación y de procesos de transición profesional de las personas trabajadoras, con una duración máxima inicial de un año y la posibilidad de dos prórrogas de seis meses cada una.

2. La activación del Mecanismo se realizará a propuesta conjunta de las personas titulares de los Ministerios de Trabajo y Economía Social, de Asuntos Económicos y Transformación Digital, y de Inclusión, Seguridad Social y Migraciones, previo informe de la Comisión Delegada del Gobierno para Asuntos Económicos.

En el ámbito de la modalidad sectorial, las organizaciones sindicales y empresariales más representativas a nivel estatal podrán solicitar a los Ministerios referidos la convocatoria de la Comisión tripartita del Mecanismo RED. Esta Comisión deberá reunirse en el plazo de quince días desde dicha solicitud y analizará la existencia de los cambios referidos en el apartado 1.*b)*, así como la necesi-

dad, en su caso, de elevar una solicitud de activación del Mecanismo RED sectorial al Consejo de Ministros.

En todo caso, con carácter previo a su elevación al Consejo de Ministros, resultará imprescindible informar a las organizaciones sindicales y empresariales más representativas a nivel estatal.

La decisión y las consideraciones que se incorporen al Acuerdo del Consejo de Ministros no serán por sí mismas causas para la adopción en el ámbito empresarial de las medidas previstas en esta norma en relación con el empleo o las condiciones de trabajo.

3. Una vez activado el Mecanismo, las empresas podrán solicitar voluntariamente a la autoridad laboral la reducción de la jornada o la suspensión de los contratos de trabajo, mientras esté activado el Mecanismo, en cualquiera de sus centros de trabajo y en los términos previstos en este artículo.

El procedimiento se iniciará mediante solicitud por parte de la empresa dirigida a la autoridad laboral competente y comunicación simultánea a la representación de las personas trabajadoras, y se tramitará de acuerdo con lo previsto en el artículo 47.5, previo desarrollo de un período de consultas en los términos regulados en el 47.3, con las particularidades recogidas en este artículo.

En el caso de la modalidad sectorial, además, la solicitud deberá ir acompañada de un plan de recualificación de las personas afectadas.

4. La autoridad laboral deberá remitir el contenido de la solicitud empresarial a la Inspección de Trabajo y Seguridad Social y recabar informe preceptivo de esta sobre la concurrencia de los requisitos correspondientes. Este informe será evacuado en el improrrogable plazo de siete días desde la notificación de inicio por parte de la empresa a la autoridad laboral.

La autoridad laboral procederá a dictar resolución en el plazo de siete días naturales a partir de la comunicación de la conclusión del período de consultas. Si transcurrido dicho plazo no hubiera recaído pronunciamiento expreso, se entenderá autorizada la medida, siempre dentro de los límites legal y reglamentariamente establecidos.

Cuando el período de consultas concluya con acuerdo, la autoridad laboral autorizará la aplicación del mecanismo, pudiendo la empresa proceder a las reducciones de jornada o suspensiones de contrato en las condiciones acordadas.

Cuando el período de consultas concluya sin acuerdo, la autoridad laboral dictará resolución estimando o desestimando la solicitud empresarial. La autoridad laboral estimará la solicitud en caso de entender que de la documentación aportada se deduce que la situación cíclica o sectorial temporal concurre en la empresa en los términos previstos en este artículo.

5. Serán normas comunes aplicables a las dos modalidades del Mecanismo RED, las siguientes:

a) Las previsiones recogidas en el artículo 47.4 y 7[251].

b) Las personas trabajadoras cubiertas por un Mecanismo RED se beneficiarán de las medidas en materia de protección social previstas en la disposición adicional cuadragésima primera del texto refundido de la Ley General de la Seguridad Social, y tendrán la consideración de colectivo prioritario para el acceso a las iniciativas de formación del sistema de formación profesional

---

[251] Para la cotización, art. 153 bis y disp. adic. 39.ª de la Ley General de Seguridad Social, transcritos en la nota al art. 47.7.*e)* ET.

para el empleo en el ámbito laboral[252].

c) La Inspección de Trabajo y Seguridad Social y el Servicio Público de Empleo Estatal colaborarán para el desarrollo de actuaciones efectivas de control de la aplicación del Mecanismo, mediante la programación de actuaciones periódicas y de ejecución continuada.

Asimismo, la Inspección de Trabajo y Seguridad Social tendrá acceso a los datos incorporados mediante procedimientos automatizados y aplicaciones que le permitan conocer los extremos relativos a la aplicación de los Mecanismos, las condiciones especiales en materia de cotización a la Seguridad Social para las empresas y prestaciones correspondientes, con el objetivo de desarrollar las debidas actuaciones de control.

6. Se constituirá como fondo sin personalidad jurídica, adscrito al Ministerio de Trabajo y Economía Social, un Fondo RED de Flexibilidad y Estabilización del Empleo, que tendrá como finalidad atender a las necesidades futuras de financiación derivadas de la modalidad cíclica y sectorial del Mecanismo RED en materia de prestaciones y exenciones a las empresas del pago de las cotizaciones a la Seguridad Social, incluidos los costes asociados a la formación, en la forma y condiciones previstas en su normativa de desarrollo.

Serán recursos de este Fondo los excedentes de ingresos que financian las prestaciones por desempleo en su nivel contributivo y asistencial, las aportaciones que se consignen en los Presupuestos Generales del Estado, las aportaciones procedentes de los instrumentos de financiación de la Unión Europea orientados al cumplimiento del objeto y fines del Fondo, así como los rendimientos de cualquier naturaleza que genere el Fondo.

Art. 48. *Suspensión con reserva de puesto de trabajo*[253].— 1. Al cesar las causas legales de suspensión, el trabajador tendrá derecho a la reincorporación al puesto de trabajo reservado, en todos los supuestos a que se refiere el artículo 45.1 excepto en los señalados en las letras *a*) y *b*), en que se estará a lo pactado.

---

[252] Texto de la disp. adic. 44.ª de la Ley General de la Seguridad Social transcrito en nota al art. 47.3.*e*). Para las comunicaciones a efectos de tramitación de la prestación de Seguridad Social hasta tanto no se desarrolle el procedimiento administrativo correspondiente, v. disp. trans. 8.ª RDL 32/2021, de 28 de agosto.

[253] Apartados 4 a 9 de este artículo conforme al RDL 6/2019, de 1 de marzo (*BOE* de 7 de marzo), norma que al propio tiempo suprime el apartado 10 del presente artículo.

2. En el supuesto de incapacidad temporal, producida la extinción de esta situación con declaración de incapacidad permanente en los grados de incapacidad permanente total para la profesión habitual, absoluta para todo trabajo o gran incapacidad, cuando, a juicio del órgano de calificación, la situación de incapacidad del trabajador vaya a ser previsiblemente objeto de revisión por mejoría que permita su reincorporación al puesto de trabajo, subsistirá la suspensión de la relación laboral, con reserva de puesto de trabajo, durante un periodo de dos años a contar desde la fecha de la resolución por la que se declare la incapacidad permanente.

En los supuestos previstos en la letra n) del artículo 49.1 se considerará también que subsiste la suspensión de la relación laboral, con reserva del puesto de trabajo, durante el tiempo en que se resuelven los ajustes razonables o el cambio a un puesto vacante y disponible[254].

3. En los supuestos de suspensión por ejercicio de cargo público representativo o funciones sindicales de ámbito provincial o superior, el trabajador deberá reincorporarse en el plazo máximo de treinta días naturales a partir de la cesación en el cargo o función[255].

4. El nacimiento, que comprende el parto y el cuidado de menor de doce meses, suspenderá el contrato de trabajo de la madre biológica durante dieciséis semanas, de las cuales serán obligatorias las seis semanas ininterrumpidas inmediatamente posteriores al parto, que habrán de disfrutarse a jornada completa, para asegurar la protección de la salud de la madre[256].

El nacimiento suspenderá el contrato de trabajo del progenitor distinto de la madre biológica durante dieciséis semanas, de las cuales serán obligatorias las seis semanas ininterrumpidas inmediatamente posteriores al parto, que habrán de disfrutarse a jornada completa, para el cumplimiento de los deberes de

---

[254] Apartado 2 conforme a la Ley 2/2025, de 29 de abril (*BOE* de 30 de abril). V. art. 49.1.*n*) ET y nota al art. 45.1.*c*) ET.

[255] STC 66/2020, de 18 de junio, sobre nulidad de despido por negativa a la reincorporación de una trabajadora en suspensión de contrato de trabajo por ejercicio de cargo representativo al perder la dedicación exclusiva a tal actividad, vulneración del derecho constitucional a la representación política (art. 23.2 CE).

[256] V. nota al art. 45.1.*d*) ET. V. disp. adic. 19.ª ET. STC 75/2011, de 19 de mayo (*BOE* de 11 de junio), sobre constitucionalidad del precepto legal que impide la cesión al padre del disfrute del permiso de maternidad cuando la madre no sea trabajadora por cuenta ajena.

cuidado previstos en el artículo 68 del Código Civil[257].

En los casos de parto prematuro y en aquellos en que, por cualquier otra causa, el neonato deba permanecer hospitalizado a continuación del parto, el período de suspensión podrá computarse, a instancia de la madre biológica o del otro progenitor, a partir de la fecha del alta hospitalaria. Se excluyen de dicho cómputo las seis semanas posteriores al parto, de suspensión obligatoria del contrato de la madre biológica.

En los casos de parto prematuro con falta de peso y en aquellos otros en que el neonato precise, por alguna condición clínica, hospitalización a continuación del parto, por un período superior a siete días, el período de suspensión se ampliará en tantos días como el nacido se encuentre hospitalizado, con un máximo de trece semanas adicionales, y en los términos en que reglamentariamente se desarrolle.

En el supuesto de fallecimiento del hijo o hija, el período de suspensión no se verá reducido, salvo que, una vez finalizadas las seis semanas de descanso obligatorio, se solicite la reincorporación al puesto de trabajo.

La suspensión del contrato de cada uno de los progenitores por el cuidado de menor, una vez transcurridas las primeras seis semanas inmediatamente posteriores al parto, podrá distribuirse a voluntad de aquéllos, en períodos semanales a disfrutar de forma acumulada o interrumpida y ejercitarse desde la finalización de la suspensión obligatoria posterior al parto hasta que el hijo o la hija cumpla doce meses. No obstante, la madre biológica podrá anticipar su ejercicio hasta cuatro semanas antes de la fecha previsible del parto. El disfrute de cada período semanal o, en su caso, de la acumulación de dichos períodos, deberá comunicarse a la empresa con una antelación mínima de quince días.

Este derecho es individual de la persona trabajadora sin que pueda transferirse su ejercicio al otro progenitor.

La suspensión del contrato de trabajo, transcurridas las primeras seis semanas inmediatamente posteriores al parto, podrá disfrutarse en régimen de jornada completa o de jornada parcial, previo acuerdo entre la empresa y la persona trabajadora, y conforme se determine reglamentariamente.

---

[257] Conforme al art. 68 del Código Civil, «Los cónyuges están obligados a vivir juntos, guardarse fidelidad y socorrerse mutuamente. Deberán, además, compartir las responsabilidades domésticas y el cuidado y atención de ascendientes y descendientes y otras personas dependientes a su cargo».

La persona trabajadora deberá comunicar a la empresa, con una antelación mínima de quince días, el ejercicio de este derecho en los términos establecidos, en su caso, en los convenios colectivos. Cuando los dos progenitores que ejerzan este derecho trabajen para la misma empresa, la dirección empresarial podrá limitar su ejercicio simultáneo por razones fundadas y objetivas, debidamente motivadas por escrito.

A efectos de lo dispuesto en este apartado, el término de madre biológica incluye también a las personas trans gestantes[258].

5. En los supuestos de adopción, de guarda con fines de adopción y de acogimiento, de acuerdo con el artículo 45.1.*d*), la suspensión tendrá una duración de dieciséis semanas para cada adoptante, guardador o acogedor. Seis semanas deberán disfrutarse a jornada completa de forma obligatoria e ininterrumpida inmediatamente después de la resolución judicial por la que se constituye la adopción o bien de la decisión administrativa de guarda con fines de adopción o de acogimiento.

Las diez semanas restantes se podrán disfrutar en períodos semanales, de forma acumulada o interrumpida, dentro de los doce meses siguientes a la resolución judicial por la que se constituya la adopción o bien a la decisión administrativa de guarda con fines de adopción o de acogimiento. En ningún caso un mismo menor dará derecho a varios períodos de suspensión en la misma persona trabajadora. El disfrute de cada período semanal o, en su caso, de la acumulación de dichos períodos, deberá comunicarse a la empresa con una antelación mínima de quince días. La suspensión de estas diez semanas se podrá ejercitar en régimen de jornada completa o a tiempo parcial, previo acuerdo entre la empresa y la persona trabajadora afectada, en los términos que reglamentariamente se determinen.

En los supuestos de adopción internacional, cuando sea necesario el desplazamiento previo de los progenitores al país de origen del adoptado, el período de suspensión previsto para cada caso en este apartado, podrá iniciarse hasta cuatro semanas antes de la resolución por la que se constituye la adopción.

Este derecho es individual de la persona trabajadora sin que pueda transferirse su ejercicio al

---

[258] Último párrafo del apartado 4 conforme a la Ley 4/2023, de 28 de febrero (*BOE* de 1 de marzo), para la igualdad real y efectiva de las personas trans y para la garantía de los derechos de las personas LGTBI.

otro adoptante, guardador con fines de adopción o acogedor.

La persona trabajadora deberá comunicar a la empresa, con una antelación mínima de quince días, el ejercicio de este derecho en los términos establecidos, en su caso, en los convenios colectivos. Cuando los dos adoptantes, guardadores o acogedores que ejerzan este derecho trabajen para la misma empresa, ésta podrá limitar el disfrute simultáneo de las diez semanas voluntarias por razones fundadas y objetivas, debidamente motivadas por escrito.

6. En el supuesto de discapacidad del hijo o hija en el nacimiento, adopción, en situación de guarda con fines de adopción o de acogimiento, la suspensión del contrato a que se refieren los apartados 4 y 5 tendrá una duración adicional de dos semanas, una para cada una de las personas progenitoras. Igual ampliación procederá en el supuesto de nacimiento, adopción, guarda con fines de adopción o acogimiento múltiple por cada hijo o hija distinta del primero. En caso de haber una única persona progenitora, esta podrá disfrutar de las ampliaciones completas previstas en este apartado para el caso de familias con dos personas progenitoras[259].

7. En el supuesto de riesgo durante el embarazo o de riesgo durante la lactancia natural, en los términos previstos en el artículo 26 de la Ley 31/1995, de 8 de noviembre, de Prevención de Riesgos Laborales, la suspensión del contrato finalizará el día en que se inicie la suspensión del contrato por parto o el lactante cumpla nueve meses, respectivamente, o, en ambos casos, cuando desaparezca la imposibilidad de la trabajadora de reincorporarse a su puesto anterior o a otro compatible con su estado.

8. En el supuesto previsto en el artículo 45.1.*n*), el período de suspensión tendrá una duración inicial que no podrá exceder de seis meses, salvo que de las actuaciones de tutela judicial resultase que la efectividad del derecho de protección de la víctima requiriese la continuidad de la suspensión. En este caso, el juez podrá prorrogar la suspensión por períodos de tres meses, con un máximo de dieciocho meses.

9. Los trabajadores se beneficiarán de cualquier mejora en las condiciones de trabajo a la que hubieran podido tener derecho durante la suspensión del contrato en los supuestos a que se refieren los apartados 4 a 8.

---

[259] Apartado 6 conforme al RD-Ley 5/2023, de 28 de junio (*BOE* de 29 de junio).

Art. 48 bis. Las personas trabajadoras tendrán derecho a un permiso parental, para el cuidado de hijo, hija o menor acogido por tiempo superior a un año, hasta el momento en que el menor cumpla ocho años.

Este permiso, que tendrá una duración no superior a ocho semanas, continuas o discontinuas, podrá disfrutarse a tiempo completo, o en régimen de jornada a tiempo parcial conforme a lo establecido reglamentariamente.

2. Este permiso constituye un derecho individual de las personas trabajadoras, hombres o mujeres, sin que pueda transferirse su ejercicio.

Corresponderá a la persona trabajadora especificar la fecha de inicio y fin del disfrute o, en su caso, de los períodos de disfrute, debiendo comunicarlo a la empresa con una antelación de diez días o la concretada por los convenios colectivos, salvo fuerza mayor, teniendo en cuenta la situación de aquella y las necesidades organizativas de la empresa.

En caso de que dos o más personas trabajadoras generasen este derecho por el mismo sujeto causante o en otros supuestos definidos por los convenios colectivos en los que el disfrute del permiso parental en el período solicitado altere seriamente el correcto funcionamiento de la empresa, ésta podrá aplazar la concesión del permiso por un período razonable, justificándolo por escrito y después de haber ofrecido una alternativa de disfrute igual de flexible[260].

SECCIÓN 4.ª

Extinción del contrato

Art. 49. *Extinción del contrato.*—1. El contrato de trabajo se extinguirá[261]:

a) Por mutuo acuerdo de las partes.

---

[260] Art. 48 bis conforme al RD-Ley 5/2023, de 28 de junio (*BOE* de 29 de junio).

[261] Para la extinción del contrato indefinido adscrito a obras en el sector de la construcción, v. disp. adic. 3.ª Ley 32/2006, de 18 de octubre, transcrito en nota a la disp. adic. 3.ª ET. V. RD 696/2007, de 1 de junio (*BOE* de 9 de junio), art. 7.º, sobre extinción de la relación laboral de los profesores de religión de centros públicos. Art. 18 Directiva 2019/1152, de 20 de junio de 2019 (*DOUE* de 11 de julio), relativa a unas condiciones laborales transparentes y previsibles en la Unión Europea. Se considera causa de cese inmediato de la relación laboral la existencia sobrevenida de antecedentes en el Registro Central de Delincuentes Sexuales y de Trata de Seres Humanos, sin perjuicio de la posibilidad de la empresa de no efectuar un cambio de puesto de trabajo (art. 58 Ley 8/2021, de 4 de junio, de protección integral a la infancia y la adolescencia frente a la violencia).

b) Por las causas consignadas válidamente en el contrato salvo que las mismas constituyan abuso de derecho manifiesto por parte del empresario.

c) Por expiración del tiempo convenido[262]. A la finalización del contrato, excepto en los contratos formativos y el contrato de duración determinada por causa de sustitución, la persona trabajadora tendrá derecho a recibir una indemnización de cuantía equivalente a la parte proporcional de la cantidad que resultaría de abonar doce días de salario por cada año de servicio, o la establecida, en su caso, en la normativa específica que sea de aplicación. Los contratos de duración determinada que tengan establecido plazo máximo de duración, incluidos los contratos formativos, concertados por una duración inferior a la máxima legalmente establecida, se entende-

rán prorrogados automáticamente hasta dicho plazo cuando no medie denuncia o prórroga expresa y el trabajador continúe prestando servicios. Expirada dicha duración máxima, si no hubiera denuncia y se continuara en la prestación laboral, el contrato se considerará prorrogado tácitamente por tiempo indefinido, salvo prueba en contrario que acredite la naturaleza temporal de la prestación[263].

Si el contrato de trabajo de duración determinada es superior a un año, la parte del contrato que formule la denuncia está obligada a notificar a la otra la terminación del mismo con una antelación mínima de quince días[264].

d) Por dimisión del trabajador, debiendo mediar el preaviso que señalen los convenios colectivos o la costumbre del lugar[265].

---

[262] Letra *c*) conforme al RDL 32/2021, de 28 de diciembre (*BOE* de 30 de diciembre), de medidas para la reforma laboral, la garantía de la estabilidad en el empleo y la transformación del mercado de trabajo.

[263] Para la jurisprudencia europea no es discriminatorio que esta indemnización sea inferior a la correspondiente a un despido objetivo de un trabajador fijo (SSTJUE de 5 de junio de 2018, asuntos Grupo Norte Facility, C-574/16, y Montero Mateos, C-677/16, tras cambiar la doctrina inicial dictada en la STJUE de 14 de septiembre de 2016, asunto C-596/14, De Diego Porras.

[264] V. art. 15 ET y notas al mismo. Para la indemnización en jornada reducida, v. disp. adic. 19.ª ET. STC 29/2002 y 30/2002, de 11 de febrero (*BOE* de 14 de marzo), sobre vulneración de la libertad sindical por no prórroga de un contrato en prácticas de un miembro de comité de empresa, cuando se le discrimina al prorrogar por tiempo indefinido al resto de trabajadores; 80/2001, de 26 de marzo (*BOE* de 1 de mayo), sobre ausencia de vulneración de los derechos a la tutela judicial efectiva y a la libertad de expresión por no renovación de contrato justificada por motivos ajenos a las críticas del trabajador.

[265] V. art. 21.4 ET; STC 317/1994, de 28 de noviembre (*BOE* de 28 de diciembre), sobre el carácter discriminatorio de la dote por matrimonio.

e) Por muerte de la persona trabajadora[266].

f) Por jubilación del trabajador[267].

g) Por muerte, jubilación en los casos previstos en el régimen correspondiente de la Seguridad Social, o incapacidad del empresario, sin perjuicio de lo dispuesto en el artículo 44, o por extinción de la personalidad jurídica del contratante.

En los casos de muerte, jubilación o incapacidad del empresario, el trabajador tendrá derecho al abono de una cantidad equivalente a un mes de salario.

En los casos de extinción de la personalidad jurídica del contratante deberán seguirse los trámites del artículo 51.

h) Por fuerza mayor que imposibilite definitivamente la prestación de trabajo, siempre que su existencia haya sido debidamente constatada conforme a lo dispuesto en el artículo 51.7.

i) Por despido colectivo fundado en causas económicas, técnicas, organizativas o de producción.

j) Por voluntad del trabajador, fundamentada en un incumplimiento contractual del empresario.

k) Por despido del trabajador[268].

l) Por causas objetivas legalmente procedentes.

m) Por decisión de la persona trabajadora que se vea obligada a abandonar definitivamente su puesto de trabajo como consecuencia de ser vícti-

---

[266] Letra *e)* conforme a la Ley 2/2025, de 29 de abril (*BOE* de 30 de abril).

[267] Para la prohibición de las cláusulas en los convenios colectivos sobre jubilación forzosa, v. disp. adic. 10.º y disp. trans. 9.º ET. V. arts. 204 ss. de la Ley General de la Seguridad Social, texto refundido aprobado por RDL 8/2015, de 30 de octubre (*BOE* de 31 de octubre). V. SSTC 22/1981, de 2 de julio (*BOE* de 20 de julio), sobre la inconstitucionalidad de la incapacidad general para trabajar a determinada edad y de forma directa e incondicionada la extinción de la relación laboral a esa edad; 58/1985, de 30 de abril (*BOE* de 5 de junio), sobre constitucionalidad de las cláusulas de los convenios colectivos que imponen la jubilación forzosa dentro del marco de la política de empleo; 95/1985, de 29 de julio (*BOE* de 14 de agosto), sobre idéntica materia a la anterior; 207/1987, de 22 de diciembre (*BOE* de 8 de enero de 1988), y 16/1995, de 24 de enero (*BOE* de 28 de febrero), sobre anticipación de la edad de jubilación diferenciada por razón de sexo; 207/1987, de 22 de diciembre (*BOE* de 8 de enero de 1988), y 16/1995, de 24 de enero (*BOE* de 28 de febrero), sobre anticipación de la edad de jubilación diferenciada por razón de sexo. STC 177/2019, de 18 de diciembre, sobre competencia estatal en la fijación de la edad de jubilación obligatoria del personal estatutario y laboral al servicio de las Administraciones Públicas.

[268] V. Convenio OIT n.º 158, ratificado por España por Instrumento de 18 de febrero de 1985 (*BOE* de 29 de junio), sobre terminación de la relación de trabajo por iniciativa del empleador.

ma de violencia de género o de violencia sexual[269].

n) Por declaración de gran incapacidad, incapacidad permanente absoluta o total de la persona trabajadora, sin perjuicio de lo dispuesto en el artículo 48.2, cuando no sea posible realizar los ajustes razonables por constituir una carga excesiva para la empresa, cuando no exista un puesto de trabajo vacante y disponible, acorde con el perfil profesional y compatible con la nueva situación de la persona trabajadora o cuando existiendo dicha posibilidad la persona trabajadora rechace el cambio de puesto de trabajo adecuadamente propuesto.

Para determinar si la carga es excesiva se tendrá particularmente en cuenta el coste de las medidas de adaptación en relación con el tamaño, los recursos económicos, la situación económica y el volumen de negocios total de la empresa. La carga no se considerará excesiva cuando sea paliada en grado suficiente mediante medidas, ayudas o subvenciones públicas.

Sin perjuicio de lo anterior, en las empresas que empleen a menos de 25 personas trabajadoras se considerará excesiva la carga

cuando el coste de adaptación del puesto de trabajo, sin tener en cuenta la parte que pueda ser sufragada con ayudas o subvenciones públicas, supere la cuantía mayor de entre las siguientes:

1.ª La indemnización que correspondiera a la persona trabajadora en virtud de lo establecido en el artículo 56.1.

2.ª Seis meses de salario de la persona trabajadora que solicita la adaptación.

La persona trabajadora dispondrá de un plazo de diez días naturales desde la fecha en que se le notifique la resolución en la que se califique la incapacidad permanente en alguno de los grados citados en el párrafo primero de esta letra *n)* para manifestar por escrito a la empresa su voluntad de mantener la relación laboral.

La empresa dispondrá de un plazo máximo de tres meses, contados desde la fecha en que se le notifique la resolución en la que se califique la incapacidad permanente, para realizar los ajustes razonables o el cambio de puesto de trabajo. Cuando el ajuste suponga una carga excesiva o no exista puesto de trabajo vacante, la empresa dispondrá del mismo plazo para proceder a la extinción del

---

[269] Letra *m)* redactada conforme a la Ley Orgánica 2/2024, de 1 de agosto (*BOE* de 2 de agosto), de representación paritaria y presencia equilibrada de mujeres y hombres.

contrato. La decisión será motivada y deberá comunicarse por escrito a la persona trabajadora.

Los servicios de prevención determinarán, de conformidad con lo establecido en la normativa aplicable y previa consulta con la representación de las personas trabajadoras en materia de prevención de riesgos laborales, el alcance y las características de las medidas de ajuste, incluidas las relativas a la formación, información y vigilancia de la salud de la persona trabajadora, e identificarán los puestos de trabajo compatibles con la nueva situación de la persona trabajadora[270].

---

[270] Letra *n*) conforme a la Ley 2/2025, de 29 de abril (*BOE* de 30 de abril). Para la definición conceptual de las diferentes situaciones de incapacidad, v. art. 194 de la Ley General de la Seguridad Social, texto refundido aprobado por RDL 8/2015, de 30 de octubre (*BOE* de 31 de octubre); RD 1.971/1999, de 23 de diciembre (*BOE* de 26 de enero de 2000), sobre procedimiento para reconocimiento, declaración y calificación del grado de minusvalía. No obstante, téngase en cuenta que el art. 198 de la Ley General de Seguridad Social declara compatibles la pensión por incapacidad permanente total y «el salario que pueda percibir el trabajador en la misma empresa o en otra distinta, siempre y cuando las funciones no coincidan con aquellas que dieron lugar a la incapacidad permanente total». Para la compatibilidad con la pensión de invalidez no contributiva, V. art. 366 LGSS. Asimismo, RD 1.451/1983, de 11 de mayo (*BOE* de 4 de junio), sobre medidas de empleo selectivo y fomento de empleo de minusválidos:

«Art. 2.º1. Los trabajadores que hubieran cesado en la Empresa por habérseles reconocido una incapacidad permanente total o absoluta y después de haber recibido prestaciones de recuperación profesional hubieran recobrado su plena capacidad laboral, tendrán preferencia absoluta para su readmisión en la última Empresa en que trabajaron en la primera vacante que se produzca en su categoría o grupo profesional.

»2. Los trabajadores que hubieran cesado en la Empresa por habérseles reconocido una invalidez permanente y después de haber recibido las prestaciones de recuperación profesional continuaran afectos a una incapacidad permanente parcial, tendrán preferencia absoluta para su readmisión en la última Empresa en que trabajaron en la primera vacante que se produzca y que resulte adecuada a su capacidad laboral.

»3. Las readmisiones que lleven a efecto las Empresas, en los supuestos previstos en este artículo, darán derecho a reducciones del 50 por 100 de la cuota patronal de la Seguridad Social correspondiente a las contingencias comunes durante un período de dos años.

»Art. 3.º1. Los trabajadores que, con arreglo al artículo anterior, tengan derecho a ser readmitidos deberán comunicarlo a la empresa, y a los representantes del personal, en el plazo de un mes contado a partir de la declaración de aptitud por el organismo correspondiente. La Empresa deberá poner en conocimiento de los trabajadores que se encuentren en tal situación, las vacantes que existan de igual o inferior categoría quedando liberada de su obligación desde el momento en que el trabajador rechace un puesto de trabajo de igual categoría a la que ostentaba en la Empresa o de categoría inferior si no hubiese obtenido la plena recuperación para su profesión habitual, que no implique cambio de residencia.

»2. Cuando la empresa tenga varios Centros de trabajo y la vacante que exista implique cambio de residencia, el trabajador podrá optar entre ocuparla o esperar a que exista plaza en el Centro de trabajo donde tenga establecida su residencia. En el

2. El empresario, con ocasión de la extinción del contrato, al comunicar a los trabajadores la denuncia, o, en su caso, el preaviso de la extinción del mismo, deberá acompañar una propuesta del documento de liquidación de las cantidades adeudadas.

El trabajador podrá solicitar la presencia de un representante legal de los trabajadores en el momento de proceder a la firma del recibo del finiquito, haciéndose constar en el mismo el hecho de su firma en presencia de un representante legal de los trabajadores, o bien que el trabajador no ha hecho uso de esta posibilidad. Si el empresario impidiese la presencia del representante en el momento de la firma, el traba-

jador podrá hacerlo constar en el propio recibo, a los efectos oportunos[271].

Art. 50. *Extinción por voluntad del trabajador.*—1. Serán causas justas para que el trabajador pueda solicitar la extinción del contrato[272]:

a) Las modificaciones sustanciales en las condiciones de trabajo llevadas a cabo sin respetar lo previsto en el artículo 41 y que redunden en me-noscabo de la dignidad del trabajador[273].

b) La falta de pago o retrasos continuados en el abono del salario pactado[274].

Sin perjuicio de otros supuestos que por el juez, la jueza o el tribunal puedan considerarse causa justa a estos efectos, se

---

primer supuesto mantendrá su preferencia para ocupar la primera vacante de su categoría o grupo profesional que se produzca en el Centro de trabajo originario.»

[271] Para la aplicación de este régimen de liquidación a la conclusión de cada período de los trabajadores fijos-discontinuos, v. art. 29.1 ET. Sobre el desalojo de vivienda ocupada por razón del trabajo cuando se extinga el contrato, v. art. 285 de la Ley 36/2011, de 10 de octubre (*BOE* de 11 de octubre), Reguladora de la Jurisdicción Social, y art. 10.2 de la Ley 40/2003, de 18 de noviembre (*BOE* de 19 de noviembre), de protección a las familias numerosas.

[272] Este derecho de extinción contractual queda suspendido durante la tramitación de los concursos empresariales, art. 185 RD Legislativo 1/2020, de 5 de mayo (*BOE* de 7 de mayo), por el que se aprueba el texto refundido de la Ley Concursal, precepto transcrito en nota al art. 57.

[273] V. arts. 40 y 41 ET; art. 2.º de la Ley 2/1997, de 19 de junio (*BOE* de 20 de junio), reguladora de la cláusula de conciencia de los profesionales de la información; STC 225/2002, de 9 de diciembre (*BOE* de 10 de enero de 2003), sobre derecho del periodista a la resolución contractual unilateral, sin previa solicitud judicial, fundada en el cambio de orientación ideológica del medio de comunicación.

[274] Sobre la suspensión del presente derecho de rescisión del contrato de trabajo indemnizada en casos de empresas declaradas en concurso, v. RD Legislativo 1/2020, de 5 de mayo (*BOE* de 7 de mayo), por el que se aprueba el texto refundido de la Ley Concursal, art. 184, transcrito en nota al art. 57.

entenderá que hay retraso cuando se supere en quince días la fecha fijada para el abono del salario, concurriendo la causa cuando se adeuden al trabajador o la trabajadora, en el período de un año, tres mensualidades completas de salario, aún no consecutivas, o cuando concurra retraso en el pago del salario durante seis meses, aún no consecutivos[275].

c) Cualquier otro incumplimiento grave de sus obligaciones por parte del empresario, salvo los supuestos de fuerza mayor, así como la negativa del mismo a reintegrar al trabajador en sus anteriores condiciones de trabajo en los supuestos previstos en los artículos 40 y 41, cuando una sentencia judicial haya declarado los mismos injustificados[276].

2. En tales casos, el trabajador tendrá derecho a las indemnizaciones señaladas para el despido improcedente.

Art. 51. *Despido colectivo*[277].—1. A efectos de lo dispuesto en esta ley se entenderá por despido colectivo la extinción de contratos de trabajo fundada en causas económicas, técnicas, organizativas o de producción cuando, en un período de noventa días, la extinción afecte al menos a:

---

[275] Párrafo añadido por la Ley Orgánica 1/2025, de 2 de enero (*BOE* de 3 de enero), de medidas en materia de eficiencia del Servicio Público de Justicia.

[276] V. art. 138 de la Ley 36/2011, de 10 de octubre (*BOE* de 11 de octubre), Reguladora de la Jurisdicción Social, en la redacción dada por la Ley 3/2012 de 6 de julio (*BOE* de 7 de julio); STC 199/1999, de 8 de noviembre (*BOE* de 30 de noviembre), sobre derecho a la resolución contractual basado en la cláusula de conciencia del periodista, denegada cuando el profesional se limita a la maquetación y diseño y no se acredita cambio en la línea ideológica del medio.

[277] Desarrollado reglamentariamente por el RD 1.483/2012, de 29 de octubre (*BOE* de 30 de octubre), por el que se aprueba el Reglamento de los procedimientos de despido colectivo y de suspensión de contratos y reducción de jornada, si bien su disp. adic. 1.ª ha sido suprimida por el RDL 5/2013, de 15 de marzo (*BOE* de 16 de marzo); Reglamento modificado por la Ley 1/2014, de 25 de febrero (*BOE* de 1 de marzo), para la protección de los trabajadores a tiempo parcial y otras medidas urgentes en el orden económico y social y por el RD 608/2023, de 11 de julio (*BOE* de 12 de julio). Para los despidos colectivos en el ámbito de los organismos públicos, v. disp. adic. 20.ª y trans. 10.ª ET.

Para las empresas declaradas en situación de concurso, arts. 169 ss. RD Legislativo 1/2020, de 5 de mayo (*BOE* de 7 de mayo), por el que se aprueba el texto refundido de la Ley Concursal, preceptos transcritos en nota al art. 57.

V. Directiva 98/59/CE, de 20 de julio de 1998 (*DOCE* de 12 de agosto), relativa a la aproximación de las legislaciones de los Estados miembros que se refieren a los despidos colectivos. V. SSTC 29/1986, de 20 de febrero (*BOE* de 21 de marzo), sobre constitucionalidad de la Ley 27/1984 y el RDL 8/1983, de reconversión y reindustrialización; y 9/1986, de 21 de enero (*BOE* de 12 de febrero), sobre la exclusión de la comisión de seguimiento de la reconversión naval de los sindicatos que no aceptaron el plan de reconversión.

a) Diez trabajadores, en las empresas que ocupen menos de cien trabajadores.

b) El 10 por 100 del número de trabajadores de la empresa en aquellas que ocupen entre cien y trescientos trabajadores.

c) Treinta trabajadores en las empresas que ocupen más de trescientos trabajadores.

Se entiende que concurren causas económicas cuando de los resultados de la empresa se desprenda una situación económica negativa, en casos tales como la existencia de pérdidas actuales o previstas, o la disminución persistente de su nivel de ingresos ordinarios o ventas. En todo caso, se entenderá que la disminución es persistente si durante tres trimestres consecutivos el nivel de ingresos ordinarios o ventas de cada trimestre es inferior al registrado en el mismo trimestre del año anterior[278].

Se entiende que concurren causas técnicas cuando se produzcan cambios, entre otros, en el ámbito de los medios o instrumentos de producción; causas organizativas cuando se produzcan cambios, entre otros, en el ámbito de los sistemas y métodos de trabajo del personal o en el modo de organizar la producción y causas productivas cuando se produzcan cambios, entre otros, en la demanda de los productos o servicios que la empresa pretende colocar en el mercado.

Se entenderá igualmente como despido colectivo la extinción de los contratos de trabajo que afecten a la totalidad de la plantilla de la empresa, siempre que el número de trabajadores afectados sea superior a cinco, cuando aquél se produzca como consecuencia de la cesación total de su actividad empresarial fundada en las mismas causas anteriormente señaladas.

Para el cómputo del número de extinciones de contratos a que se refiere el párrafo primero de este apartado, se tendrán en cuenta asimismo cualesquiera otras producidas en el período de referencia por iniciativa del empresario en virtud de otros motivos no inherentes a la persona del trabajador distintos de los previstos en el ar-

---

[278] Para las empresas pertenecientes al sector público, v. disp. adic. 16.ª ET. Conforme al art. 173 del RD-Ley 5/2023, de 28 de junio (*BOE* de 29 de junio), «En aquellas empresas beneficiarias de las ayudas directas previstas en el presente real decretoley, el aumento de los costes energéticos no podrá constituir causa objetiva de despido hasta el 31 de diciembre de 2023. El incumplimiento de esta obligación conllevará el reintegro de la ayuda recibida». V. STC 8/2015, de 22 de enero (*BOE* de 24 de febrero), sobre constitucionalidad de la precisión legal de las causas de despido económico.

tículo 49.1.*c*), siempre que su número sea, al menos, de cinco.

Cuando en períodos sucesivos de noventa días y con el objeto de eludir las previsiones contenidas en este artículo, la empresa realice extinciones de contratos al amparo de lo dispuesto en el artículo 52.*c*) en un número inferior a los umbrales señalados, y sin que concurran causas nuevas que justifiquen tal actuación, dichas nuevas extinciones se considerarán efectuadas en fraude de ley, y serán declaradas nulas y sin efecto.

2. El despido colectivo deberá ir precedido de un período de consultas con los representantes legales de los trabajadores de una duración no superior a treinta días naturales, o de quince en el caso de empresas de menos de cincuenta trabajadores. La consulta con los representantes legales de los trabajadores deberá versar, como mínimo, sobre las posibilidades de evitar o reducir los despidos colectivos y de atenuar sus consecuencias mediante el recurso a medidas sociales de acompañamiento, tales como medidas de recolocación o acciones de formación o reciclaje profesional para la mejora de la empleabilidad. La consulta se llevará a cabo en una única comisión negociadora, si bien, de existir varios centros de trabajo, quedará circunscrita a los centros afectados por el procedimiento. La comisión negociadora estará integrada por un máximo de trece miembros en representación de cada una de las partes.

La intervención como interlocutores ante la dirección de la empresa en el procedimiento de consultas corresponderá a los sujetos indicados en el artículo 41.4, en el orden y condiciones señalados en el mismo.

La comisión representativa de los trabajadores deberá quedar constituida con carácter previo a la comunicación empresarial de apertura del período de consultas. A estos efectos, la dirección de la empresa deberá comunicar de manera fehaciente a los trabajadores o a sus representantes su intención de iniciar el procedimiento de despido colectivo. El plazo máximo para la constitución de la comisión representativa será de siete días desde la fecha de la referida comunicación, salvo que alguno de los centros de trabajo que vaya a estar afectado por el procedimiento no cuente con representantes legales de los trabajadores, en cuyo caso el plazo será de quince días.

Transcurrido el plazo máximo para la constitución de la comisión representativa, la dirección de la empresa podrá comunicar formalmente a los representantes de los trabajadores y a la autoridad laboral el inicio del período de consultas. La falta de constitución de la comisión representativa no impedirá el inicio y transcurso del período de consultas, y su constitución con posterioridad al inicio del mismo no comportará, en ningún caso, la ampliación de su duración.

La comunicación de la apertura del período de consultas se realizará mediante escrito dirigido por el empresario a los representantes legales de los trabajadores, una copia del cual se hará llegar a la autoridad laboral. En dicho escrito se consignarán los siguientes extremos:

a) La especificación de las causas del despido colectivo conforme a lo establecido en el apartado 1.

b) Número y clasificación profesional de los trabajadores afectados por el despido.

c) Número y clasificación profesional de los trabajadores empleados habitualmente en el último año.

d) Período previsto para la realización de los despidos.

e) Criterios tenidos en cuenta para la designación de los trabajadores afectados por los despidos.

f) Copia de la comunicación dirigida a los trabajadores o a sus representantes por la dirección de la empresa de su intención de iniciar el procedimiento de despido colectivo.

g) Representantes de los trabajadores que integrarán la comisión negociadora o, en su caso, indicación de la falta de constitución de ésta en los plazos legales.

La comunicación a los representantes legales de los trabajadores y a la autoridad laboral deberá ir acompañada de una memoria explicativa de las causas del despido colectivo y de los restantes aspectos señalados en el párrafo anterior, así como de la documentación contable y fiscal y los informes técnicos, todo ello en los términos que reglamentariamente se establezcan.

Recibida la comunicación, la autoridad laboral dará traslado de la misma a la entidad gestora de las prestaciones por desempleo y recabará, con carácter preceptivo, informe de la Inspección de Trabajo y Seguridad Social que deberá ser evacuado en el improrrogable plazo de quince días desde la notificación a la autoridad laboral de la finalización del período de consultas y quedará incorporado al procedimiento[279].

El informe de la inspección, además de comprobar los extremos de la comunicación y el desarrollo del período de con-

---

[279] V. Ley 23/2015, de 21 de julio (*BOE* de 22 de julio), Ordenadora del Sistema de Inspección de Trabajo y Seguridad Social.

sultas, se pronunciará sobre la concurrencia de las causas especificadas por la empresa en la comunicación inicial, y constatará que la documentación presentada por esta se ajusta a la exigida en función de la causa concreta alegada para despedir.

Durante el período de consultas, las partes deberán negociar de buena fe, con vistas a la consecución de un acuerdo.

Dicho acuerdo requerirá la conformidad de la mayoría de los representantes legales de los trabajadores o, en su caso, de la mayoría de los miembros de la comisión representativa de los trabajadores siempre que, en ambos casos, representen a la mayoría de los trabajadores del centro o centros de trabajo afectados.

El empresario y la representación de los trabajadores podrán acordar en cualquier momento la sustitución del período de consultas por el procedimiento de mediación o arbitraje que sea de aplicación en el ámbito de la empresa, que deberá desarrollarse dentro del plazo máximo señalado para dicho período.

La autoridad laboral velará por la efectividad del período de consultas pudiendo remitir, en su caso, advertencias y recomendaciones a las partes que no supondrán, en ningún caso, la paralización ni la suspensión del procedimiento. Igualmente y sin perjuicio de lo establecido en el párrafo anterior, la autoridad laboral podrá realizar durante el período de consultas, a petición conjunta de las partes, las actuaciones de mediación que resulten convenientes con el fin de buscar soluciones a los problemas planteados por el despido colectivo. Con la misma finalidad también podrá realizar funciones de asistencia a petición de cualquiera de las partes o por propia iniciativa.

Transcurrido el período de consultas el empresario comunicará a la autoridad laboral el resultado del mismo. Si se hubiera alcanzado acuerdo, trasladará copia íntegra del mismo. En caso contrario, remitirá a los representantes de los trabajadores y a la autoridad laboral la decisión final de despido colectivo que haya adoptado y las condiciones del mismo.

Si en el plazo de quince días desde la fecha de la última reunión celebrada en el período de consultas, el empresario no hubiera comunicado a los representantes de los trabajadores y a la autoridad laboral su decisión sobre el despido colectivo, se producirá la caducidad del procedimiento de despido colectivo en los términos que reglamentariamente se establezcan[280].

3. Cuando la extinción afectase a más del 50 por 100 de los trabajadores, se dará cuenta por el empresario de la venta de los bienes de la empresa, excepto de aquellos que constituyen el tráfico normal de la misma, a los representantes legales de los trabajadores y, asimismo, a la autoridad competente.

4. Alcanzado el acuerdo o comunicada la decisión a los representantes de los trabajadores, el empresario podrá notificar los despidos individualmente a los trabajadores afectados, lo que deberá realizar conforme a lo establecido en el artículo 53.1. En todo caso, deberán haber transcurrido como mínimo treinta días entre la fecha de la comunicación de la apertura del período de consultas a la autoridad laboral y la fecha de efectos del despido.

5. Los representantes legales de los trabajadores tendrán prio-

ridad de permanencia en la empresa en los supuestos a que se refiere este artículo[281]. Mediante convenio colectivo o acuerdo alcanzado durante el período de consultas se podrán establecer prioridades de permanencia a favor de otros colectivos, tales como trabajadores con cargas familiares, mayores de determinada edad o personas con discapacidad.

6. La decisión empresarial podrá impugnarse a través de las acciones previstas para este despido. La interposición de la demanda por los representantes de los trabajadores paralizará la tramitación de las acciones individuales iniciadas, hasta la resolución de aquélla[282].

La autoridad laboral podrá impugnar los acuerdos adoptados en el período de consultas cuando estime que éstos se han alcanzado mediante fraude, dolo, coacción o abuso de derecho a efectos de su posible declaración de nulidad, así como cuando la entidad gestora de las

---

[280] Apartado 2 conforme a la Ley 3/2023, de 28 de febrero (*BOE* de 1 de marzo), de Empleo.

[281] V. SSTC 191/1996, de 26 de noviembre (*BOE* de 3 de enero de 1997), sobre alcance de la obligación empresarial de respeto de la prioridad de permanencia; 66/2015, de 13 de abril (*BOE* 22 de mayo), sobre la constitucionalidad de la selección de los trabajadores en función de su edad próxima a la edad de jubilación; 123/2018, de 18 de noviembre (*BOE* de 14 de diciembre), ECLI:ES:TC:2018:123, sobre nulidad de despido por no respetar prioridad de permanencia contemplada en convenio colectivo.

[282] STC 140/2021, de 12 de julio, ECLI:ES:TC:2021:140, sobre revisión de las causas justificativas del despido en las demandas individuales, aunque en el procedimiento de consultas se hubiera alcanzado un acuerdo con la representación de los trabajadores.

prestaciones por desempleo hubiese informado de que la decisión extintiva empresarial pudiera tener por objeto la obtención indebida de las prestaciones por parte de los trabajadores afectados por inexistencia de la causa motivadora de la situación legal de desempleo.

7. La existencia de fuerza mayor, como causa motivadora de la extinción de los contratos de trabajo, deberá ser constatada por la autoridad laboral, cualquiera que sea el número de los trabajadores afectados, previo procedimiento tramitado conforme a lo dispuesto en este apartado y en sus disposiciones de desarrollo reglamentario[283].

El procedimiento se iniciará mediante solicitud de la empresa, acompañada de los medios de prueba que estime necesarios y simultánea comunicación a los representantes legales de los trabajadores, quienes ostentarán la condición de parte interesada en la totalidad de la tramitación del procedimiento.

La resolución de la autoridad laboral se dictará, previas las actuaciones e informes indispensables, en el plazo de cinco días desde la solicitud y deberá limitarse, en su caso, a constatar la existencia de la fuerza mayor alegada por la empresa, correspondiendo a ésta la decisión sobre la extinción de los contratos, que surtirá efectos desde la fecha del hecho causante de la fuerza mayor. La empresa deberá dar traslado de dicha decisión a los representantes de los trabajadores y a la autoridad laboral.

La autoridad laboral que constate la fuerza mayor podrá acordar que la totalidad o una parte de la indemnización que corresponda a los trabajadores afectados por la extinción de sus contratos sea satisfecha por el Fondo de Garantía Salarial, sin perjuicio del derecho de éste a resarcirse del empresario.

8. Las obligaciones de información y documentación previstas en este artículo se aplicarán con independencia de que la decisión relativa a los despidos colectivos haya sido tomada por el empresario o por la empresa que ejerza el control sobre él. Cualquier justificación del empresario basada en el hecho de que la empresa que tomó la decisión no le ha facilitado la información necesaria no podrá ser tomada en consideración a tal efecto.

9. Cuando se trate de procedimientos de despidos colec-

---

[283] Se consideran expresamente como causa de fuerza mayor las situaciones de emergencia a efectos de protección civil (art. 24.2 Ley 17/2015, de 9 de julio, *BOE* de 10 de enero de 2016).

tivos de empresas no incursas en procedimiento concursal, que incluyan trabajadores con cincuenta y cinco o más años de edad que no tuvieren la condición de mutualistas el 1 de enero de 1967, existirá la obligación de abonar las cuotas destinadas a la financiación de un convenio especial respecto de los trabajadores anteriormente señalados en los términos previstos en el texto refundido de la Ley General de la Seguridad Social[284].

10. La empresa que lleve a cabo un despido colectivo que

---

[284] La remisión a la Ley General de Seguridad Social se encuentra en su disp. adic. 13.ª, texto refundido aprobado por RDL 8/2015, de 30 de octubre (*BOE* de 31 de octubre):

«1. En el convenio especial a que se refiere el artículo 51.9 del texto refundido de la Ley del Estatuto de los Trabajadores, las cotizaciones abarcarán el período comprendido entre la fecha en que se produzca el cese en el trabajo o, en su caso, en que cese la obligación de cotizar por extinción de la prestación por desempleo contributivo, y la fecha en la que el trabajador cumpla la edad a que se refiere el artículo 205.1.*a*), en los términos establecidos en los apartados siguientes.

»2. A tal efecto, las cotizaciones por el referido período se determinarán aplicando al promedio de las bases de cotización del trabajador, en los últimos seis meses de ocupación cotizada, el tipo de cotización previsto en la normativa reguladora del convenio especial. De la cantidad resultante se deducirá la cotización, a cargo del Servicio Público de Empleo Estatal, correspondiente al período en el que el trabajador pueda tener derecho a la percepción del subsidio de desempleo, cuando corresponda cotizar por la contingencia de jubilación, calculándola en función de la base y tipo aplicable en la fecha de suscripción del convenio especial.

»Las cotizaciones correspondientes al convenio serán a cargo del empresario hasta la fecha en que el trabajador cumpla los sesenta y tres años, salvo en los casos de expedientes de despido colectivo por causas económicas, en los que dicha obligación se extenderá hasta el cumplimiento, por parte del trabajador, de los sesenta y un años.

»Dichas cotizaciones se ingresarán en la Tesorería General de la Seguridad Social, bien de una sola vez, dentro del mes siguiente al de la notificación por parte del citado servicio común de la cantidad a ingresar, bien de manera fraccionada garantizando el importe pendiente mediante aval solidario o a través de la sustitución del empresario en el cumplimiento de la obligación por parte de una entidad financiera o aseguradora, previo consentimiento de la Tesorería General de la Seguridad Social, en los términos que establezca el Ministerio de Empleo y Seguridad Social.

»A partir del cumplimiento por parte del trabajador de la edad de sesenta y tres o, en su caso, sesenta y un años, las aportaciones al convenio especial serán obligatorias y a su exclusivo cargo, debiendo ser ingresadas, en los términos previstos en la normativa reguladora del convenio especial, hasta el cumplimiento de la edad a que se refiere el artículo 205.1.*a*), o hasta la fecha en que, en su caso, acceda a la pensión de jubilación anticipada, sin perjuicio de lo previsto en el apartado 4.

»3. En caso de fallecimiento del trabajador o de reconocimiento de una pensión de incapacidad permanente durante el período de cotización correspondiente al empresario, éste tendrá derecho al reintegro de las cuotas que, en su caso, se hubieran

afecte a más de cincuenta trabajadores deberá ofrecer a los trabajadores afectados un plan de recolocación externa a través de empresas de recolocación autorizadas. Dicho plan, diseñado para un período mínimo de seis meses, deberá incluir medidas de formación y orientación profesional, atención personalizada al trabajador afectado y búsqueda activa de empleo. En todo caso, lo anterior no será de aplicación en las empresas que se hubieran sometido a un procedimiento concursal. El coste de la elaboración e implantación de dicho plan no recaerá en ningún caso sobre los trabajadores.

La autoridad laboral, a través del servicio público de empleo competente, verificará la acreditación del cumplimiento de esta obligación y, en su caso, requerirá a la empresa para que proceda a su cumplimiento.

Sin perjuicio de lo establecido en el párrafo anterior y de las responsabilidades administrativas correspondientes, el incumplimiento de la obligación establecida en este apartado o de las medidas sociales de acompañamiento asumidas por el empresario, podrá dar lugar a la reclamación de su

---

ingresado por el convenio especial correspondientes al período posterior a la fecha en que tuviera lugar el fallecimiento o el reconocimiento de la pensión, previa regularización anual y en los términos que reglamentariamente se establezcan.

»4. Si durante el período de cotización a cargo del empresario el trabajador realizase alguna actividad por la que se efectúen cotizaciones al sistema de la Seguridad Social, las cuotas coincidentes con las correspondientes a la actividad realizada, hasta la cuantía de estas últimas, se aplicarán al pago del convenio especial durante el período a cargo del trabajador recogido en el último párrafo del apartado 2, en los términos que reglamentariamente se determinen y sin perjuicio del derecho del empresario al reintegro de las cuotas que procedan, de existir remanente en la fecha en que aquél cause la pensión de jubilación.

»5. Los reintegros a que se refieren los apartados 3 y 4 devengarán el interés legal del dinero vigente en la fecha en que se produzca su hecho causante, calculado desde el momento en que tenga lugar hasta la propuesta de pago.

»A tal efecto, el hecho causante del reintegro tendrá lugar en la fecha del fallecimiento del trabajador o en aquella en la que éste hubiera causado pensión de incapacidad permanente para los supuestos previstos en el apartado 3, y en la fecha en que el trabajador hubiera causado pensión de jubilación, para el supuesto previsto en el apartado 4.

»6. En lo no previsto en los apartados precedentes, este convenio especial se regirá por lo dispuesto en las normas reglamentarias reguladoras del convenio especial en el sistema de la Seguridad Social.»

Desarrollado por Orden TAS/2.865/2003, de 13 de octubre (*BOE* de 18 de octubre), por la que se regula el convenio especial en el Sistema de Seguridad Social. Modificada por Orden TMS/397/2019, de 4 de abril (*BOE* de 8 de abril).

cumplimiento por parte de los trabajadores[285].

11. Las empresas que realicen despidos colectivos de acuerdo con lo establecido en este artículo, y que incluyan a trabajadores de cincuenta o más años de edad, deberán efectuar una aportación económica al Tesoro Público de acuerdo con lo establecido legalmente[286].

---

[285] V. RD 3/2014, de 10 de enero (*BOE* de 29 de enero), por el que se establecen las normas especiales para la concesión de ayudas previas a la jubilación ordinaria en el sistema de Seguridad Social, a trabajadores afectados por procesos de reestructuración de empresas; RD 980/2013, de 22 de noviembre (*BOE* de 23 de noviembre), por el que se establecen las normas especiales para la concesión de ayudas extraordinarias a trabajadores afectados por procesos de reestructuración de empresas. Para la tipificación como infracción administrativa muy grave el incumplimiento de esta obligación, v. art. 8.14 LISOS, conforme a la redacción dada por la Ley 3/2012, de 6 de julio.

[286] Según la disp. adic. 16.ª de la Ley 27/2011, de 1 de agosto, sobre actualización, adecuación y modernización del sistema de Seguridad Social, conforme a la redacción dada por el RDL 5/2013, de 15 de marzo (*BOE* de 16 de marzo), modificada por el RDL 16/2013, de 20 de diciembre (*BOE* de 21 de diciembre):

«*Disp. Adic. 16.ª Aportaciones económicas por despidos que afecten a trabajadores de cincuenta o más años en empresas con beneficios.*—1. Las empresas que realicen despidos colectivos de acuerdo con lo establecido en el artículo 51 del Texto Refundido de la Ley del Estatuto de los Trabajadores, aprobado por Real Decreto Legislativo 1/1995, de 24 de marzo, deberán efectuar una aportación económica al Tesoro Público, siempre que concurran las siguientes circunstancias:

»*a*) Que los despidos colectivos sean realizados por empresas de más de cien trabajadores o por empresas que formen parte de grupos de empresas que empleen a ese número de trabajadores.

»*b*) Que el porcentaje de trabajadores despedidos de cincuenta o más años de edad sobre el total de trabajadores despedidos sea superior al porcentaje de trabajadores de cincuenta o más años sobre el total de trabajadores de la empresa.

»A los efectos del cálculo del porcentaje de trabajadores despedidos de cincuenta o más años sobre el total de trabajadores despedidos, se incluirán los trabajadores afectados por el despido colectivo y aquellos cuyos contratos se hayan extinguido por iniciativa de la empresa en virtud de otros motivos no inherentes a la persona del trabajador distintos de los previstos en el artículo 49.1.*c*) del Estatuto de los Trabajadores, siempre que dichas extinciones de contratos se hayan producido en los tres años anteriores o en el año posterior al inicio del procedimiento de despido colectivo.

»A los efectos del cálculo del porcentaje de trabajadores de cincuenta o más años sobre el total de trabajadores de la empresa, se tendrá en cuenta la plantilla de la empresa a la fecha de inicio del procedimiento de despido colectivo.

»*c*) Que, aun concurriendo las causas económicas, técnicas, organizativas o de producción que justifiquen el despido colectivo, se cumpla alguna de las dos condiciones siguientes:

»1.ª Que las empresas o el grupo de empresas del que formen parte hubieran tenido beneficios en los dos ejercicios económicos anteriores a aquél en que el empresario inicia el procedimiento de despido colectivo.

»2.ª   Que las empresas o el grupo de empresas del que formen parte obtengan beneficios en al menos dos ejercicios económicos consecutivos dentro del período comprendido entre el ejercicio económico anterior a la fecha de inicio del procedimiento de despido colectivo y los cuatro ejercicios económicos posteriores a dicha fecha.

»A estos efectos, se considera que una empresa ha tenido beneficios cuando el resultado del ejercicio, tal y como se define en los modelos de cuentas anuales de pérdidas y ganancias, tanto normal como abreviada, recogidos en el Real Decreto 1.514/2007, de 16 de noviembre, por el que se aprueba el Plan General de Contabilidad, o en la normativa contable que sea de aplicación, sea positivo.

»A los efectos previstos en esta disposición resultará de aplicación el concepto de grupo de empresas establecido en el artículo 42.1 del Código de Comercio, si bien para la determinación del resultado del ejercicio sólo se tendrán en cuenta los resultados obtenidos en España por las empresas que lo integren.

»2.   Para el cálculo de la aportación económica a que se refiere el apartado anterior, se tomará en consideración el importe bruto, desde la fecha del despido, de las prestaciones y subsidios por desempleo de los trabajadores de cincuenta o más años de edad afectados por el despido colectivo, incluidas las cotizaciones a la Seguridad Social realizadas por el Servicio Público de Empleo Estatal de acuerdo con lo establecido en los siguientes apartados. También se incluirán a los efectos del cálculo de la aportación económica los importes abonados por el Servicio Público de Empleo Estatal por los referidos conceptos de los trabajadores de cincuenta o más años cuyos contratos se hayan extinguido por iniciativa de la empresa en virtud de otros motivos no inherentes a la persona del trabajador distintos de los previstos en el artículo 49.1.c) del Estatuto de los Trabajadores, siempre que dichas extinciones de contratos se hayan producido en los tres años anteriores o en el año posterior al inicio del procedimiento de despido colectivo.

»No obstante, se excluirán del cálculo de la aportación económica, a petición de la empresa afectada, los importes de prestaciones y subsidios por desempleo de los trabajadores de cincuenta o más años de edad afectados que hubieran sido objeto de recolocación en la misma empresa, o en otra empresa del grupo del que forme parte, o en cualquier otra empresa, en los seis meses siguientes a la fecha en que se produzca la extinción de sus contratos de trabajo. En estos casos la empresa deberá acreditar estos extremos en el procedimiento.

»3.   El importe de la aportación se determinará anualmente mediante la aplicación del tipo establecido en el apartado 4 sobre cada uno de los siguientes conceptos:

»a)   Cuantía total efectivamente abonada por el Servicio Público de Empleo Estatal por prestaciones por desempleo de nivel contributivo de los trabajadores de cincuenta o más años afectados por los despidos, generadas total o parcialmente en virtud de las cotizaciones acreditadas en la empresa que promovió su despido.

»b)   Cuantía total efectivamente abonada por el Servicio Público de Empleo Estatal por cotizaciones a la Seguridad Social a cargo de la entidad gestora de las prestaciones por desempleo por los trabajadores afectados, durante el período de percepción de las mismas.

»c)   Un canon fijo por cada trabajador que haya agotado la prestación por desempleo de nivel contributivo y que comience a percibir algún subsidio de los establecidos en el artículo 215.1.1).a) y b), y 215.1.3) del texto refundido de la Ley General de la Seguridad Social, aprobado por Real Decreto Legislativo 1/1994, de 20 de junio. Este canon se calculará mediante la totalización durante un período de seis años de la suma del coste anual del subsidio por desempleo más el de la cotización por jubilación por cuenta de la entidad gestora en el año del agotamiento.

»También se hará efectivo el canon fijo por cada trabajador que, no teniendo derecho al cobro de la prestación por desempleo contributiva, acceda directamente al subsidio por desempleo previsto en el artículo 215.1.2) del citado texto refundido de la Ley General de la Seguridad Social, como consecuencia de la situación legal de desempleo motivada por el despido.

»4. El tipo aplicable será el fijado por la siguiente escala en función del número de trabajadores de la empresa, del número de trabajadores de cincuenta o más años de edad afectados por el despido y del porcentaje de los beneficios de la empresa sobre los ingresos:

»*Tipo aplicable para calcular la aportación económica*

Porcentaje de trabajadores afectadosde cincuenta o más años en relación con el número de trabajadores despedidos	Porcentaje de beneficios sobre los ingresos	Número de trabajadores en la empresa		
		Más de 2.000	Entre 1.000 y 2.000	Entre 101 y 999
Más del 35 %	Más del 10 %	100 %	95 %	90 %
	Menos del 10 %	95 %	90 %	85 %
Entre 15 % y 35 %	Más del 10 %	95 %	90 %	85 %
	Menos del 10 %	90 %	85 %	80 %
Menos del 15 %	Más del 10 %	75 %	70 %	65 %
	Menos del 10 %	70 %	65 %	60 %

»5. A los efectos de lo dispuesto en el apartado anterior se tendrán en cuenta las siguientes reglas:

»*a*) El porcentaje de trabajadores despedidos de cincuenta o más años sobre el total de trabajadores despedidos se calculará año a año, dentro del período previsto para la realización de los despidos que figure en la comunicación de la decisión empresarial a la autoridad laboral tras la finalización del período de consultas, teniendo en cuenta el número total de ambos colectivos que ha sido objeto de despido hasta el año en que se efectúa el cálculo.

»*b*) En el supuesto a que se refiere el apartado 1.*c*).1.ª, los beneficios de la empresa o grupo de empresas se cuantificarán en función del porcentaje medio de los mismos respecto de los ingresos obtenidos en los dos ejercicios inmediatamente anteriores a aquél en que se inicie el procedimiento de despido colectivo.

»*c*) En el supuesto a que se refiere el apartado 1.*c*).2.ª, los beneficios de la empresa o grupo de empresas se cuantificarán en función del porcentaje medio de los mismos respecto de los ingresos obtenidos en los dos primeros ejercicios consecutivos en que la empresa haya obtenido beneficios dentro del período indicado en dicho apartado.

»*d*) El número de trabajadores de la empresa o grupo de empresas se calculará según los que se encuentren en alta en la empresa o grupo de empresas al inicio del procedimiento de despido colectivo, con independencia de que trabajen a jornada completa o a tiempo parcial.

»7. Las empresas a que se refiere esta disposición presentarán, ante la Autoridad laboral competente en el procedimiento de despido colectivo, un certificado firmado por persona con poder suficiente en el que deberá constar la información que se determine reglamentariamente, en los siguientes plazos:

»*a*) Cuando concurran las circunstancias establecidas en el apartado 1, letras *a*), *b*) y *c*).1.ª, tres meses a contar desde que finalice el año siguiente al inicio del procedimiento de despido colectivo.

»*b*) Cuando concurran las circunstancias establecidas en el apartado 1, letras *a*), *b*) y *c*).2.ª, antes de que finalice el ejercicio inmediatamente posterior a aquel en que se cumpla el último de los tres requisitos mencionados.

»En ambos casos, la autoridad laboral deberá remitir dicho certificado al Servicio Público de Empleo Estatal.

»8. El procedimiento para la liquidación y pago de la aportación económica se determinará reglamentariamente.

»9. Cuando el despido colectivo implique la cesación total de la actividad de la empresa en el territorio español, se podrán adoptar las medidas cautelares oportunas, de acuerdo con la ley, para asegurar el cobro de la deuda correspondiente a la aportación económica, aun cuando esta no haya sido objeto de cuantificación y liquidación con carácter previo.

»10. En el supuesto de cambio de titularidad de la empresa, el nuevo empresario quedará subrogado en las obligaciones establecidas en esta disposición.

»11. Será exigible la aportación a que se refiere la presente disposición cuando la empresa proceda a la aplicación de medidas temporales de regulación de empleo que afecten a trabajadores de cincuenta o más años con carácter previo a la extinción de los contratos de trabajo de los mismos trabajadores, en virtud de despido colectivo u otros motivos no inherentes a la persona del trabajador distintos de los previstos en el artículo 49.1.*c*) del Estatuto de los Trabajadores, siempre que no haya transcurrido más de un año entre la finalización de la situación legal de desempleo derivada de la aplicación de las medidas temporales de regulación de empleo y la extinción del contrato de cada trabajador.

»En todo caso, para el cálculo de la aportación económica se tomará en cuenta el importe de las cantidades realizadas por el Servicio Público de Empleo Estatal a que se refiere el apartado 2, durante los períodos de aplicación de medidas de regulación temporal de empleo previos a la extinción de los contratos, incluidos, en su caso, los que pudieran corresponder en concepto de reposición de la duración de la prestación por desempleo de nivel contributivo, sin perjuicio de lo establecido en el apartado 3.*c*).

»12. Al menos el 50 por 100 de las cantidades recaudadas en el ejercicio inmediatamente anterior se consignarán en el presupuesto inicial del Servicio Público de Empleo Estatal con la finalidad de financiar acciones y medidas de reinserción laboral específicas para el colectivo de los trabajadores de cincuenta o más años que se encontraran en situación legal de desempleo, para lo cual en el presupuesto del Servicio Público de Empleo Estatal deberán constar créditos destinados a financiar este tipo de acciones y medidas.

»13. A los efectos previstos en esta disposición, se considerarán incluidos en el concepto de empresa los entes, organismos y entidades que formen parte del sector público y no tengan la consideración de Administración Pública conforme a lo previsto en el artículo 3.2 del texto refundido de la Ley de Contratos del Sector Público aprobado por Real Decreto Legislativo 3/2011, de 14 de noviembre.

»14. Lo previsto en esta disposición será de aplicación a los procedimientos de despido colectivo iniciados a partir del 1 de enero de 2013.»

La referencia al texto refundido del Estatuto de los Trabajadores debe entenderse efectuada al aprobado por RDL 2/2015, de 23 de octubre (*BOE* de 24 de octubre).

La referencia a la Ley General de la Seguridad Social debe entenderse hecha al art. 274 del texto refundido aprobado por RDL 8/2015, de 30 de octubre (*BOE* de 31 de octubre).

Desarrollado por el RD 1.484/2012, de 29 de octubre (*BOE* de 30 de octubre), sobre las aportaciones económicas a realizar por las empresas con beneficios que realicen despidos colectivos que afecten a trabajadores de cincuenta o más años, modificado por el RDL 5/2013, de 15 de marzo (*BOE* de 16 de marzo).

Art. 52. *Extinción del contrato por causas objetivas.*— El contrato podrá extinguirse:

a) Por ineptitud del trabajador conocida o sobrevenida con posterioridad a su colocación efectiva en la empresa. La ineptitud existente con anterioridad al cumplimiento de un período de prueba no podrá alegarse con posterioridad a dicho cumplimiento.

b) Por falta de adaptación del trabajador a las modificaciones técnicas operadas en su puesto de trabajo, cuando dichos cambios sean razonables. Previamente el empresario deberá ofrecer al trabajador un curso dirigido a facilitar la adaptación a las modificaciones operadas. El tiempo destinado a la formación se considerará en todo caso tiempo de trabajo efectivo y el empresario abonará al trabajador el salario medio que viniera percibiendo. La extinción no podrá ser acordada por el empresario hasta que hayan transcurrido, como mínimo, dos meses desde que se introdujo la modificación o desde que finalizó la formación dirigida a la adaptación.

c) Cuando concurra alguna de las causas previstas en el artículo 51.1 y la extinción afecte a un número inferior al establecido en el mismo[287].

Los representantes de los trabajadores tendrán prioridad de permanencia en la empresa en el supuesto al que se refiere este apartado.

d)[288] [...]

e) En el caso de contratos por tiempo indefinido concertados directamente por entidades sin ánimo de lucro para la ejecución de planes y programas públicos determinados, sin dotación económica estable y financiados por las Administraciones Públicas mediante consignaciones presupuestarias o extrapresupuestarias anuales consecuencia de ingresos externos de carácter finalista, por la insuficiencia de la correspondiente consignación para el mantenimiento del contrato de trabajo de que se trate.

Cuando la extinción afecte a un número de trabajadores igual o superior al establecido en el artículo 51.1 se deberá seguir el procedimiento previsto en dicho artículo.

---

[287] Para estos despidos en el ámbito de los organismos públicos, v. disp. adic. 16.ª ET. V. STC 121/2004, de 12 de julio (*BOE* de 11 de agosto), sobre derecho a solicitar la práctica de prueba de la inexistencia de causa económica por vinculación de la empresa a un grupo de sociedades.

[288] Letra *d)* derogada según lo dispuesto por la Ley 1/2020, de 15 de julio (*BOE* de 16 de julio), por la que se deroga el despido objetivo por faltas de asistencia al trabajo.

Art. 53. *Forma y efectos de la extinción por causas objetivas.*—1. La adopción del acuerdo de extinción al amparo de lo prevenido en el artículo anterior exige la observancia de los requisitos siguientes:

a) Comunicación escrita al trabajador expresando la causa.

b) Poner a disposición del trabajador, simultáneamente a la entrega de la comunicación escrita, la indemnización de veinte días por año de servicio, prorrateándose por meses los períodos de tiempo inferiores a un año y con un máximo de doce mensualidades.

Cuando la decisión extintiva se fundase en el artículo 52.*c)*, con alegación de causa económica, y como consecuencia de tal situación económica no se pudiera poner a disposición del trabajador la indemnización a que se refiere el párrafo anterior, el empresario, haciéndolo constar en la comunicación escrita, podrá dejar de hacerlo, sin perjuicio del derecho del trabajador de exigir de aquél su abono cuando tenga efectividad la decisión extintiva[289].

c) Concesión de un plazo de preaviso de quince días, computado desde la entrega de la comunicación personal al trabajador hasta la extinción del contrato de trabajo. En el supuesto contemplado en el artículo 52.*c)*, del escrito de preaviso se dará copia a la representación legal de los trabajadores para su conocimiento.

2. Durante el período de preaviso el trabajador, o su representante legal si se trata de una persona con discapacidad que lo tuviera, tendrá derecho, sin pérdida de su retribución, a una licencia de seis horas semanales con el fin de buscar nuevo empleo.

3. Contra la decisión extintiva podrá recurrir como si se tratase de despido disciplinario[290].

4. Cuando la decisión extintiva del empresario tuviera como móvil algunas de las causas de discriminación prohibidas en la Constitución o en la ley o bien se hubiera producido con violación de derechos fun-

---

[289] V. art. 33.8 ET; SSTC 183/2000, de 10 de julio (*BOE* de 11 de agosto), sobre el carácter discriminatorio por razón de sexo del cálculo de indemnizaciones por extinción de los contratos, sobre la base de un salario declarado judicialmente discriminatorio; 99/2001 y 100/2001, de 23 de abril (*BOE* de 29 de mayo), sobre licitud del acuerdo con los representantes de los trabajadores que obliga a la devolución de la indemnización percibida en caso de reintegración del trabajador en otra empresa del grupo, sin limitación temporal.

[290] Para los aspectos procesales, v. arts. 120 a 123 Ley 36/2011, de 10 de octubre (*BOE* de 11 de octubre), Reguladora de la Jurisdicción Social.

damentales y libertades públicas del trabajador, la decisión extintiva será nula, debiendo la autoridad judicial hacer tal declaración de oficio[291].

Será también nula la decisión extintiva en los siguientes supuestos:

a) El de las personas trabajadoras durante los períodos de suspensión del contrato de trabajo por nacimiento, adopción, guarda con fines de adopción, acogimiento, riesgo durante el embarazo, riesgo durante la lactancia natural, a que se refiere el artículo 45.1.*d*) y *e*), disfrute del permiso parental a que se refiere el artículo 48 bis, o por enfermedades causadas por embarazo, parto o lactancia natural, o cuando se notifique la decisión en una fecha tal que el plazo de preaviso concedido finalice dentro de dichos períodos.

b) El de las trabajadoras embarazadas, desde la fecha de inicio del embarazo hasta el comienzo del período de suspensión a que se refiere la letra *a*); el de las personas trabajadoras que hayan solicitado uno de los permisos a los que se refiere el artículo 37, apartados 3.*b*), 4, 5 y 6 del artículo 37, o estén disfrutando de ellos, o hayan solicitado o estén disfrutando de las adaptaciones de jornada previstas en el artículo 34.8 o la excedencia prevista en el artículo 46.3; y el de las trabajadoras víctimas de violencia de género o de violencia sexual, por el ejercicio de su derecho a la tutela judicial efectiva o de los derechos reconocidos en esta ley para hacer efectiva su protección o su derecho a la asistencia social integral[292].

c) El de las personas trabajadoras después de haberse reintegrado al trabajo al finalizar los períodos de suspensión del contrato por nacimiento, adop-

---

[291] Apartado 4 conforme al RD-Ley 5/2023, de 28 de junio (*BOE* de 29 de junio). V. SSTC 191/1996, de 26 de noviembre (*BOE* de 3 de enero de 1997), sobre alcance de la obligación empresarial de respeto de la prioridad de permanencia; 48/2002, de 25 de febrero (*BOE* de 3 de abril), sobre despido nulo por extinción de contratos de trabajadores, en su mayoría afiliados a un sindicato, que no se justifica por causas económicas de reestructuración de plantilla; 2/2009, de 12 de enero (*BOE* de 13 de febrero), sobre despido nulo por lesivo de la libertad sindical alegando necesidades no demostradas de reestructuración empresarial; 123/2018, de 18 de noviembre (*BOE* de 14 de diciembre), ECLI:ES:TC:2018:123, sobre nulidad de despido por no respetar prioridad de permanencia contemplada en convenio colectivo.

[292] Letra *b*) conforme al párrafo añadido por la Ley Orgánica 1/2025, de 2 de enero (*BOE* de 3 de enero), de medidas en materia de eficiencia del Servicio Público de Justicia. V. STC 41/2002, de 25 de febrero (*BOE* de 3 de abril), denegatoria del amparo por discriminación de despido de trabajadora embarazada, cuando la empresa lo ignoraba.

ción, guarda con fines de adopción o acogimiento, a que se refiere el artículo 45.1.*d*), siempre que no hubieran transcurrido más de doce meses desde la fecha del nacimiento, la adopción, la guarda con fines de adopción o el acogimiento.

Lo establecido en las letras anteriores será de aplicación, salvo que, en esos casos, se declare la procedencia de la decisión extintiva por motivos no relacionados con el embarazo o con el ejercicio del derecho a los permisos y excedencia señalados. Para considerarse procedente deberá acreditarse suficientemente que la causa objetiva que sustenta el despido requiere concretamente la extinción del contrato de la persona referida.

En el resto de los supuestos, la decisión extintiva se considerará procedente cuando se acredite la concurrencia de la causa en que se fundamentó la decisión extintiva y se hubiesen cumplido los requisitos establecidos en el apartado 1. En otro caso se considerará improcedente.

No obstante, la no concesión del preaviso o el error excusable en el cálculo de la indemnización no determinará la improcedencia del despido, sin perjuicio de la obligación del empresario de abonar los salarios correspondientes a dicho período o al pago de la indemnización en la cuantía correcta, con independencia de los demás efectos que procedan.

5. La calificación por la autoridad judicial de la nulidad, procedencia o improcedencia de la decisión extintiva producirá iguales efectos que los indicados para el despido disciplinario, con las siguientes modificaciones:

a) En caso de procedencia, el trabajador tendrá derecho a la indemnización prevista en el apartado 1, consolidándola de haberla recibido, y se entenderá en situación de desempleo por causa a él no imputable.

b) Si la extinción se declara improcedente y el empresario procede a la readmisión, el trabajador habrá de reintegrarle la indemnización percibida. En caso de sustitución de la readmisión por compensación económica, se deducirá de ésta el importe de dicha indemnización[293].

Art. 54. *Despido disciplinario.*—1. El contrato de trabajo podrá extinguirse por decisión del empresario, mediante despido basado en un incumplimien-

---

[293] V. STC 49/2003, de 17 de marzo (*BOE* de 16 de abril), sobre nulidad de despido por amortización de puesto de trabajo que en realidad obedece a que pertenece a un partido político.

to grave y culpable del trabajador[294].

2. Se considerarán incumplimientos contractuales[295]:

a) Las faltas repetidas e injustificadas de asistencia o puntualidad al trabajo.

b) La indisciplina o desobediencia en el trabajo[296].

c) Las ofensas verbales o físicas al empresario o a las personas que trabajan en la empresa o a los familiares que convivan con ellos[297].

---

[294] V. SSTC 37/1985, de 8 de marzo (*BOE* de 27 de marzo), sobre la presunción de inocencia aplicada al despido disciplinario; 81/1988, de 28 de abril (*BOE* de 25 de mayo); 30/1992, de 18 de marzo (*BOE* de 10 de abril); 27/1993, de 25 de enero (*BOE* de 24 de febrero); 6/1995, de 10 de enero (*BOE* de 11 de febrero); 53/1995, de 23 de febrero (*BOE* de 31 de marzo), y 153/2000, de 12 de junio (*BOE* de 11 de julio), todas ellas sobre no aplicación de la presunción de inocencia a los procesos por despido; 24/1984, de 23 de febrero (*BOE* de 9 de marzo), sobre incidencia del proceso penal en lo laboral; 62/1984, de 21 de mayo (*BOE* de 19 de junio), sobre idéntica materia que la anterior; 36/1985, de 8 de marzo (*BOE* de 27 de marzo), sobre idéntica materia que la anterior; 209/1999, de 29 de noviembre (*BOE* de 16 de diciembre), sobre independencia del juez penal respecto de la sentencia laboral, y 153/2000, de 12 de junio (*BOE* de 11 de julio), sobre prueba de la imputación de carta escrita por el marido, publicada en periódico, relativa a la gestión de la empresa.

[295] Para la huelga y otras medidas de conflictos colectivos como causa justificada de despido disciplinario, v. RDL 17/1977, de 4 de marzo (*BOE* de 9 de marzo), sobre Relaciones de Trabajo:

«*Art. 16.* 1. Los trabajadores que participaren en huelga ilegal o cualquier otra forma de alteración colectiva en el régimen normal de trabajo, incurrirán en la falta prevista en el apartado *j*) del artículo 33 de este Real Decreto-Ley.

»2. Los trabajadores que, de acuerdo con el artículo 6, párrafo 7, fuesen designados para el mantenimiento de los servicios previstos y se negasen a ello, incurrirán en la causa justa de despido establecido en el apartado *k*) del artículo 33 del presente Real Decreto-Ley, sin perjuicio de las demás responsabilidades que procedieran.

»[...]

»*Art. 33.* Son causas justas para el despido, relacionadas con la conducta del trabajador las siguientes:

»[...]

»*j*) La participación activa en huelga ilegal o en cualquier otra forma de alteración colectiva en el régimen normal de trabajo.

»*k*) La negativa, durante una huelga, a la prestación de los servicios necesarios para la seguridad de las personas y de las cosas, mantenimiento de los locales, maquinaria, instalaciones, materias primas y cualquier otra atención que fuera precisa para la ulterior reanudación de las tareas de la empresa.»

[296] STC 204/1997, de 25 de noviembre (*BOE* de 30 de diciembre), sobre la ausencia de amparo por el art. 20 CE de expresiones vejatorias e insultantes para el empresario.

[297] Art. 58 Ley 8/2021, de 4 de junio, *BOE* de 5 de junio, sobre la consideración como incumplimiento grave y culpable del deber de buena fe en caso de omisión del deber de comunicación al empleador de cualquier cambio que se produzca respecto de su situación en el Registro Central de Delincuentes Sexuales y de Trata de Seres

d) La transgresión de la buena fe contractual, así como el abuso de confianza en el desempeño del trabajo[298].

e) La disminución continuada y voluntaria en el rendimiento de trabajo normal o pactado.

f) La embriaguez habitual o toxicomanía si repercuten negativamente en el trabajo.

g) El acoso por razón de origen racial o étnico, religión o convicciones, discapacidad, edad u orientación sexual y el acoso sexual o por razón de sexo al empresario o a las personas que trabajan en la empresa[299].

Art. 55. *Forma y efectos del despido disciplinario*[300].—1. El despido deberá ser notificado por escrito al trabajador, haciendo figurar los hechos que lo motivan y la fecha en que tendrá efectos[301].

Por convenio colectivo podrán establecerse otras exigencias formales para el despido.

Cuando el trabajador fuera representante legal de los trabajadores o delegado sindical procederá la apertura de expediente contradictorio, en el que serán oídos, además del interesado, los restantes miembros de la representación a que perteneciere, si los hubiese.

Si el trabajador estuviera afiliado a un sindicato y al empresario le constase, deberá dar audiencia previa a los delegados sindicales de la sección sindical

---

Humanos. V. STC 203/2015, de 5 de octubre (*BOE* de 13 de noviembre), sobre despido disciplinario procedente del autor de un escrito que incluía apelativos vejatorios para otro empleado de la misma empresa no amparados por la libertad de expresión e información.

[298] V. STC 62/2008, de 26 de mayo (*BOE* de 26 de junio), sobre despido por presunta enfermedad incapacitante para el trabajo no discriminatoria por circunstancias personales en relación con la salud.

[299] V. art. 4.º2.*e*) ET.

[300] Para los aspectos procesales, v. arts. 103 ss., 278 ss. y 297 ss. de la Ley 36/2011, de 10 de octubre (*BOE* de 11 de octubre), Reguladora de la Jurisdicción Social. V. SSTC 282/2000, de 27 de noviembre (*BOE* de 4 de enero de 2001), sobre comunicación interna de la empresa sobre un despido disciplinario, dando conocimiento al resto del personal de las motivaciones del despido, que no veja ni descalifica personalmente a la trabajadora afectada; 257/2000, de 30 de octubre (*BOE* de 1 de diciembre), sobre vulneración de la libertad sindical por denegación al sindicato de su personación como coadyuvante en un despido instado en un litigio por conducta antisindical.

[301] Además, conforme al art. 7 del Convenio 158 de la Organización Internacional del Trabajo «No deberá darse por terminada la relación de trabajo de un trabajador por motivos relacionados con su conducta o su rendimiento antes de que se le haya ofrecido la posibilidad de defenderse de los cargos formulados contra él, a menos que no pueda pedirse razonablemente al empleador que le conceda esta posibilidad.»

correspondiente a dicho sindicato[302].

2. Si el despido se realizara inobservando lo establecido en el apartado anterior, el empresario podrá realizar un nuevo despido en el que cumpla los requisitos omitidos en el precedente. Dicho nuevo despido, que sólo surtirá efectos desde su fecha, sólo cabrá efectuarlo en el plazo de veinte días, a contar desde el siguiente al del primer despido. Al realizarlo, el empresario pondrá a disposición del trabajador los salarios devengados en los días intermedios, manteniéndole durante los mismos en alta en la Seguridad Social.

3. El despido será calificado como procedente, improcedente o nulo.

4. El despido se considerará procedente cuando quede acreditado el incumplimiento alegado por el empresario en su escrito de comunicación. Será improcedente en caso contrario o cuando en su forma no se ajustara a lo establecido en el apartado 1.

5. Será nulo el despido que tenga por móvil alguna de las causas de discriminación prohibidas en la Constitución Española o en la ley, o bien se produzca con violación de derechos fundamentales y libertades públicas de la persona trabajadora[303].

Será también nulo el despido, en los siguientes supuestos:

a) El de las personas trabajadoras durante los períodos de suspensión del contrato de trabajo por nacimiento, adopción, guarda con fines de adopción, acogimiento, riesgo durante el embarazo, riesgo durante la lactancia natural a que se refiere el artículo 45.1.d) y e), disfrute del permiso parental a que se refiere el artículo 48 bis, o por enfermedades causadas por embarazo, parto o lactancia natural, o cuando se notifique la decisión en una fecha tal que el plazo de

---

[302] V. art. 10.3.3 de la LO de Libertad Sindical; STC 30/1992, de 18 de marzo (*BOE* de 10 de abril), sobre el alcance de este derecho de audiencia y consecuencias de su incumplimiento.

[303] Apartado 5 conforme al RD-Ley 5/2023, de 28 de junio (*BOE* de 29 de junio). Además de los supuestos relacionados por este precepto, se sanciona con la nulidad cualquier represalia contra el trabajador que participe en la prestación de los servicios esenciales o digitales, que informe a las autoridades públicas sobre incidentes perturbadores de la ciberseguridad en las redes y sistemas de información (art. 20.2 RDL 12/2018, de 7 de septiembre, *BOE* de 8 de septiembre). Para la prohibición de represalias por denunciar conductas de corrupción, art. 36 Ley 2/2023, de 20 de febrero (*BOE* de 21 de febrero), reguladora de la protección de las personas que informen sobre infracciones normativas y de lucha contra la corrupción.

preaviso concedido finalice dentro de dichos períodos[304].

b) El de las trabajadoras embarazadas, desde la fecha de inicio del embarazo hasta el comienzo del período de suspensión a que se refiere la letra a); el de las personas trabajadoras que hayan solicitado uno de los permisos a los que se refiere el artículo 37, apartados 3.b), 4, 5 y 6 del artículo 37, o estén disfrutando de ellos, o hayan solicitado o estén disfrutando de las adaptaciones de jornada previstas en el artículo 34.8 o la excedencia prevista en el artículo 46.3; y el de las trabajadoras víctimas de violencia de género o de violencia sexual, por el ejercicio de su derecho a la tutela judicial efectiva o de los derechos reconocidos en esta ley para hacer efectiva su protec-

ción o su derecho a la asistencia social integral[305].

c) El de las personas trabajadoras después de haberse reintegrado al trabajo al finalizar los períodos de suspensión del contrato por nacimiento, adopción, guarda con fines de adopción o acogimiento, a que se refiere el artículo 45.1.d), siempre que no hubieran transcurrido más de doce meses desde la fecha del nacimiento, la adopción, la guarda con fines de adopción o el acogimiento.

Lo establecido en las letras anteriores será de aplicación, salvo que, en esos casos, se declare la procedencia del despido por motivos no relacionados con el embarazo o con el ejercicio del derecho a los permisos y excedencia señalados[306].

---

[304] V. SSTC 92/2008, de 21 de julio (*BOE* de 19 de agosto), sobre despido nulo de trabajadora embarazada aunque la empresa lo ignorase; 124/2009, de 18 de mayo (*BOE* de 20 de junio), sobre idéntica material a la anterior; 173/2013, de 10 de octubre (*BOE* de 7 de noviembre), sobre inaplicabilidad de esta nulidad cuando la extinción se produce por desistimiento durante el desarrollo del período de prueba.

[305] Letra b) conforme al párrafo añadido por la Ley Orgánica 1/2025, de 2 de enero (*BOE* de 3 de enero), de medidas en materia de eficiencia del Servicio Público de Justicia.

[306] V. SSTC 38/1981, de 23 de noviembre (*BOE* de 22 de diciembre), sobre la declaración de nulidad de un despido por violación de derechos fundamentales y libertades públicas; 47/1985, de 27 de marzo (*BOE* de 19 de abril), sobre idéntica materia que la anterior y sobre el despido de una trabajadora de un centro docente por no identificarse con el ideario del centro; 88/1985, de 19 de julio (*BOE* de 14 de agosto), sobre idéntica materia que las anteriores y sobre el despido de un trabajador en razón del ejercicio de la libertad de expresar sus ideas y opiniones; 6/1988, de 21 de enero (*BOE* de 5 de febrero), sobre despido nulo con ocasión del ejercicio de la libertad de información en el desarrollo de la relación laboral; 104/1987, de 17 de junio (*BOE* de 9 de julio), sobre despido nulo con ocasión del intento de celebrar elecciones a representantes del personal; 114/1989, de 22 de junio (*BOE* de 24 de julio); 21/1992, de 14 de febrero (*BOE* de 17 de marzo), sobre despido nulo con

motivo del ejercicio de actividad sindical; 7/1993, de 18 de enero (*BOE* de 12 de febrero), sobre debilitamiento de la carga de la prueba en despido donde se alega discriminación; 14/1993, de 18 de enero (*BOE* de 12 de febrero), sobre nulidad del despido ocasionado por reclamación administrativa previa; 99/1994, de 11 de abril (*BOE* de 17 de mayo), sobre despido nulo por negativa a captación de la propia imagen; 180/1994, de 20 de junio (*BOE* de 26 de julio), y 14/2002, de 28 de enero (*BOE* de 1 de marzo), sobre la no necesidad de demostrar la procedencia de un despido para contrarrestar una imputación de despido lesivo de derechos fundamentales; 106/1996, de 12 de junio (*BOE* de 12 de julio), sobre libertad de expresión en el seno de un hospital de carácter religioso; 136/1996, de 23 de julio (*BOE* de 12 de agosto), sobre despido discriminatorio por razón de sexo; 186/1996, de 25 de noviembre (*BOE* de 3 de enero de 1997), sobre despido nulo por ejercicio de la libertad de expresión; 1/1998, de 12 de enero (*BOE* de 12 de febrero), sobre despido nulo por vulneración del derecho de libertad de expresión; 197/1998, de 13 de octubre (*BOE* de 18 de noviembre), sobre despido nulo por declaración testifical en proceso laboral; 57/1999, de 12 de abril (*BOE* de 18 de mayo), sobre despido nulo por declaración periodística por inspector de vuelo en revisión con el mal estado de aeronaves; 140/1999, de 22 de julio (*BOE* de 26 de agosto); 168/1999, de 27 de septiembre (*BOE* de 3 de noviembre); 191/1999, de 25 de octubre (*BOE* de 30 de noviembre), y 101/2000, de 10 de abril (*BOE* de 18 de mayo), sobre nulidad del despido motivada por presentación de papeleta de conciliación reclamando el carácter laboral de la relación contractual; 20/2002, de 28 de enero (*BOE* de 1 de marzo), sobre despido nulo por criticar al presidente de la empresa en una junta de accionistas, en relación con la gestión social, mediante expresiones que no fueron ni innecesarias ni vejatorias y emitidas fuera del vínculo del contrato laboral; 41/2002, de 25 de febrero (*BOE* de 3 de abril), sobre ausencia de despido discriminatorio por razón de sexo de una trabajadora embarazada cuando la empresa lo ignoraba; 126/2003, de 20 de junio (*BOE* de 30 de julio), sobre despido procedente no lesivo de la libertad de información por denuncias ante los medios de comunicación que no respeta los intereses derivados de la libertad de empresa; 151/2004, de 20 de septiembre (*BOE* de 22 de octubre), sobre despido vulnerando la libertad de expresión del trabajador que publicó un artículo de prensa criticando a la empresa por su conducta en un conflicto laboral; 196/2004, de 15 de noviembre (*BOE* de 21 de diciembre), sobre despido nulo por vulneración del derecho a la intimidad por reconocimiento médico donde se detectó el uso de drogas, fuera del examen de riesgos laborales y del consentimiento de la trabajadora, que no fue informada; 144/2005, de 6 de junio (*BOE* de 8 de julio), sobre despido nulo por indicios de represalia por haber pleiteado con la empresa (indemnidad); 161/2005, de 20 de junio (*BOE* de 21 de julio), sobre despido supuestamente vulnerador de la libertad de expresión; 41/2006, de 13 de febrero (*BOE* de 16 de marzo), sobre despido nulo por discriminación por razón de la orientación sexual; 342/2006, de 11 de diciembre (*BOE* de 16 de enero de 2007), sobre vulneración del derecho a no ser discriminado por razón de sexo por despido de trabajadora embarazada, indicios de discriminación no rebatidos; 56/2008, de 14 de abril (*BOE* de 14 de mayo), sobre despido vulnerador del derecho a la libertad de expresión al distribuir un comunicado dentro de la empresa formulando críticas por cuestiones laborales; 183/2015, de 10 de septiembre (*BOE* de 13 de octubre), sobre extinción contractual comunicada resulta ajena a todo móvil de represalia por el ejercicio del derecho a la tutela judicial que, por tanto, no implica lesión del principio de indemnidad; 146/2019, de 25 de noviembre, sobre despido nulo por vulneración a la libertad de expresión del trabajador que critica la gestión empresarial del centro de trabajo en el que prestaba servicios, ECLI:ES:TC:2019:146, 15 de marzo de 2021, sobre prueba lesiva de derechos fundamentales por contrario al derecho a

6. El despido nulo tendrá el efecto de la readmisión inmediata del trabajador, con abono de los salarios dejados de percibir[307].

7. El despido procedente convalidará la extinción del contrato de trabajo que con aquél se produjo, sin derecho a indemnización ni a salarios de tramitación[308].

Art. 56. *Despido improcedente.*—1. Cuando el despido sea declarado improcedente, el empresario, en el plazo de cinco días desde la notificación de la sentencia, podrá optar entre la readmisión del trabajador o el abono de una indemnización equivalente a treinta y tres días de salario por año de servicio, prorrateándose por meses los períodos de tiempo inferiores a un año, hasta un máximo de veinticuatro mensualidades. La opción por la indemnización determinará la extinción del contrato de trabajo, que se entenderá producida en la fecha del cese efectivo en el trabajo[309].

2. En caso de que se opte por la readmisión, el trabajador tendrá derecho a los salarios de tramitación[310]. Éstos equivaldrán a una cantidad igual a la suma de los salarios dejados de percibir desde la fecha de despi-

---

la intimidad y al secreto de las comunicaciones que no comporta la declaración de nulidad del despido.

[307] V. SSTC 322/1994, de 28 de noviembre (*BOE* de 28 de diciembre), sobre la corrección de ordenar la ejecución de un fallo de readmisión a través del equivalente pecuniario, y 5/2003, de 20 de enero (*BOE* de 19 de febrero), sobre violación del derecho a la tutela judicial efectiva por imponer una sanción de suspensión de empleo y sueldo por desobediencia a una orden de traslado, que inejecuta indirectamente el fallo que había declarado nulo el despido. Los apdos. 6 y 7 de este artículo, redactados conforme a la Ley 45/2002, de 12 de julio (*BOE* de 13 de julio).

[308] Para la percepción de la prestación por desempleo en los casos de despido procedente, v. art. 267 de la Ley General de la Seguridad Social [RDL 8/2015, de 30 de octubre (*BOE* de 31 de octubre)].

[309] Para la indemnización en caso de contratos celebrados antes del 12 de febrero de 2012, v. disp. trans. 11.ª ET. Conforme al art. 96.2 del texto refundido de la Ley del Estatuto Básico del Empleado Público [texto refundido aprobado por RDL 5/2015, de 30 de octubre (*BOE* de 31 de octubre)]:

«2. Procederá la readmisión del personal laboral fijo cuando sea declarado improcedente el despido acordado como consecuencia de la incoación de un expediente disciplinario por la comisión de una falta muy grave».

V. STC 186/1996, de 25 de noviembre (*BOE* de 3 de enero de 1997), sobre el ejercicio del derecho de opción por parte de la Administración Pública. Para el cálculo de la indemnización en caso de jornada reducida, v. disp. adic. 17.ª ET.

[310] V. STC 8/2015, de 22 de enero (*BOE* de 24 de febrero); Auto TC 43/2014, de 12 de febrero (*BOE* de 11 de marzo), sobre la constitucionalidad de la diferente obligación de abono de los salarios de tramitación según que se produzca o no la readmisión del trabajador.

do hasta la notificación de la sentencia que declarase la improcedencia o hasta que hubiera encontrado otro empleo, si tal colocación fuera anterior a dicha sentencia y se probase por el empresario lo percibido, para su descuento de los salarios de tramitación.

3. En el supuesto de no optar el empresario por la readmisión o la indemnización, se entiende que procede la primera.

4. Si el despedido fuera un representante legal de los trabajadores o un delegado sindical, la opción corresponderá siempre a éste[311]. De no efectuar la opción, se entenderá que lo hace por la readmisión. Cuando la opción, expresa o presunta, sea en favor de la readmisión, ésta será obligada. Tanto si opta por la indemnización como si lo hace por la readmisión, tendrá derecho a los salarios de tramitación a los que se refiere el apartado 2.

5. Cuando la sentencia que declare la improcedencia del des-

pido se dicte transcurridos más de noventa días hábiles desde la fecha en que se presentó la demanda, el empresario podrá reclamar del Estado el abono de la percepción económica a la que se refiere el apartado 2, correspondiente al tiempo que exceda de dichos noventa días hábiles[312].

En los casos de despido en que, con arreglo a este apartado, sean por cuenta del Estado los salarios de tramitación, serán con cargo al mismo las cuotas de la Seguridad Social correspondientes a dichos salarios.

SECCIÓN 5.ª

Procedimiento concursal

Art. 57. *Procedimiento concursal.*—En caso de concurso, a los supuestos de modificación, suspensión y extinción colectivas de los contratos de trabajo y de sucesión de

---

[311] V. art. 30.4 de la Ley de Prevención de Riesgos Laborales, sobre la extensión de este derecho de opción a los trabajadores designados por el empresario para ocuparse de la prevención de riesgos laborales; STC 229/2002, de 9 de diciembre (*BOE* de 10 de enero de 2003), sobre inexistencia del derecho de opción por parte del delegado sindical destituido.

[312] Desarrollado por el RD 418/2014, de 6 de junio (*BOE* de 18 de junio), por el que se modifica el procedimiento de tramitación de las reclamaciones al Estado por los salarios de tramitación en juicios por despido. V. disp. trans. 12.ª ET. V. art. 116.2 de la Ley reguladora de la jurisdicción social, sobre el derecho del trabajador a reclamar directamente al Estado el abono de los salarios de tramitación en la cuantía que excede de los noventa días en caso de insolvencia empresarial, tanto en el caso de despido improcedente como nulo (STC 22/2024, de 12 de febrero, *BOE* de 22 de marzo).

empresa, se aplicarán las espe- 22/2003, de 9 de julio, Concur-
cialidades previstas en la Ley sal[313].

---

[313] La referencia a la Ley 22/2003 debe entenderse sustituida por el RD Legislativo 1/2020, de 5 de mayo (*BOE* de 7 de mayo), por el que se aprueba el texto refundido de la Ley Concursal.

«*Art. 169. Legislación aplicable.*—1. Declarado el concurso, la modificación sustancial de las condiciones de trabajo, el traslado, el despido y la suspensión de contratos y la reducción de jornada por causas económicas, técnicas, organizativas o de producción, se tramitarán por las reglas establecidas en esta Subsección cuando tengan carácter colectivo.

»2. En todo lo no previsto en esta Subsección se aplicará la legislación laboral. Los representantes de los trabajadores tendrán cuantas facultades les atribuya esa legislación.

»*Art. 170. Medidas colectivas en tramitación.*—1. Si a la fecha de la declaración del concurso el empresario hubiera iniciado los trámites para la modificación sustancial de las condiciones de trabajo, el traslado, el despido, la suspensión de contratos o la reducción de jornada, de carácter colectivo, el concursado lo pondrá inmediatamente en conocimiento del juez del concurso. En el caso de que aún no se hubiera alcanzado un acuerdo o no se hubiera notificado la decisión empresarial, dentro de los tres días siguientes al de la comunicación, el Letrado de la Administración de Justicia citará a comparecencia a los legitimados previstos en el artículo siguiente para exponer y justificar, en su caso, la procedencia de continuar con la tramitación de las medidas colectivas, conforme a lo previsto enesta Subsección. Las actuaciones practicadas hasta la fecha de la declaración de concurso conservarán su validez en el procedimiento que se tramite ante el juzgado.

»2. Si a la fecha de la declaración del concurso ya se hubiera alcanzado un acuerdo o se hubiera notificado a la decisión adoptada con relación a la modificación sustancial de las condiciones de trabajo, al traslado, al despido, a la suspensión de contratos o la reducción de jornada, de carácter colectivo, corresponderá a la administración concursal la ejecución de tales medidas.

»3. Si al tiempo de la declaración de concurso el acuerdo o la decisión empresarial hubieran sido impugnados ante la jurisdicción social, el procedimiento continuará ante los órganos de esta jurisdicción hasta la firmeza de la correspondiente resolución.

»4. En los casos a que se refiere este artículo, la declaración de concurso habrá de ser comunicada a la autoridad laboral a los efectos que procedan.

»*Art. 171. Legitimación activa.*—1. La legitimación activa para solicitar del juez del concurso la modificación sustancial de las condiciones de trabajo, el traslado, el despido, la suspensión de contratos o la reducción de jornada, de carácter colectivo, que afecten a los contratos de trabajo en que sea empleador el concursado, corresponde a este, a la administración concursal o a los trabajadores de la empresa concursada a través de sus representantes legales.

»2. La representación de los trabajadores en la tramitación del procedimiento corresponderá a los sujetos indicados en el apartado 4 del artículo 41 del texto refundido de la Ley del Estatuto de los Trabajadores, aprobado por el Real Decreto Legislativo 2/2015, de 23 de octubre, en el orden y condiciones señalados en el mismo. Transcurridos los plazos indicados en el referido artículo sin que los trabajadores hayan designado representantes, el juez podrá acordar la intervención de una comisión de un máximo de tres miembros, integrada por los sindicatos más representativos y los representantes del sector al que la empresa pertenezca.

»*Art. 172. Presentación de la solicitud.*—La adopción de las medidas previstas en el artículo anterior sólo podrá solicitarse del juez del concurso una vez presentado el informe de la administración concursal, salvo que se estime que la demora en la aplicación de las medidas colectivas pretendidas puede comprometer gravemente la viabilidad futura de la empresa y del empleo o causar grave perjuicio a los trabajadores, en cuyo caso, y con acreditación de esta circunstancia, podrá realizarse la solicitud al juez en cualquier momento procesal desde la declaración de concurso.

»*Art. 173. Contenido de la solicitud.*—1. En la solicitud se deberán exponer y justificar, en su caso, las causas motivadoras de las medidas colectivas pretendidas y los objetivos que se proponen alcanzar con estas, acompañando los documentos necesarios para su acreditación.

»2. Si la medida afectase a empresas de más de cincuenta trabajadores, deberá acompañarse a la solicitud un plan que contemple la incidencia de las medidas laborales propuestas en la viabilidad futura de la empresa y del empleo.

»*Art. 174. Período de consultas.*—1. Una vez recibida la solicitud, el juez convocará al concursado, a la administración concursal y a los representantes de los trabajadores a un período de consultas, cuya duración no será superior a treinta días naturales, o a quince, también naturales, en el supuesto de empresas que cuenten con menos de cincuenta trabajadores.

»En los casos en que la solicitud haya sido formulada por el concursado o por la administración concursal, la comunicación a los representantes legales de los trabajadores del inicio del período de consultas deberá incluir copia de la solicitud y de los documentos que, en su caso, se hubieran acompañado.

»2. La administración concursal o los representantes de los trabajadores podrán solicitar al juez la participación en el período de consultas de otras personas naturales o jurídicas que indiciariamente puedan constituir una unidad de empresa con la concursada.

»3. Durante el período de consultas, el concursado, la administración concursal y los representantes de los trabajadores, deberán negociar de buena fe para la consecución de un acuerdo.

»*Art. 175. Deber de colaboración y auxilio judicial.*—1. La administración concursal podrá requerir la colaboración del concursado y el auxilio del juzgado que estime necesarios para la comprobación de las causas de la solicitud y de la exactitud de los documentos que la acompañen.

»2. En caso de que los representantes de los trabajadores o la administración concursal soliciten al juez la participación en el período de consultas de otras personas naturales o jurídicas que indiciariamente puedan constituir una unidad de empresa con la concursada, podrán interesar el auxilio del juzgado que se estime necesario para esa comprobación. Igualmente, para el caso de unidad empresarial, y a efectos de valorar la realidad económica del conjunto empresarial, se podrá reclamar la documentación económica consolidada o la relativa a otras empresas.

»*Art. 176. Sustitución del período de consultas.*—1. La apertura del período de consultas no será necesaria en caso de que la solicitud venga acompañada de acuerdo suscrito por la administración concursal y los representantes de los trabajadores.

»2. En cualquier momento, el juez, a instancia de la administración concursal o de la representación de los trabajadores, podrá acordar la sustitución del período de consultas por el procedimiento de mediación o arbitraje que sea de aplicación en el ámbito de la empresa, que deberá desarrollarse dentro del plazo máximo señalado para dicho período.

»*Art. 177. Acuerdo.*—1. El acuerdo requerirá la conformidad de la mayoría de los representantes legales de los trabajadores o, en su caso, de la mayoría de los miembros de la comisión representativa de los trabajadores siempre que, en ambos casos, representen a la mayoría de los trabajadores del centro o centros de trabajo afectados.

»2. En el acuerdo se recogerá la identidad de los trabajadores afectados y se fijarán las indemnizaciones, que se ajustarán a lo establecido en la legislación laboral, salvo que, ponderando los intereses afectados por el concurso, se pacten de forma expresa otras superiores.

»*Art. 178. Comunicación al juez.*—Al finalizar el plazo señalado o en el momento en que se consiga un acuerdo, la administración concursal y los representantes de los trabajadores comunicarán al juez del concurso el resultado del período de consultas.

»*Art. 179. Informe de la autoridad laboral.*—1. Una vez realizada la comunicación prevista en el artículo anterior, el Letrado de la Administración de Justicia recabará informe de la autoridad laboral sobre las medidas propuestas o el acuerdo alcanzado.

»2. El informe de la autoridad laboral deberá ser emitido en el plazo de quince días, pudiendo esta oír a la administración concursal y a los representantes de los trabajadores antes de su emisión.

»3. Recibido el informe por el juez del concurso o transcurrido el plazo de emisión, seguirá el curso de las actuaciones. Si el informe es emitido fuera de plazo, podrá no obstante ser tenido en cuenta por el juez del concurso al adoptar la correspondiente resolución.

»*Art. 180. Plazo de emisión de la resolución.*—Cumplidos los trámites ordenados en los artículos anteriores, el juez, en un plazo máximo de cinco días, resolverá mediante auto, sobre las medidas propuestas.»

»*Art. 181. Resolución en caso de acuerdo.*—De existir acuerdo, el juez lo aprobará, salvo que en la conclusión del mismo aprecie la existencia de fraude, dolo, coacción o abuso de derecho. En este caso, determinará lo que proceda conforme a la legislación laboral.

»*Art. 182. Resolución en caso de inexistencia de acuerdo.*—1. Si no hubiera sido alcanzado un acuerdo, el juez del concurso dará audiencia a quienes hubieran intervenido en el período de consultas, para lo cual, el Letrado de la Administración de Justicia los convocará a una comparecencia en la que podrán formular alegaciones y aportar prueba documental. El juez podrá sustituir esta comparecencia por un trámite escrito de alegaciones por tres días.

»2. En todo caso, el juez determinará lo que proceda conforme a la legislación laboral.

»*Art. 183. Eficacia de la resolución que acuerde la suspensión y el despido colectivos.*—En caso de acordarse la suspensión de los contratos de trabajo de carácter colectivo o el despido colectivo, el auto surtirá efectos constitutivos desde la fecha en que se dicte, salvo que en él se disponga otra fecha posterior, y originará la situación legal de desempleo de los trabajadores afectados.

»*Art. 184. Suspensión del derecho de rescisión de contrato con indemnización.*—1. »Durante la tramitación del concurso, quedará en suspenso el derecho de rescisión del contrato con indemnización que reconoce la legislación laboral al trabajador perjudicado en el supuesto de acordarse una modificación sustancial de las condiciones de trabajo de carácter colectivo durante la tramitación del concurso.

»2. La suspensión prevista en el apartado anterior también será de aplicación cuando se acordare un traslado colectivo, siempre que el nuevo centro de trabajo se encuentre en la misma provincia que el centro de trabajo de origen y a menos de sesenta kilómetros de este, salvo que se acredite que el tiempo mínimo de desplazamiento, de ida y vuelta, supera el 25 por 100 de la duración de la jornada diaria de trabajo.

»3. Las suspensiones previstas en los apartados anteriores no podrán prolongarse por un período superior a doce meses, a contar desde la fecha del auto autorizando la modificación o el traslado.

CAPÍTULO IV

FALTAS Y SANCIONES
DE LOS TRABAJADORES

Art. 58. *Faltas y sanciones de los trabajadores.*—1. Los trabajadores podrán ser sancionados por la dirección de las empresas en virtud de incumplimientos laborales, de acuerdo con la graduación de faltas y sanciones que se establezcan en las disposiciones legales o en el convenio colectivo que sea aplicable.

2. La valoración de las faltas y las correspondientes sanciones impuestas por la dirección de la empresa serán siempre revisables ante la jurisdicción social. La sanción de las faltas graves y muy graves requerirá comunicación escrita al trabajador, haciendo constar la fecha y los hechos que la motivan[314].

3. No se podrán imponer sanciones que consistan en la reducción de la duración de las vacaciones u otra minoración de los derechos al descan-

---

»*Art. 185. Extinción del contrato por voluntad del trabajador.*—1. Desde que se acuerde la iniciación del procedimiento previsto en esta Subsección para el despido colectivo, los jueces del orden social suspenderán la tramitación de la totalidad de los procesos individuales posteriores a la solicitud del concurso pendientes de resolución firme en los que se hubieran ejercitado contra el concursado acciones resolutorias individuales con fundamento en las causas que determinan la extinción del contrato por voluntad del trabajador al amparo de la legislación laboral motivadas por la situación económica o de insolvencia del concursado. La suspensión de los procesos individuales subsistirá hasta que adquiera firmeza el auto que ponga fin a dicho procedimiento.

»2. La resolución que acuerde la suspensión se comunicará a la administración concursal a los efectos del reconocimiento como contingente del crédito que pueda resultar de la sentencia que en su día se dicte, si fuera alzada la suspensión.

»3. El auto que acuerde el despido colectivo producirá efectos de cosa juzgada sobre los procesos individuales suspendidos, que se archivarán sin más trámites.»

[314] V. arts. 64.4.*c*) y 68.*a*) ET. Para los aspectos procesales, v. arts. 2.º*a*), 114 y 115 de la Ley 36/2011, de 10 de octubre (*BOE* de 11 de octubre), Reguladora de la Jurisdicción Social. V. SSTC 4/1996, de 16 de enero (*BOE* de 19 de febrero; 6/1995, de 10 de enero (*BOE* de 11 de febrero); 90/1999, de 26 de mayo (*BOE* de 29 de junio), sobre nulidad de una sanción en relación con el ejercicio de la libertad de información y de expresión en el marco de una relación laboral; 201/1992, de 19 de noviembre (*BOE* de 23 de diciembre), sobre imposibilidad de alteración de las reglas de caducidad por la negociación colectiva; 135/1996, de 23 de julio (*BOE* de 12 de agosto), sobre posibilidad de fijación por la negación colectiva del momento en que se produce la sanción e inicia el plazo de caducidad; 213/2002, de 11 de noviembre (*BOE* de 29 de noviembre), sobre nulidad de sanción de empleo y sueldo por declaraciones a la prensa de un delegado sindical, criticando un informe médico interno sobre absentismo; 181/2006, de 19 de junio (*BOE* de 20 de julio), sobre vulneración de la libertad de expresión por sanción por promover y firmar un escrito colectivo criticando a la empresa.

so del trabajador o multa de haber.

CAPÍTULO V

PLAZOS DE PRESCRIPCIÓN

SECCIÓN 1.ª

Prescripción de acciones derivadas del contrato

Art. 59. *Prescripción y caducidad.*—1. Las acciones derivadas del contrato de trabajo que no tengan señalado plazo especial prescribirán al año de su terminación[315].

A estos efectos, se considerará terminado el contrato:

a) El día en que expire el tiempo de duración convenido o fijado por disposición legal o convenio colectivo.

b) El día en que termine la prestación de servicios continuados, cuando se haya dado esta continuidad por virtud de prórroga expresa o tácita.

2. Si la acción se ejercita para exigir percepciones económicas o para el cumplimiento de obligaciones de tracto único, que no puedan tener lugar después de extinguido el contrato, el plazo de un año se computará desde el día en que la acción pudiera ejercitarse.

3. El ejercicio de la acción contra el despido o resolución de contratos temporales caducará a los veinte días siguientes de aquel en que se hubiera producido. Los días serán hábiles y el plazo de caducidad a todos los efectos[316].

El plazo de caducidad quedará interrumpido por la presentación de la solicitud de conciliación ante el órgano público de mediación, arbitra-

---

[315] Sobre la prescripción de las acciones cuando se ven afectados derechos fundamentales, v. art. 179.2 de la Ley 36/2011, de 10 de octubre (*BOE* de 11 de octubre), Reguladora de la Jurisdicción Social. V., asimismo, SSTC 7/1983, de 14 de febrero (*BOE* de 9 de marzo); 8/1983, de 18 de febrero (*BOE* de 23 de marzo); 13/1983, de 23 de febrero (*BOE* de 23 de marzo); 15/1983, de 4 de marzo (*BOE* de 12 de abril); 86/1983, de 26 de octubre (*BOE* de 7 de noviembre), y 15/1985, de 5 de febrero (*BOE* de 5 de marzo).

[316] V. art. 103 de la Ley 36/2011, de 10 de octubre (*BOE* de 11 de octubre), Reguladora de la Jurisdicción Social; SSTC 201/1992, de 19 de noviembre (*BOE* de 23 de diciembre), sobre imposibilidad de alteración de las reglas de caducidad por la negociación colectiva; 154/2004, de 20 de septiembre (*BOE* de 22 de octubre), sobre vulneración de la tutela judicial efectiva por inadmisión de demanda social por caducidad, por haber interpuesto demanda contencioso-administrativa por errónea indicación de la Administración; 220/2012, de 26 de noviembre (*BOE* de 29 de diciembre), sobre aplicación judicial de la institución de la caducidad excesivamente rigorista y contraria al principio *pro actione* al no ponderar el hecho de que la ampliación tardía de la demanda no fue obstáculo para que la contraparte tuviera conocimiento tempestivo del ejercicio de la acción dirigida frente a ella.

je y conciliación competen-te[317].

4. Lo previsto en el apartado anterior será de aplicación a las acciones contra las decisiones empresariales en materia de movilidad geográfica y modifi-

cación sustancial de condiciones de trabajo. El plazo se computará desde el día siguiente a la fecha de notificación de la decisión empresarial, tras la finalización, en su caso, del período de consultas[318].

---

[317] V. arts. 63 a 68 de la Ley 36/2011, de 10 de octubre (*BOE* de 11 de octubre), Reguladora de la Jurisdicción Social, cuyo art. 64.1 ha sido modificado por la Ley 3/2012, de 6 de julio (*BOE* de 7 de julio) y en particular, art. 65.3: «También suspenderán los plazos de caducidad y se interrumpirán los de prescripción por la suscripción de un compromiso arbitral, celebrado en virtud de los acuerdos interprofesionales y los convenios colectivos a que se refiere el artículo 83 del Estatuto de los Trabajadores o de los derivados de los acuerdos de interés profesional conforme al apartado 4 del artículo 18 de la Ley del Estatuto del trabajo autónomo. En estos casos el cómputo de la caducidad se reanudará al día siguiente de que adquiera firmeza el laudo arbitral: de interponerse un recurso judicial de anulación del laudo, la reanudación tendrá lugar desde el día siguiente a la firmeza de la sentencia que se dicte.» Téngase presente que se han producido transferencias de las funciones y servicios en materia de mediación, arbitraje y conciliación a las Comunidades Autónomas: Cataluña, RD 2.342/1980, de 3 de octubre (*BOE* de 3 de noviembre); País Vasco, RD 2.362/1980, de 4 de noviembre (*BOE* de 6 de noviembre); Andalucía, RD 4.103/1982, de 29 de diciembre (*BOE* de 24 de febrero de 1983); Galicia, RD 4.104/1982, de 29 de diciembre (*BOE* de 24 de febrero de 1983); Comunidad Valenciana, RD 4.106/1982, de 29 de diciembre (*BOE* de 24 de febrero de 1983); Canarias, RD 661/1984, de 25 de enero (*BOE* de 4 de abril; corrección de errores de 25 de marzo de 1985); Navarra, RD 938/1986, de 11 de abril (*BOE* de 14 de mayo); Murcia, RD 375/1995, de 10 de marzo (*BOE* de 18 de abril); Castilla-La Mancha, RD 384/1995, de 10 de marzo (*BOE* de 19 de abril); Aragón, RD 572/1995, de 7 deabril (*BOE* de 10 de mayo); Extremadura, RD 642/1995, de 21 de abril (*BOE* de 17 de mayo); Castilla y León, RD 831/1995, de 9 de junio (*BOE* de 6 de julio); La Rioja, RD 946/1995, de 9 de junio (*BOE* de 6 de julio); Madrid, RD 931/1995, de 9 de junio (*BOE* de 11 de julio); Baleares, RD 98/1996, de 26 de enero (*BOE* de 29 de febrero); Cantabria, RD 1.900/1996, de 2 de agosto (*BOE* de 9 de septiembre); Asturias, RD 2.099/1999, de 30 de diciembre (*BOE* de 26 de enero de 2000). V. Ley 9/1992, de 23 de diciembre (*BOE* de 24 de diciembre).

[318] V. SSTC 214/2002, de 11 de noviembre (*BOE* de 29 de noviembre), sobre imposibilidad de apreciar la caducidad, cuando la presentación extemporánea está justificada por una errónea indicación del plazo en el pie del recurso de la resolución de la Administración como empleadora; 30/2004, de 4 de marzo (*BOE* de 6 de abril), sobre interrupción del plazo para solicitud de abogado de oficio; 34/2004, de 8 de marzo (*BOE* de 6 de abril), sobre vulneración del derecho a la igualdad por diferencias retributivas entre trabajadores de la Administración Pública en el extranjero; 126/2004, de 19 de julio (*BOE* de 18 de agosto), sobre imposibilidad de aplicar la caducidad cuando la empresa cambia las condiciones de trabajo como si no fueran modificaciones sustanciales.

SECCIÓN 2.ª

*Prescripción
de las infracciones y faltas*

Art. 60. *Prescripción.*— 1. Las infracciones cometidas por el empresario prescribirán conforme a lo establecido en el texto refundido de la Ley sobre Infracciones y Sanciones en el Orden Social, aprobado por el Real Decreto Legislativo 5/2000, de 4 de agosto.

2. Respecto a los trabajadores, las faltas leves prescribirán a los diez días; las graves, a los veinte días, y las muy graves, a los sesenta días a partir de la fecha en que la empresa tuvo conocimiento de su comisión y, en todo caso, a los seis meses de haberse cometido[319].

---

[319] Para el personal laboral al servicio de las Administraciones Públicas, v. art. 94.3 y 97 del Estatuto Básico del Empleado Público, texto refundido aprobado por el RDL 5/2015, de 30 de octubre (*BOE* de 31 de octubre).

TÍTULO II

De los derechos de representación colectiva y de reunión de los trabajadores en la empresa

CAPÍTULO PRIMERO

DEL DERECHO
DE REPRESENTACIÓN
COLECTIVA[320]

Art. 61. *Participación.*—De conformidad con lo dispuesto en el artículo 4 y sin perjuicio de otras formas de participación, los trabajadores tienen derecho a participar en la empresa a través de los órganos de representación regulados en este título[321].

---

[320] Este Capítulo ha sido desarrollado con carácter general por el RD 1.844/1994, de 8 de septiembre (*BOE* de 13 de septiembre), por el que se aprueba el Reglamento de Elecciones a órganos de representación de los trabajadores en la empresa.

[321] Art. 129.2 CE: «Los poderes públicos promoverán eficazmente las diversas formas de participación en la empresa y fomentarán, mediante una legislación adecuada, las sociedades cooperativas. También establecerán los medios que faciliten el acceso de los trabajadores a la propiedad de los medios de producción.» V. también Convenio OIT n.º 135, ratificado por España por Instrumento de 21 de junio de 1972 (*BOE* de 4 de julio de 1974), sobre la protección del derecho de sindicación y los procedimientos para determinar las condiciones de empleo en la Administración Pública; Directiva 2001/86, de 8 de octubre (*DOCE* de 10 de noviembre), por la que se completa el estatuto de la sociedad anónima europea en lo que respecta a la implicación de los trabajadores, transpuesta por medio de la Ley 31/2006, de 18 de octubre (*BOE* de 19 de octubre), sobre implicación de los trabajadores en las sociedades anónimas y cooperativas europeas; Directiva 2002/14, de 11 de marzo (*DOCE* de 23 de marzo), por la que se establece un marco general relativo a la información y a la consulta de los trabajadores de la Comunidad Europea; Ley 21/1991, de 17 de junio (*BOE* de 18 de junio), por la que se crea el Consejo Económico y Social, parcialmente modificada por el art. 109 de la Ley de Presupuestos Generales del Estado para 1992. V. disp. final 2.ª ET; Ley 44/2015, de 14 de octubre (*BOE* de 15 de octubre), de sociedades laborales y participadas.

En materia de seguridad y salud laboral, v. Ley 31/1995, de 8 de noviembre (*BOE* de 10 de noviembre), de Prevención de Riesgos Laborales, nota al art. 64.7.*a*).2.º ET.

Para los funcionarios públicos, v. Estatuto Básico del Empleado Público, texto refundido aprobado por RDL 5/2015, de 30 de octubre (*BOE* de 31 de octubre). V. STC 43/1996, de 14 de marzo (*BOE* de 17 de abril), sobre competencia autonómica en materia de elecciones a representantes de funcionarios.

Como otra forma de participación hay que recoger la acción sindical en la empresa, regulada por la Ley 11/1985, de 2 de agosto (*BOE* de 8 de agosto), de Libertad Sindical:

«*Art. 8.º* 1. Los trabajadores afiliados a un sindicato podrán, en el ámbito de la empresa o centro de trabajo:

»*a*)   Constituir Secciones Sindicales de conformidad con lo establecido en los Estatutos del Sindicato.

»*b*)   Celebrar reuniones, previa notificación al empresario, recaudar cuotas y distribuir información sindical, fuera de las horas de trabajo y sin perturbar la actividad normal de la empresa.

»*c*)   Recibir la información que le remita su sindicato.

»2.   Sin perjuicio de lo que se establezca mediante convenio colectivo, las Secciones Sindicales de los sindicatos más representativos y de los que tengan representación en los comités de empresa y en los órganos de representación que se establezcan en las Administraciones Públicas o cuenten con delegados de personal, tendrán los siguientes derechos:

»*a*)   Con la finalidad de facilitar la difusión de aquellos avisos que puedan interesar a los afiliados al sindicato y a los trabajadores en general, la empresa pondrá a su disposición un tablón de anuncios que deberá situarse en el centro de trabajo y en lugar donde se garantice un adecuado acceso al mismo de los trabajadores.

»*b*)   A la negociación colectiva, en los términos establecidos en la legislación específica.

»*c*)   A la utilización de un local adecuado en el que puedan desarrollar sus actividades en aquellas empresas o centros de trabajo con más de 250 trabajadores.

»*Art. 9.º*   1.   Quienes ostenten cargos electivos a nivel provincial, autonómico o estatal, en las organizaciones sindicales más representativas, tendrán derecho:

»*a*)   Al disfrute de los permisos no retribuidos necesarios para el desarrollo de las funciones sindicales propias de su cargo, pudiéndose establecer, por acuerdo, limitaciones al disfrute de los mismos en función de las necesidades del proceso productivo.

»*b*)   A la excedencia forzosa, o a la situación equivalente en el ámbito de la Función Pública, con derecho a reserva del puesto de trabajo y al cómputo de antigüedad mientras dure el ejercicio de su cargo representativo, debiendo reincorporarse a su puesto de trabajo dentro del mes siguiente a la fecha del cese.

»*c*)   A la asistencia y el acceso a los centros de trabajo para participar en actividades propias de su sindicato o del conjunto de los trabajadores, previa comunicación al empresario, y sin que el ejercicio de ese derecho pueda interrumpir el desarrollo normal del proceso productivo.

»2.   Los representantes sindicales que participen en las Comisiones negociadoras de convenios colectivos manteniendo su vinculación como trabajador en activo en alguna empresa tendrán derecho a la concesión de los permisos retribuidos que sean necesarios para el adecuado ejercicio de su labor como negociadores, siempre que la empresa esté afectada por la negociación.

»*Art. 10.*   1.   En las empresas o, en su caso, en los centros de trabajo que ocupen a más de doscientos cincuenta trabajadores, cualquiera que sea la clase de su contrato, las Secciones Sindicales que puedan constituirse por los trabajadores afiliados a los sindicatos con presencia en los comités de empresa o en los órganos de representación que se establezcan en las Administraciones Públicas estarán representadas, a todos los efectos, por delegados sindicales elegidos por y entre sus afiliados en la empresa o en el centro de trabajo.

»2.   Bien por acuerdo, bien a través de la negociación colectiva, se podrá ampliar el número de delegados establecidos en la escala a que hace referencia este apartado, que atendiendo a la plantilla de la empresa o, en su caso, de los centros de trabajo corresponden a cada uno de éstos.

»A falta de acuerdos específicos al respecto, el número de delegados sindicales por cada sección sindical de los sindicatos que hayan obtenido el 10 por 100 de los votos en la elección al Comité de Empresa o al órgano de representación en las Administraciones Públicas se determinará según la siguiente escala:

SECCIÓN 1.ª

Órganos de representación

Art. 62. *Delegados de perso-nal.*—1. La representación de

los trabajadores en la empresa o centro de trabajo que tengan me-nos de cincuenta y más de diez trabajadores corresponde a los delegados de personal. Igual-mente podrá haber un delegado

---

»De 250 a 750 trabajadores: Uno.
»De 751 a 2.000 trabajadores: Dos.
»De 2.001 a 5.000 trabajadores: Tres.
»De 5.001 en adelante: Cuatro.
»Las Secciones Sindicales de aquellos sindicatos que no hayan obtenido el 10 por 100 de los votos estarán representadas por un solo delegado sindical.

»3. Los delegados sindicales, en el supuesto de que no formen parte del comité de empresa, tendrán las mismas garantías que las establecidas legalmente para los miembros de los comités de empresa o de los órganos de representación que se esta-blezcan en las Administraciones Públicas, así como los siguientes derechos a salvo de lo que se pudiera establecer por convenio colectivo:

»1.º Tener acceso a la misma información y documentación que la empresa pon-ga a disposición del comité de empresa, estando obligados los delegados sindicales a guardar sigilo profesional en aquellas materias en las que legalmente proceda.

»2.º Asistir a las reuniones de los comités de empresa y de los órganos internos de la empresa en materia de seguridad e higiene o de los órganos de representación que se establezcan en las Administraciones Públicas, con voz pero sin voto.

»3.º Ser oídos por la empresa previamente a la adopción de medidas de carácter colectivo que afecten a los trabajadores en general y a los afiliados a su sindicato en particular, y especialmente en los despidos y sanciones de estos últimos».

La vulneración empresarial de estos derechos es calificada como infracción grave o muy grave, según las materias, por los arts. 7.º9 y 8.º5 y 6 LISOS [RD Legislativo 5/2000, de 4 de agosto (*BOE* de 8 de agosto)].

V. SSTC 118/1983, de 13 de diciembre (*BOE* de 11 de enero de 1984); 74/1996, de 30 de abril (*BOE* de 31 de mayo), y 95/1996, de 29 de mayo (*BOE* de 21 de junio), sobre la diferencia en cuanto al reconocimiento constitucional entre esta representa-ción sindical y la representación electiva; 61/1989, de 3 de abril (*BOE* de 19 de abril), sobre ámbito de elección de los delegados sindicales; 292/1993, de 18 de octubre (*BOE* de 9 de noviembre), sobre facultades y límites del empresario al control y comproba-ción de la legitimidad del nombramiento del delegado sindical; 188/1995, de 18 de diciembre (*BOE* de 24 de enero de 1996), relativa a la constitucionalidad de la fijación de la escala numérica de delegados sindicales atendiendo a la representatividad sindi-cal; 94/1995, de 19 de junio (*BOE* de 24 de julio), con relación a la actividad de infor-mación sindical utilizando crédito horario de horas sindicales; 168/1996, de 29 de octubre (*BOE* de 3 de diciembre), sobre derecho de reunión de sección sindical y tablón de anuncios; 201/1999, de 8 de noviembre (*BOE* de 16 de diciembre), sobre derecho a distribuir información sindical aunque su sindicato carezca de presencia en el comité de empresa; 269/2000, de 13 de noviembre (*BOE* de 14 de diciembre), sobre no man-tenimiento de crédito horario a derecho sindical, libre y unilateralmente reconocido por un anterior empresario, por encima de lo establecido legalmente, que ni incurre en discriminación ni tiene un móvil antisindical; 132/2000, de 16 de mayo (*BOE* de 20 de junio), sobre idéntica materia a la anterior.

de personal en aquellas empresas o centros que cuenten entre seis y diez trabajadores, si así lo decidieran éstos por mayoría[322].

Los trabajadores elegirán, mediante sufragio libre, personal, secreto y directo a los delegados de personal en el número siguiente: hasta treinta trabajadores, uno; de treinta y uno a cuarenta y nueve, tres.

2. Los delegados de personal ejercerán mancomunadamente ante el empresario la representación para la que fueron elegidos y tendrán las mismas competencias establecidas para los comités de empresa[323].

Los delegados de personal observarán las normas que sobre sigilo profesional están establecidas para los miembros de comités de empresa en el artículo 65.

Art. 63. *Comités de empresa*[324].—1. El comité de empresa es el órgano representativo y colegiado del conjunto de los trabajadores en la empresa o centro de trabajo para la defensa de sus intereses, constituyéndose en cada centro de trabajo cuyo censo sea de cincuenta o más trabajadores.

2. En la empresa que tenga en la misma provincia, o en municipios limítrofes, dos o más centros de trabajo cuyos censos no alcancen los cincuenta trabajadores, pero que en su conjunto lo sumen, se constituirá un comité de empresa conjunto. Cuando unos centros tengan cincuenta trabajadores y otros de la misma provincia no, en los primeros se constituirán comités de empresa propios y con todos los segundos se constituirá otro.

3. Sólo por convenio colectivo podrá pactarse la constitución y funcionamiento de un comité intercentros con un máximo de trece miembros, que serán designados de entre los

---

[322] V. SSTC 36/2004, de 8 de marzo (*BOE* de 6 de abril), sobre facultad de los sindicatos más representativos para promover elecciones de delegados de personal en empresas pequeñas entre seis y diez trabajadores; 62/2004, de 19 de abril (*BOE* de 18 de mayo); 64/2004 y 66/2004, de 19 de abril (*BOE* de 18 de mayo), y 103/2004, de 2 de junio (*BOE* de 23 de junio); 175/2004, de 18 de octubre (*BOE* de 19 de noviembre); 60/2005, de 14 de marzo (*BOE* de 19 de abril), en el mismo sentido que la primera.

[323] Sobre las competencias de los delegados de personal, v. art. 64 ET y notas al mismo.

[324] V. Ley 10/1997, de 24 de abril (*BOE* de 25 de abril), sobre derechos de información y consulta de los trabajadores en las empresas y grupos de empresas de dimensión comunitaria, modificada por la Ley 44/1999, de 29 de noviembre (*BOE* de 30 de noviembre), y por la Ley 10/2011, de 19 de mayo (*BOE* de 20 de mayo); art. 9.º LISOS [RD Legislativo 5/2000, de 4 de agosto (*BOE* de 8 de agosto)]; Directiva 2009/38/CE, de 6 de mayo (*DOUE* de 16 de mayo), sobre la constitución de un comité de empresa europeo o de un procedimiento de información y consulta a los trabajadores en las empresas y grupos de empresa de dimensión comunitaria.

componentes de los distintos comités de centro.

En la constitución del comité intercentros se guardará la proporcionalidad de los sindicatos según los resultados electorales considerados globalmente.

Tales comités intercentros no podrán arrogarse otras funciones que las que expresamente se les conceda en el convenio colectivo en que se acuerde su creación[325].

Art. 64. *Derechos de información y consulta y competencias.*—1. El comité de empresa tendrá derecho a ser informado y consultado por el empresario sobre aquellas cuestiones que puedan afectar a los trabajadores, así como sobre la situación de la empresa y la evolución del empleo en la misma, en los términos previstos en este artículo[326].

Se entiende por información la transmisión de datos por el empresario al comité de empre-

sa, a fin de que éste tenga conocimiento de una cuestión determinada y pueda proceder a su examen. Por consulta se entiende el intercambio de opiniones y la apertura de un diálogo entre el empresario y el comité de empresa sobre una cuestión determinada, incluyendo, en su caso, la emisión de informe previo por parte del mismo.

En la definición o aplicación de los procedimientos de información y consulta, el empresario y el comité de empresa actuarán con espíritu de cooperación, en cumplimiento de sus derechos y obligaciones recíprocas, teniendo en cuenta tanto los intereses de la empresa como los de los trabajadores.

2. El comité de empresa tendrá derecho a ser informado trimestralmente:

a) Sobre la evolución general del sector económico a que pertenece la empresa.

---

[325] Para la legitimación del comité intercentro en relación con el período de consulta en los procesos de modificaciones sustanciales de condiciones de trabajo y en general de reestructuración empresarial, v. art. 41.4 ET. En particular para las consultas en los procedimientos de despidos colectivos, cfr. art. 26.2 del RD 1.483/2012, de 29 de octubre (*BOE* de 30 de octubre), por el que se aprueba el Reglamento de los procedimientos de despido colectivo y de suspensión de contratos y reducción de jornada:

«2. Cuando la empresa tuviera varios centros de trabajo afectados por el procedimiento intervendrá, de manera preferente, el Comité Intercentros o el órgano de naturaleza similar creado mediante la negociación colectiva, si por esta vía tuvieran atribuida esta función.»

[326] «1. La obtención de la información constitutiva del secreto empresarial se considera lícita cuando se realice por alguno de los medios siguientes [...] *c)* El ejercicio del derecho de los trabajadores y los representantes de los trabajadores a ser informados y consultados, de conformidad con el Derecho europeo o español y las prácticas vigentes» [art. 2.1.*d*) Ley 1/2019, de 20 de febrero (*BOE* de 21 de febrero), de secretos oficiales]. Para la identidad de competencias de los delegados de personal, v. art. 62.2 ET.

b) Sobre la situación económica de la empresa y la evolución reciente y probable de sus actividades, incluidas las actuaciones medioambientales que tengan repercusión directa en el empleo, así como sobre la producción y ventas, incluido el programa de producción.

c) Sobre las previsiones del empresario de celebración de nuevos contratos, con indicación del número de éstos y de las modalidades y tipos que serán utilizados, incluidos los contratos a tiempo parcial, la realización de horas complementarias por los trabajadores contratados a tiempo parcial y de los supuestos de subcontratación.

d) De las estadísticas sobre el índice de absentismo y las causas, los accidentes de trabajo y enfermedades profesionales y sus consecuencias, los índices de siniestralidad, los estudios periódicos o especiales del medio ambiente laboral y los mecanismos de prevención que se utilicen.

3. También tendrá derecho a recibir información, al menos anualmente, relativa a la aplicación en la empresa del derecho de igualdad de trato y de oportunidades entre mujeres y hombres, en la que deberá incluirse el registro previsto en el artículo 28.2 y los datos sobre la proporción de mujeres y hombres en los diferentes niveles profesionales, así como, en su caso, sobre las medidas que se hubieran adoptado para fomentar la igualdad entre mujeres y hombres en la empresa y, de haberse establecido un plan de igualdad, sobre la aplicación del mismo[327].

4. El comité de empresa, con la periodicidad que proceda en cada caso, tendrá derecho a:

a) Conocer el balance, la cuenta de resultados, la memoria y, en el caso de que la empresa revista la forma de sociedad por acciones o participaciones, los demás documentos que se den a conocer a los socios, y en las mismas condiciones que a éstos[328].

b) Conocer los modelos de contrato de trabajo escrito que se utilicen en la empresa así como los documentos relativos a la terminación de la relación laboral.

c) Ser informado de todas las sanciones impuestas por faltas muy graves.

---

[327] Apartado 3 conforme al RDL 6/2019, de 1 de marzo (*BOE* de 7 de marzo).

[328] Para la verificación de los datos aportados por el empleador a través de experto titulado superior, v. arts. 41 ss. del C. de Comercio, conforme a la redacción de la Ley 16/2007, de 4 de julio (*BOE* de 5 de julio), de reforma y adaptación de la legislación mercantil en materia contable para su armonización internacional con base en la normativa de la Unión Europea. La STC 39/1982, de 30 de junio (*BOE* de 16 de julio), niega competencia al Gobierno Vasco para ampliar este derecho de información.

d) Ser informado por la empresa de los parámetros, reglas e instrucciones en los que se basan los algoritmos o sistemas de inteligencia artificial que afectan a la toma de decisiones que pueden incidir en las condiciones de trabajo, el acceso y mantenimiento del empleo, incluida la elaboración de perfiles[329].

Asimismo, el comité de empresa tendrá derecho a recibir la copia básica de los contratos así como la notificación de las prórrogas y de las denuncias correspondientes a los mismos en el plazo de diez días siguientes a que tuvieran lugar.

e) Ser informado por la empresa de las medidas de actuación previstas con motivo de la activación de alertas por catástrofes y otros fenómenos meteorológicos adversos, sin perjuicio de los derechos de información, consulta y participación previstos en la Ley de Prevención de Riesgos Laborales. Todo ello a los efectos de la adopción de las respectivas medidas y decisiones, incluidas, entre otras, las previstas en el artículo 21 de la Ley 31/1995, de 8 de noviembre.

Asimismo, el comité de empresa tendrá derecho a recibir la copia básica de los contratos así como la notificación de las prórrogas y de las denuncias correspondientes a los mismos en el plazo de diez días siguientes a que tuvieran lugar[330].

5. El comité de empresa tendrá derecho a ser informado y consultado sobre la situación y estructura del empleo en la empresa o en el centro de trabajo, así como a ser informado trimestralmente sobre la evolución probable del mismo, incluyendo la consulta cuando se prevean cambios al respecto.

Asimismo, tendrá derecho a ser informado y consultado sobre todas las decisiones de la empresa que pudieran provocar cambios relevantes en cuanto a la organización del trabajo y a los contratos de trabajo en la empresa. Igualmente tendrá derecho a ser informado y consultado sobre la adopción de eventuales medidas preventivas, especialmente en caso de riesgo para el empleo.

El comité de empresa tendrá derecho a emitir informe, con carácter previo a la ejecución por parte del empresario de las decisiones adoptadas por éste, sobre las siguientes cuestiones:

a) Las reestructuraciones de plantilla y ceses totales o

---

[329] Letra *d*) introducida por la Ley 12/2021, de 28 de septiembre (*BOE* de 29 de septiembre).

[330] Letra *e*) conforme al Real Decreto-Ley 8/2024, de 28 de noviembre (*BOE* de 29 de noviembre).

parciales, definitivos o temporales, de aquélla[331].

b) Las reducciones de jornada[332].

c) El traslado total o parcial de las instalaciones.

d) Los procesos de fusión, absorción o modificación del estatus jurídico de la empresa que impliquen cualquier incidencia que pueda afectar al volumen de empleo.

e) Los planes de formación profesional en la empresa[333].

f) La implantación y revisión de sistemas de organización y control del trabajo, estudios de tiempos, establecimiento de sistemas de primas e incentivos y valoración de puestos de trabajo.

6. La información se deberá facilitar por el empresario al comité de empresa, sin perjuicio de lo establecido específicamente en cada caso, en un momento, de una manera y con un contenido apropiados, que permitan a los representantes de los trabajadores proceder a su examen adecuado y preparar, en su caso, la consulta y el informe.

La consulta deberá realizarse, salvo que expresamente esté establecida otra cosa, en un momento y con un contenido apropia-

dos, en el nivel de dirección y representación correspondiente de la empresa, y de tal manera que permita a los representantes de los trabajadores, sobre la base de la información recibida, reunirse con el empresario, obtener una respuesta justificada a su eventual informe y poder contrastar sus puntos de vista u opiniones con objeto, en su caso, de poder llegar a un acuerdo sobre las cuestiones indicadas en el apartado 5, y ello sin perjuicio de las facultades que se reconocen al empresario al respecto en relación con cada una de dichas cuestiones. En todo caso, la consulta deberá permitir que el criterio del comité pueda ser conocido por el empresario a la hora de adoptar o de ejecutar las decisiones.

Los informes que deba emitir el comité de empresa tendrán que elaborarse en el plazo máximo de quince días desde que hayan sido solicitados y remitidas las informaciones correspondientes.

7. El comité de empresa tendrá también las siguientes competencias:

a) Ejercer una labor:

1.º De vigilancia en el cumplimiento de las normas vigentes

---

[331] V. art. 51 ET; RD 1.483/2012, de 29 de octubre (*BOE* de 30 de octubre), por el que se aprueba el Reglamento de los procedimientos de despido colectivo y de suspensión de contratos y reducción de jornada.

[332] V. art. 47 ET; art. 23 del RD 1.561/1995, de 21 de septiembre (*BOE* de 26 de septiembre), sobre jornadas especiales de trabajo, en materia de limitación de jornada en lo que afecta a los tiempos de exposición al riesgo.

[333] V. art. 44 ET.

en materia laboral, de seguridad social y de empleo, así como del resto de los pactos, condiciones y usos de empresa en vigor, formulando, en su caso, las acciones legales oportunas ante el empresario y los organismos o tribunales competentes.

2.º   De vigilancia y control de las condiciones de seguridad y salud en el desarrollo del trabajo en la empresa, con las particularidades previstas en este orden por el artículo 19[334].

3.º   De vigilancia del respeto y aplicación del principio de igual-

---

[334]   V. art. 19 ET y Ley 31/1995, de 8 de noviembre (*BOE* de 10 de noviembre), de Prevención de Riesgos Laborales, modificada por la Ley 54/2003, de 12 de diciembre (*BOE* de 13 de diciembre), arts. 34 a 40:

«*Art. 34.   Derechos de participación y representación.*—1.   Los trabajadores tienen derecho a participar en la empresa en las cuestiones relacionadas con la prevención de riesgos en el trabajo.

»En las empresas o centros de trabajo que cuenten con seis o más trabajadores, la participación de éstos se canalizará a través de sus representantes y de la representación especializada que se regula en este capítulo.

»2.   A los Comités de Empresa, a los Delegados de Personal y a los representantes sindicales les corresponde, en los términos que, respectivamente, les reconocen el Estatuto de los Trabajadores, la Ley de órganos de Representación del Personal al Servicio de las Administraciones Públicas y la Ley Orgánica de Libertad Sindical, la defensa de los intereses de los trabajadores en materia de prevención de riesgos en el trabajo. Para ello, los representantes del personal ejercerán las competencias que dichas normas establecen en materia de información, consulta y negociación, vigilancia y control y ejercicio de acciones ante las empresas y los órganos y tribunales competentes.

»3.   El derecho de participación que se regula en este capítulo se ejercerá en el ámbito de las Administraciones Públicas con las adaptaciones que procedan en atención a la diversidad de las actividades que desarrollan y las diferentes condiciones en que éstas se realizan, la complejidad y dispersión de su estructura organizativa y sus peculiaridades en materia de representación colectiva, en los términos previstos en la Ley 7/1990, de 19 de julio, sobre negociación colectiva y participación en la determinación de las condiciones de trabajo de los empleados públicos, pudiéndose establecer ámbitos sectoriales y descentralizados en función del número de efectivos y centros.

»Para llevar a cabo la indicada adaptación en el ámbito de la Administración General del Estado, el Gobierno tendrá en cuenta los siguientes criterios:

»*a*)   En ningún caso dicha adaptación podrá afectar a las competencias, facultades y garantías que se reconocen en esta Ley a los Delegados de Prevención y a los Comités de Seguridad y Salud.

»*b*)   Se deberá establecer el ámbito específico que resulte adecuado en cada caso para el ejercicio de la función de participación en materia preventiva dentro de la estructura organizativa de la Administración. Con carácter general, dicho ámbito será el de los órganos de representación del personal al servicio de las Administraciones públicas, si bien podrán establecerse otros distintos en función de las características de la actividad y frecuencia de los riesgos a que puedan encontrarse expuestos los trabajadores.

»*c*)   Cuando en el indicado ámbito existan diferentes órganos de representación del personal, se deberá garantizar una actuación coordinada de todos ellos en materia de prevención y protección de la seguridad y la salud en el trabajo, posibilitando que la participación se realice de forma conjunta entre unos y otros, en el ámbito específico establecido al efecto.

»*d*) Con carácter general, se constituirá un único Comité de Seguridad y Salud en el ámbito de los órganos de representación previstos en la Ley de órganos de Representación del Personal al Servicio de las Administraciones Públicas, que estará integrado por los Delegados de Prevención designados en dicho ámbito, tanto para el personal con relación de carácter administrativo o estatutario como para el personal laboral, y por representantes de la Administración en número no superior al de Delegados. Ello, no obstante, podrán constituirse Comités de Seguridad y Salud en otros ámbitos cuando las razones de la actividad y el tipo y frecuencia de los riesgos así lo aconsejen.

»*Art. 35.   Delegados de Prevención.*—1.   Los Delegados de Prevención son los representantes de los trabajadores con funciones específicas en materia de prevención de riesgos en el trabajo.

»2.   Los Delegados de Prevención serán designados por y entre los representantes del personal, en el ámbito de los órganos de representación previstos en las normas a que se refiere el artículo anterior, con arreglo a la siguiente escala:

»De 50 a 100 trabajadores: Dos Delegados de Prevención.

»De 101 a 500 trabajadores: Tres Delegados de Prevención.

»De 501 a 1.000 trabajadores: Cuatro Delegados de Prevención.

»De 1.001 a 2.000 trabajadores: Cinco Delegados de Prevención.

»De 2.001 a 3.000 trabajadores: Seis Delegados de Prevención.

»De 3.001 a 4.000 trabajadores: Siete Delegados de Prevención.

»De 4.001 en adelante: Ocho Delegados de Prevención.

»En las empresas de hasta treinta trabajadores el Delegado de Prevención será el Delegado de Personal. En las empresas de treinta y uno a cuarenta y nueve trabajadores habrá un Delegado de Prevención que será elegido por y entre los Delegados de Personal.

»3.   A efectos de determinar el número de Delegados de Prevención se tendrán en cuenta los siguientes criterios:

»*a*)   Los trabajadores vinculados por contratos de duración determinada superior a un año se computarán como trabajadores fijos de plantilla.

»*b*)   Los contratados por término de hasta un año se computarán según el número de días trabajados en el período de un año anterior a la designación. Cada doscientos días trabajados o fracción se computarán como un trabajador más.

»4.   No obstante lo dispuesto en el presente artículo, en los convenios colectivos podrán establecerse otros sistemas de designación de los Delegados de Prevención, siempre que se garantice que la facultad de designación corresponde a los representantes del personal o a los propios trabajadores.

»Asimismo, en la negociación colectiva o mediante los acuerdos a que se refiere el artículo 83, apartado 3, del Estatuto de los Trabajadores podrá acordarse que las competencias reconocidas en esta Ley a los Delegados de Prevención sean ejercidas por órganos específicos creados en el propio convenio o en los acuerdos citados. Dichos órganos podrán asumir, en los términos y conforme a las modalidades que se acuerden, competencias generales respecto del conjunto de los centros de trabajo incluidos en el ámbito de aplicación del convenio o del acuerdo, en orden a fomentar el mejor cumplimiento en los mismos de la normativa sobre prevención de riesgos laborales.

»Igualmente, en el ámbito de las Administraciones públicas se podrán establecer, en los términos señalados en la Ley 7/1990, de 19 de julio, sobre negociación colectiva y participación en la determinación de las condiciones de trabajo de los empleados públicos, otros sistemas de designación de los Delegados de Prevención y acordarse que las competencias que esta Ley atribuye a éstos puedan ser ejercidas por órganos específicos.

»*Art. 36.   Competencias y facultades de los Delegados de Prevención.*—1.   Son competencias de los Delegados de Prevención:

»*a)*   Colaborar con la dirección de la empresa en la mejora de la acción preventiva.

»*b)*   Promover y fomentar la cooperación de los trabajadores en la ejecución de la normativa sobre prevención de riesgos laborales.

»*c)*   Ser consultados por el empresario, con carácter previo a su ejecución, acerca de las decisiones a que se refiere el artículo 33 de la presente Ley.

»*d)*   Ejercer una labor de vigilancia y control sobre el cumplimiento de la normativa de prevención de riesgos laborales.

»En las empresas que, de acuerdo con lo dispuesto en el apartado 2 del artículo 38 de esta Ley, no cuenten con Comité de Seguridad y Salud por no alcanzar el número mínimo de trabajadores establecido al efecto, las competencias atribuidas a aquél en la presente Ley serán ejercidas por los Delegados de Prevención.

»2.   En el ejercicio de las competencias atribuidas a los Delegados de Prevención, éstos estarán facultados para:

»*a)*   Acompañar a los técnicos en las evaluaciones de carácter preventivo del medio ambiente de trabajo, así como, en los términos previstos en el artículo 40 de esta Ley, a los Inspectores de Trabajo y Seguridad Social en las visitas y verificaciones que realicen en los centros de trabajo para comprobar el cumplimiento de la normativa sobre prevención de riesgos laborales, pudiendo formular ante ellos las observaciones que estimen oportunas.

»*b)*   Tener acceso, con las limitaciones previstas en el apartado 4 del artículo 22 de esta Ley, a la información y documentación relativa a las condiciones de trabajo que sean necesarias para el ejercicio de sus funciones y, en particular, a la prevista en los artículos 18 y 23 de esta Ley. Cuando la información esté sujeta a las limitaciones reseñadas, sólo podrá ser suministrada de manera que se garantice el respeto de la confidencialidad.

»*c)*   Ser informados por el empresario sobre los daños producidos en la salud de los trabajadores una vez que aquél hubiese tenido conocimiento de ellos, pudiendo presentarse, aun fuera de su jornada laboral, en el lugar de los hechos para conocer las circunstancias de los mismos.

»*d)*   Recibir del empresario las informaciones obtenidas por éste procedentes de las personas u órganos encargados de las actividades de protección y prevención en la empresa, así como de los organismos competentes para la seguridad y la salud de los trabajadores, sin perjuicio de lo dispuesto en el artículo 40 de esta Ley en materia de colaboración con la Inspección de Trabajo y Seguridad Social.

»*e)*   Realizar visitas a los lugares de trabajo para ejercer una labor de vigilancia y control del estado de las condiciones de trabajo, pudiendo, a tal fin, acceder a cualquier zona de los mismos y comunicarse durante la jornada con los trabajadores, de manera que no se altere el normal desarrollo del proceso productivo.

»*f)*   Recabar del empresario la adopción de medidas de carácter preventivo y para la mejora de los niveles de protección de la seguridad y la salud de los trabajadores, pudiendo a tal fin efectuar propuestas al empresario, así como al Comité de Seguridad y Salud para su discusión en el mismo.

»*g)*   Proponer al órgano de representación de los trabajadores la adopción del acuerdo de paralización de actividades a que se refiere el apartado 3 del artículo 21.

»3.   Los informes que deban emitir los Delegados de Prevención a tenor de lo dispuesto en la letra *c)* del apartado 1 de este artículo deberán elaborarse en un plazo de quince días, o en el tiempo imprescindible cuando se trate de adoptar medidas dirigidas a prevenir riesgos inminentes. Transcurrido el plazo sin haberse emitido el informe, el empresario podrá poner en práctica su decisión.

»4. La decisión negativa del empresario a la adopción de las medidas propuestas por el Delegado de Prevención a tenor de lo dispuesto en la letra *f*) del apartado 2 de este artículo deberá ser motivada.

»*Art. 37. Garantías y sigilo profesional de los Delegados de Prevención.*—1. Lo previsto en el artículo 68 del Estatuto de los Trabajadores en materia de garantías será de aplicación a los Delegados de Prevención en su condición de representantes de los trabajadores.

»El tiempo utilizado por los Delegados de Prevención para el desempeño de las funciones previstas en esta Ley será considerado como de ejercicio de funciones de representación a efectos de la utilización del crédito de horas mensuales retribuidas previsto en la letra *e*) del citado artículo 68 del Estatuto de los Trabajadores.

»No obstante lo anterior, será considerado en todo caso como tiempo de trabajo efectivo, sin imputación al citado crédito horario, el correspondiente a las reuniones del Comité de Seguridad y Salud y a cualesquiera otras convocadas por el empresario en materia de prevención de riesgos, así como el destinado a las visitas previstas en las letras *a*) y *c*) del número 2 del artículo anterior.

»2. El empresario deberá proporcionar a los Delegados de Prevención los medios y la formación en materia preventiva que resulten necesarios para el ejercicio de sus funciones.

»La formación se deberá facilitar por el empresario por sus propios medios o mediante concierto con organismos o entidades especializadas en la materia y deberá adaptarse a la evolución de los riesgos y a la aparición de otros nuevos, repitiéndose periódicamente si fuera necesario.

»El tiempo dedicado a la formación será considerado como tiempo de trabajo a todos los efectos y su coste no podrá recaer en ningún caso sobre los Delegados de Prevención.

»3. A los Delegados de Prevención les será de aplicación lo dispuesto en el apartado 2 del artículo 65 del Estatuto de los Trabajadores en cuanto al sigilo profesional debido respecto de las informaciones a que tuviesen acceso como consecuencia de su actuación en la empresa.

»4. Lo dispuesto en el presente artículo en materia de garantías y sigilo profesional de los Delegados de Prevención se entenderá referido, en el caso de las relaciones de carácter administrativo o estatutario del personal al servicio de las Administraciones públicas, a la regulación contenida en los artículos 10, párrafo segundo, y 11 de la Ley 9/1987, de 12 de junio, de Órganos de Representación, Determinación de las Condiciones de Trabajo y Participación del Personal al Servicio de las Administraciones Públicas.

»*Art. 38. Comité de Seguridad y Salud.*—1. El Comité de Seguridad y Salud es el órgano paritario y colegiado de participación destinado a la consulta regular y periódica de las actuaciones de la empresa en materia de prevención de riesgos.

»2. Se constituirá un Comité de Seguridad y Salud en todas las empresas o centros de trabajo que cuenten con cincuenta o más trabajadores.

»El Comité estará formado por los Delegados de Prevención, de una parte, y por el empresario y/o sus representantes en número igual al de los Delegados de Prevención, de la otra.

»En las reuniones del Comité de Seguridad y Salud participarán, con voz pero sin voto, los Delegados Sindicales y los responsables técnicos de la prevención en la empresa que no estén incluidos en la composición a la que se refiere el párrafo anterior. En las mismas condiciones podrán participar trabajadores de la empresa que cuenten con una especial cualificación o información respecto de concretas cuestiones que se debatan en este órgano y técnicos en prevención ajenos a la empresa, siempre que así lo solicite alguna de las representaciones en el Comité.

»3. El Comité de Seguridad y Salud se reunirá trimestralmente y siempre que lo solicite alguna de las representaciones en el mismo. El Comité adoptará sus propias normas de funcionamiento.

»Las empresas que cuenten con varios centros de trabajo dotados de Comité de Seguridad y Salud podrán acordar con sus trabajadores la creación de un Comité Intercentros, con las funciones que el acuerdo le atribuya.

»*Art. 39. Competencias y facultades del Comité de Seguridad y Salud.*—1. El Comité de Seguridad y Salud tendrá las siguientes competencias:

»*a)* Participar en la elaboración, puesta en práctica y evaluación de los planes y programas de prevención de riesgos en la empresa. A tal efecto, en su seno se debatirán, antes de su puesta en práctica y en lo referente a su incidencia en la prevención de riesgos, los proyectos en materia de planificación, organización del trabajo e introducción de nuevas tecnologías, organización y desarrollo de las actividades de protección y prevención a que se refiere el artículo 16 de esta Ley y proyecto y organización de la formación en materia preventiva.

»*b)* Promover iniciativas sobre métodos y procedimientos para la efectiva prevención de los riesgos, proponiendo a la empresa la mejora de las condiciones o la corrección de las deficiencias existentes.

»2. En el ejercicio de sus competencias, el Comité de Seguridad y Salud estará facultado para:

»*a)* Conocer directamente la situación relativa a la prevención de riesgos en el centro de trabajo, realizando a tal efecto las visitas que estime oportunas.

»*b)* Conocer cuantos documentos e informes relativos a las condiciones de trabajo sean necesarios para el cumplimiento de sus funciones, así como los procedentes de la actividad del servicio de prevención, en su caso.

»*c)* Conocer y analizar los daños producidos en la salud o en la integridad física de los trabajadores, al objeto de valorar sus causas y proponer las medidas preventivas oportunas.

»*d)* Conocer e informar la memoria y programación anual de servicios de prevención.

»3. A fin de dar cumplimiento a lo dispuesto en esta Ley respecto de la colaboración entre empresas en los supuestos de desarrollo simultáneo de actividades en un mismo centro de trabajo, se podrá acordar la realización de reuniones conjuntas de los Comités de Seguridad y Salud o, en su defecto, de los Delegados de Prevención y empresarios de las empresas que carezcan de dichos Comités, u otras medidas de actuación coordinada.

»*Art. 40. Colaboración con la Inspección de Trabajo y Seguridad Social.*—1. Los trabajadores y sus representantes podrán recurrir a la Inspección de Trabajo y Seguridad Social si consideran que las medidas adoptadas y los medios utilizados por el empresario no son suficientes para garantizar la seguridad y la salud en el trabajo.

»2. En las visitas a los centros de trabajo para la comprobación del cumplimiento de la normativa sobre prevención de riesgos laborales, el Inspector de Trabajo y Seguridad Social comunicará su presencia al empresario o a su representante o a la persona inspeccionada, al Comité de Seguridad y Salud, al Delegado de Prevención o, en su ausencia, a los representantes legales de los trabajadores, a fin de que puedan acompañarle durante el desarrollo de su visita y formularle las observaciones que estimen oportunas, a menos que considere que dichas comunicaciones puedan perjudicar el éxito de sus funciones.

»3. La Inspección de Trabajo y Seguridad Social informará a los Delegados de Prevención sobre los resultados de las visitas a que hace referencia el apartado anterior y sobre las medidas adoptadas como consecuencia de las mismas, así como al empresario mediante diligencia en el Libro de Visitas de la Inspección de Trabajo y Seguridad Social que debe existir en cada centro de trabajo.

dad de trato y de oportunidades entre mujeres y hombres, especialmente en materia salarial[335].

b) Participar, como se determine por convenio colectivo, en la gestión de obras sociales establecidas en la empresa en beneficio de los trabajadores o de sus familiares.

c) Colaborar con la dirección de la empresa para conseguir el establecimiento de cuantas medidas procuren el mantenimiento y el incremento de la productividad, así como la sostenibilidad ambiental de la empresa, si así está pactado en los convenios colectivos.

d) Colaborar con la dirección de la empresa en el establecimiento y puesta en marcha de medidas de conciliación.

e) Informar a sus representados en todos los temas y cuestiones señalados en este artículo en cuanto directa o indirectamente tengan o puedan tener repercusión en las relaciones laborales.

8. Lo dispuesto en el presente artículo se entenderá sin perjuicio de las disposiciones específicas previstas en otros artículos de esta ley o en otras normas legales o reglamentarias[336].

9. Respetando lo establecido legal o reglamentariamente, en los

---

»4. Las organizaciones sindicales y empresariales más representativas serán consultadas con carácter previo a la elaboración de los planes de actuación de la Inspección de Trabajo y Seguridad Social en materia de prevención de riesgos en el trabajo, en especial de los programas específicos para empresas de menos de seis trabajadores, e informadas del resultado de dichos planes.»

La referencia a la Ley 9/1987 ha de entenderse efectuada al Estatuto Básico del Empleado Público, texto refundido aprobado por RDL 5/2015, de 30 de octubre (*BOE* de 31 de octubre).

[335] Párrafo 3.º conforme al RDL 6/2019, de 1 de marzo (*BOE* de 7 de marzo).

[336] Aparte de las aquí expresamente mencionadas, v. otras competencias en los siguientes artículos de esta misma Ley: 8.º3 (copia básica del contrato), 15.4 (notificación de los contratos realizados), 18 (registro sobre la persona del trabajador), 19.3 y 5 (seguridad e higiene), 22.1 (clasificación profesional), 24 (ascensos), 28.2 (acceso al registro salarial de la empresa), 29 (liquidación y pago del salario), 31 (fijación de gratificación extraordinaria), 34.2 y 3 (distribución irregular de la jornada), 39.3 y 4 (cambios a inferior o superior categoría), 40 (traslados), 41 (modificación sustancial de las condiciones de trabajo), 42.4 y 5 (contratos de obras y servicios), 44 (cambio de titularidad de la empresa), 49.2 (firma del recibo de finiquito), 51 (expediente de extinción por causas tecnológicas o económicas), 53.1.*c*) (despido por amortización de puesto de trabajo), 55.1, 68.*a*) (expediente contradictorio a los representantes legales), 82.3 (descuelgue salarial) y 87 (capacidad para ser parte en la negociación colectiva).

Asimismo, otras disposiciones legales conceden competencias adicionales a las anteriores: Ley de regulación de las empresas de trabajo temporal, transcrita en nota al art. 43 ET; en materia de huelga y procedimiento de conflicto colectivo, RDL 17/1977, de 4 de marzo (*BOE* de 9 de marzo), sobre Relaciones de Trabajo, arts. 3.º2.*a*) y 18.1.*a*); en materia de contratación temporal, art. 10 RD 2.720/1998, de 18 de diciembre (*BOE* de 8 de enero de 1999); en materia de jornada, disp. adic. 3.ª RD 1.561/1995, de 21 de

convenios colectivos se podrán establecer disposiciones específicas relativas al contenido y a las modalidades de ejercicio de los derechos de información y consulta previstos en este artículo, así como al nivel de representación más adecuado para ejercerlos.

Art. 65. *Capacidad y sigilo profesional*[337].—1. Se reconoce al comité de empresa capacidad, como órgano colegiado, para ejercer acciones administrativas o judiciales en todo lo relativo al ámbito de sus competencias, por decisión mayoritaria de sus miembros.

2. Los miembros del comité de empresa y éste en su conjunto, así como, en su caso, los expertos que les asistan, deberán observar el deber de sigilo con respecto a aquella información que, en legítimo y objetivo interés de la empresa o del centro de trabajo, les haya sido expresamente comunicada con carácter reservado.

3. En todo caso, ningún tipo de documento entregado por la empresa al comité podrá ser utilizado fuera del estricto ámbito de aquélla ni para fines distintos de los que motivaron su entrega[338].

El deber de sigilo subsistirá incluso tras la expiración de su mandato e independientemente del lugar en que se encuentren.

4. Excepcionalmente, la empresa no estará obligada a comu-

---

septiembre (*BOE* de 26 de septiembre); en materia de elaboración y modificación del registro salarial para la igualdad retributiva entre mujeres y hombres (art. 5.6 RD 902/2020, de 13 de octubre, *BOE* 14 de octubre, de igualdad retributiva entre mujeres y hombres) en materia de gestión por las Mutuas de Seguridad Social de la prestación de incapacidad temporal, arts. 33 y 37 RD 1.993/1995, de 7 de diciembre (*BOE* de 12 de diciembre), modificado por el RD 250/1997, de 21 de febrero (*BOE* de 11 de marzo); Fondo de Pensiones (arts. 7 y 9 RD Legislativo 1/2002, de 29 de noviembre); contratos de autónomos económicamente dependientes (art. 12.1 Ley 20/2007, de 11 de julio, desarrollado por el art. 7 RD 197/2009, de 23 de febrero, *BOE* de 4 de marzo); establecimiento en las empresas a partir de cincuenta trabajadores de un canal interno de denuncia de las conductas de corrupción por infracción penal o administrativa grave o muy grave [art. 5.1 Ley 2/2023, de 20 de febrero (*BOE* de 21 de febrero), reguladora de la protección de las personas que informen sobre infracciones normativas y de lucha contra la corrupción]. La trasgresión de tales competencias es calificada como infracción grave por el art. 7.°7 LISOS (RD Legislativo 5/2000, de 4 de agosto, *BOE* de 8 de agosto). Sobre el ámbito competencial de las Comunidades Autónomas en esta materia, v. STC 39/1982, de 30 de junio (*BOE* de 16 de julio).

[337] Para la reclamación judicial conforme al proceso de conflictos colectivos, v. art. 153.3 de la Ley 36/2011, de 10 de octubre (*BOE* de 11 de octubre), Reguladora de la Jurisdicción Social. V. STC 74/1996, de 30 de abril (*BOE* de 31 de mayo), sobre ausencia de legitimación del presidente del comité de empresa para recurrir la presunta lesión de la libertad sindical por pactos individuales.

[338] V. STC 213/2002, de 11 de noviembre, sobre alcance del deber de sigilo y su limitación.

nicar aquellas informaciones específicas relacionadas con secretos industriales, financieros o comerciales cuya divulgación pudiera, según criterios objetivos, obstaculizar el funcionamiento de la empresa o del centro de trabajo u ocasionar graves perjuicios en su estabilidad económica[339].

Esta excepción no abarca aquellos datos que tengan relación con el volumen de empleo en la empresa.

5. La impugnación de las decisiones de la empresa de atribuir carácter reservado o de no comunicar determinadas informaciones a los representantes de los trabajadores se tramitará conforme al proceso de conflictos colectivos regulado en el capítulo VIII del título II del libro segundo de la Ley 36/2011, de 10 de octubre, Reguladora de la Jurisdicción Social.

Asimismo, se tramitarán conforme a este proceso los litigios relativos al cumplimiento por los representantes de los trabajadores y por los expertos que les asistan de su obligación de sigilo.

Lo dispuesto en este apartado se entiende sin perjuicio de lo previsto en el texto refundido de la Ley sobre Infracciones y Sanciones en el Orden Social, aprobado por el Real Decreto Legislativo 5/2000, de 4 de agosto, para los casos de negativa injustificada de la información a que tienen derecho los representantes de los trabajadores.

Art. 66. *Composición.—*
1. El número de miembros del comité de empresa se determinará de acuerdo con la siguiente escala:

a) De cincuenta a cien trabajadores, cinco.

b) De ciento uno a doscientos cincuenta trabajadores, nueve.

c) De doscientos cincuenta y uno a quinientos trabajadores, trece.

d) De quinientos uno a setecientos cincuenta trabajadores, diecisiete.

e) De setecientos cincuenta y uno a mil trabajadores, veintiuno.

f) De mil en adelante, dos por cada mil o fracción, con el máximo de setenta y cinco.

2. Los comités de empresa o centro de trabajo elegirán de entre sus miembros un presidente y un secretario del comité, y elaborarán su propio reglamento de procedimiento, que no podrá contravenir lo dispuesto en la

---

[339] La obtención de la información constitutiva del secreto empresarial se considera lícita cuando se realice por alguno de los medios siguientes «[...] *c)* El ejercicio del derecho de los trabajadores y los representantes de los trabajadores a ser informados y consultados, de conformidad con el Derecho europeo o español y las prácticas vigentes» [art. 2.1.*c)* Ley 1/2019, de 20 de febrero (*BOE* de 21 de febrero), de secretos empresariales].

ley, remitiendo copia del mismo a la autoridad laboral, a efectos de registro, y a la empresa.

Los comités deberán reunirse cada dos meses o siempre que lo solicite un tercio de sus miembros o un tercio de los trabajadores representados.

Art. 67. *Promoción de elecciones y mandato electoral.*—1. Podrán promover elecciones a delegados de personal y miembros de comités de empresa las organizaciones sindicales más representativas, las que cuenten con un mínimo de un 10 por 100 de representantes en la empresa o los trabajadores del centro de trabajo por acuerdo mayoritario. Los sindicatos con capacidad de promoción de elecciones tendrán derecho a acceder a los registros de las Administraciones Públicas que contengan datos relativos a la inscripción de empresas y altas de trabajadores, en la medida necesaria para llevar a cabo tal promoción en sus respectivos ámbitos[340].

Los promotores comunicarán a la empresa y a la oficina pública dependiente de la autoridad laboral su propósito de celebrar elecciones con un plazo mínimo de, al menos, un mes de antelación al inicio del proceso electoral[341]. En dicha comunicación los promotores deberán identificar con precisión la empresa y el centro de trabajo de ésta en que se desea celebrar el proceso electoral y la fecha de inicio de éste, que será la de constitución de la mesa electoral y que, en todo caso, no podrá comenzar antes de un mes ni más allá de tres meses contabilizados a partir del registro de la comunicación en la oficina pública dependiente de la autoridad laboral. Esta oficina pública, dentro del siguiente día hábil, expondrá en el tablón de anuncios los preavisos presentados, facilitando copia de los mismos a los sindicatos que así lo soliciten.

Sólo previo acuerdo mayoritario entre los sindicatos más re-

---

[340] Sobre la posibilidad de reducción de los plazos de preaviso, v. disp. adic. 12.ª ET. Sobre la constitucionalidad de este precepto, v. SSTC 57/1989, de 16 de marzo (*BOE* de 19 de abril), y 164/1993, de 18 de mayo (*BOE* de 21 de junio); art. 1.º del Reglamento de Elecciones [RD 1.844/1994, de 9 de septiembre (*BOE* de 13 de septiembre)]. Para el concepto de sindicato más representativo, v. nota al art. 87.2.*b*) ET.
    V. disp. adic. 12.ª ET; arts. 2.º y 21 ss. del Reglamento de Elecciones [RD 1.844/1994, de 9 de septiembre (*BOE* de 13 de septiembre)]. Esta competencia ha sido transferida a gran número de Comunidades Autónomas: v. normas citadas en nota al art. 59.3 ET.
[341] V. disp. adic. 12.ª ET; arts. 2.º y 21 ss. del Reglamento de Elecciones [RD 1.844/1994, de 9 de septiembre (*BOE* de 13 de septiembre)]. Esta competencia ha sido transferida a gran número de Comunidades Autónomas: v. normas citadas en nota al art. 59.3 ET.

presentativos o representativos de conformidad con la Ley Orgánica 11/1985, de 2 de agosto, de Libertad Sindical, podrá promoverse la celebración de elecciones de manera generalizada en uno o varios ámbitos funcionales o territoriales. Dichos acuerdos deberán comunicarse a la oficina pública dependiente de la autoridad laboral para su depósito y publicidad.

Cuando se promuevan elecciones para renovar la representación por conclusión de la duración del mandato, tal promoción sólo podrá efectuarse a partir de la fecha en que falten tres meses para el vencimiento del mandato.

Podrán promoverse elecciones parciales por dimisiones, revocaciones o ajustes de la representación por incremento de plantilla. Los convenios colectivos podrán prever lo necesario para acomodar la representación de los trabajadores a las disminuciones significativas de plantilla que puedan tener lugar en la empresa. En su defecto, dicha acomodación deberá realizarse por acuerdo entre la empresa y los representantes de los trabajadores.

2. El incumplimiento de cualquiera de los requisitos establecidos en este artículo para la promoción de elecciones determinará la falta de validez del correspondiente proceso electoral; ello no obstante, la omisión de la comunicación a la empresa podrá suplirse por medio del traslado a la misma de una copia de la comunicación presentada a la oficina pública dependiente de la autoridad laboral, siempre que el traslado de la copia se produzca con una anterioridad mínima de veinte días respecto de la fecha de iniciación del proceso electoral fijado en el escrito de promoción.

La renuncia a la promoción con posterioridad a la comunicación de la oficina pública dependiente de la autoridad laboral no impedirá el desarrollo del proceso electoral, siempre que se cumplan todos los requisitos que permitan la validez del mismo.

En caso de concurrencia de promotores para la realización de elecciones en una empresa o centro de trabajo se considerará válida, a efectos de iniciación del proceso electoral, la primera convocatoria registrada, excepto en los supuestos en los que la mayoría sindical de la empresa o centro de trabajo con comité de empresa hayan presentado otra fecha distinta, en cuyo caso prevalecerá esta última, siempre y cuando dichas convocatorias cumplan con los requisitos establecidos. En este último supuesto la promoción deberá acompañarse de una comunicación fehaciente de dicha promoción de elecciones a los que hubieran realizado otra u otras con anterioridad.

3. La duración del mandato de los delegados de personal y de los miembros del comité de empresa será de cuatro años, entendiéndose que se mantendrán en funciones en el ejercicio de sus competencias y de sus garantías hasta tanto no se hubiesen promovido y celebrado nuevas elecciones[342].

Solamente podrán ser revocados los delegados de personal y miembros del comité durante su mandato, por decisión de los trabajadores que los hayan elegido, mediante asamblea convocada al efecto a instancia de un tercio, como mínimo, de los electores y por mayoría absoluta de éstos, mediante sufragio personal, libre, directo y secreto. No obstante, esta revocación no podrá efectuarse durante la tramitación de un convenio colectivo, ni replantearse hasta transcurridos, por lo menos, seis meses.

4. En el caso de producirse vacante por cualquier causa en los comités de empresa o de centros de trabajo, aquélla se cubrirá automáticamente por el trabajador siguiente en la lista a la que pertenezca el sustituido. Cuando la vacante se refiera a los delegados de personal, se cubrirá automáticamente por el trabajador que hubiera obtenido en la votación un número de votos inmediatamente inferior al último de los elegidos. El sustituto lo será por el tiempo que reste del mandato.

5. Las sustituciones, revocaciones, dimisiones y extinciones de mandato se comunicarán a la oficina pública dependiente de la autoridad laboral y al empresario, publicándose asimismo en el tablón de anuncios[343].

Art. 68. *Garantías.*—Los miembros del comité de empresa y los delegados de personal, como representantes legales de los trabajadores, tendrán, a salvo de lo que se disponga en los

---

[342] En el mismo sentido, disp. adic. 2.ª1 de la LO 11/1985, de 2 de agosto (*BOE* de 8 de agosto), de Libertad Sindical, que añade que los representantes podrán «ser reelegidos en sucesivos períodos electorales.» Conforme a la disp. adic. 4.ª de la LO de Libertad Sindical, incluida por la LO 14/1994, de 19 de mayo (*BOE* de 20 de mayo): «Los delegados de personal y los miembros del Comité de Empresa con el mandato prorrogado no se computarán a efectos de determinar la capacidad representativa de los artículos 6.º y 7.º de la presente Ley.»

[343] STC 64/2016, de 11 de abril (*BOE* de 20 de mayo), sobre pérdida de la condición de representante por cierre del centro de trabajo y traslado de actividad a otro centro de trabajo.

convenios colectivos, las siguientes garantías[344]:

a) Apertura de expediente contradictorio en el supuesto de sanciones por faltas graves o muy graves, en el que serán oídos, aparte del interesado, el comité de empresa o restantes delegados de personal[345].

b) Prioridad de permanencia en la empresa o centro de trabajo respecto de los demás trabajadores, en los supuestos de suspensión o extinción por causas tecnológicas o económicas[346].

c) No ser despedido ni sancionado durante el ejercicio de sus funciones ni dentro del año siguiente a la expiración de su mandato, salvo en caso de que ésta se produzca por revocación o dimisión, siempre que el despido o sanción se base en la acción del trabajador en el ejercicio de su representación, sin perjuicio, por tanto, de lo establecido en el artículo 54. Asimismo no podrá ser discriminado en su promoción económica o profesional en razón, precisamente, del desempeño de su representación[347].

d) Expresar, colegiadamente si se trata del comité, con libertad sus opiniones en las materias concernientes a la esfera de su representación, pudiendo publicar y distribuir, sin perturbar el normal desenvolvimiento del trabajo, las publicaciones de interés laboral o social, comunicándolo a la empresa[348].

---

[344] Completado por el Convenio OIT n.º 135, ratificado por España por Instrumento de 21 de junio de 1974, sobre los representantes de los trabajadores. Para los representantes sindicales, junto al Convenio precedente, v. arts. 9.º, 10 y 13 de la LO 11/1985, de 2 de agosto (*BOE* de 8 de agosto), de Libertad Sindical, transcritos en notas a los arts. 17.1 y 61 ET. Para los trabajadores designados por el empleador para ocuparse de la prevención de riesgos laborales, art. 30.4 de la Ley de Prevención de Riesgos Laborales. V. STC 94/1995, de 19 de junio (*BOE* de 24 de julio), en relación con la actividad de información sindical utilizando crédito horario por los delegados sindicales.

[345] V. art. 55.1 ET; arts. 106.2, 114.2 y 115.2 de la Ley 36/2011, de 10 de octubre (*BOE* de 11 de octubre), Reguladora de la Jurisdicción Social.

[346] V. arts. 51.7 y 52.*c*) ET. Para preferencia en materia de traslado y desplazamiento, v. art. 40.7 ET. SSTC 191/1996, de 26 de noviembre (*BOE* de 3 de enero de 1997), sobre alcance de la obligación empresarial de respeto de la prioridad de permanencia; 123/2018, de 18 de noviembre (*BOE* de 14 de diciembre), sobre nulidad de despido por no respetar prioridad de permanencia contemplada en convenio colectivo.

[347] V. arts. 17, 55.5 y 56.4 ET. Asimismo, SSTC de 23 de noviembre de 1981 (*BOE* de 22 de diciembre), en materia de garantía a los candidatos a representantes de personal; 78/1982, de 2 de diciembre (*BOE* de 15 de enero), y 83/1982, de 22 de diciembre (*BOE* de 15 de enero), sobre ejercicio de funciones representativas en el interior del centro de trabajo de trabajadores despedidos durante la sustanciación del recurso de casación.

[348] V. SSTC 1/1998, de 12 de enero (*BOE* de 12 de febrero), sobre libertad de expresión pública del presidente del comité de empresa, y 213/2002, de 11 de noviembre

e) Disponer de un crédito de horas mensuales retribuidas cada uno de los miembros del comité o delegado de personal en cada centro de trabajo, para el ejercicio de sus funciones de representación, de acuerdo con la siguiente escala:

1.º Hasta cien trabajadores, quince horas.

2.º De ciento uno a doscientos cincuenta trabajadores, veinte horas.

3.º De doscientos cincuenta y uno a quinientos trabajadores, treinta horas.

4.º De quinientos uno a setecientos cincuenta trabajadores, treinta y cinco horas.

5.º De setecientos cincuenta y uno en adelante, cuarenta horas.

Podrá pactarse en convenio colectivo la acumulación de horas de los distintos miembros del comité de empresa y, en su caso, de los delegados de personal, en uno o varios de sus componentes, sin rebasar el máximo total, pudiendo quedar relevado o relevados del trabajo, sin perjuicio de su remuneración[349].

SECCIÓN 2.ª

Procedimiento electoral

Art. 69. *Elección.*—1. Los delegados de personal y los miembros del comité de empresa se elegirán por todos los trabajadores mediante sufragio personal, directo, libre y secreto, que podrá emitirse por correo en la forma que establezcan las disposiciones de desarrollo de esta ley.

2. Serán electores todos los trabajadores de la empresa o centro de trabajo mayores de dieciséis años y con una antigüedad en la empresa de, al menos, un mes, y elegibles los trabajadores que tengan dieciocho

---

(*BOE* de 29 de noviembre), sobre el ejercicio de la libertad de expresión de un delegado sindical criticando en la prensa un informe médico interno sobre absentismo.

[349] La trasgresión del crédito horario es calificada como infracción grave por el art. 7.º8 LISOS [RD Legislativo 5/2000, de 4 de agosto (*BOE* de 8 de agosto)]. V. SSTC 40/1985, de 13 de marzo (*BOE* de 19 de abril), sobre la consideración del crédito de horas como contenido esencial de la libertad sindical; 95/1996, de 26 de mayo (*BOE* de 21 de junio), en sentido contrario a la anterior, así como sobre el derecho a la igualdad retributiva con sus representadas, incluido el plus de turno; 191/1998, de 29 de septiembre (*BOE* de 30 de octubre), sobre igualdad retributiva en la percepción del complemento de peligrosidad, penosidad y toxicidad; 70/2000, de 13 de marzo (*BOE* de 14 de abril), sobre igualdad retributiva en la percepción del salario de un puesto de libre designación al quedar exento de servicio para realizar actividades sindicales por acumulación de crédito horario; 173/2001, de 26 de julio (*BOE* de 14 de agosto), sobre derecho a percibir un plus compensatorio por jornada partida por parte de un liberado sindical.

años cumplidos y una antigüedad en la empresa de, al menos, seis meses, salvo en aquellas actividades en que, por movilidad de personal, se pacte en convenio colectivo un plazo inferior, con el límite mínimo de tres meses de antigüedad[350].

Los trabajadores extranjeros podrán ser electores y elegibles cuando reúnan las condiciones a que se refiere el párrafo anterior.

3. Se podrán presentar candidatos para las elecciones de delegados de personal y miembros del comité de empresa por los sindicatos de trabajadores legalmente constituidos o por las coaliciones formadas por dos o más de ellos, que deberán tener una denominación concreta atribuyéndose sus resultados a la coalición. Igualmente podrán presentarse los trabajadores que avalen su candidatura con un número de firmas de electores de su mismo centro y colegio, en su caso, equivalente al menos a tres veces el número de puestos a cubrir[351].

Art. 70. *Votación para delegados.*—En la elección para delegados de personal, cada elector podrá dar su voto a un número máximo de aspirantes equivalente al de puestos a cubrir entre los candidatos proclamados. Resultarán elegidos los que obtengan el mayor número de votos. En caso de empate, resultará elegido el trabajador de mayor antigüedad en la empresa.

Art. 71. *Elección para el comité de empresa.*—1. En las empresas de más de cincuenta trabajadores, el censo de electores y elegibles se distribuirá en dos colegios, uno integrado por los técnicos y administrativos y otro por los trabajadores especialistas y no cualificados[352].

Por convenio colectivo, y en función de la composición pro-

---

[350] V. art. 6.º5 del Reglamento de Elecciones [RD 1.844/1994, de 9 de septiembre (*BOE* de 13 de septiembre)]. Para los requisitos de elegibilidad en el ámbito de la relación laboral de artistas, v. disp. adic. 28.ª del Estatuto de los Trabajadores. Según el art. 16.4 del D. 1.382/1985, de 1 de agosto (*BOE* de 1 de agosto), por el que se regula la relación laboral de carácter especial del personal de alta dirección: «Sin perjuicio de otras formas de representación, el personal de alta dirección no participará como elector ni como elegible en los órganos de representación regulados en el Título II del Estatuto de los Trabajadores.» Para el resto de las relaciones laborales especiales, en términos generales sí es de aplicación este Título II ET: v. su regulación citada en notas al art. 2.º ET.

[351] V. SSTC 1/1994, de 17 de enero (*BOE* de 17 de febrero), sobre derecho de presentación de candidaturas por los sindicatos; 51/1988, de 22 de marzo (*BOE* de 13 de abril), sobre requisitos de ratificación personal y número mínimo de candidatos en cada lista, y 44/2001, de 12 de febrero (*BOE* de 16 de marzo), sobre la admisión como candidato de trabajadora despedida por motivos sindicales.

[352] V. art. 9.º3 del Reglamento de Elecciones [RD 1.844/1994, de 9 de septiembre (*BOE* de 13 de septiembre)].

fesional del sector de actividad productiva o de la empresa, podrá establecerse un nuevo colegio que se adapte a dicha composición. En tal caso, las normas electorales de este título se adaptarán a dicho número de colegios. Los puestos del comité serán repartidos proporcionalmente en cada empresa según el número de trabajadores que formen los colegios electorales mencionados. Si en la división resultaren cocientes con fracciones, se adjudicará la unidad fraccionaria al grupo al que correspondería la fracción más alta; si fueran iguales, la adjudicación será por sorteo.

2. En las elecciones a miembros del comité de empresa la elección se ajustará a las siguientes reglas:

a) Cada elector podrá dar su voto a una sola de las listas presentadas para los del comité que corresponda a su colegio. Estas listas deberán contener, como mínimo, tantos nombres como puestos a cubrir. No obstante, la renuncia de cualquier candidato presentado en algunas de las listas para las elecciones antes de la fecha de la votación no implicará la suspensión del proceso electoral ni la anulación de dicha candidatura aun cuando sea incompleta, siempre y cuando la lista afectada permanezca con un número de candidatos, al menos, del 60 por 100 de los puestos a cubrir. En cada lista deberán figurar las siglas del sindicato o grupo de trabajadores que la presenten[353].

b) No tendrán derecho a la atribución de representantes en el comité de empresa aquellas listas que no hayan obtenido como mínimo el 5 por 100 de los votos por cada colegio.

Mediante el sistema de representación proporcional se atribuirá a cada lista el número de puestos que le corresponda, de conformidad con el cociente que resulte de dividir el número de votos válidos por el de puestos a cubrir. Si hubiese puesto o puestos sobrantes se atribuirán a la lista o listas que tengan un mayor resto de votos[354].

c) Dentro de cada lista resultarán elegidos los candidatos

---

[353] V. SSTC 51/1988, de 28 de marzo (*BOE* de 13 de abril), sobre renuncia de candidatos y efectos sobre la candidatura; 13/1997, de 27 de enero (*BOE* de 26 de febrero), sobre derecho del sindicato de otorgamiento de un plazo de subsanación del defecto en la lista, como consecuencia de la renuncia de un candidato a concurrir en dicha lista; 200/2006, de 3 de julio (*BOE* de 3 de julio), sobre vulneración de la libertad sindical por no permitir subsanabilidad de defectos de candidaturas en elecciones derivadas de renuncia que provocan lista no completa.

[354] V. art. 12 del Reglamento de Elecciones [RD 1.844/1994, de 9 de septiembre (*BOE* de 13 de septiembre)].

por el orden en que figuren en la candidatura.

3. La inobservancia de cualquiera de las reglas anteriores determinará la anulabilidad de la elección del candidato o candidatos afectados.

Art. 72. *Representantes de quienes presten servicios en trabajos fijos-discontinuos y de trabajadores no fijos.*—1. Quienes presten servicios en trabajos fijos-discontinuos y los trabajadores vinculados por contrato de duración determinada estarán representados por los órganos que se establecen en este título conjuntamente con los trabajadores fijos de plantilla.

2. Por tanto, a efectos de determinar el número de representantes, se estará a lo siguiente:

a) Quienes presten servicios en trabajos fijos-discontinuos y los trabajadores vinculados por contrato de duración determinada superior a un año se computarán como trabajadores fijos de plantilla.

b) Los contratados por término de hasta un año se computarán según el número de días trabajados en el período de un año anterior a la convocatoria de la elección. Cada doscientos días trabajados o fracción se computará como un trabajador más[355].

Art. 73. *Mesa electoral*[356].— 1. En la empresa o centro de trabajo se constituirá una mesa por cada colegio de doscientos cincuenta trabajadores electores o fracción.

2. La mesa será la encargada de vigilar todo el proceso electoral, presidir la votación, realizar el escrutinio, levantar el acta correspondiente y resolver cualquier reclamación que se presente.

3. La mesa estará formada por el presidente, que será el trabajador de más antigüedad en la empresa, y dos vocales, que serán los electores de mayor y menor edad. Este último actuará de secretario. Se designarán suplentes a aquellos trabajadores que sigan a los titulares de la mesa en el orden indicado de antigüedad o edad.

4. Ninguno de los componentes de la mesa podrá ser candidato y, de serlo, le sustituirá en ella su suplente[357].

---

[355] V. art. 9.4 del Reglamento de Elecciones [RD 1.844/1994, de 9 de septiembre (*BOE* de 13 de septiembre)].

[356] La constitución, funcionamiento y funciones de la mesa electoral se encuentran desarrollados por el art. 5.º del Reglamento de Elecciones [RD 1.844/1994, de 9 de septiembre (*BOE* de 13 de septiembre)].

[357] V. STC 18/2001, de 29 de enero (*BOE* de 1 de marzo), sobre momento y forma de producirse la presentación de candidatura y renuncia a la condición de miembro de la mesa electoral.

5. Cada candidato o candidatura, en su caso, podrá nombrar un interventor por mesa. Asimismo, el empresario podrá designar un representante suyo que asista a la votación y al escrutinio.

Art. 74. *Funciones de la mesa.*—1. Comunicado a la empresa el propósito de celebrar elecciones, ésta, en el término de siete días, dará traslado de la comunicación a los trabajadores que deban constituir la mesa, así como a los representantes de los trabajadores, poniéndolo simultáneamente en conocimiento de los promotores.

La mesa electoral se constituirá formalmente, mediante acta otorgada al efecto, en la fecha fijada por los promotores en su comunicación del propósito de celebrar elecciones, que será la fecha de iniciación del proceso electoral.

2. Cuando se trate de elecciones a delegados de personal, el empresario, en el mismo término, remitirá a los componentes de la mesa electoral el censo laboral, que se ajustará, a estos efectos, a modelo normalizado[358].

La mesa electoral cumplirá las siguientes funciones:

a) Hará público entre los trabajadores el censo laboral con indicación de quiénes son electores.

b) Fijará el número de representantes y la fecha tope para la presentación de candidaturas.

c) Recibirá y proclamará las candidaturas que se presenten.

d) Señalará la fecha de votación.

e) Redactará el acta de escrutinio en un plazo no superior a tres días naturales.

Los plazos para cada uno de los actos serán señalados por la mesa con criterios de razonabilidad y según lo aconsejen las circunstancias, pero, en todo caso, entre su constitución y la fecha de las elecciones no mediarán más de diez días.

En el caso de elecciones en centros de trabajo de hasta treinta trabajadores en los que se elige un solo delegado de personal, desde la constitución de la mesa hasta los actos de votación y proclamación de candidatos electos habrán de transcurrir veinticuatro horas, debiendo en todo caso la mesa hacer pública con la suficiente antelación la hora de celebración de la votación. Si se hubiera presentado alguna reclamación se hará constar en el acta, así como la resolución que haya tomado la mesa.

---

[358] Para el censo electoral, v. art. 6.° del Reglamento de Elecciones [RD 1.844/1994, de 9 de septiembre (*BOE* de 13 de septiembre)].

3. Cuando se trate de elecciones a miembros del comité de empresa, constituida la mesa electoral solicitará al empresario el censo laboral y confeccionará, con los medios que le habrá de facilitar éste, la lista de electores. Ésta se hará pública en los tablones de anuncios mediante su exposición durante un tiempo no inferior a setenta y dos horas.

La mesa resolverá cualquier incidencia o reclamación relativa a inclusiones, exclusiones o correcciones que se presenten hasta veinticuatro horas después de haber finalizado el plazo de exposición de la lista. Publicará la lista definitiva dentro de las veinticuatro horas siguientes. A continuación, la mesa, o el conjunto de ellas, determinará el número de miembros del comité que hayan de ser elegidos en aplicación de lo dispuesto en el artículo 66.

Las candidaturas se presentarán durante los nueve días siguientes a la publicación de la lista definitiva de electores. La proclamación se hará en los dos días laborales después de concluido dicho plazo, publicándose en los tablones referidos. Contra el acuerdo de proclamación se podrá reclamar dentro del día laborable siguiente, resolviendo la mesa en el posterior día hábil.

Entre la proclamación de candidatos y la votación mediarán al menos cinco días.

Art. 75. *Votación para delegados y comités de empresa.*— 1. El acto de la votación se efectuará en el centro o lugar de trabajo y durante la jornada laboral, teniéndose en cuenta las normas que regulen el voto por correo[359].

El empresario facilitará los medios precisos para el normal desarrollo de la votación y de todo el proceso electoral[360].

2. El voto será libre, secreto, personal y directo, depositándose las papeletas, que en tamaño, color, impresión y calidad del papel serán de iguales características, en urnas cerradas.

3. Inmediatamente después de celebrada la votación, la mesa electoral procederá públicamente al recuento de votos mediante la lectura por el presidente, en voz alta, de las papeletas.

---

[359] Para la votación en mesa electoral itinerante y para el voto por correo, v. respectivamente arts. 7.° y 10 del Reglamento de Elecciones [RD 1.844/1994, de 9 de septiembre (*BOE* de 13 de septiembre)].

[360] La falta de colaboración empresarial es calificada como infracción muy grave por el art. 8.°7 LISOS [RD Legislativo 5/2000, de 4 de agosto (*BOE* de 8 de agosto)].

4. Del resultado del escrutinio se levantará acta según modelo normalizado en la que se incluirán las incidencias y protestas habidas en su caso. Una vez redactada el acta será firmada por los componentes de la mesa, los interventores y el representante del empresario, si lo hubiere. Acto seguido, las mesas electorales de una misma empresa o centro, en reunión conjunta, extenderán el acta del resultado global de la votación.

5. El presidente de la mesa remitirá copias del acta de escrutinio al empresario y a los interventores de las candidaturas, así como a los representantes electos.

El resultado de la votación se publicará en los tablones de anuncios.

6. El original del acta, junto con las papeletas de votos nulos o impugnados por los interventores y el acta de constitución de la mesa, serán presentadas en el plazo de tres días a la oficina pública dependiente de la autoridad laboral por el presidente de la mesa, quien podrá delegar por escrito en algún miembro de la mesa[361]. La oficina pública

dependiente de la autoridad laboral procederá en el inmediato día hábil a la publicación en los tablones de anuncios de una copia del acta, entregando copia a los sindicatos que así se lo soliciten y dará traslado a la empresa de la presentación en dicha oficina pública del acta correspondiente al proceso electoral que ha tenido lugar en aquélla, con indicación de la fecha en que finaliza el plazo para impugnarla y mantendrá el depósito de las papeletas hasta cumplirse los plazos de impugnación. La oficina pública dependiente de la autoridad laboral, transcurridos los diez días hábiles desde la publicación, procederá o no al registro de las actas electorales[362].

7. Corresponde a la oficina pública dependiente de la autoridad laboral el registro de las actas, así como la expedición de copias auténticas de las mismas y, a requerimiento del sindicato interesado, de las certificaciones acreditativas de su capacidad representativa a los efectos de los artículos 6 y 7 de la Ley Orgánica 11/1985, de 2 de agosto, de Libertad Sindical[363]. Dichas cer-

---

[361] La regulación de la Oficina Pública, en los arts. 21 ss. del Reglamento de Elecciones [RD 1.844/1994, de 9 de septiembre (*BOE* de 13 de septiembre)].

[362] V. STC 228/1992, de 14 de diciembre (*BOE* de 19 de enero de 1993), sobre derecho de los sindicatos minoritarios a obtener copia de las actas de las elecciones celebradas.

[363] Los criterios de atribución de resultados, en el art. 12 del Reglamento de Elecciones [RD 1.844/1994, de 9 de septiembre (*BOE* de 13 de septiembre)]. Para la cons-

tificaciones consignarán si el sindicato tiene o no la condición de más representativo o representativo, salvo que el ejercicio de las funciones o facultades correspondientes requiera la precisión de la concreta representatividad ostentada. Asimismo, y a los efectos que procedan, la oficina pública dependiente de la autoridad laboral podrá extender certificaciones de los resultados electorales a las organizaciones sindicales que las soliciten[364].

La denegación del registro de un acta por la oficina pública dependiente de la autoridad laboral sólo podrá hacerse cuando se trate de actas que no vayan extendidas en el modelo oficial normalizado, falta de comunicación de la promoción electoral a la oficina pública, falta de la firma del presidente de la mesa electoral u omisión o ilegibilidad en las actas de alguno de los datos que impida el cómputo electoral.

En estos supuestos, la oficina pública dependiente de la autoridad laboral requerirá, dentro del siguiente día hábil, al presidente de la mesa electoral para que en el plazo de diez días hábiles proceda a la subsanación correspondiente. Dicho requerimiento será comunicado a los sindicatos que hayan obtenido representación y al resto de las candidaturas. Una vez efectuada la subsanación, esta oficina pública procederá al registro del acta electoral correspondiente. Transcurrido dicho plazo sin que se haya efectuado la subsanación o no realizada ésta en forma, la oficina pública dependiente de la autoridad laboral procederá, en el plazo de diez días hábiles, a denegar el registro, comunicándolo a los sindicatos que hayan obtenido representación y al presidente de la mesa. En el caso de que la denegación del registro se deba a la ausencia de comunicación de la promoción electoral a la oficina pública dependiente de la autoridad laboral no cabrá requerimiento de subsanación, por lo que, comprobada la falta por dicha oficina pública, ésta procederá sin más trámite a la denegación del registro, comunicándolo al presidente de la mesa electoral, a los sindicatos que

---

titucionalidad de la inalterabilidad de la atribución a pesar de que se produzca un cambio de afiliación, v. STC 164/1993, de 18 de mayo (*BOE* de 21 de junio).

[364] V. disp. adic. 11.ª ET y nota al art. 87.2.*b*) ET. V. SSTC 23/1983, de 25 de marzo (*BOE* de 27 de abril), sobre la irrelevancia de la indicación del porcentaje de abstención electoral; 194/1994, de 28 de junio (*BOE* de 26 de julio), sobre reparto competencial Estado-Comunidades Autónomas a efectos de proclamación de resultados electorales, y 43/1996, de 14 de marzo (*BOE* de 17 de abril), ídem sobre proclamación de elecciones en funcionarios públicos.

hayan obtenido representación y al resto de las candidaturas.

La resolución denegatoria del registro podrá ser impugnada ante el orden jurisdiccional social.

Art. 76. *Reclamaciones en materia electoral*[365].—1. Las impugnaciones en materia electoral se tramitarán conforme al procedimiento arbitral regulado en este artículo, con excepción de las denegaciones de inscripción, cuyas reclamaciones podrán plantearse directamente ante la jurisdicción social.

2. Todos los que tengan interés legítimo, incluida la empresa cuando en ella concurra dicho interés[366], podrán impugnar la elección, las decisiones que adopte la mesa, así como cualquier otra actuación de la misma a lo largo del proceso electoral, fundándose para ello en la existencia de vicios graves que pudieran afectar a las garantías del proceso electoral y que alteren su resultado, en la falta de capacidad o legitimidad de los candidatos elegidos, en la discordancia entre el acta y el desarrollo del proceso electoral y en la falta de correlación entre el número de trabajadores que figuran en el acta de elecciones y el número de representantes elegidos. La impugnación de actos de la mesa electoral requerirá haber efectuado reclamación dentro del día laborable siguiente al acto y deberá ser resuelta por la mesa en el posterior día hábil, salvo lo previsto en el último párrafo del artículo 74.2.

3. Serán árbitros los designados conforme al procedimiento que se regula en este apartado, salvo en el caso de que las partes de un procedimiento arbitral se pusieran de acuerdo en la designación de un árbitro distinto.

El árbitro o árbitros serán designados, con arreglo a los principios de neutralidad y profesionalidad, entre licenciados en

---

[365] V. arts. 28 ss. del Reglamento de Elecciones [RD 1.844/1994, de 9 de septiembre (*BOE* de 13 de septiembre)]; arts. 2.º*i*) y 127 a 136 de la Ley 36/2011, de 10 de octubre (*BOE* de 11 de octubre), Reguladora de la Jurisdicción Social, texto refundido aprobado por RD Legislativo 2/1995, de 7 de abril (*BOE* de 11 de abril). V. SSTC 232/1988, de 2 de diciembre (*BOE* de 23 de diciembre), sobre el cómputo de los tres días de plazo de caducidad, y 13/1997, de 27 de enero (*BOE* de 26 de febrero), sobre no traslación de las garantías constitucionales de la tutela judicial al presente procedimiento arbitral.

[366] V. SSTC 285/1993, de 4 de octubre (*BOE* de 9 de noviembre), sobre legitimación empresarial para plantear la impugnación judicial, y 52/1997, de 17 de marzo (*BOE* de 17 de abril), sobre indefensión provocada por ausencia de citación como demandado de un sindicato que promovió las elecciones, presentó candidatura y obtuvo representación.

Derecho, graduados sociales, así como titulados equivalentes, por acuerdo unánime de los sindicatos más representativos, a nivel estatal o de comunidades autónomas según proceda y de los que ostenten el 10 por 100 o más de los delegados y de los miembros de los comités de empresa en el ámbito provincial, funcional o de empresa correspondiente. Si no existiera acuerdo unánime entre los sindicatos señalados anteriormente, la autoridad laboral competente establecerá la forma de designación, atendiendo a los principios de imparcialidad de los árbitros, posibilidad de ser recusados y participación de los sindicatos en su nombramiento.

La duración del mandato de los árbitros será de cinco años, siendo susceptible de renovación[367].

La Administración laboral facilitará la utilización de sus medios personales y materiales por los árbitros en la medida necesaria para que éstos desarrollen sus funciones.

4. Los árbitros deberán abstenerse y, en su defecto, ser recusados, en los casos siguientes:

a) Tener interés personal en el asunto de que se trate.

b) Ser administrador de sociedad o entidad interesada, o tener cuestión litigiosa con alguna de las partes.

c) Tener parentesco de consanguinidad dentro del cuarto grado o de afinidad dentro del segundo, con cualquiera de los interesados, con los administradores de entidades o sociedades interesadas y también con los asesores, representantes legales o mandatarios que intervengan en el arbitraje, así como compartir despacho profesional o estar asociado con éstos para el asesoramiento, la representación o el mandato.

d) Tener amistad íntima o enemistad manifiesta con alguna de las personas mencionadas en la letra *c)*.

e) Tener relación de servicio con persona natural o jurídica interesada directamente en el asunto o haberle prestado en los últimos dos años servicios profesionales de cualquier tipo y en cualquier circunstancia o lugar.

5. El procedimiento arbitral se iniciará mediante escrito dirigido a la oficina pública dependiente de la autoridad laboral, a quien promovió las elecciones y, en su caso, a quienes hayan presentado candidatos a las eleccio-

---

[367] V. RD 368/2014, de 23 de mayo (*BOE* de 6 de junio), por el que se establecen las bases reguladoras de las subvenciones a los árbitros designados conforme a lo dispuesto en el art. 31 del Reglamento de elecciones a órganos de representación de los trabajadores en la empresa.

nes objeto de impugnación. Este escrito, en el que figurarán los hechos que se tratan de impugnar, deberá presentarse en un plazo de tres días hábiles, contados desde el siguiente a aquel en que se hubieran producido los hechos o resuelto la reclamación por la mesa; en el caso de impugnaciones promovidas por sindicatos que no hubieran presentado candidaturas en el centro de trabajo en el que se hubiera celebrado la elección, los tres días se computarán desde el día en que se conozca el hecho impugnable. Si se impugnasen actos del día de la votación o posteriores al mismo, el plazo será de diez días hábiles, contados a partir de la entrada de las actas en la oficina pública dependiente de la autoridad laboral.

Hasta que no finalice el procedimiento arbitral y, en su caso, la posterior impugnación judicial, quedará paralizada la tramitación de un nuevo procedimiento arbitral. El planteamiento del arbitraje interrumpirá los plazos de prescripción.

6. La oficina pública dependiente de la autoridad laboral dará traslado al árbitro del escrito en el día hábil posterior a su recepción así como de una copia del expediente electoral administrativo. Si se hubieran presentado actas electorales para registro, se suspenderá su tramitación.

A las veinticuatro horas siguientes, el árbitro convocará a las partes interesadas para que comparezcan ante él, lo que habrá de tener lugar en los tres días hábiles siguientes. Si las partes, antes de comparecer ante el árbitro designado de conformidad a lo establecido en el apartado 3, se pusieran de acuerdo y designaran uno distinto, lo notificarán a la oficina pública dependiente de la autoridad laboral para que dé traslado a este árbitro del expediente administrativo electoral, continuando con el mismo el resto del procedimiento.

El árbitro, dentro de los tres días hábiles siguientes a la comparecencia y previa práctica de las pruebas procedentes o conformes a derecho, que podrán incluir la personación en el centro de trabajo y la solicitud de la colaboración necesaria del empresario y las Administraciones Públicas, dictará laudo. El laudo será escrito y razonado, resolviendo en derecho sobre la impugnación del proceso electoral y, en su caso, sobre el registro del acta, y se notificará a los interesados y a la oficina pública dependiente de la autoridad laboral. Si se hubiese impugnado la votación, la oficina procederá al registro del acta o a su denegación, según el contenido del laudo.

El laudo arbitral podrá impugnarse ante el orden jurisdiccional social a través de la modalidad procesal correspondiente[368].

CAPÍTULO II

DEL DERECHO DE REUNIÓN[369]

Art. 77. *Las asambleas de trabajadores.*—1. De conformidad con lo dispuesto en el artículo 4, los trabajadores de una misma empresa o centro de trabajo tienen derecho a reunirse en asamblea.

La asamblea podrá ser convocada por los delegados de personal, el comité de empresa o centro de trabajo, o por un número de trabajadores no inferior al 33 por 100 de la plantilla. La asamblea será presidida, en todo caso, por el comité de empresa o por los delegados de personal mancomunadamente, que serán responsables del normal desarrollo de la misma, así como de la presencia en la asamblea de personas no pertenecientes a la empresa. Sólo podrá tratarse en ella de asuntos que figuren previamente incluidos en el orden del día. La presidencia comunicará al empresario la convocatoria y los nombres de las personas no pertenecientes a la empresa que vayan a asistir a la asamblea y acordará con éste las medidas oportunas para evitar perjuicios en la actividad normal de la empresa[370].

---

[368] V. SSTC 164/2003, de 29 de septiembre (*BOE* de 23 de octubre), sobre legitimación procesal del sindicato con mero interés legítimo para interponer la impugnación judicial, y 65/2009, de 9 de marzo (*BOE* de 14 de abril), sobre lesión a la tutela judicial efectiva por inadmisión de demanda social de impugnación de laudo arbitral basado en un pacto entre centrales sindicales de renuncia al ejercicio de acciones judiciales frente a dichos laudos.

[369] V. arts. 4.°1.*f*) y *g*) y 8.°5 LISOS [RD Legislativo 5/2000, de 4 de agosto (*BOE* de 8 de agosto)]. Para la conexión entre el derecho de reunión y el de huelga, v. STC 11/1981, de 8 de abril (*BOE* de 25 de abril), fundamento jurídico n.° 17. Para el derecho de reunión de las secciones sindicales, art. 8.° de la LO 11/1985, de 2 de agosto (*BOE* de 8 de agosto), de Libertad Sindical, trascrito en nota al art. 61 ET; STC 168/1996, de 29 de octubre (*BOE* de 3 de diciembre), sobre legitimación para convocar reuniones sindicales y diferencias con las asambleas de los trabajadores.

[370] Sobre el derecho a la asistencia y acceso al centro de trabajo de determinados cargos de sindicatos más representativos, v. art. 9.°1.*c*) de la LO 11/1985, de 2 de agosto (*BOE* de 8 de agosto), de Libertad Sindical, trascrito en nota al art. 61 ET. V. SSTC 126/1990, de 5 de julio (*BOE* de 30 de julio), sobre libertad de información y de expresión de los trabajadores en el curso de la asamblea, y 76/2001, de 27 de marzo (*BOE* de 1 de mayo), sobre legitimación para convocar una reunión de todos los trabajadores y ausencia de vulneración de la libertad sindical por negativa de una empresa a ceder un local que no impide la promoción de elecciones sindicales.

2. Cuando por trabajarse en turnos, por insuficiencia de los locales o por cualquier otra circunstancia, no pueda reunirse simultáneamente toda la plantilla sin perjuicio o alteración en el normal desarrollo de la producción, las diversas reuniones parciales que hayan de celebrarse se considerarán como una sola y fechadas en el día de la primera.

Art. 78. *Lugar de reunión.—* 1. El lugar de reunión será el centro de trabajo, si las condiciones del mismo lo permiten, y la misma tendrá lugar fuera de las horas de trabajo, salvo acuerdo con el empresario.

2. El empresario deberá facilitar el centro de trabajo para la celebración de la asamblea, salvo en los siguientes casos:

a) Si no se cumplen las disposiciones de esta ley.

b) Si hubiesen transcurrido menos de dos meses desde la última reunión celebrada.

c) Si aún no se hubiese resarcido o afianzado el resarcimiento por los daños producidos en alteraciones ocurridas en alguna reunión anterior.

d) Cierre legal de la empresa[371].

Las reuniones informativas sobre convenios colectivos que les sean de aplicación no estarán afectadas por lo establecido en la letra *b*).

Art. 79. *Convocatoria.—*La convocatoria, con expresión del orden del día propuesto por los convocantes, se comunicará al empresario con cuarenta y ocho horas de antelación, como mínimo, debiendo éste acusar recibo.

Art. 80. *Votaciones.—*Cuando se someta a la asamblea por parte de los convocantes la adopción de acuerdos que afecten al conjunto de los trabajadores, se requerirá para la validez de aquéllos el voto favorable personal, libre, directo y secreto, incluido el voto por correo, de la mitad más uno de los trabajadores de la empresa o centro de trabajo[372].

Art. 81. *Locales y tablón de anuncios.—*En las empresas o centros de trabajo, siempre que sus características lo permitan, se pondrá a disposición de los

---

[371] V. nota al art. 45.1.*m*) ET.
[372] Para el acuerdo de ejercitar el derecho de huelga, v. art. 3.º2.*b*) del RDL 17/1977, de 4 de marzo (*BOE* de 9 de marzo), recogido en nota al art. 4.º1.*e*) ET, y STC 11/1981, de 8 de abril (*BOE* de 25 de abril), fundamento jurídico n.º 15. Para el acuerdo de revocación de los representantes legales de los trabajadores, v. art. 67.3 ET.

delegados de personal o del comité de empresa un local adecuado en el que puedan desarrollar sus actividades y comunicarse con los trabajadores, así como uno o varios tablones de anuncios. La representación legal de los trabajadores de las empresas contratistas y subcon-

tratistas que compartan de forma continuada centro de trabajo podrán hacer uso de dichos locales en los términos que acuerden con la empresa. Las posibles discrepancias se resolverán por la autoridad laboral, previo informe de la Inspección de Trabajo y Seguridad Social[373].

---

[373] V. art. 42.7 ET. La trasgresión empresarial es calificada como infracción grave por el art. 7.°8 LISOS [RD Legislativo 5/2000, de 4 de agosto (*BOE* de 8 de agosto)]. Para el derecho a locales y tablones de anuncios para las secciones sindicales, v. art. 8.°2.*a*) y *c*) de la LO 11/1985, de 2 de agosto (*BOE* de 8 de agosto), de Libertad Sindical, trascrito en nota al art. 61 ET; Ley 23/2015, de 21 de julio (*BOE* de 22 de julio), Ordenadora del Sistema de Inspección de Trabajo y Seguridad Social.

La resolución de las discrepancias ha sido transferida a las Comunidades Autónomas: Andalucía, RD 4.043/1982, de 29 de diciembre (*BOE* de 3 de febrero de 1983); Comunidad Valenciana, RD 4.105/1982, de 29 de diciembre (*BOE* de 25 de febrero de 1983); Canarias, RD 1.033/1984, de 11 de abril (*BOE* de 1 de junio); Galicia, RD 2.101/1984, de 10 de octubre (*BOE* de 23 de noviembre); Navarra, RD 937/1986, de 11 de abril (*BOE* de 14 de mayo); Murcia, RD 375/1995, de 10 de marzo (*BOE* de 18 de abril); Castilla-La Mancha, RD 384/1995, de 10 de marzo (*BOE* de 19 de abril); Aragón, RD 572/1995, de 7 de abril (*BOE* de 10 de mayo); Extremadura, RD 642/1995, de 21 de abril (*BOE* de 17 de mayo); Madrid, RD 932/1995, de 9 de junio (*BOE* de 11 de julio); Castilla y León, RD 831/1995, de 9 de junio (*BOE* de 6 de julio); La Rioja, RD 946/1995, de 9 de junio (*BOE* de 6 de julio); Baleares, RD 98/1996, de 26 de enero (*BOE* de 29 de febrero); Cantabria, RD 1.900/1996, de 2 de agosto (*BOE* de 9 de septiembre); Asturias, RD 2.090/1999, de 30 de diciembre (*BOE* de 26 de enero de 2000). Asimismo, Ley 9/1992, de 23 de diciembre (*BOE* de 24 de diciembre).

TÍTULO III

De la negociación colectiva y de los convenios colectivos[374]

CAPÍTULO PRIMERO

DISPOSICIONES GENERALES

SECCIÓN 1.ª

*Naturaleza y efectos
de los convenios*

Art. 82. *Concepto y efica-cia.*—1. Los convenios colectivos, como resultado de la nego-ciación desarrollada por los representantes de los trabajadores y de los empresarios, constituyen la expresión del acuerdo libremente adoptado por ellos en virtud de su autonomía colectiva[375].

2. Mediante los convenios colectivos, y en su ámbito correspondiente, los trabajadores y empresarios regulan las condiciones de trabajo y de productividad. Igualmente podrán regu-

---

[374] Este Título se elabora y aprueba en cumplimiento del art. 37.1 CE: «La Ley garantizará el derecho a la negociación colectiva laboral entre los representantes de los trabajadores y empresarios, así como la fuerza vinculante de los convenios.» Para la negociación colectiva en el ámbito del empleo público, v. arts. 31 ss. del Estatuto Básico del Empleado Público, texto refundido aprobado por RDL 5/2015, de 30 de octubre (*BOE* de 31 de octubre). Sobre las diferencias y especialidades de la negociación colectiva entre Administración y funcionarios públicos, SSTC 63/1986, de 21 de mayo (*BOE* de 17 de junio); 96/1990, de 24 de mayo (*BOE* de 20 de junio); 62/2001, de 1 de marzo (*BOE* de 30 de marzo), sobre la determinación legal de la legitimación negocial en el ámbito de la Administración Pública; 224/2000, de 2 de octubre (*BOE* de 7 de noviembre). Art. 28 Carta de Derechos Fundamentales de la Unión Europea. Art. 14 Directiva 2019/1152, de 20 de junio de 2019 (*DOUE* de 11 de julio), relativa a unas condiciones laborales transparentes y previsibles en la Unión Europea.

[375] Fuera de los convenios colectivos regulados por este Título III, para otros pactos y acuerdos de carácter colectivo, v. arts. 8.º y 23 del RDL 17/1977, de 4 de marzo (*BOE* de 9 de marzo), sobre Relaciones de Trabajo, en materia de pacto que pone fin a la huelga y avenencia en el curso de un conflicto colectivo [en notas al art. 4.º1.*d*) y *e*) ET, respectivamente]; del ET: arts. 22, sobre clasificación profesional; 24, sobre ascensos; 29.1, sobre recibo justificativo del salario; 34, sobre jornada irregular; 31, sobre gratificaciones extraordinarias; 40, sobre traslado; 41, sobre modificaciones de las condiciones de trabajo; 51, sobre expedientes de regulación de empleo; 67.1, párr. 5.º, sobre adaptación de la representación de los trabajadores a las disminuciones de plantilla. Sobre la eficacia inderogable y normativa de los convenios colectivos, SSTC 105/1992, de 1 de julio (*BOE* de 24 de julio), y 151/1994, de 23 de mayo (*BOE* de 25 de junio); 225/2001, de 26 de noviembre (*BOE* de 27 de diciembre), sobre vulneración de la libertad sindical por el establecimiento de un sistema de retribución, jornada y horario mediante pactos individuales con una categoría de trabajadores, sin modificar el convenio vigente; 238/2005, de 26 de septiembre (*BOE* de 28 de octubre), sobre vulneración de la libertad sindical por celebración de pactos individuales sin modificar el convenio colectivo.

lar la paz laboral a través de las obligaciones que se pacten[376].

3. Los convenios colectivos regulados por esta ley obligan a todos los empresarios y trabajadores incluidos dentro de su ámbito de aplicación y durante todo el tiempo de su vigencia[377].

Sin perjuicio de lo anterior, cuando concurran causas económicas, técnicas, organizativas o de producción, por acuerdo entre la empresa y los representantes de los trabajadores legitimados para negociar un convenio colectivo conforme a lo previsto en el artículo 87.1, se podrá proceder, previo desarrollo de un período de consultas en los términos del artículo 41.4, a inaplicar en la empresa las condiciones de trabajo previstas en el convenio co-

lectivo aplicable, sea éste de sector o de empresa, que afecten a las siguientes materias[378]:

a) Jornada de trabajo.

b) Horario y distribución del tiempo de trabajo.

c) Régimen de trabajo a turnos.

d) Sistema de remuneración y cuantía salarial.

e) Sistema de trabajo y rendimiento.

f) Funciones, cuando excedan de los límites que para la movilidad funcional prevé el artículo 39.

g) Mejoras voluntarias de la acción protectora de la Seguridad Social.

Se entiende que concurren causas económicas cuando de los resultados de la empresa se

---

[376] Sobre el contenido de los convenios, v. art. 85 ET. Para la paz laboral, v. arts. 8.º y 11.*c*) del RDL 17/1977, de 4 de marzo (*BOE* de 9 de marzo), de Relaciones de Trabajo, recogidos en nota al art. 4.º1.*e*) ET; STC 189/1993, de 14 de junio (*BOE* de 14 de julio), sobre eficacia de estas cláusulas de paz laboral.

[377] Según el art. 32.2 del texto refundido de la Ley del Estatuto Básico del Empleado Público, aprobado por RD Legislativo 5/2015, de 30 de octubre (*BOE* de 31 de octubre):
«2. Se garantiza el cumplimiento de los convenios colectivos y acuerdos que afecten al personal laboral, salvo cuando excepcionalmente y por causa grave de interés público derivada de una alteración sustancial de las circunstancias económicas, los órganos de gobierno de las Administraciones Públicas suspendan o modifiquen el cumplimiento de convenios colectivos o acuerdos ya firmados en la medida estrictamente necesaria para salvaguardar el interés público.
»En este supuesto, las Administraciones Públicas deberán informar a las organizaciones sindicales de las causas de la suspensión o modificación.
»A los efectos de los [*sic*] previsto en este apartado, se entenderá, entre otras, que concurre causa grave de interés público derivada de la alteración sustancial de las circunstancias económicas cuando las Administraciones Públicas deban adoptar medidas o planes de ajuste, de reequilibrio de las cuentas públicas o de carácter económico financiero para asegurar la estabilidad presupuestaria o la corrección del déficit público.»

[378] Para la necesidad en estos casos de acuerdo con los representantes legales de los trabajadores, art. 189 RD Legislativo 1/2020, de 5 de mayo (*BOE* de 7 de mayo), por el que se aprueba el texto refundido de la Ley Concursal, precepto transcrito en nota al art. 57.

desprenda una situación económica negativa, en casos tales como la existencia de pérdidas actuales o previstas, o la disminución persistente de su nivel de ingresos ordinarios o ventas. En todo caso, se entenderá que la disminución es persistente si durante dos trimestres consecutivos el nivel de ingresos ordinarios o ventas de cada trimestre es inferior al registrado en el mismo trimestre del año anterior.

Se entiende que concurren causas técnicas cuando se produzcan cambios, entre otros, en el ámbito de los medios o instrumentos de producción; causas organizativas cuando se produzcan cambios, entre otros, en el ámbito de los sistemas y métodos de trabajo del personal o en el modo de organizar la producción, y causas productivas cuando se produzcan cambios, entre otros, en la demanda de los productos o servicios que la empresa pretende colocar en el mercado.

La intervención como interlocutores ante la dirección de la empresa en el procedimiento de consultas corresponderá a los sujetos indicados en el artículo 41.4, en el orden y condiciones señalados en el mismo.

Cuando el período de consultas finalice con acuerdo se presumirá que concurren las causas justificativas a que alude el párrafo segundo, y sólo podrá ser impugnado ante la jurisdicción social por la existencia de fraude, dolo, coacción o abuso de derecho en su conclusión[379]. El acuerdo deberá determinar con exactitud las nuevas condiciones de trabajo aplicables en la empresa y su duración, que no podrá prolongarse más allá del momento en que resulte aplicable un nuevo convenio en dicha empresa. El acuerdo de inaplicación no podrá dar lugar al incumplimiento de las obligaciones establecidas en convenio relativas a la eliminación de las discriminaciones por razones de género o de las que estuvieran previstas, en su caso, en el plan de igualdad aplicable en la empresa. Asimismo, el acuerdo deberá ser notificado a la comisión paritaria del convenio colectivo.

En caso de desacuerdo durante el período de consultas cualquiera de las partes podrá someter la discrepancia a la comisión del convenio, que dispondrá de un plazo máximo de siete días para pronunciarse, a contar desde que la discrepancia le fuera planteada. Cuando no se hubiera solicitado la intervención de la comisión o ésta no hubiera alcanzado un acuerdo, las partes deberán

---

[379] V. STC 105/1992, de 1 de julio (*BOE* de 24 de julio), sobre la imposibilidad de que el pacto individual sustituya al acuerdo de los representantes colectivos.

recurrir a los procedimientos que se hayan establecido en los acuerdos interprofesionales de ámbito estatal o autonómico, previstos en el artículo 83, para solventar de manera efectiva las discrepancias surgidas en la negociación de los acuerdos a que se refiere este apartado, incluido el compromiso previo de someter las discrepancias a un arbitraje vinculante, en cuyo caso el laudo arbitral tendrá la misma eficacia que los acuerdos en período de consultas y sólo será recurrible conforme al procedimiento y en base a los motivos establecidos en el artículo 91.

Cuando el período de consultas finalice sin acuerdo y no fueran aplicables los procedimientos a los que se refiere el párrafo anterior o éstos no hubieran solucionado la discrepancia, cualquiera de las partes podrá someter la solución de la misma a la Comisión Consultiva Nacional de Convenios Colectivos cuando la inaplicación de las condiciones de trabajo afectase a centros de trabajo de la empresa situados en el territorio de más de una comunidad autónoma, o a los órganos correspondientes de las comunidades autónomas en los demás casos. La decisión de estos órganos, que podrá ser adoptada en su propio seno o por un árbitro designado al efecto por ellos mismos con las debidas garantías para asegurar su imparcialidad, habrá de dictarse en plazo no superior a veinticinco días a contar desde la fecha del sometimiento del conflicto ante dichos órganos. Tal decisión tendrá la eficacia de los acuerdos alcanzados en período de consultas y sólo será recurrible conforme al procedimiento y en base a los motivos establecidos en el artículo 91[380].

El resultado de los procedimientos a que se refieren los párrafos anteriores que haya finalizado con la inaplicación de condiciones de trabajo deberá ser comunicado a la autoridad laboral a los solos efectos de depósito.

4. El convenio colectivo que sucede a uno anterior puede disponer sobre los derechos reconocidos en aquél. En dicho supuesto se aplicará, íntegra-

---

[380] Para la regulación de la Comisión Consultiva Nacional de Convenios Colectivos, v. disp. adic. 9.ª El desarrollo reglamentario, en arts. 16 ss. del RD 1.362/2012, de 27 de septiembre (*BOE* 28 de septiembre), por el que se regula la Comisión Consultiva Nacional de Convenios Colectivos. V. SSTC 119/2014, de 16 de julio (*BOE* de 15 de agosto), y 8/2015, de 22 de enero (*BOE* de 24 de febrero), sobre la constitucionalidad del presente procedimiento arbitral.

mente, lo regulado en el nuevo convenio[381].

Art. 83. *Unidades de negociación.*—1. Los convenios colectivos tendrán el ámbito de aplicación que las partes acuerden.

2. Las organizaciones sindicales y asociaciones empresariales más representativas, de carácter estatal o de comunidad autónoma, podrán establecer, mediante acuerdos interprofesionales, cláusulas sobre la estructura de la negociación colectiva, fijando, en su caso, las reglas que han de resolver los conflictos de concurrencia entre convenios de distinto ámbito.

Estas cláusulas podrán igualmente pactarse en convenios o acuerdos colectivos sectoriales, de ámbito estatal o autonómico, por aquellos sindicatos y asociaciones empresariales que cuenten con la legitimación necesaria, de conformidad con lo establecido en esta ley.

3. Dichas organizaciones de trabajadores y empresarios podrán igualmente elaborar acuerdos sobre materias concretas. Estos acuerdos, así como los acuerdos interprofesionales a que se refiere el apartado 2, tendrán el tratamiento de esta ley para los convenios colectivos[382].

Art. 84. *Concurrencia*[383].— 1. Un convenio colectivo, durante su vigencia, no podrá ser afectado por lo dispuesto en convenios de ámbito distinto salvo pacto en contrario, negociado conforme a lo dispuesto en el artículo 83.2, y salvo lo previsto en el apartado siguiente.

2. La regulación de las condiciones establecidas en un convenio de empresa, que podrá negociarse en cualquier momento de la vigencia de convenios colectivos de ámbito superior, tendrá prioridad aplicativa respecto del convenio sectorial estatal, autonómico o de ámbi-

---

[381] V. art. 86.4 ET; STC 121/2001, de 4 de junio (*BOE* de 3 de julio), sobre ausencia de lesión a la libertad sindical por la celebración de un acuerdo de eficacia limitada entre una empresa y la sección sindical en ella, que no constituye una injerencia en las funciones negociadoras de la sección del mismo sindicato en otra empresa del grupo.

[382] V Acuerdo para el Empleo y la Negociación Colectiva de 10 de mayo de 2023 (*BOE* de 31 de mayo).

[383] El apartado 2 del presente artículo, conforme al RDL 32/2021, de 28 de diciembre (*BOE* de 30 de diciembre), de medidas para la reforma laboral, la garantía de la estabilidad en el empleo y la transformación del mercado de trabajo. Los apartados 3, 4 y 5 del presente artículo conforme al Real Decreto-Ley 2/2024, de 21 de mayo (*BOE* de 22 de mayo).

to inferior en las siguientes materias[384]:

a) El abono o la compensación de las horas extraordinarias y la retribución específica del trabajo a turnos.

b) El horario y la distribución del tiempo de trabajo, el régimen de trabajo a turnos y la planificación anual de las vacaciones.

c) La adaptación al ámbito de la empresa del sistema de clasificación profesional de las personas trabajadoras.

d) La adaptación de los aspectos de las modalidades de contratación que se atribuyen por esta ley a los convenios de empresa.

e) Las medidas para favorecer la corresponsabilidad y la conciliación entre la vida laboral, familiar y personal.

f) Aquellas otras que dispongan los acuerdos y convenios colectivos a que se refiere el artículo 83.2.

Igual prioridad aplicativa tendrán en estas materias los convenios colectivos para un grupo de empresas o una pluralidad de empresas vinculadas por razones organizativas o productivas y nominativamente identificadas a que se refiere el artículo 87.1.

Los acuerdos y convenios colectivos a que se refiere el artículo 83.2 no podrán disponer de la prioridad aplicativa prevista en este apartado.

3. No obstante lo establecido en el artículo anterior, en el ámbito de una comunidad autónoma, los sindicatos y las asociaciones empresariales que reúnan los requisitos de legitimación de los artículos 87 y 88, podrán negociar convenios colectivos y acuerdos interprofesionales de comunidad autónoma que tendrán prioridad aplicativa sobre cualquier otro convenio sectorial o acuerdo de ámbito estatal, siempre que dichos convenios y acuerdos obtengan el respaldo de las mayorías exigidas para constituir la comisión negociadora en la correspondiente unidad de negociación y su regulación resulte más favorable para las personas trabajadoras que la fijada en los convenios o acuerdos estatales.

4. Podrán tener la misma prioridad aplicativa prevista en el apartado anterior los convenios colectivos provinciales cuando así se prevea en acuerdos interprofesionales de ámbito autonómico suscritos de acuerdo con el artículo 83.2 y siempre que su regulación resulte más favorable para las personas trabajadoras que la fijada en los convenios o acuerdos estatales.

---

[384] STC 8/2015, de 22 de enero (*BOE* de 24 de febrero), sobre constitucionalidad de la preferencia indisponible de los convenios colectivos de empresa.

5. En los supuestos previstos en los dos apartados anteriores, se considerarán materias no negociables el período de prueba, las modalidades de contratación, la clasificación profesional, la jornada máxima anual de trabajo, el régimen disciplinario, las normas mínimas en materia de prevención de riesgos laborales y la movilidad geográfica.

Art. 85. *Contenido.*—1. Dentro del respeto a las leyes, los convenios colectivos podrán regular materias de índole económica, laboral, sindical y, en general, cuantas otras afecten a las condiciones de empleo y al ámbito de relaciones de los trabajadores y sus organizaciones representativas con el empresario y las aso-

ciaciones empresariales, incluidos procedimientos para resolver las discrepancias surgidas en los períodos de consulta previstos en los artículos 40, 41, 47 y 51[385]; los laudos arbitrales que a estos efectos puedan dictarse tendrán la misma eficacia y tramitación que los acuerdos en el período de consultas, siendo susceptibles de impugnación en los mismos términos que los laudos dictados para la solución de las controversias derivadas de la aplicación de los convenios[386].

Sin perjuicio de la libertad de las partes para determinar el contenido de los convenios colectivos, en la negociación de los mismos existirá, en todo caso, el deber de negociar medidas dirigidas a promover la igualdad de trato y de oportunidades entre

---

[385] La remisión a los preceptos anteriores se extiende también a los expedientes del mecanismo red del art. 47 bis ET (v. disp. final 3.ª RDL 32/2021, de 28 de diciembre).

[386] V. art. 91 y disp. adic. 13.ª ET; Acuerdo sobre Solución Autónoma de Conflictos Laborales (ASAC VI), de 26 de noviembre de 2020 (*BOE* de 23 de diciembre); SSTC 58/1985, de 30 de abril (*BOE* de 5 de junio), sobre el contenido y limitaciones al mismo de los convenios colectivos desde una perspectiva constitucional; 177/1988, de 10 de octubre (*BOE* de 5 de noviembre), sobre aplicación del principio de igualdad al contenido de los convenios y posibilidad de establecer diferencias retributivas; 208/1993, de 28 de junio (*BOE* de 2 de agosto), sobre las relaciones entre contrato de trabajo y convenio colectivo; 92/1994, de 21 de marzo (*BOE* de 26 de abril), sobre subordinación de los convenios colectivos a lo establecido en normas de rango superior jerárquico; 62/2001, de 1 de marzo (*BOE* de 30 de marzo), sobre superioridad jerárquica de la ley respecto del convenio, e imposibilidad de que este último impida la entrada en vigor de la ley dispuesta por el legislador. Según el art. 11 de la LO 11/1985, de 2 de agosto (*BOE* de 8 de agosto), de Libertad Sindical:

«1. En los convenios colectivos podrán establecerse cláusulas por las que los trabajadores incluidos en su ámbito de aplicación atiendan económicamente a la gestión de los sindicatos representados en la comisión negociadora, fijando un canon económico y regulando las modalidades de su abono. En todo caso, se respetará la voluntad individual del trabajador, que deberá expresar por escrito en la forma y plazos que se determinen en la negociación colectiva.

mujeres y hombres en el ámbito laboral o, en su caso, planes de igualdad con el alcance y contenido previsto en el capítulo III del título IV de la Ley Orgánica 3/2007, de 22 de marzo, para la igualdad efectiva de mujeres y hombres.

Igualmente, a través de la negociación colectiva se negociarán protocolos de actuación que recojan medidas de prevención de riesgos específicamente referidas a la actuación frente a catástrofes y otros fenómenos meteorológicos adversos[387].

»2. El empresario procederá al descuento de la cuota sindical sobre los salarios y a la correspondiente transferencia a solicitud del sindicato del trabajador afiliado y previa conformidad, siempre, de éste.»

Según el art. 42 de la Ley 62/2003, de 30 de diciembre (*BOE* de 31 de diciembre): «Los convenios colectivos podrán incluir medidas dirigidas a combatir todo tipo de discriminación en el trabajo, a favorecer la igualdad de oportunidades y a prevenir el acoso por razón de origen racial o étnico, religión o convicciones, discapacidad, edad u orientación sexual.»

Según el art. 10.1 de la Ley 40/2003, de 18 de noviembre (*BOE* de 19 de noviembre): «1. Los convenios colectivos podrán incluir medidas para la protección de los trabajadores cuya familia tenga la consideración legal de familia numerosa, en particular en materia de derechos de los trabajadores, acción social, movilidad geográfica, modificaciones sustanciales de las condiciones de trabajo y extinción del contrato de trabajo.»

Conforme al art. 91 de la LO 3/2018, de 5 de diciembre (*BOE* de 6 de diciembre), de protección de datos personales y garantía de los derechos digitales: «Derechos digitales en la negociación colectiva. Los convenios colectivos podrán establecer garantías adicionales de los derechos y libertades relacionados con el tratamiento de los datos personales de los trabajadores y la salvaguarda de derechos digitales en el ámbito laboral».

Remisiones expresas en materias que pueden ser objeto de regulación a través de los convenios colectivos se encuentran en los siguientes arts. del ET: 11 (contratos en prácticas y para la formación), 12 (trabajo a tiempo parcial), 14 (período de prueba), 15.1 (contrato para obra y servicio y eventual), 15.5 (encadenamiento de contratos temporales), 20.2 (diligencia y colaboración del trabajador como deber), 22 (clasificación y promoción profesional), 23 (promoción y formación profesional), 24 (ascensos), 25 (promoción económica), 26 (estructura salarial), 29 (liquidación y pago del salario), 31 (gratificaciones extraordinarias), 34.1 (determinación de la duración de la jornada), 34.2 (jornada anual), 35 (incremento horas extraordinarias), 36 (trabajo nocturno), 37.1 (descanso semanal), 37.7 (concreción horaria permisos y reducciones de jornada), 38 (vacaciones), 39 (movilidad funcional), 40 (traslado), 41 (modificaciones sustanciales), 42.7 (capacidad de representación colectiva en contratas), 46.6 (otros tipos de excedencia), 48.4 y 5 (suspensión del contrato por nacimiento, adopción o acogimiento), 49.1.*d*) (preaviso en dimisión del trabajador), 51 (despidos colectivos), 55.1 (exigencias formales en despido disciplinario), 58.1 (graduación de faltas y sanciones), 63.5 (constitución y competencias del comité intercentro), 64.1.9 (participación del comité de empresa en obras sociales), 64.1.10 (deber de colaboración del comité de empresa), 67.1 (acomodación de la representación electiva a cambios de plantilla), 68.*e*) (acumulación del crédito de horas), 69.2 (antigüedad de trabajadores elegibles), 71.1 (tercer colegio electoral), disp. adic. 10.ª (extinción contractual a edad de jubilación).

[387] Apartado uno conforme al Real Decreto-Ley 8/2024, de 28 de noviembre (*BOE* de 29 de noviembre).

2. A través de la negociación colectiva se podrán articular procedimientos de información y seguimiento de los despidos objetivos, en el ámbito correspondiente.

Asimismo, sin perjuicio de la libertad de contratación que se reconoce a las partes, a través de la negociación colectiva se articulará el deber de negociar planes de igualdad en las empresas de más de *doscientos cincuenta* trabajadores de la siguiente forma[388]:

---

[388] Téngase en cuenta que dicha cifra ha sido reducida a empresas a partir de 50 trabajadores: «En el caso de las empresas de cincuenta o más trabajadores, las medidas de igualdad a que se refiere el apartado anterior deberán dirigirse a la elaboración y aplicación de un plan de igualdad, con el alcance y contenido establecidos en este capítulo, que deberá ser asimismo objeto de negociación en la forma que se determine en la legislación laboral» (art. 45.2 LO 3/2007, de 22 de marzo, de igualdad efectiva de mujeres y hombres, modificado por el RDL 6/2019, de 1 de marzo, *BOE* de 7 de marzo), de medidas urgentes para garantía de la igualdad de trato entre mujeres y hombres en el empleo y la ocupación). Esta última norma ha sido declarada constitucional por la STC 18/2023, de 21 de marzo.

Conforme al art. 15.1 de la Ley 2/2023, de 28 de febrero (*BOE* de 1 de marzo): «1. Las empresas de más de cincuenta personas trabajadoras deberán contar, en el plazo de doce meses a partir de la entrada en vigor de la presente ley, con un conjunto planificado de medidas y recursos para alcanzar la igualdad real y efectiva de las personas LGTBI, que incluya un protocolo de actuación para la atención del acoso o la violencia contra las personas LGTBI. Para ello, las medidas serán pactadas a través de la negociación colectiva y acordadas con la representación legal de las personas trabajadoras. El contenido y alcance de esas medidas se desarrollarán reglamentariamente.» Su desarrollo reglamentario en RD 1.026/2024, de 8 de octubre (*BOE* de 9 de octubre).

Respecto del contenido de dichos planes se establece lo siguiente:

«Los planes de igualdad contendrán un conjunto ordenado de medidas evaluables dirigidas a remover los obstáculos que impiden o dificultan la igualdad efectiva de mujeres y hombres. Con carácter previo se elaborará un diagnóstico negociado, en su caso, con la representación legal de las personas trabajadoras, que contendrá al menos las siguientes materias:

»*a)* Proceso de selección y contratación.

»*b)* Clasificación profesional.

»*c)* Formación.

»*d)* Promoción profesional.

»*e)* Condiciones de trabajo, incluida la auditoría salarial entre mujeres y hombres.

»*f)* Ejercicio corresponsable de los derechos de la vida personal, familiar y laboral.

»*g)* Infrarrepresentación femenina.

»*h)* Retribuciones.

»*i)* Prevención del acoso sexual y por razón de sexo.

»La elaboración del diagnóstico se realizará en el seno de la Comisión Negociadora del Plan de Igualdad, para lo cual, la dirección de la empresa facilitará todos los datos e información necesaria para elaborar el mismo en relación con las materias enumeradas en este apartado, así como los datos del Registro regulados en el artículo 28, apartado 2 del Estatuto de los Trabajadores» (art. 46.2 Ley para la igualdad efectiva entre mujeres y hombres, conforme a la redacción dada por el RDL 6/2019, de 1 de marzo; norma desarrollada por el RD 901/2020, de 13 de octubre, *BOE* de 14 de octubre, por el que se

a) En los convenios colectivos de ámbito empresarial, el deber de negociar se formalizará en el marco de la negociación de dichos convenios.

b) En los convenios colectivos de ámbito superior a la empresa, el deber de negociar se formalizará a través de la negociación colectiva que se desarrolle en la empresa en los términos y condiciones que se hubieran establecido en los indicados convenios para cumplimentar dicho deber de negociar a través de las oportunas reglas de complementariedad.

3. Sin perjuicio de la libertad de contratación a que se refieren los apartados anteriores, los convenios colectivos habrán de expresar como contenido mínimo lo siguiente:

a) Determinación de las partes que los conciertan.

b) Ámbito personal, funcional, territorial y temporal.

c) Procedimientos para solventar de manera efectiva las discrepancias que puedan surgir para la no aplicación de las condiciones de trabajo a que se refiere el artículo 82.3, adaptando, en su caso, los procedimientos que se establezcan a este respecto en los acuerdos interprofesionales de ámbito estatal o autonómico conforme a lo dispuesto en tal artículo.

d) Forma y condiciones de denuncia del convenio, así como plazo mínimo para dicha denuncia antes de finalizar su vigencia.

e) Designación de una comisión paritaria de la representación de las partes negociadoras para entender de aquellas cuestiones establecidas en la ley y de cuantas otras le sean atribuidas, así como establecimiento de los procedimientos y plazos de actuación de esta comisión, incluido el sometimiento de las discrepancias producidas en su seno a los sistemas no judiciales de solución de conflictos establecidos mediante los acuerdos interprofesionales de ámbito estatal o autonómico previstos en el artículo 83[389].

---

regulan los planes de igualdad y su registro y se modifica el RD 713/2010, de 28 de mayo, sobre registro y depósito de convenios y acuerdos colectivos de trabajo).

Se tipifica como infracción grave susceptible de sanción administrativa el incumplimiento de las obligaciones que en materia de planes y medidas de igualdad (art. 7.13 Ley de Infracciones y Sanciones en el Orden Social, conforme al RDL 6/2019, de 1 de marzo, *BOE* de 7 de marzo).

[389] V. SSTC 213/1991, de 11 de noviembre (*BOE* de 17 de diciembre), sobre composición de las comisiones paritarias de convenios; 73/1984, de 27 de junio (*BOE* de 11 de julio), sobre los límites en las funciones de las Comisiones Paritarias; 217/1991, de 14 de noviembre (*BOE* de 17 de diciembre), sobre intervención de la comisión paritaria en

Art. 86. *Vigencia*[390].—1. Corresponde a las partes negociadoras establecer la duración de los convenios, pudiendo eventualmente pactarse distintos períodos de vigencia para cada materia o grupo homogéneo de materias dentro del mismo convenio.

Durante la vigencia del convenio colectivo, los sujetos que reúnan los requisitos de legitimación previstos en los artículos 87 y 88 podrán negociar su revisión.

2. Salvo pacto en contrario, los convenios colectivos se prorrogarán de año en año si no mediara denuncia expresa de las partes.

3. La vigencia de un convenio colectivo, una vez denunciado y concluida la duración pactada, se producirá en los términos que se hubiesen establecido en el propio convenio.

Durante las negociaciones para la renovación de un convenio colectivo, en defecto de pacto, se mantendrá su vigencia, si bien las cláusulas convencionales por las que se hubiera renunciado a la huelga durante la vigencia de un convenio decaerán a partir de su denuncia. Las partes podrán adoptar acuerdos parciales para la modificación de alguno o algunos de sus contenidos prorrogados con el fin de adaptarlos a las condiciones en las que, tras la terminación de la vigencia pactada, se desarrolle la actividad en el sector o en la empresa. Estos acuerdos tendrán la vigencia que las partes determinen.

4. Transcurrido un año desde la denuncia del convenio colectivo sin que se haya acordado un nuevo convenio, las partes deberán someterse a los procedimientos de mediación regulados en los acuerdos interprofesionales de ámbito estatal o autonómico previstos en el artículo 83, para solventar de manera efectiva las discrepancias existentes.

Asimismo, siempre que exista pacto expreso, previo o coetáneo, las partes se someterán a los procedimientos de arbitraje regulados por dichos acuerdos interprofesionales, en cuyo caso el

conflicto colectivo, y 171/2002, de 30 de septiembre (*BOE* de 24 de octubre), sobre falta de legitimación de un sindicato para intervenir en la fase de ejecución de un pleito donde se cuestione la aplicación individual de un convenio colectivo.

[390] Artículo 86 conforme al RDL 32/2021, de 28 de diciembre (*BOE* de 30 de diciembre), de medidas para la reforma laboral, la garantía de la estabilidad en el empleo y la transformación del mercado de trabajo. Conforme a su disp. trans. 7.ª: «Los convenios colectivos denunciados a la fecha de entrada en vigor de este real decreto-ley, y en tanto no se adopte un nuevo convenio, mantendrán su vigencia en los términos establecidos en el artículo 86.3 del Estatuto de los Trabajadores en la redacción dada por el presente real decreto-ley».

laudo arbitral tendrá la misma eficacia jurídica que los convenios colectivos y sólo será recurrible conforme al procedimiento y en base a los motivos establecidos en el artículo 91.

Sin perjuicio del desarrollo y solución final de los citados procedimientos de mediación y arbitraje, en defecto de pacto, cuando hubiere transcurrido el proceso de negociación sin alcanzarse un acuerdo, se mantendrá la vigencia del convenio colectivo.

5. El convenio que sucede a uno anterior deroga en su integridad a este último, salvo los aspectos que expresamente se mantengan.

SECCIÓN 2.ª

Legitimación

Art. 87. *Legitimación.*—1. En representación de los trabajadores estarán legitimados para negociar en los convenios de empresa y de ámbito inferior, el comité de empresa, los delegados de personal, en su caso, o las secciones sindicales si las hubiere que, en su conjunto, sumen la mayoría de los miembros del comité[391].

La intervención en la negociación corresponderá a las secciones sindicales cuando éstas así lo acuerden, siempre que sumen la mayoría de los miembros del comité de empresa o entre los delegados de personal.

Cuando se trate de convenios para un grupo de empresas, así como en los convenios que afecten a una pluralidad de empresas vinculadas por razones organizativas o productivas y nominativamente identificadas en su ámbito de aplicación, la legitimación para negociar en representación de los trabajadores será la que se establece en el apartado 2 para la negociación de los convenios sectoriales.

En los convenios dirigidos a un grupo de trabajadores con perfil profesional específico, estarán legitimadas para negociar las secciones sindicales que hayan sido designadas mayoritariamente por sus representados a través de votación personal, libre, directa y secreta[392].

2. En los convenios sectoriales estarán legitimados para

---

[391] La concreción de las secciones sindicales legitimadas para negociar convenios colectivos, en el art. 8.º2 de la LO 11/1985, de 2 de agosto (*BOE* de 8 de agosto), de Libertad Sindical, trascrito en nota al art. 61 ET.

[392] Para la legitimación para negociar convenios colectivos para los deportistas profesionales, tanto de ámbito empresarial como sectorial, disp. adic. 17.ª de la Ley 39/2022, de 30 de diciembre (*BOE* de 31 de diciembre), del deporte.

negociar en representación de los trabajadores:

a) Los sindicatos que tengan la consideración de más representativos a nivel estatal, así como, en sus respectivos ámbi-

tos, las organizaciones sindicales afiliadas, federadas o confederadas a los mismos[393].

b) Los sindicatos que tengan la consideración de más representativos a nivel de comuni-

---

[393] El desarrollo de la regulación del sindicato más representativo en la LO 11/1985, de 2 de agosto (*BOE* de 8 de agosto), de Libertad Sindical.

«*Art. 6.º* 1. La mayor representatividad sindical reconocida a determinados sindicatos les confiere una singular posición jurídica a efectos, tanto de participación institucional como de acción sindical.

»2. Tendrán la consideración de sindicatos más representativos a nivel estatal:

»*a)* Los que acrediten una especial audiencia, expresada en la obtención, en dicho ámbito del 10 por 100 o más del total de delegados de personal de los miembros de los comités de empresa y de los correspondientes órganos de las Administraciones Públicas.

»*b)* Los sindicatos o entes sindicales, afiliados, federados o confederados a una organización sindical de ámbito estatal que tenga la consideración de más representativa de acuerdo con lo previsto en la letra *a).*

»3. Las organizaciones que tengan la consideración de sindicato más representativo según el número anterior, gozarán de capacidad representativa a todos los niveles territoriales y funcionales para:

»*a)* Ostentar representación institucional ante las Administraciones públicas u otras entidades y organismos de carácter estatal o de Comunidad Autónoma que la tengan prevista.

»*b)* La negociación colectiva, en los términos previstos en el Estatuto de los Trabajadores.

»*c)* Participar como interlocutores en la determinación de las condiciones de trabajo en las Administraciones públicas a través de los oportunos procedimientos de consulta o negociación.

»*d)* Participar en los sistemas no jurisdiccionales de solución de conflictos de trabajo.

»*e)* Promover elecciones para delegados de personal y comités de empresa y órganos correspondientes de las Administraciones Públicas.

»*f)* Obtener cesiones temporales del uso de inmuebles patrimoniales públicos en los términos que se establezcan legalmente.

»*g)* Cualquier otra función representativa que se establezca.

»*Art. 7.º* 1. Tendrán la consideración de sindicatos más representativos a nivel de comunidad autónoma:

»*a)* los sindicatos de dicho ámbito que acrediten en el mismo una especial audiencia expresada en la obtención, al menos, del 15 por 100 de los delegados de personal y de los representantes de los trabajadores en los comités de empresa, y en los órganos correspondientes de las Administraciones públicas, siempre que cuenten con un mínimo de mil quinientos representantes y no estén federados o confederados con organizaciones sindicales de ámbito estatal.

»*b)* los sindicatos o entes sindicales afiliados, federados o confederados a una organización sindical de ámbito de Comunidad Autónoma que tenga la consideración de más representativa de acuerdo con lo previsto en la letra *a).*

dad autónoma respecto de los convenios que no trasciendan de dicho ámbito territorial, así como, en sus respectivos ámbitos, las organizaciones sindicales afiliadas, federadas o confederadas a los mismos.

c) Los sindicatos que cuenten con un mínimo del 10 por 100 de los miembros de los comités de empresa o delegados de personal en el ámbito geográfico y funcional al que se refiera el convenio.

»Estas organizaciones gozarán de capacidad representativa para ejercer en el ámbito específico de la Comunidad Autónoma las funciones y facultades enumeradas en el número 3 del artículo anterior, así como la capacidad para ostentar representación institucional ante las Administraciones públicas u otras entidades u organismos de carácter estatal.

»2. Las organizaciones sindicales que aun teniendo la consideración de más representativas, hayan obtenido, en un ámbito territorial y funcional específico, el 10 por 100 o más de delegados de personal y miembros de comités de empresa y de los correspondientes órganos de las Administraciones públicas, estarán legitimadas para ejercitar, en dicho ámbito funcional y territorial las funciones y facultades a que se refieren los apartados *b)*, *c)*, *d)*, *e)* y *g)* del número 3 del artículo 6.º de acuerdo con la normativa aplicable a cada caso.»

Conforme a la disp. final 1.ª de la Ley 11/1994, de 19 de mayo (*BOE* de 23 de mayo), de modificación del Estatuto de los Trabajadores y de la Ley de Procedimiento Laboral:

«La disposición adicional primera de la LO 11/1985, de 2 de agosto, de Libertad Sindical, queda redactada en la forma siguiente:

»1. Conforme a lo previsto en los artículos 6 y 7 de esta Ley y 75.7 del Estatuto de los Trabajadores, la condición de más representativo o representativo de un sindicato se comunicará en el momento de ejercer las funciones o facultades correspondientes, aportando el sindicato interesado la oportuna certificación expedida a su requerimiento por la Oficina Pública establecida al efecto.

»En materia de participación institucional se entenderá por momento de ejercicio el de constitución del órgano y, en su caso, de renovación de sus miembros. En el supuesto de que el órgano correspondiente no tenga prevista una renovación periódica de los representantes sindicales, el sindicato interesado podrá solicitar en el mes de enero, y cada tres años a partir de esa fecha, su participación en el órgano correspondiente, aportando certificación acreditativa de su capacidad representativa.

»2. El Gobierno dictará las disposiciones que sean precisas para el desarrollo del apartado *a)* del artículo 6.3 y del artículo 7.1 de esta Ley y de lo previsto en la disposición adicional sexta del Estatuto de los Trabajadores, siendo de aplicación a su capacidad representativa lo previsto en el segundo párrafo del número anterior».

V. SSTC de 22 de febrero de 1983 (*BOE* de 23 de marzo), en materia de legitimación para negociar convenios de ámbito superior a la empresa, que se reserva a los sindicatos, federaciones o confederaciones sindicales; 28 de enero de 1983 (*BOE* de 17 de febrero), en el mismo sentido que la anterior; 73/1984, de 27 de junio (*BOE* de 11 de julio), sobre los sujetos negociadores en la revisión de un convenio colectivo; 184/1991, de 30 de septiembre (*BOE* de 5 de noviembre), sobre legitimación para formar parte de las comisiones «negociadoras» creadas por el convenio colectivo; 63/2024, de 10 de abril (*BOE* de 15 de mayo), sobre atribución en exclusiva a los sindicatos más representativos a nivel estatal, con exclusión de los autonómicos, de ciertas facultades de participación institucional en el ámbito estatal.

3. En representación de los empresarios estarán legitimados para negociar:

a) En los convenios de empresa o ámbito inferior, el propio empresario.

b) En los convenios de grupo de empresas y en los que afecten a una pluralidad de empresas vinculadas por razones organizativas o productivas y nominativamente identificadas en su ámbito de aplicación, la representación de dichas empresas.

c) En los convenios colectivos sectoriales, las asociaciones empresariales que en el ámbito geográfico y funcional del convenio cuenten con el 10 por 100 de los empresarios, en el sentido del artículo 1.2, y siempre que éstas den ocupación a igual porcentaje de los trabajadores afectados, así como aquellas asociaciones empresariales que en dicho ámbito den ocupación al 15 por 100 de los trabajadores afectados.

En aquellos sectores en los que no existan asociaciones empresariales que cuenten con la suficiente representatividad, según lo previsto en el párrafo anterior, estarán legitimadas para negociar los correspondientes convenios colectivos de sector las asociaciones empresariales de ámbito estatal que cuenten con el 10 por 100 o más de las empresas o trabajadores en el ámbito estatal, así como las asociaciones empresariales de comunidad autónoma que cuenten en ésta con un mínimo del 15 por 100 de las empresas o trabajadores.

4. Asimismo estarán legitimados en los convenios de ámbito estatal los sindicatos de comunidad autónoma que tengan la consideración de más representativos conforme a lo previsto en el artículo 7.1 de la Ley Orgánica 11/1985, de 2 de agosto, de Libertad Sindical, y las asociaciones empresariales de la comunidad autónoma que reúnan los requisitos señalados en la disposición adicional sexta de la presente ley.

5. Todo sindicato, federación o confederación sindical, y toda asociación empresarial que reúna el requisito de legitimación, tendrá derecho a formar parte de la comisión negociadora.

Art. 88. *Comisión negociadora.*—1. El reparto de miembros con voz y voto en el seno de la comisión negociadora se efectuará con respeto al derecho de todos los legitimados según el artículo anterior y en proporción a su representatividad[394].

---

[394] V. STC 187/1987, de 24 de noviembre (*BOE* de 10 de diciembre), sobre reparto proporcional de los puestos de la comisión negociadora entre los sindicatos conforme a su representatividad.

2. La comisión negociadora quedará válidamente constituida cuando los sindicatos, federaciones o confederaciones y las asociaciones empresariales a que se refiere el artículo anterior representen como mínimo, respectivamente, a la mayoría absoluta de los miembros de los comités de empresa y delegados de personal, en su caso, y a empresarios que ocupen a la mayoría de los trabajadores afectados por el convenio.

En aquellos sectores en los que no existan órganos de representación de los trabajadores, se entenderá válidamente constituida la comisión negociadora cuando la misma esté integrada por las organizaciones sindicales que ostenten la condición de más representativas en el ámbito estatal o de comunidad autónoma.

En aquellos sectores en los que no existan asociaciones empresariales que cuenten con la suficiente representatividad, se entenderá válidamente constituida la comisión negociadora cuando la misma esté integrada por las organizaciones empresariales estatales o autonómicas referidas en el párrafo segundo del artículo 87.3.*c*).

En los supuestos a que se refieren los dos párrafos anteriores, el reparto de los miembros de la comisión negociadora se efectuará en proporción a la representatividad que ostenten las organizaciones sindicales o empresariales en el ámbito territorial de la negociación.

3. La designación de los componentes de la comisión corresponderá a las partes negociadoras, quienes de mutuo acuerdo podrán designar un presidente y contar con la asistencia en las deliberaciones de asesores, que intervendrán, igual que el presidente, con voz pero sin voto.

4. En los convenios sectoriales el número de miembros en representación de cada parte no excederá de quince. En el resto de los convenios no se superará el número de trece[395].

5. Si la comisión negociadora optara por la no elección de un presidente, las partes deberán consignar en el acta de la sesión constitutiva de la comisión los procedimientos a emplear para moderar las sesiones y deberá firmar las actas que correspondan a las mismas un representante de cada una de ellas, junto con el secretario.

---

[395] V. STC 137/1991, de 20 de junio (*BOE* de 22 de julio), sobre fijación del número idóneo de miembros de la comisión negociadora.

CAPÍTULO II

PROCEDIMIENTO

SECCIÓN 1.ª

Tramitación, aplicación e interpretación

Art. 89. *Tramitación.—* 1. La representación de los trabajadores, o de los empresarios, que promueva la negociación, lo comunicará a la otra parte, expresando detalladamente en la comunicación, que deberá hacerse por escrito, la legitimación que ostenta de conformidad con los artículos anteriores, los ámbitos del convenio y las materias objeto de negociación. En el supuesto de que la promoción sea el resultado de la denuncia de un convenio colectivo vigente, la comunicación deberá efectuarse simultáneamente con el acto de la denuncia. De esta comunicación se enviará copia, a efectos de registro, a la autoridad laboral correspondiente en función del ámbito territorial del convenio[396].

La parte receptora de la comunicación sólo podrá negarse a la iniciación de las negociaciones por causa legal o convencionalmente establecida, o cuando no se trate de revisar un convenio ya vencido, sin perjuicio de lo establecido en los artículos 83 y 84; en cualquier caso se deberá contestar por escrito y motivadamente.

Ambas partes estarán obligadas a negociar bajo el principio de la buena fe[397].

En los supuestos de que se produjera violencia, tanto sobre las personas como sobre los bienes y ambas partes comprobaran su existencia, quedará suspendida de inmediato la negociación en curso hasta la desaparición de aquélla.

2. En el plazo máximo de un mes a partir de la recepción de la comunicación, se procederá a constituir la comisión negociadora; la parte receptora de la comunicación deberá responder a la propuesta de negociación y

---

[396] Competencia transferida a las Comunidades Autónomas: v., sobre el particular, normas citadas en nota al art. 6.º4 ET.

[397] Conforme al art. 1.3 de la Ley 1/2019, de 20 de febrero (*BOE* de 21 de febrero), de secretos empresariales, «La protección de los secretos empresariales no afectará a la autonomía de los interlocutores sociales o a su derecho a la negociación colectiva». V. SSTC 107/2000, de 5 de mayo (*BOE* de 7 de junio), sobre vulneración de la libertad sindical por revisión unilateral por la empresa de los salarios, tras una negociación colectiva insuficiente, y 85/2001, de 26 de marzo (*BOE* de 1 de mayo), sobre imposibilidad de un sindicato de obligar a una Administración Pública a una negociación colectiva no prevista por la ley.

ambas partes establecerán un calendario o plan de negociación.

3. Los acuerdos de la comisión requerirán, en cualquier caso, el voto favorable de la mayoría de cada una de las dos representaciones.

4. En cualquier momento de las deliberaciones, las partes podrán acordar la intervención de un mediador designado por ellas[398].

Art. 90. *Validez.*—1. Los convenios colectivos a que se re-

fiere esta ley han de formalizarse por escrito, bajo sanción de nulidad.

2. Los convenios deberán ser presentados ante la autoridad laboral competente, a los solos efectos de registro, dentro del plazo de quince días a partir del momento en que las partes negociadoras lo firmen. Una vez registrado, el convenio será remitido al órgano público competente para su depósito[399].

3. En el plazo máximo de veinte días desde la presenta-

---

[398] Estas funciones de mediación, para cuando actúan los poderes públicos, han sido transferidas a las Comunidades Autónomas: v. nota al art. 51 ET.

[399] «4. Se crea un Registro de Planes de Igualdad de las Empresas, como parte de los Registros de convenios y acuerdos colectivos de trabajo dependientes de la Dirección General de Trabajo del Ministerio de Trabajo, Migraciones y Seguridad Social y de las Autoridades Laborales de las Comunidades Autónomas.

»5. Las empresas están obligadas a inscribir sus planes de igualdad en el citado registro.

»6. Reglamentariamente se desarrollará el diagnóstico, los contenidos, las materias, las auditorías salariales, los sistemas de seguimiento y evaluación de los planes de igualdad; así como el Registro de Planes de Igualdad, en lo relativo a su constitución, características y condiciones para la inscripción y acceso» (art. 46 Ley para la igualdad efectiva entre mujeres y hombres, conforme a la redacción del RDL 6/2019, de 1 de marzo, *BOE* de 7 de marzo).

El desarrollo reglamentario general del registro de convenios colectivos en el RD 713/2010, de 28 de mayo (*BOE* de 12 de junio), sobre registro y depósito de convenios colectivos, acuerdos colectivos de trabajo y planes de igualdad, modificado por el RD 901/2020, de 13 de octubre:

«*Art. 1.º Objeto.*—El presente real decreto tiene por objeto la regulación del registro y depósito de convenios y acuerdos colectivos de trabajo y su funcionamiento a través de medios electrónicos, así como la inscripción y depósito de los convenios y acuerdos colectivos de trabajo.

»*Art. 2.º Ámbito de aplicación.*—1. Serán objeto de inscripción en los registros de convenios y acuerdos colectivos de trabajo de las autoridades laborales competentes los siguientes actos inscribibles:

»*a)* Los convenios colectivos de trabajo elaborados conforme a lo establecido en el título III del texto refundido de la Ley del Estatuto de los Trabajadores, aprobado por Real Decreto Legislativo 1/1995, de 24 de marzo, así como las revisiones salariales que se realicen anualmente en los convenios plurianuales y las motivadas por aplicación de las cláusulas de "garantía salarial", las modificaciones y las prórrogas de los convenios.

»*b*)   Los acuerdos interprofesionales, los acuerdos marco y los acuerdos sobre materias concretas a que se refieren el artículo 83 del mismo texto legal.

»*c*)   Los acuerdos de las comisiones paritarias de interpretación de cláusulas determinadas del convenio colectivo.

»*d*)   Los acuerdos de mediación como consecuencia de la interposición de conflicto colectivo así como, los de fin de huelga.

»*e*)   Los acuerdos de adhesión a convenios en vigor.

»*f*)   Los planes de igualdad cuya elaboración resulte conforme a los arts. 45 y 46 de la Ley Orgánica 3/2007, de 22 de marzo.

»*g*)   Los acuerdos establecidos en empresas españolas de dimensión comunitaria o mundial cuando así se establezca en la normativa de aplicación.

»*h*)   Cualquier otro acuerdo o laudo arbitral que tengan legalmente reconocida eficacia de convenio colectivo o que derive de lo establecido en un convenio colectivo.

»2.   También serán objeto de inscripción las comunicaciones de iniciativa mencionadas en el artículo 89.1 del Estatuto de los Trabajadores y las denuncias previstas en su artículo 86.

»3.   Asimismo serán objeto de inscripción:

»*a*)   Las comunicaciones de la autoridad laboral a la jurisdicción competente en los supuestos del artículo 90.5 del Estatuto de los Trabajadores, así como las sentencias recaídas en dichos procedimientos.

»*b*)   Las sentencias de la jurisdicción competente que interpreten normas convencionales, resuelvan discrepancias planteadas en conflicto colectivo o se dicten como consecuencia de la impugnación de un convenio colectivo.

»*c*)   Las disposiciones sobre extensión de un convenio, previstas en el artículo 92.2 del Estatuto de los Trabajadores.

»*Art. 3.º   Registros de convenios y acuerdos colectivos de trabajo.*—1.   Se crea el registro de convenios y acuerdos colectivos de trabajo de ámbito estatal o supraautonómico, con funcionamiento a través de medios electrónicos, adscrito a la Dirección General de Trabajo del Ministerio de Trabajo e Inmigración como autoridad laboral competente.

»Corresponde a este registro, en el ámbito de las competencias de la Administración General del Estado, la inscripción de los actos inscribibles previstos en el artículo 2 de este real decreto, de ámbito estatal o supraautonómico.

»2.   Las comunidades autónomas crearán y regularán registros de convenios y acuerdos colectivos de trabajo con funcionamiento a través de medios electrónicos en el ámbito de sus competencias.

»Igualmente, existirá un registro de convenios y acuerdos colectivos de trabajo con funcionamiento a través de medios electrónicos en las áreas funcionales de Trabajo e Inmigración de las ciudades de Ceuta y Melilla.

»*Art. 4.º   Naturaleza jurídica.*—Los registros regulados en este real decreto son registros administrativos de carácter público y funcionamiento a través de medios electrónicos, no teniendo la naturaleza de registros electrónicos a que se refiere la Ley 11/2007, de 22 de junio, de acceso electrónico de los ciudadanos a los Servicios Públicos.

»Los datos inscritos en dichos registros son de acceso público excepto los relativos a la intimidad de las personas, que disfrutan de la protección y de las garantías previstas en la Ley Orgánica 15/1999, de 13 de diciembre, de Protección de Datos de carácter personal.

»*Art. 5.º   Soporte informático de la base de datos central de convenios y acuerdos colectivos de trabajo.*—1.   La Administración General del Estado, a través del Ministerio de Trabajo e Inmigración, se obliga a la creación, desarrollo, gestión y mantenimiento de una aplicación informática que dará cobertura a una base de datos central de convenios y acuerdos colectivos de trabajo.

ción del convenio en el registro se dispondrá por la autoridad laboral su publicación obligatoria y gratuita en el *Boletín Oficial del Estado* o en el correspondiente boletín oficial de la comunidad autónoma o de la provincia, en función del ámbito territorial del convenio[400].

4. El convenio entrará en vigor en la fecha en que acuerden las partes.

5. Si la autoridad laboral estimase que algún convenio conculca la legalidad vigente o lesiona gravemente el interés de terceros, se dirigirá de oficio a la jurisdicción social, la cual resolverá sobre las posibles deficiencias previa audiencia de las par-

tes, conforme a lo establecido en la Ley 36/2011, de 10 de octubre, Reguladora de la Jurisdicción Social[401].

6. Sin perjuicio de lo establecido en el apartado anterior, la autoridad laboral velará por el respeto al principio de igualdad en los convenios colectivos que pudieran contener discriminaciones, directas o indirectas, por razón de sexo.

A tales efectos, podrá recabar el asesoramiento del Instituto de la Mujer y para la Igualdad de Oportunidades o de los organismos de igualdad de las comunidades autónomas, según proceda por su ámbito territorial. Cuando la autoridad laboral se haya

---

»2. Esta aplicación informática constituirá además el soporte informático del registro de convenios y acuerdos colectivos de trabajo gestionado por la Dirección General de Trabajo del Ministerio de Trabajo e Inmigración como autoridad laboral competente [...].»

Sobre conflictos positivos de competencia Estado-Comunidades Autónomas en esta materia, v. SSTC 48/1982, de 12 de julio (*BOE* de 4 de agosto) y 85/1982, de 23 de diciembre (*BOE* de 15 de enero de 1983).

[400] V. STC 151/1994, de 23 de mayo (*BOE* de 25 de junio), sobre eficacia del principio *iura novit curia* respecto de los convenios publicados en un diario oficial de Comunidad Autónoma.

[401] V. arts. 2.°*h*) y 163 ss. de la Ley 36/2011, de 10 de octubre (*BOE* de 11 de octubre), Reguladora de la Jurisdicción Social, el primero de ellos en la redacción dada por la Ley 3/2012, de 6 de julio (*BOE* de 7 de julio). Sobre las distintas vías de impugnación abstracta y solicitud de inaplicación *uti singulis* de los convenios colectivos, así como de los sujetos legitimados para ello, v. SSTC 4/1987, de 23 de enero (*BOE* de 10 de febrero); 47/1988, de 21 de marzo (*BOE* de 12 de abril); 65/1988, de 13 de abril (*BOE* de 4 de mayo); 10/1996, de 29 de enero (*BOE* de 2 de marzo); 12/1996, de 29 de enero (*BOE* de 2 de marzo); 124/1988, de 23 de junio (*BOE* de 12 de julio); 162/1988, de 22 de septiembre (*BOE* de 14 de octubre); 81/1990, de 4 de mayo (*BOE* de 30 de mayo); 157/2002, de 16 de septiembre (*BOE* de 9 de octubre); 90/2001, de 2 de abril (*BOE* de 1 de mayo), sobre denegación de legitimidad activa de una asociación de jubilados para impugnar la nulidad de un convenio colectivo; 189/1993, de 14 de junio (*BOE* de 19 de julio), sobre el equilibrio interno del convenio y contenido de la resolución judicial de control; 44/2013, de 25 de febrero (*BOE* de 26 de marzo), sobre carencia sobrevenida de objeto del proceso de impugnación del convenio al haberse derogado los preceptos controvertidos del convenio colectivo impugnado.

dirigido a la jurisdicción social por entender que el convenio colectivo pudiera contener cláusulas discriminatorias, lo pondrá en conocimiento del Instituto de la Mujer y para la Igualdad de Oportunidades o de los organismos de igualdad de las comunidades autónomas, según su ámbito territorial, sin perjuicio de lo establecido en el artículo 95.3 de la Ley 36/2011, de 10 de octubre, Reguladora de la Jurisdicción Social.

Art. 91. *Aplicación e interpretación del convenio colectivo.*—1. Sin perjuicio de las competencias legalmente atribuidas a la jurisdicción social, el conocimiento y resolución de las cuestiones derivadas de la aplicación e interpretación de los convenios colectivos corresponderá a la comisión paritaria de los mismos.

2. No obstante lo establecido en el apartado anterior, en los convenios colectivos y en los acuerdos a que se refiere el artículo 83.2 y 3, se podrán establecer procedimientos, como la mediación y el arbitraje, para la solución de las controversias colectivas derivadas de la aplicación e interpretación de los convenios colectivos. El acuerdo logrado a través de la mediación y el laudo arbitral tendrán la misma eficacia jurídica y tramitación que los convenios colectivos regulados en esta ley, siempre que quienes hubiesen adoptado el acuerdo o suscrito el compromiso arbitral tuviesen la legitimación que les permita acordar, en el ámbito del conflicto, un convenio colectivo conforme a lo previsto en los artículos 87, 88 y 89[402].

Estos acuerdos y laudos serán susceptibles de impugnación por los motivos y conforme a los procedimientos previstos para los convenios colectivos. Específicamente cabrá el recurso contra el laudo arbitral en el caso de que no se hubiesen observado en el desarrollo de la actuación arbitral los requisitos y formalidades establecidos al efecto, o cuando el laudo hubiese resuelto sobre puntos no sometidos a su decisión[403].

---

[402] V. disp. adic. 13.ª ET. Conforme al art. 68.2 de la Ley reguladora de la Jurisdicción Social: «Se entenderán equiparados a las sentencias firmes a efectos de ejecución definitiva los laudos arbitrales igualmente firmes, individuales o colectivos, dictados por el órgano que pueda constituirse mediante los acuerdos interprofesionales y los convenios colectivos a que se refiere el artículo 83 del Texto Refundido de la Ley del Estatuto de los Trabajadores [...].» V. Acuerdo sobre Solución Autónoma de Conflictos Laborales (ASAC VI), de 26 de noviembre de 2020 (*BOE* de 23 de diciembre).

[403] V. arts. 163 ss. de la Ley 36/2011, de 10 de octubre (*BOE* de 11 de octubre), Reguladora de la Jurisdicción Social.

3. En los supuestos de conflicto colectivo relativo a la interpretación o aplicación del convenio deberá intervenir la comisión paritaria del mismo con carácter previo al planteamiento formal del conflicto en el ámbito de los procedimientos no judiciales a que se refiere el apartado anterior o ante el órgano judicial competente.

4. Las resoluciones de la comisión paritaria sobre interpretación o aplicación del convenio tendrán la misma eficacia jurídica y tramitación que los convenios colectivos regulados en esta ley.

5. Los procedimientos de solución de conflictos a que se refiere este artículo serán, asimismo, de aplicación en lascontroversias de carácter individual, cuando las partes expresamente se sometan a ellos.

SECCIÓN 2.ª

Adhesión
y extensión

Art. 92. *Adhesión y extensión.*—1. En las respectivas unidades de negociación, las partes legitimadas para negociar podrán adherirse, de común acuerdo, a la totalidad de un convenio colectivo en vigor, siempre que no estuvieran afectadas por otro, comunicándolo a la autoridad laboral competente a efectos de registro.

2. El Ministerio de Empleo y Seguridad Social, o el órgano correspondiente de las comunidades autónomas con competencia en la materia, podrán extender, con los efectos previstos en el artículo 82.3, las disposiciones de un convenio colectivo en vigor a una pluralidad de empresas y trabajadores o a un sector o subsector de actividad, por los perjuicios derivados para los mismos de la imposibilidad de suscribir en dicho ámbito un convenio colectivo de los previstos en este título III, debida a la ausencia de partes legitimadas para ello[404].

La decisión de extensión se adoptará siempre a instancia de parte y mediante la tramitación del procedimiento que reglamentariamente se determine, cuya duración no podrá exceder de tres meses, teniendo la ausen-

---

[404] Materia transferida a las Comunidades Autónomas: v. normas citadas en nota al art. 6.º4 ET. V. SSTC 86/1991, de 25 de abril (*BOE* de 29 de mayo), y 102/1991, de 13 de mayo (*BOE* de 18 de junio), sobre competencia de las Comunidades Autónomas en materia de extensión de convenios colectivos.

cia de resolución expresa en el
plazo establecido efectos deses-
timatorios de la solicitud[405].

Tendrán capacidad para iniciar el procedimiento de extensión quienes se hallen legiti-

---

[405] Desarrollado reglamentariamente por el RD 718/2005, de 20 de junio (*BOE* de 2 de julio), por el que se aprueba el procedimiento de extensión de convenios colectivos:

«*Art. 1.° Objeto del procedimiento.*—1. El procedimiento regulado en este real decreto tiene por objeto la extensión de las disposiciones de un convenio colectivo en vigor en el supuesto y condiciones previstos en el artículo 92.2 del texto refundido de la Ley del Estatuto de los Trabajadores, aprobado por el Real Decreto Legislativo 1/1995, de 24 de marzo.

»2. Con los efectos previstos en el artículo 82.3 del texto refundido de la Ley del Estatuto de los Trabajadores, se podrán extender las disposiciones de un convenio colectivo en vigor de ámbito superior al de empresa a una pluralidad de empresas y trabajadores o a un sector o subsector de actividad pertenecientes al mismo o a similar ámbito funcional o con características económico-laborales equiparables, teniendo en cuenta la actividad donde vaya a ser aplicado y que no estén vinculados por convenio colectivo, cualquiera que fuese su ámbito, por los perjuicios derivados para aquéllos de la imposibilidad de suscribir en dicho ámbito un convenio colectivo de los previstos en el Título III del texto refundido de la Ley del Estatuto de los Trabajadores, debida a la ausencia de partes legitimadas para ello.

»En el caso de inexistencia de convenio colectivo que se pueda extender con ámbito de aplicación superior al de empresa, se podrá extender subsidiariamente, con carácter excepcional, un convenio de empresa a una pluralidad de empresas y de trabajadores o a un sector o subsector de actividad de análogas condiciones económicas y sociales.

»*Art. 2.° Competencia.*—1. El Ministerio de Trabajo y Asuntos Sociales será competente para conocer y resolver los prtocedimientos de extensión de convenios colectivos cuando el ámbito de la extensión abarque todo el territorio nacional o el territorio de más de una comunidad autónoma.

»2. Los órganos correspondientes de las comunidades autónomas serán competentes para conocer y resolver aquellos procedimientos de extensión de convenios colectivos cuando el ámbito de la extensión se circunscriba a su correspondiente territorio o a ámbitos inferiores de éste.

»*Art. 3.° Iniciación del procedimiento.*—1. El procedimiento para la extensión de convenios colectivos se iniciará siempre a instancia de parte legitimada.

»2. Estarán legitimados para solicitar la iniciación del procedimiento de extensión de convenios colectivos los sujetos que estén legitimados para promover la negociación colectiva en el correspondiente ámbito de la extensión, conforme a lo dispuesto en el artículo 87.2 y 3 del texto refundido de la Ley del Estatuto de los Trabajadores.

»*Art. 4.° Instrucción del procedimiento.*—1. La solicitud, que se formulará por escrito, se dirigirá al Ministro de Trabajo y Asuntos Sociales o al órgano correspondiente de las comunidades autónomas y deberá ir acompañada de los siguientes documentos:

»*a*) Una certificación del registro de convenios colectivos correspondiente justificativa de que no existe inscripción que acredite la vigencia de convenios colectivos en las empresas, sectores o subsectores para los que se solicite la extensión.

»*b*) Un certificado expedido por la oficina pública competente, acreditativo de la concurrencia de los requisitos de legitimación señalados en el artículo 3.

»*c*) La acreditación de que concurren los presupuestos legales necesarios para la extensión del convenio colectivo solicitado y una memoria descriptiva de los perjuicios que la ausencia de convenio colectivo ocasiona a las empresas y trabajadores afectados, así como sobre los elementos que permitan valorar lo dispuesto en el artículo 1.2 de este real decreto. En la memoria deberá constar el código que, según la Clasificación Nacional de Actividades Económicas aprobada por el Real Decreto 1.560/1992, de 18 de diciembre, corresponde a los ámbitos afectados por la extensión solicitada o, en defecto de dicho código, los datos precisos que permitan a la Administración actuante su identificación.

»De conformidad con el artículo 35.*f*) de la Ley 30/1992, de 26 de noviembre, de Régimen Jurídico de las Administraciones Públicas y del Procedimiento Administrativo Común, no se habrán de presentar aquellos documentos que ya se encuentren en poder de la Administración actuante.

»Las solicitudes podrán presentarse en cualquiera de los lugares previstos en el artículo 38.4 de la Ley 30/1992, de 26 de noviembre.

»2. La iniciación del procedimiento se anunciará en el *Boletín Oficial del Estado* o, en su caso, en el diario oficial de la comunidad autónoma y en uno de los diarios de mayor circulación en el ámbito territorial para el que se solicita la extensión, a los efectos de información pública y posible intervención de los interesados.

»*Art. 5.º Actos de subsanación y preparación del procedimiento.*—1. En el caso de que se observen defectos en la solicitud presentada, el órgano instructor del procedimiento requerirá, en el plazo de tres días, su subsanación, que deberá ser realizada en el improrrogable plazo de diez días, bajo apercibimiento de que si así no se hiciera se tendrá por desistida la solicitud, previa resolución que deberá dictarse en los términos previstos en el artículo 42 de la Ley 30/1992, de 26 de noviembre.

»2. En el supuesto de que se hubiera alegado con la solicitud la existencia de documentos obrantes en poder de la Administración pública actuante, el órgano instructor del procedimiento requerirá en el plazo de cuarenta y ocho horas la certificación de la oficina pública correspondiente o la emisión del correspondiente documento, que habrá de ser cumplimentado en el plazo de los dos días siguientes.

»*Art. 6.º Solicitud de informe a las organizaciones sindicales y asociaciones empresariales más representativas.*—1. En el plazo de cinco días, computado desde el momento en que se cuente con toda la documentación exigida, el órgano instructor del procedimiento solicitará, con carácter preceptivo, el informe de las organizaciones empresariales y sindicales más representativas del siguiente modo:

»*a*) Cuando el órgano competente fuera el Ministerio de Trabajo y Asuntos Sociales, dicho informe se solicitará a las organizaciones sindicales y asociaciones empresariales más representativas tanto en el nivel estatal como autonómico.

»*b*) Cuando el órgano competente fuera de las comunidades autónomas, dicho informe se solicitará a las organizaciones sindicales y asociaciones empresariales más representativas en el nivel estatal y, en el caso de existir, a las del ámbito de la comunidad autónoma de que se trate.

»2. El contenido de los informes versará sobre la necesidad de proceder a la extensión solicitada o, por el contrario, sobre la inexistencia de razones justificativas para proceder a ella.

»Estos informes serán emitidos en el plazo de los quince días naturales siguientes, contado desde la recepción de su solicitud.

»*Art. 7.º Solicitud de informe del órgano consultivo correspondiente.*—1. Evacuados los informes de las organizaciones sindicales y asociaciones empresariales mencionadas en el artículo anterior, o transcurridos los plazos establecidos sin que dichos informes hayan sido emitidos, el órgano instructor del procedimiento solicitará con carácter preceptivo el informe del órgano consultivo correspondiente. Dicho informe tendrá la consideración de determinante a los efectos de lo previsto en el artículo 83.3

de la Ley 30/1992, de 26 de noviembre, con lo que interrumpirá el plazo de los trámites sucesivos, y ello sin perjuicio de lo dispuesto en el artículo 42.5.*c*) de la citada ley.

»El informe versará sobre la concurrencia de las circunstancias establecidas en el artículo 92.2 del texto refundido de la Ley del Estatuto de los Trabajadores, aprobado por el Real Decreto Legislativo 1/1995, de 24 de marzo, para la extensión de convenios colectivos, y en el artículo 1.2 de este real decreto.

»2. La Comisión Consultiva Nacional de Convenios Colectivos será el órgano consultivo competente para emitir el informe preceptivo señalado en el apartado anterior en los procedimientos que sean de la competencia del Ministerio de Trabajo y Asuntos Sociales.

»En los procedimientos que sean de la competencia de los órganos correspondientes de las comunidades autónomas, se podrá solicitar informe a dicha comisión a los efectos previstos en el apartado anterior, o al órgano consultivo similar.

»3. El plazo de emisión del informe a que se refieren los apartados anteriores será de treinta días.

»*Art. 8.º Resolución.*—1. Recibido el informe del órgano consultivo correspondiente, se dará por concluida la instrucción del procedimiento.

»2. El Ministro de Trabajo y Asuntos Sociales o, en su caso, el órgano correspondiente de las comunidades autónomas dictarán la resolución y la notificarán en el plazo de tres meses computados desde la fecha en que la solicitud hubiera tenido entrada en el correspondiente registro o, en su caso, de su subsanación. Dicha resolución pondrá fin a la vía administrativa.

»3. Transcurrido el plazo sin que hubiera recaído resolución expresa, se entenderá denegada la solicitud.

»*Art. 9.º Contenido de la resolución.*—1. La resolución administrativa que se dicte decidirá motivadamente, en función de la concurrencia de las circunstancias establecidas en el artículo 92.2 del texto refundido de la Ley del Estatuto de los Trabajadores y en el artículo 1.2 de este real decreto, sobre la procedencia o no de la extensión de las disposiciones del convenio colectivo solicitado al ámbito requerido carente de regulación. La resolución podrá decidir, además, sobre aquellas disposiciones del convenio colectivo que resulten inaplicables, con especial consideración de las cláusulas obligacionales.

»2. La aplicación del convenio colectivo extendido surtirá efectos desde la fecha de presentación de la solicitud hasta la finalización de la vigencia inicial o prorrogada del convenio colectivo extendido, sin perjuicio de lo establecido en los artículos siguientes.

»*Art. 10. Renovación de la solicitud.*—1. Sustituido un convenio extendido por un nuevo convenio colectivo, las partes legitimadas podrán solicitar del Ministro de Trabajo y Asuntos Sociales o del órgano correspondiente de las comunidades autónomas, en el plazo de un mes contado desde la publicación en el *Boletín Oficial del Estado* o en el diario oficial de la comunidad autónoma correspondiente del nuevo convenio colectivo, que se dicte una nueva resolución sobre la necesidad de extender el nuevo convenio publicado, por no haberse modificado las circunstancias que dieron lugar a la extensión inicial, y se acompañarán las consideraciones que se estimen oportunas sobre su necesidad.

»2. La resolución administrativa que se dicte decidirá motivadamente, en función de la modificación o no de las circunstancias previstas en el artículo 92.2 del texto refundido de la Ley del Estatuto de los Trabajadores y en el artículo 1.2 de este real decreto que dieron lugar a la extensión inicial.

»3. El plazo para dictar y notificar la resolución administrativa será de un mes computado desde la fecha en que la solicitud hubiera tenido entrada en el correspon-

mados para promover la negociación colectiva en el ámbito co-

rrespondiente conforme a lo
dispuesto en el artículo 87.2 y 3.

---

diente registro y los plazos establecidos para los informes a que se refieren los artículos 6 y 7 se reducirán a la mitad.

»4. Los efectos de la nueva resolución de extensión de convenio colectivo se retrotraerán a la fecha de inicio de efectos del convenio extendido.

»*Art. 11. Situaciones posteriores a la extensión.*—1. Si durante la vigencia de la
extensión de un convenio colectivo se modificaran o desaparecieran las circunstancias
que dieron lugar a la resolución de extensión por parte del órgano competente, cualquiera de las partes afectadas podrá promover la negociación de un convenio colectivo propio en los términos previstos en el del texto refundido de la Ley del Estatuto de
los Trabajadores, y comunicará tal decisión al órgano competente. Promovida la negociación de un convenio colectivo, a tenor de lo dispuesto en el artículo 89.1 del
texto refundido de la Ley del Estatuto de los Trabajadores, la parte receptora de la
comunicación de iniciación de las negociaciones no podrá negarse a ella por razón de
la vigencia de la extensión. Si las partes alcanzaran un acuerdo que concluya en la
suscripción de un convenio colectivo, lo comunicarán al órgano competente, que dictará una resolución que deje sin efecto la extensión.

»2. Finalizada la vigencia inicial de un convenio colectivo que hubiera sido objeto de
extensión, si las partes legitimadas para solicitar la extensión de convenios colectivos tuvieran conocimiento de la existencia de un convenio colectivo más acorde con la realidad
sociolaboral de su ámbito, podrán solicitar del órgano competente la sustitución del convenio extendido por ese otro convenio colectivo, indicando la necesidad de dicha sustitución, e iniciarán el procedimiento de extensión regulado en este real decreto. Durante la
tramitación de la nueva solicitud de extensión de convenio, se mantendrán vigentes los
efectos del anterior convenio extendido hasta la nueva resolución del procedimiento.

»La resolución administrativa que se dicte decidirá motivadamente sobre la procedencia o no de la indicada solicitud de extensión, en función de la concurrencia de las
circunstancias establecidas en el artículo 92.2 del texto refundido de la Ley del Estatuto de los Trabajadores y en el artículo 1.2 de este real decreto, así como de la adecuación
del convenio a la realidad sociolaboral del ámbito para el que se solicita la extensión.

»*Art. 12. Registro, depósito y publicación.*—La resolución administrativa que extienda un convenio colectivo deberá depositarse, registrarse y publicarse de conformidad con lo previsto en el artículo 90.2 y 3 del texto refundido de la Ley del Estatuto
de los Trabajadores y en el Real Decreto 1.040/1981, de 22 de mayo, sobre registro y
depósito de convenios colectivos de trabajo.»

»*Disp. adic. única. Información entre Administraciones públicas.*—De conformidad
con los principios que rigen las relaciones entre Administraciones públicas establecidos
en el artículo 4 de la Ley 30/1992, de 26 de noviembre, de Régimen Jurídico de las
Administraciones Públicas y del Procedimiento Administrativo Común, el Ministerio
de Trabajo y Asuntos Sociales y los órganos correspondientes de las comunidades
autónomas se informarán recíprocamente sobre las resoluciones administrativas por
las que se extienda un convenio colectivo dictadas en el ejercicio de sus competencias.»

Téngase en cuenta que el RD 1.040/1981, citado en el art. 12, ha sido derogado y sustituido por el RD 713/2010, de 28 de mayo, reproducido parcialmente en nota al art. 90.2
ET. La referencia a la Ley 30/1992, de 26 de noviembre, debe entenderse realizada al
arts. 28.2, 16.4, 21 y 80.3, respectivamente, de la Ley 39/2015, de 1 de octubre (*BOE* de 2
de octubre), así como del art. 3.º de la Ley 40/2015, de 1 de octubre (*BOE* de 2 de octubre).

Sobre el concepto de sindicato más representativo, v. nota al art. 87.2.*b*) ET.

Para las asociaciones empresariales, por analogía, v. disp. adic. 6.ª ET.

DISPOSICIONES ADICIONALES

1.ª *Trabajo por cuenta propia.*—El trabajo realizado por cuenta propia no estará sometido a la legislación laboral, excepto en aquellos aspectos que por precepto legal se disponga expresamente[406].

---

[406] V. art. 1.º ET; Ley 20/2007, de 11 de julio (*BOE* de 12 de julio), del Estatuto del Trabajo Autónomo, modificado por la Ley 27/2011, de 1 de agosto (*BOE* de 2 de agosto), de actualización, adecuación y modernización del Sistema de Seguridad Social; por la Ley 30/2015, de 9 de septiembre (*BOE* de 10 de septiembre); por la Ley 31/2015, de 9 de septiembre (*BOE* de 10 de septiembre); por el RD-Ley 6/2019, de 1 de marzo (*BOE* de 7 de marzo), de medidas urgentes para garantía de la igualdad de trato y de oportunidades entre mujeres y hombres en el empleo y la ocupación:

«*Art. 1.º Supuestos incluidos.*— 1. La presente Ley será de aplicación a las personas físicas que realicen de forma habitual, personal, directa, por cuenta propia y fuera del ámbito de dirección y organización de otra persona, una actividad económica o profesional a título lucrativo, den o no ocupación a trabajadores por cuenta ajena. Esta actividad autónoma o por cuenta propia podrá realizarse a tiempo completo o a tiempo parcial.

»También será de aplicación esta Ley a los trabajos, realizados de forma habitual, por familiares de las personas definidas en el párrafo anterior que no tengan la condición de trabajadores por cuenta ajena, conforme a lo establecido en el artículo 1.3.*e*) del texto refundido de la Ley del Estatuto de los Trabajadores, aprobado por Real Decreto Legislativo 1/1995, de 24 de marzo.

»2. Se declaran expresamente comprendidos en el ámbito de aplicación de esta Ley, siempre que cumplan los requisitos a los que se refiere el apartado anterior:

»*a*) Los socios industriales de sociedades regulares colectivas y de sociedades comanditarias.

»*b*) Los comuneros de las comunidades de bienes y los socios de sociedades civiles irregulares, salvo que su actividad se limite a la mera administración de los bienes puestos en común.

»*c*) Quienes ejerzan las funciones de dirección y gerencia que conlleva el desempeño del cargo de consejero o administrador, o presten otros servicios para una sociedad mercantil capitalista, a título lucrativo y de forma habitual, personal y directa, cuando posean el control efectivo, directo o indirecto de aquélla, en los términos previstos en la disposición adicional vigésima séptima del texto refundido de la Ley General de la Seguridad Social aprobado por Real Decreto Legislativo 1/1994, de 20 de junio.

»*d*) Los trabajadores autónomos económicamente dependientes a los que se refiere el Capítulo III del Título II de la presente Ley.

»*e*) Cualquier otra persona que cumpla con los requisitos establecidos en el artículo 1.1 de la presente Ley.

»3. Las inclusiones a las que se refiere el apartado anterior se entenderán sin perjuicio de la aplicación de sus respectivas normas específicas.

»4. La presente Ley será de aplicación a los trabajadores autónomos extranjeros que reúnan los requisitos previstos en la LO 4/2000, de 11 de enero, de derechos y libertades de los extranjeros en España y su integración social.

»*Art. 2.º Supuestos excluidos.*—Se entenderán expresamente excluidas del ámbito de aplicación de la presente Ley, aquellas prestaciones de servicios que no cumplan con los requisitos del artículo 1.1, y en especial:

2.ª *Contratos para la formación y el aprendizaje.*—1. El límite de edad y de duración para los contratos para la formación y el aprendizaje establecidos en las letras *a*) y *b*) del artículo 11.2 no será de aplicación cuando se suscriban en el marco de los programas públicos de empleo y formación contemplados en el texto refundido de la Ley de Empleo[407].

Asimismo, en estos contratos las situaciones de incapacidad temporal, riesgo durante el embarazo, maternidad, adopción, guarda con fines de adopción, acogimiento, riesgo durante la lactancia y paternidad no interrumpirán el cómputo de la duración del contrato.

2. [...][408].

3.ª *Negociación colectiva y contrato fijo de obra.*—Lo dispuesto en el artículo 15.1.*a*) y 5 y en el artículo 49.1.*c*) se entiende sin perjuicio de lo que se establece o pueda establecerse sobre la regulación del contrato

---

»*a*)   Las relaciones de trabajo por cuenta ajena a que se refiere el artículo 1.1 del texto refundido de la Ley del Estatuto de los Trabajadores, aprobado por Real Decreto Legislativo 1/1995, de 24 de marzo.

»*b*)   La actividad que se limita pura y simplemente al mero desempeño del cargo de consejero o miembro de los órganos de administración en las empresas que revistan la forma jurídica de sociedad, de conformidad con lo establecido en el artículo 1.3.*c*) del texto refundido de la Ley del Estatuto de los Trabajadores, aprobado por Real Decreto Legislativo 1/1995, de 24 de marzo.

»*c*)   Las relaciones laborales de carácter especial a las que se refiere el artículo 2 del texto refundido de la Ley del Estatuto de los Trabajadores, aprobado por Real Decreto Legislativo 1/1995, de 24 de marzo y disposiciones complementarias.»

Las referencias al texto refundido del Estatuto de los Trabajadores deben entenderse efectuadas al aprobado por RDL 2/2015, de 23 de octubre (*BOE* de 24 de octubre).

Para el derecho a la igualdad de trato y no discriminación en el trabajo por cuenta propia, v. art. 11 Ley 15/2022, de 12 de julio (*BOE* de 13 de julio), integral para la igualdad de trato y la no discriminación.

La referencia a la Ley General de la Seguridad Social debe entenderse realizada a los arts. 305 y 306 del texto refundido aprobado por RDL 8/2015, de 30 de octubre (*BOE* de 31 de octubre).

V. RD 197/2009, de 23 de febrero (*BOE* de 4 de marzo), por el que se desarrolla el Estatuto del Trabajo Autónomo en materia de contrato del trabajador autónomo económicamente dependiente y su registro y se crea el Registro Estatal de asociaciones profesionales de trabajadores autónomos; RD 1.613/2010, de 7 de diciembre (*BOE* de 28 de diciembre), por el que se crea y regula el Consejo de la representatividad de las asociaciones profesionales de trabajadores autónomos en el ámbito estatal y se establece la composición y régimen de funcionamiento y organización del Consejo del Trabajo Autónomo.

[407]   V. RDL 3/2015, de 23 de octubre (*BOE* de 24 de octubre), por el que se aprueba el texto refundido de la Ley de Empleo.

[408]   Apartado 2 de esta disp. adic. 2.ª derogado por el RD-Ley 28/2018, de 28 de diciembre (*BOE* de 29 de diciembre), para la revalorización de las pensiones públicas y otras medidas urgentes en materia social, laboral y de empleo.

fijo de obra, incluida su indemnización por cese, en la negociación colectiva de conformidad con la disposición adicional tercera de la Ley 32/2006, de 18 de octubre, reguladora de la subcontratación en el sector de la construcción[409].

---

[409] Esta disp. adic. 3.ª ha sido modificada por el RDL 32/2021, de 28 de diciembre y, con la misma suprimido, el contrato de trabajo fijo de obra sustituido por el contrato indefinido adscrito a obra. Conforme a la nueva redacción de este contrato: «Disposición adicional tercera. Extinción del contrato indefinido por motivos inherentes a la persona trabajadora en el sector de la construcción.

»1. Sin perjuicio de lo previsto en la sección 4.ª del capítulo III del título I del Estatuto de los Trabajadores, los contratos de trabajo indefinidos adscritos a obra celebrados en el ámbito de las empresas del sector de la construcción, podrán extinguirse por motivos inherentes a la persona trabajadora conforme a lo dispuesto en la presente disposición, que resultará aplicable con independencia del número de personas trabajadoras afectadas.

»Tendrán la consideración de contratos indefinidos adscritos a obra aquellos que tengan por objeto tareas o servicios cuya finalidad y resultado estén vinculados a obras de construcción, teniendo en cuenta las actividades establecidas en el ámbito funcional del Convenio General del Sector de la Construcción.

»La extinción regulada en este artículo no resultará aplicable a las personas trabajadoras que formen parte del personal de estructura.

»2. La finalización de la obra en la que presta servicios la persona trabajadora determinará la obligación para la empresa de efectuarle una propuesta de recolocación, previo desarrollo, de ser preciso, de un proceso de formación.

»Este proceso, que será siempre a cargo de la empresa, podrá realizarse directamente o a través de una entidad especializada, siendo preferente la formación que imparta la Fundación Laboral de la Construcción con cargo a las cuotas empresariales.

»La negociación colectiva de ámbito estatal del sector de la construcción determinará los requisitos de acceso, duración y modalidades de formación adecuadas según las cualificaciones requeridas para cada puesto, nivel, función y grupo profesional.

»El indicado proceso de formación podrá desarrollarse con antelación a la finalización de la obra.

»3. A efectos de lo previsto en esta disposición, se entenderá por finalización de las obras y servicios la terminación real, verificable y efectiva de los trabajos desarrollados por esta.

»Asimismo, tendrán la consideración de finalización de obra la disminución real del volumen de obra por la realización paulatina de las correspondientes unidades de ejecución debidamente acreditada, así como la paralización, definitiva o temporal, de entidad suficiente, de una obra, por causa imprevisible para la empresa y ajena a su voluntad.

»La finalización de la obra deberá ser puesta en conocimiento de la representación legal de las personas trabajadoras, en su caso, así como de las comisiones paritarias de los convenios de ámbito correspondiente o, en su defecto, de los sindicatos representativos del sector, con cinco días de antelación a su efectividad y dará lugar a la propuesta de recolocación prevista en esta disposición.

»4. La propuesta de recolocación prevista en esta disposición será formalizada por escrito mediante una cláusula que se anexará al contrato de trabajo.

»Esta cláusula, que deberá precisar las condiciones esenciales, ubicación de la obra y fecha de incorporación a la misma, así como las acciones formativas exigibles para ocupar el nuevo puesto, será sometida a aceptación por parte de la persona trabaja-

4.ª *Conceptos retributivos*.—Las modificaciones introducidas por la Ley 11/1994, de 19 de mayo, por la que se modifican determinados artículos del Estatuto de los Trabajadores, y del texto articulado de la Ley de Procedimiento Laboral y de la Ley sobre Infracciones y Sanciones en el Orden Social, en la regulación legal del salario no afectarán a los conceptos retributivos que tuvieran reconocidos los trabajadores hasta el 12 de junio de 1994, que se mantendrán en los mismos términos que rigieran en ese momento hasta que por convenio colectivo se establezca un régimen salarial que conlleve la desaparición o modificación de dichos conceptos[410].

5.ª *Personal de alta dirección*.—Las retribuciones del personal de alta dirección goza-

---

dora con quince días de antelación a la finalización de su trabajo en la obra en la que se encuentre prestando servicios.

»5. Una vez efectuada la propuesta de recolocación, el contrato indefinido adscrito a obra podrá extinguirse por motivos inherentes a la persona trabajadora cuando se dé alguna de las siguientes circunstancias:

»*a*) La persona trabajadora afectada rechaza la recolocación.

»*b*) La cualificación de la persona afectada, incluso tras un proceso de formación o recualificación, no resulta adecuada a las nuevas obras que tenga la empresa en la misma provincia, o no permite su integración en estas, por existir un exceso de personas con la cualificación necesaria para desarrollar sus mismas funciones.

»La negociación colectiva de ámbito estatal del sector correspondiente precisará los criterios de prioridad o permanencia que deben operar en caso de concurrir estos motivos en varias personas trabajadoras de forma simultánea en relación con la misma obra.

»*c*) La inexistencia en la provincia en la que esté contratada la persona trabajadora de obras de la empresa acordes a su cualificación profesional, nivel, función y grupo profesional una vez analizada su cualificación o posible recualificación.

»En el supuesto *a*) anterior, la persona trabajadora deberá notificar por escrito a la empresa la aceptación o rechazo de la propuesta en el plazo de siete días desde que tenga conocimiento de la comunicación empresarial. Transcurrido dicho plazo sin contestación se entenderá que la persona trabajadora rechaza la propuesta de recolocación.

»En los supuestos recogidos en los apartados *b*) y *c*) precedentes, la empresa deberá notificar la extinción del contrato a la persona trabajadora afectada con una antelación de quince días a su efectividad.

»6. La extinción del contrato indefinido por motivos inherentes a la persona trabajadora deberá ser puesta en conocimiento de la representación legal de las personas trabajadoras con una antelación de siete días a su efectividad y dará lugar a una indemnización del siete por ciento calculada sobre los conceptos salariales establecidos en las tablas del convenio colectivo que resulte de aplicación y que hayan sido devengados durante toda la vigencia del contrato, o la superior establecida por el Convenio General del Sector de la Construcción.»

[410] V. arts. 26 ss. ET.

rán de las garantías del salario establecidas en los artículos 27.2, 29, 32 y 33[411].

6.ª *Representación institucional de los empresarios*[412].—A efectos de ostentar representación institucional en defensa de intereses generales de los empresarios ante las Administraciones Públicas y otras entidades u organismos de carácter estatal o de comunidad autónoma que la tengan prevista, se entenderá que gozan de esta capacidad representativa las asociaciones empresariales que cuenten con el 10 por 100 o más de las empresas y trabajadores en el ámbito estatal.

Asimismo, podrán también estar representadas las asociaciones empresariales de comunidad autónoma que cuenten en ésta con un mínimo del 15 por 100 de los empresarios y trabajadores. No estarán comprendidas en este supuesto las asociaciones empresariales que estén integradas en federaciones o confederaciones de ámbito estatal.

Las organizaciones empresariales que tengan la condición de más representativas con arreglo a esta disposición adicional gozarán de capacidad para obtener cesiones temporales del uso de inmuebles patrimoniales públicos en los términos que se establezcan legalmente.

7.ª *Regulación de condiciones por rama de actividad.*—La regulación de condiciones de trabajo por rama de actividad para los sectores económicos de la producción y demarcaciones territoriales en que no exista

---

[411] V. arts. 2.º1.*a*) y 26 ss. ET, así como el RD 1.382/1985, de 1 de agosto, transcrito en el apéndice de esta obra.

[412] Para la representación institucional de carácter estatal o de Comunidad Autónoma de los sindicatos, v. arts. 6.º y 7.º de la Ley de Libertad Sindical, transcritos en nota al art. 87.2.*b*) ET.

Para el régimen jurídico de las asociaciones empresariales, v. Ley 19/1977, de 1 de abril, de asociación sindical, desarrollada a su vez por el RD 416/2015, de 29 de mayo (*BOE* de 20 de junio), sobre depósito de estatutos de las organizaciones sindicales y empresariales.

En materia de cesión de inmuebles, v. Ley 4/1986, de 8 de enero (*BOE* de 14 de enero), desarrollada por el RD 1.671/1986, de 1 de agosto (*BOE* de 8 de agosto), de cesión de bienes del Patrimonio Sindical Acumulado, modificado por Ley 37/1988, de 28 de diciembre (*BOE* de 29 de diciembre), de Presupuestos Generales del Estado para 1989. V. SSTC 57/1989, de 16 de marzo (*BOE* de 19 de abril), declarando la constitucionalidad de esta disp. adic.; 52/1992, de 8 de abril (*BOE* de 13 de mayo), sobre exclusión en asociación empresarial de Comunidad Autónoma de la Comisión Consultiva del Patrimonio Sindical Acumulado; 75/1992, de 14 de mayo (*BOE* de 16 de junio), sobre constitucionalidad de los arts. 3.º y 5.º2 de esta Ley, y 183/1992, de 16 de noviembre (*BOE* de 18 de diciembre), sobre inconstitucionalidad del inciso «más representativas» del art. 6.º2 de esta Ley.

convenio colectivo podrá realizarse por el Gobierno, a propuesta del Ministerio de Empleo y Seguridad Social, previas las consultas que considere oportunas a las asociaciones empresariales y organizaciones sindicales, sin perjuicio de lo dispuesto en el artículo 92, que será siempre procedimiento prioritario[413].

8.ª *Código de Trabajo*[414].— El Gobierno, a propuesta del Ministerio de Empleo y Seguridad Social, recogerá en un texto único denominado Código de Trabajo, las distintas leyes orgánicas y ordinarias que, junto con la presente, regulan las materias laborales, ordenándolas en títulos separados, uno por ley, con numeración correlativa, respetando íntegramente su texto literal.

Asimismo se incorporarán sucesiva y periódicamente a dicho Código de Trabajo todas las disposiciones generales laborales mediante el procedimiento que se fije por el Gobierno en cuanto a la técnica de incorpo-

ración, según el rango de las normas incorporadas.

9.ª *Comisión Consultiva Nacional de Convenios Colectivos*[415].—1. La Comisión Consultiva Nacional de Convenios Colectivos, como órgano colegiado, adscrito al Ministerio de Empleo y Seguridad Social a través de la Dirección General de Empleo, de carácter tripartito y paritario e integrado por representantes de la Administración General del Estado, así como de las organizaciones empresariales y sindicales más representativas, tendrá las siguientes funciones:

a) El asesoramiento y consulta sobre el ámbito funcional de los convenios colectivos y sobre el convenio colectivo de aplicación a una empresa, así como la consulta en el supuesto de extensión de un convenio colectivo regulado en el artículo 92.

b) El estudio, información y elaboración de documentación sobre la negociación colectiva, así como la difusión de la mis-

---

[413] Aunque sea con fundamento directo en el art. 97 CE, v. RD 3.255/1983, de 21 de diciembre (*BOE* de 4 de enero de 1984), Estatuto del Minero.

[414] Sobre las facultades del Gobierno para dictar RRDD Legislativos, v. arts. 82 ss. CE.

[415] Disposición desarrollada por el RD 1.362/2012, de 27 de septiembre (*BOE* de 28 de septiembre), por el que se regula la Comisión Consultiva Nacional de Convenios Colectivos.

V. STC 17/1986, de 4 de febrero (*BOE* de 5 de marzo), sobre competencias de las Comunidades Autónomas en materias asignadas a la Comisión Consultiva Nacional de Convenios Colectivos.

ma mediante el Observatorio de la Negociación Colectiva.

c) La intervención en los procedimientos de solución de discrepancias en los casos de desacuerdo en el período de consultas para la inaplicación de las condiciones de trabajo establecidas en los convenios colectivos de acuerdo con el artículo 82.3.

2. Reglamentariamente se establecerá la composición y organización de la Comisión Consultiva Nacional de Convenios Colectivos, así como sus procedimientos de actuación.

3. El funcionamiento y las decisiones de la Comisión Consultiva Nacional de Convenios Colectivos se entenderán siempre sin perjuicio de las atribuciones que correspondan a la jurisdicción y a la autoridad laboral en los términos establecidos por las leyes.

4. Para el desarrollo de las funciones establecidas en esta ley, la Comisión Consultiva Nacional de Convenios Colectivos será reforzada en sus actuaciones por la Dirección General de Empleo de acuerdo con las medidas de apoyo que se establezcan en las normas de desarrollo reglamentario, previa consulta con las or-

ganizaciones sindicales y empresariales más representativas.

5. *Si alguna comunidad autónoma no tuviera constituido y en funcionamiento un órgano tripartito equivalente a la Comisión Consultiva Nacional de Convenios Colectivos ni mantuviera convenio de colaboración en vigor con el Ministerio de Empleo y Seguridad Social acordando la actuación de la Comisión en el ámbito territorial de esa comunidad, la Comisión Consultiva Nacional de Convenios Colectivos podrá, subsidiariamente y en tanto en cuanto no se constituyan y estén en funcionamiento dichos órganos tripartitos equivalentes, conocer de las solicitudes presentadas por las empresas y los representantes legales de los trabajadores para dar solución a las discrepancias surgidas por falta de acuerdo sobre la inaplicación de las condiciones de trabajo, presentes en el convenio colectivo de aplicación, cuando dicha inaplicación afecte a centros de trabajo de la empresa situados en el territorio de dicha comunidad autónoma*[416].

10.ª *Cláusulas de los convenios colectivos referidas al cumplimiento de la edad ordinaria de jubilación*[417].—1. En aras de favorecer la prolongación de la

---

[416] Este apartado 5 trae su causa en la disp. adic. 6.ª del RDL 5/2013, de 15 de marzo, que fue declarado inconstitucional por la STC 61/2018, de 7 de junio, lo que puede incidir sobre la vigencia de este apartado 5.

[417] Disp. adic. 10.ª conforme a la Ley 21/2021, de 28 de diciembre (*BOE* de 29 de diciembre), de garantía del poder adquisitivo de las pensiones y de otras medidas

vida laboral, los convenios colectivos podrán establecer cláusulas que posibiliten la extinción del contrato de trabajo por el cumplimiento por el trabajador de una edad igual o superior a sesenta y ocho años, siempre que cumplan los siguientes requisitos:

a) La persona trabajadora afectada por la extinción del contrato de trabajo deberá reunir los requisitos exigidos por la normativa de Seguridad Social para tener derecho al 100 por 100 de la pensión ordinaria de jubilación en su modalidad contributiva.

b) La medida deberá vincularse, como objetivo coherente de política de empleo expresado en el convenio colectivo, al relevo generacional a través de la contratación indefinida y a tiempo completo de, al menos, un nuevo trabajador o trabajadora.

2. Excepcionalmente, con el objetivo de alcanzar la igualdad real y efectiva entre mujeres y hombres coadyuvando a superar la segregación ocupacional por género, el límite del apartado anterior podrá rebajarse hasta la edad ordinaria de jubilación fijada por la normativa de Seguridad Social cuando la tasa de ocupación de las mujeres trabajadoras por cuenta ajena afiliadas a la Seguridad Social en alguna de las actividades económicas correspondientes al ámbito funcional del convenio sea inferior al 20 por 100 de las personas ocupadas en las mismas.

Las actividades económicas que se tomarán como referencia para determinar el cumplimiento de esta condición estará definida por los códigos de la Clasificación Nacional de Actividades Económicas (CNAE) en vigor en cada momento, incluidos en el ámbito del convenio aplicable según los datos facilitados al realizar su inscripción en el Registro y depósito de convenios y acuerdos colectivos de trabajo y planes de igualdad (REGCON), de conformidad con el artículo 6.2 y el anexo 1 del Real Decreto 713/2010, de 28 de mayo, sobre registro y depósito de convenios y acuerdos colectivos de trabajo. La Administración de la Seguridad Social facilitará la tasa de ocupación de las trabajadoras respecto de la totalidad de trabajadores por cuenta ajena en cada una de las CNAE correspondientes en la fe-

---

de refuerzo de la sostenibilidad financiera y social del sistema público de pensiones. V. disp. trans. 9.ª del presente Estatuto de los Trabajadores. Para los requisitos relativos a la edad legal de jubilación y período de cotización exigible para tener el 100 por 100 de la pensión ordinaria contributiva, v. arts. 205 y 210, así como disps. trans. 7.ª y 9.ª de la Ley General de la Seguridad Social (RD Legislativo 8/2015, de 30 de octubre, *BOE* de 31 de octubre). V. STC 177/2019, de 18 de diciembre, sobre competencia estatal en la fijación de la edad de jubilación obligatoria del personal estatutario y laboral al servicio de las Administraciones Públicas.

cha de constitución de la comisión negociadora del convenio.

La aplicación de esta excepción exigirá, además, el cumplimiento de los siguientes requisitos:

a) La persona afectada por la extinción del contrato de trabajo deberá reunir los requisitos exigidos por la normativa de Seguridad Social para tener derecho al 100 por 100 de la pensión ordinaria de jubilación en su modalidad contributiva.

b) En el CNAE al que esté adscrita la persona afectada por la aplicación de esta cláusula concurra una tasa de ocupación de empleadas inferior al 20 por 100 sobre el total de personas trabajadoras a la fecha de efectos de la decisión extintiva. Este CNAE será el que resulte aplicable para la determinación de los tipos de cotización para la cobertura de las contingencias de accidentes de trabajo y enfermedades profesionales.

c) Cada extinción contractual en aplicación de esta previsión deberá llevar aparejada simultáneamente la contratación indefinida y a tiempo completo de, al menos, una mujer en la mencionada actividad.

La decisión extintiva de la relación laboral será con carácter previo comunicada por la empresa a los representantes legales de los trabajadores y a la propia persona trabajadora afectada.

11.ª *Acreditación de la capacidad representativa de las organizaciones sindicales.*—A los efectos de expedición de las certificaciones acreditativas de la capacidad representativa de las organizaciones sindicales en el ámbito estatal prevista en el artículo 75.7, las comunidades autónomas deberán remitir mensualmente copia de las actas electorales registradas a la oficina pública estatal[418].

12.ª *Preavisos.*—El Gobierno podrá reducir el plazo mínimo de preaviso de un mes previsto en el párrafo segundo del artículo 67.1, en los sectores de actividad con alta movilidad del personal, previa consulta con las organizaciones sindicales que en ese ámbito funcional ostenten, al menos, el 10 por 100 de los representantes de los trabajadores, y con las asociaciones empresariales que cuenten con el 10 por 100 de los empresarios y de los trabajadores afectados por el mismo ámbito funcional.

---

[418] El desarrollo de la regulación del sindicato más representativo, en los arts. 6.º y 7.º de la LO 11/1985, de 2 de agosto (*BOE* de 8 de agosto), de Libertad Sindical, transcritos en nota al art. 87.2.*a*) ET.

13.ª *Solución no judicial de conflictos*[419].—En el supuesto de que, aun no habiéndose pactado en el convenio colectivo aplicable un procedimiento para resolver las discrepancias en los períodos de consultas, se hubieran establecido, conforme al artículo 83, órganos o procedimientos no judiciales de solución de conflictos en el ámbito territorial correspondiente, quienes sean parte en dichos períodos de consultas podrán someter de común acuerdo su controversia a dichos órganos.

14.ª *Consideración de víctimas del terrorismo a efectos laborales*.—Se consideran incluidas a efectos de lo dispuesto en los artículos 37.8 y 40.4 las personas a las que se refieren los artículos 5 y 33 de la Ley 29/2011, de 22 de septiembre, de Reconocimiento y Protección Integral a las Víctimas del Terrorismo[420].

15.ª *Aplicación de los límites de duración del contrato por obra o servicio determinados y al encadenamiento de contratos en las Administraciones Públicas*[421].— 1[422]. […]

---

[419] V. arts. 41, 47, 51, 82.3 y 85 ET.

[420] Conforme a dicha Ley:

«*Art. 4.º Titulares de los derechos y prestaciones*.—Se considerará titulares de los derechos y prestaciones regulados en la presente Ley a:

»1. Las personas fallecidas o que han sufrido daños físicos y/o psíquicos como consecuencia de la actividad terrorista y que, a los efectos de la Ley, son consideradas como víctimas del terrorismo.

»[...]

»*Art. 5.º De los amenazados*.—Las personas que acrediten sufrir situaciones de amenazas o coacciones directas y reiteradas, procedentes de organizaciones terroristas, serán objeto de especial atención, en el marco de sus competencias, por parte de las Administraciones Públicas.

»[...]

»*Art. 33. Derechos laborales*.—Las víctimas del terrorismo a las que se refiere el artículo 4, apartado 1, tendrán derecho, en los términos previstos en el Estatuto de los Trabajadores, a la reordenación de su tiempo de trabajo y a la movilidad geográfica.»

[421] Conforme a la disp. adic. 43.ª (*Exigencia de responsabilidades en las Administraciones Públicas y entidades dependientes de las mismas por la utilización de la contratación laboral*) de la Ley 6/2018, de 3 de julio (*BOE* de 4 de julio), de Presupuestos Generales del Estado para 2018:

«Uno. Los contratos de trabajo de personal laboral en las Administraciones Públicas y en su sector público, cualquiera que sea la duración de los mismos, deberán formalizarse siguiendo las prescripciones y los términos establecidos en el Estatuto de los Trabajadores y demás normativa reguladora de la contratación laboral, así como de acuerdo con las previsiones de la correspondiente Ley de Presupuestos Generales del Estado, siéndoles de aplicación los principios de igualdad, publicidad, mérito y capacidad en el acceso al empleo público, y debiendo respetar en todo caso lo dispuesto en la Ley 53/1984, de 26 de diciembre, de Incompatibilidades del Personal al Servi-

2^{423}. [...]

3. Para la aplicación del límite al encadenamiento de contratos previsto en el artículo 15.5, sólo se tendrán en cuenta los contratos celebrados en el ámbito de cada una de las Administraciones Públicas sin que formen parte de ellas, a estos efectos, los organismos públicos, agencias y demás entidades de derecho público con personalidad jurídica propia vinculadas o dependientes de las mismas. En todo caso, lo dispuesto en dicho artículo 15.5 no será de aplicación respecto de las modalidades particulares de contrato de trabajo contempladas en la Ley Orgánica 6/2001, de 21 de diciembre, de Universidades o en cualesquiera otras normas con rango de ley[424].

---

cio de las Administraciones Públicas, y cualquier otra normativa en materia de incompatibilidades.

»Dos. Los órganos competentes en materia de personal en cada una de las Administraciones Públicas y en las entidades que conforman su Sector Público Instrumental serán responsables del cumplimiento de la citada normativa, y en especial velarán para evitar cualquier tipo de irregularidad en la contratación laboral temporal que pueda dar lugar a la conversión de un contrato temporal en indefinido no fijo. Así mismo, los órganos de personal citados no podrán atribuir la condición de indefinido no fijo a personal con un contrato de trabajo temporal, ni a personal de empresas que a su vez tengan un contrato administrativo con la Administración respectiva, salvo cuando ello se derive de una resolución judicial.

»Tres. Las actuaciones irregulares en la presente materia darán lugar a la exigencia de responsabilidades a los titulares de los órganos referidos en el apartado segundo, de conformidad con la normativa vigente en cada una de las Administraciones Públicas.

»Cuatro. Las Administraciones Públicas promoverán en sus ámbitos respectivos el desarrollo de criterios de actuación que permitan asegurar el cumplimiento de esta disposición, así como una actuación coordinada de los distintos órganos con competencia en materia de personal.

»Cinco. La presente disposición, que tiene vigencia indefinida y surtirá efectos a las actuaciones que se lleven a cabo tras su entrada en vigor, se dicta al amparo del artículo 149.1.18.ª de la Constitución, en lo relativo al régimen jurídico de las Administraciones Públicas y el sistema de responsabilidad de todas las Administraciones.»

No obstante, ha de tenerse en cuenta que idéntica redacción se contenía en la Ley 3/2017, de 31 de octubre, de Presupuestos Generales del Estado para el año 2017, habiéndose declarado la correspondiente disposición parcialmente inconstitucional por no ser materia susceptible de una norma presupuestaria, a tenor de la STC 122/2018, de 31 de octubre, *BOE* de 6 de diciembre, ECLI:ES:TC:2018:122.

[422] Apartado 1 derogado por el RDL 32/2021, de 28 de diciembre (*BOE* de 30 de diciembre), de medidas para la reforma laboral, la garantía de la estabilidad en el empleo y la transformación del mercado de trabajo.

[423] Apartado 2 derogado por el RDL 32/2021, de 28 de diciembre (*BOE* de 30 de diciembre), de medidas para la reforma laboral, la garantía de la estabilidad en el empleo y la transformación del mercado de trabajo.

[424] Para la no aplicación de la duración máxima de los contratos para obra o servicio determinado y la no aplicación de la prohibición de encadenamiento para los

16.ª[425]. [...]

17.ª *Suspensión del contrato de trabajo y reducción de jornada en las Administraciones Públicas.*—Lo previsto en el artículo 47 no será de aplicación a las Administraciones Públicas y a las entidades de derecho público vinculadas o dependientes de una o varias de ellas y de otros organismos públicos, salvo a aquellas que se financien mayoritariamente con ingresos obtenidos como contrapartida de operaciones realizadas en el mercado[426].

18.ª *Discrepancias en materia de conciliación.*—Las discrepancias que surjan entre empresarios y trabajadores en relación con el ejercicio de los derechos de conciliación de la vida personal, familiar y laboral reconocidos legal o convencionalmente se resolverán por la jurisdicción social a través del procedimiento establecido en el artículo 139 de la Ley 36/2011, de 10 de octubre, Reguladora de la Jurisdicción Social.

19.ª *Cálculo de indemnizaciones en determinados supuestos de jornada reducida*[427].—1. En los supuestos de reducción de jornada contemplados en el artículo 37.4 en su párrafo final, así como en sus apartados 5, 6 y 8, el salario a tener en cuenta a efectos del cálculo de las indemnizaciones previstas en esta ley será el que hubiera correspondido a la persona trabajadora sin considerar la reducción de jornada efectuada, siempre y cuando no hubiera transcurrido el plazo máximo legalmente establecido para dicha reducción.

2. Igualmente, será de aplicación lo dispuesto en el párrafo anterior en los supuestos de ejercicio a tiempo parcial de los derechos según lo establecido en el séptimo párrafo del artículo 48.4, en el segundo párrafo del artículo 48.5 y en el artículo 48 bis.

---

contratos para la realización de los proyectos específicos de investigación científica y técnica contemplados en la Ley de la Ciencia, la Tecnología y la Innovación, v. disp. final 2.ª de la Ley 14/2017, de 6 de octubre (*BOE* de 7 de octubre), por la que se aprueba la reactivación extraordinaria y por tiempo limitado del programa de recualificación profesional de las personas que agoten su protección por desempleo.

[425] Disposición adicional derogada por el RDL 32/2021, de 28 de diciembre (*BOE* de 30 de diciembre), de medidas para la reforma laboral, la garantía de la estabilidad en el empleo y la transformación del mercado de trabajo.

[426] Exclusión también aplicable al mecanismo red previsto en el art. 47 bis ET (v. disp. final 3.ª RDL 32/2021, de 28 de diciembre). STC 8/2015, de 22 de enero (*BOE* de 24 de febrero), sobre la constitucionalidad de la presente disposición.

[427] Disposición adicional conforme al RD-Ley 5/2023, de 28 de junio (*BOE* de 29 de junio).

20.ª *Contratos formativos celebrados con trabajadores con discapacidad*[428].—1. Las empresas que celebren contratos formativos con trabajadores con discapacidad tendrán derecho a una bonificación de cuotas con cargo a los presupuestos del Servicio Público de Empleo Estatal, durante la vigencia del contrato, del 50 por 100 de la cuota empresarial de la Seguridad Social correspondiente a contingencias comunes, previstas para estos contratos.

2. Continuarán siendo de aplicación a los contratos formativos que se celebren con trabajadores con discapacidad que trabajen en centros especiales de empleo las peculiaridades que para dichos contratos se prevén en el artículo 7 del Real Decreto 1.368/1985, de 17 de julio, por el que se regula la relación laboral de carácter especial de las personas con discapacidad que trabajen en los Centros Especiales de Empleo.

3. Las bonificaciones de cuotas a las que se refiere el apartado 1 se aplicarán por la Tesorería General de la Seguridad Social conforme a los datos, aplicaciones y programas de los que disponga para la gestión liquidatoria y recaudatoria de recursos del sistema de la Seguridad Social. La Inspección de Trabajo y Seguridad Social vigilará su procedencia[429].

21.ª[430]. [...]

22.ª *Permisos de nacimiento, adopción, del progenitor diferente de la madre biológica y lactancia del personal laboral al servicio de las Administraciones públicas*.—Resultarán de aplicación al personal laboral de las Administraciones públicas los permisos de nacimiento, adopción, del progenitor diferente de la madre biológica y lactancia regulados en el texto refundido de la Ley del Estatuto Básico del Empleado Público, aprobado por Real Decreto Legislativo 5/2015, de 30 de octubre, no siendo de aplicación a este personal, por tanto, las previsiones de la presente Ley sobre las suspensiones de los contratos de trabajo que, en su caso, corres-

---

[428] Disposición adicional conforme al RDL 32/2021, de 28 de diciembre (*BOE* de 30 de diciembre), de medidas para la reforma laboral, la garantía de la estabilidad en el empleo y la transformación del mercado de trabajo. V. art. 11.2 ET.

[429] V. art. 11 y notas a los arts. 2.1.*g*) y párrafo segundo del art. 17.3 ET.

[430] Disposición adicional derogada por el RDL 32/2021, de 28 de diciembre (*BOE* de 30 de diciembre), de medidas para la reforma laboral, la garantía de la estabilidad en el empleo y la transformación del mercado de trabajo.

ponderían por los mismos supuestos de hecho[431].

23.ª *Presunción de laboralidad en el ámbito de las plataformas digitales de reparto.*—Por aplicación de lo establecido en el artículo 8.1, se presume incluida en el ámbito de esta ley la actividad de las personas que presten servicios retribuidos consistentes en el reparto o distribución de cualquier producto de consumo o mercancía, por parte de empleadoras que ejercen las facultades empresariales de organización, dirección y control de forma directa, indirecta o implícita, mediante la gestión algorítmica del servicio o de las condiciones de trabajo, a través de una plataforma digital. Esta presunción no afecta a lo previsto en el artículo 1.3 de la presente norma[432].

24.ª *Compromiso de reducción de la tasa de temporalidad*[433].—1. El Gobierno efectuará una evaluación de los resultados obtenidos por las medidas previstas en el Real Decreto-Ley 32/2021, de 28 de diciembre, de medidas urgentes para la reforma laboral, la garantía de la estabilidad en el empleo y la transformación del mercado de trabajo, mediante el análisis de los datos de contratación temporal e indefinida en enero del año 2025, procediendo a la publicación oficial, a estos efectos, de la tasa de temporalidad general y por sectores.

Dicha evaluación deberá repetirse cada dos años.

2. En el caso de que los resultados de la evaluación anterior demuestren que no se avanza en la reducción de la tasa de temporalidad, ya sea en la general o en la de los diferentes sectores, el Gobierno elevará a la mesa de diálogo social una propuesta de medidas adicionales que permitan la consecución de dicho objetivo, general o sectorial, para su discusión y eventual acuerdo con los interlocutores sociales.

25.ª *Acciones formativas en los expedientes de regulación temporal de empleo regulados en*

---

[431] Disposición adicional introducida por el RDL 6/2019, de 1 de marzo (*BOE* de 7 de marzo).

[432] Disposición adicional introducida por la Ley 12/2021, de 28 de septiembre (*BOE* de 29 de septiembre). V. Directiva 2024/2831, de 23 de octubre (*DOUE* de 11 de noviembre de 2024), relativa a la mejora de las condiciones laborales en el trabajo en plataformas.

[433] Disposición adicional introducida por el RDL 32/2021, de 28 de diciembre (*BOE* de 30 de diciembre), de medidas para la reforma laboral, la garantía de la estabilidad en el empleo y la transformación del mercado de trabajo.

los artículos 47 y 47 bis[434].—Durante las reducciones de jornada de trabajo o suspensiones de contratos de trabajo a las que se refieren los artículos 47 y 47 bis, las empresas podrán desarrollar acciones formativas para cada una de las personas afectadas, que tendrán como objetivo la mejora de las competencias profesionales y la empleabilidad de las personas trabajadoras.

A través de estas acciones se priorizará el desarrollo de acciones formativas dirigidas a atender las necesidades formativas reales de las empresas y los trabajadores incluyendo las vinculadas a la adquisición de competencias digitales, así como aquellas que permitan recualificar a las personas trabajadoras, aunque no tengan relación directa con la actividad desarrollada en la empresa.

Las acciones formativas se desarrollarán a través de cualquiera de los tipos de formación previstos en la Ley Orgánica 5/2002, de 19 de junio, de las Cualificaciones y de la Formación Profesional y en la Ley 30/2015, de 9 de septiembre, por la que se regula el sistema de formación profesional, de acuerdo con los requisitos y procedimientos establecidos en dichas normas, o a través de cualquier otro sistema de formación acreditada.

Las acciones formativas deberán desarrollarse durante la aplicación de la reducción de la jornada o suspensión del contrato, en el ámbito de un expediente de regulación temporal de empleo, o en tiempo de trabajo. En cualquier caso, deberán respetarse los descansos legalmente establecidos y el derecho a la conciliación de la vida laboral, personal y familiar.

26.ª *Acceso a los datos de los expedientes de regulación temporal de empleo por la Tesorería General de la Seguridad Social, el Servicio Público de Empleo Estatal y la Inspección de Trabajo y Seguridad Social*[435].—La Tesorería General de la Seguridad Social, el Servicio Público de Empleo Estatal y la Inspección de Trabajo y Seguridad Social tendrán acceso, a través de los procedimientos automatizados que se establezcan, a todos los datos ne-

---

[434] Disposición adicional introducida por el RDL 32/2021, de 28 de diciembre (*BOE* de 30 de diciembre), de medidas para la reforma laboral, la garantía de la estabilidad en el empleo y la transformación del mercado de trabajo.

[435] Disposición adicional introducida por el RDL 32/2021, de 28 de diciembre (*BOE* de 30 de diciembre), de medidas para la reforma laboral, la garantía de la estabilidad en el empleo y la transformación del mercado de trabajo. Previsión concretada por la disp. adic. 4.ª del RD-Ley 4/2022, de 15 de marzo (*BOE* de 16 de marzo), que la hace extensiva a los expedientes del mecanismo RED.

cesarios para la identificación y tipo del expediente de regulación temporal de empleo, de la empresa y de las personas trabajadoras incluidas en el expediente, el tipo de medida a aplicar, el período en el que se puede producir la reducción de jornada de trabajo o suspensión de los contratos de trabajo y el porcentaje máximo de reducción de jornada o período máximo de suspensión de contrato previsto respecto de cada persona trabajadora.

27.ª *Régimen jurídico aplicable en los casos de contratas y subcontratas suscritas con centros especiales de empleo*[436].— En los casos de contratas y subcontratas suscritas con los centros especiales de empleo regulados en el texto refundido de la Ley General de derechos de las personas con discapacidad y de su inclusión social, aprobado por el Real Decreto Legislativo 1/2013, de 29 de noviembre, no será de aplicación el artículo 42.6 del texto refundido de la Ley del Estatuto de los Trabajadores.

28.ª *Elecciones a órganos de representación en el ámbito de las personas artistas que desarrollan su actividad en las artes escénicas, audiovisuales y musicales, así como de las personas que realizan actividades técnicas o auxiliares necesarias para el desarrollo de dicha actividad*[437].—Como excepción a lo dispuesto en el artículo 69.2, las personas dedicadas a las actividades artísticas, así como a las actividades técnicas y auxiliares necesarias para su desarrollo, incluidas en el ámbito de aplicación del Real Decreto 1.435/1985, de 1 de agosto, por el que se regula la relación laboral especial de las personas artistas que desarrollan su actividad en las artes escénicas, audiovisuales y musicales, así como de las personas que realizan actividades técnicas o auxiliares necesarias para el desarrollo de dicha actividad, serán electoras cuando sean mayores de dieciséis años y elegibles cuando tengan dieciocho años cumplidos y siempre que, en ambos casos, cuenten con una antigüedad en la empresa de, al menos, veinte días.

Disposición adicional.—Los órganos de representación, gobierno y administración de las asociaciones empresariales a las que hace referencia el artículo 87 de esta ley se nombrarán

---
[436] Disposición adicional introducida por el RDL 32/2021, de 28 de diciembre (*BOE* de 30 de diciembre), de medidas para la reforma laboral, la garantía de la estabilidad en el empleo y la transformación del mercado de trabajo.
[437] Disposición adicional conforme al RD-Ley 2/2024, de 21 de mayo (*BOE* de 22 de mayo).

atendiendo al principio de representación paritaria y presencia equilibrada entre mujeres y hombres, de tal manera que las personas de cada sexo no superen el sesenta por ciento ni sean menos del cuarenta por ciento.

Si el porcentaje de miembros del sexo menos representado no alcanza el 40 por 100 se proporcionará una explicación motivada de las causas, así como de las medidas adoptadas para alcanzar ese porcentaje[438].

DISPOSICIONES TRANSITORIAS

1.ª *Contratos celebrados antes de la entrada en vigor de esta ley.*—Continuarán siendo de aplicación a los contratos celebrados antes de la entrada en vigor de esta ley las normas específicas aplicables a cada una de las modalidades contractuales que estuvieran vigentes en el momento en que dichos contratos se concertaron, salvo que otra cosa se hubiera establecido legalmente.

2.ª *Contratos para la formación y el aprendizaje.*—1[439]. [...]
2. Las referencias realizadas en las disposiciones legales, reglamentarias o en los convenios colectivos al contrato para la formación deberán entenderse realizadas, a partir del 31 de agosto de 2011, al contrato para

la formación y el aprendizaje a que se refiere el artículo 11.2 en la medida en que no se opongan o contradigan lo establecido en el mismo.

3.ª *Contratos a tiempo parcial por jubilación parcial y de relevo y edad de jubilación.*—A efectos de lo establecido los artículos 12.6 y 7, se tendrán en cuenta las edades previstas en el texto refundido de la Ley General de la Seguridad Social[440].

4.ª *Negociación colectiva y modalidades contractuales.*—Lo dispuesto en el artículo 15.1.*a*) en materia de duración máxima del contrato se entiende sin perjuicio de lo que estuviera establecido en los convenios colecti-

---

[438] Disposición adicional introducida sin numeración ni título por la Ley Orgánica 2/2024, de 1 de agosto (*BOE* de 2 de agosto), de representación paritaria y presencia equilibrada de mujeres y hombres.

[439] Apartado uno de esta disposición derogado por el RD-Ley 28/2018, de 28 de diciembre (*BOE* de 29 de diciembre), para la revalorización de las pensiones públicas y otras medidas urgentes en materia social, laboral y de empleo.

[440] V. arts. 204 ss. de la Ley General de la Seguridad Social, texto refundido aprobado por RDL 8/2015, de 30 de octubre (*BOE* de 31 de octubre).

vos sectoriales vigentes a 19 de septiembre de 2010 sobre la duración máxima del contrato por obra o servicio determinados.

5.ª *Limitación del encadenamiento de modalidades contractuales.*—1. Lo previsto en el artículo 15.5 será de aplicación a los contratos de trabajo suscritos a partir del 18 de junio de 2010.

2. Respecto a los contratos suscritos por el trabajador antes del 18 de junio de 2010, seguirá siendo de aplicación, a los efectos del cómputo del número de contratos, lo establecido en el artículo 15.5 según la redacción dada al mismo por la Ley 43/2006, de 29 de diciembre, para la mejora del crecimiento y del empleo, siempre que los contratos se hubieran celebrado a partir del 15 de junio de 2006.

Respecto a los contratos suscritos por el trabajador antes de 15 de junio de 2006, a los efectos del cómputo del número de contratos, del período y del plazo previsto en el citado artículo 15.5, se tomará en consideración el vigente a 15 de junio de 2006.

3. A los efectos de lo establecido en el artículo 15.5, quedará excluido del cómputo del plazo de veinticuatro meses y del período de treinta meses a

que se refiere el citado artículo el tiempo transcurrido entre el 31 de agosto de 2011 y el 31 de diciembre de 2012, haya existido o no prestación de servicios por el trabajador entre dichas fechas, computándose en todo caso a los efectos de lo indicado en dicho artículo los períodos de servicios transcurridos, respectivamente, con anterioridad o posterioridad a las mismas.

6.ª *Horas complementarias.*—El régimen de horas complementarias pactado con anterioridad al 22 de diciembre de 2013 continuará siendo de aplicación en los contratos vigentes a dicha fecha, salvo que las partes acuerden modificarlo en los términos establecidos en la actual redacción de los apartados 4 y 5 del artículo 12.

7.ª *Duración del permiso de paternidad en los casos de nacimiento, adopción, guarda con fines de adopción o acogimiento hasta la entrada en vigor de la Ley 9/2009, de 6 de octubre[441].—En tanto no entre en vigor la Ley 9/2009, de 6 de octubre, de ampliación de la duración del permiso de paternidad en los casos de nacimiento, adopción o acogida, la duración del permiso de paternidad a que*

---

[441] Disposición transitoria agotada en su aplicación temporal.

se refiere el primer párrafo del artículo 48.7 será de trece días ininterrumpidos ampliables en los supuestos de parto, adopción, guarda con fines de adopción o acogimiento múltiples en dos días más por cada hijo a partir del segundo.

De conformidad con la disposición adicional sexta de la Ley 2/2008, de 23 de diciembre, de Presupuestos Generales del Estado para 2009, dicho permiso tendrá una duración de veinte días cuando el nuevo nacimiento, adopción, guarda con fines de adopción o acogimiento se produzca en una familia numerosa, cuando la familia adquiera dicha condición con el nuevo nacimiento, adopción, guarda con fines de adopción o acogimiento o cuando en la familia haya una persona con discapacidad. La duración indicada se ampliará en los supuestos de parto, adopción, guarda con fines de adopción o acogimiento múltiples en dos días más por cada hijo o menor a partir del segundo, o si uno de ellos es una persona con discapacidad.

8.ª *Indemnización por finalización de contrato temporal*[442].—
1. La indemnización prevista a la finalización del contrato temporal establecida en el artícu-

lo 49.1.c) se aplicará de modo gradual conforme al siguiente calendario:

— Ocho días de salario por cada año de servicio para los contratos temporales celebrados hasta el 31 de diciembre de 2011.

— Nueve días de salario por cada año de servicio para los contratos temporales celebrados a partir del 1 de enero de 2012.

— Diez días de salario por cada año de servicio para los contratos temporales celebrados a partir del 1 de enero de 2013.

— Once días de salario por cada año de servicio para los contratos temporales celebrados a partir del 1 de enero de 2014.

— Doce días de salario por cada año de servicio para los contratos temporales celebrados a partir del 1 de enero de 2015.

2. La indemnización por finalización del contrato a la que se refiere el citado artículo 49.1.c) no será de aplicación a las extinciones de contratos celebrados con anterioridad al 4 de marzo de 2001, cualquiera que sea la fecha de su extinción.

9.ª *Aplicación temporal de lo establecido en la disposición adicional décima.*—Lo establecido en la disposición adicional décima sólo se aplicará a los convenios colectivos suscritos desde el

---

[442] Disposición transitoria agotada en su aplicación temporal.

1 de enero de 2022. En los convenios colectivos suscritos con anterioridad a esta fecha, las cláusulas de jubilación forzosa podrán ser aplicadas hasta tres años después de la finalización de la vigencia inicial pactada del convenio en cuestión[443].

10.ª *Régimen aplicable a expedientes de regulación de empleo iniciados conforme a la normativa anterior[444].—1. Los expedientes de regulación de empleo para la extinción o suspensión de los contratos de trabajo o para la reducción de jornada que estuvieran en tramitación a 12 de febrero de 2012 se regirán por la normativa vigente en el momento de su inicio.*

2. Los expedientes de regulación de empleo para la extinción o la suspensión de los contratos de trabajo o para la reducción de jornada resueltos por la autoridad laboral y con vigencia en su aplicación a 12 de febrero de 2012 se regirán por la normativa en vigor cuando se dictó la resolución del expediente.

11.ª *Indemnizaciones por despido improcedente[445].—*

1. La indemnización por despido prevista en el artículo 56.1 será de aplicación a los contratos suscritos a partir del 12 de febrero de 2012.

2. La indemnización por despido improcedente de los contratos formalizados con anterioridad al 12 de febrero de 2012 se calculará a razón de cuarenta y cinco días de salario por año de servicio por el tiempo de prestación de servicios anterior a dicha fecha, prorrateándose por meses los períodos de tiempo inferiores a un año, y a razón de treinta y tres días de salario por año de servicio por el tiempo de prestación de servicios posterior, prorrateándose igualmente por meses los períodos de tiempo inferiores a un año. El importe indemnizatorio resultante no podrá ser superior a setecientos veinte días de salario, salvo que del cálculo de la indemnización por el período anterior al 12 de febrero de 2012 resultase un número de días superior, en cuyo caso se aplicará éste como importe indemnizatorio máximo, sin que dicho importe pueda ser superior a cuarenta y dos mensualidades, en ningún caso.

---

[443] Disposición transitoria conforme a la Ley 21/2021, de 28 de diciembre (*BOE* de 29 de diciembre), de garantía de garantía del poder adquisitivo de las pensiones y de otras medidas de refuerzo de la sostenibilidad financiera y social del sistema público de pensiones.

[444] Disposición transitoria agotada en su aplicación temporal.

[445] Disposición transitoria agotada en su aplicación temporal.

3. A efectos de indemnización por extinción por causas objetivas, los contratos de fomento de la contratación indefinida celebrados con anterioridad al 12 de febrero de 2012 continuarán rigiéndose por la normativa a cuyo amparo se concertaron.

En caso de despido disciplinario, la indemnización por despido improcedente se calculará conforme a lo dispuesto en el apartado 2.

12.ª *Salarios de tramitación*[446]*.—Lo dispuesto en el artículo 56.5 será de aplicación a los expedientes de reclamación al Estado de salarios de tramitación en los que no hubiera recaído sentencia firme de despido el 15 de julio de 2012.*

13.ª *Aplicación paulatina del artículo 48 en la redacción por el Real Decreto-Ley 6/2019, de 1 de marzo, de medidas urgentes para garantía de la igualdad de trato y de oportunidades entre mujeres y hombres en el empleo y la ocupación*[447]*.—1. Los apartados 4, 5, y 6 del artículo 48, en la redacción dada por el Real Decreto-Ley 6/2019, de 1 de marzo, de medidas urgentes para garantía de la igualdad de*

trato y de oportunidades entre mujeres y hombres en el empleo y la ocupación, serán de aplicación gradual conforme a las siguientes reglas:

a) En el caso de nacimiento, la madre biológica disfrutará completamente de los períodos de suspensión regulados en el Real Decreto-Ley 6/2019, de 1 de marzo, desde su entrada en vigor.

b) A partir de la entrada en vigor del Real Decreto-Ley 6/2019, de 1 de marzo, en el caso de nacimiento, el otro progenitor contará con un período de suspensión total de ocho semanas, de las cuales las dos primeras, deberá disfrutarlas de forma ininterrumpida inmediatamente tras el parto.

La madre biológica podrá ceder al otro progenitor un período de hasta cuatro semanas de su período de suspensión de disfrute no obligatorio. El disfrute de este período por el otro progenitor, así como el de las restantes seis semanas, se adecuará a lo dispuesto en el artículo 48.4.

c) A partir de la entrada en vigor del Real Decreto-Ley 6/2019, de 1 de marzo, en el caso de adopción, guarda con fines de adopción o acogimiento, cada progenitor dispondrá de un período de suspensión de seis se-

---

[446] Disposición transitoria agotada en su aplicación temporal.

[447] Disp. trans. 13.ª agotada en su aplicación temporal; fue introducida por el RDL 6/2019, de 1 de marzo (*BOE* de 7 de marzo).

manas a disfrutar a tiempo completo de forma obligatoria e ininterrumpida inmediatamente después de la resolución judicial por la que se constituye la adopción o bien de la decisión administrativa de guarda con fines de adopción o de acogimiento. Junto a las seis semanas de disfrute obligatorio, los progenitores/las podrán disponer de un total de doce semanas de disfrute voluntario que deberán disfrutar de forma ininterrumpida dentro de los doce meses siguientes a la resolución judicial por la que se constituya la adopción o bien a la decisión administrativa de guarda con fines de adopción o de acogimiento, de conformidad con lo previsto en el artículo 48.5. Cada progenitor podrá disfrutar individualmente de un máximo de diez semanas sobre las doce semanas totales de disfrute voluntario, quedando las restantes sobre el total de las doce semanas a disposición del otro progenitor. Cuando los dos progenitores que ejerzan este derecho trabajen para la misma empresa, ésta podrá limitar el disfrute simultáneo de las doce semanas voluntarias por razones fundadas y objetivas, debidamente motivadas por escrito.

d)   A partir de 1 de enero de 2020, en el caso de nacimiento, el otro progenitor contará con un período de suspensión total de doce semanas, de las cuales

las cuatro primeras deberá disfrutarlas de forma ininterrumpida inmediatamente tras el parto. La madre biológica podrá ceder al otro progenitor un período de hasta dos semanas de su período de suspensión de disfrute no obligatorio. El disfrute de este período por el otro progenitor, así como el de las restantes ocho semanas, se adecuará a lo dispuesto en el artículo 48.4.

e)   A partir de 1 de enero de 2020, en el caso de adopción, guarda con fines de adopción o acogimiento, cada progenitor dispondrá de un período de suspensión de seis semanas a disfrutar a tiempo completo de forma obligatoria e ininterrumpida inmediatamente después de la resolución judicial por la que se constituye la adopción o bien de la decisión administrativa de guarda con fines de adopción o de acogimiento. Junto a las seis semanas de disfrute obligatorio, los progenitores/las podrán disponer de un total de dieciséis semanas de disfrute voluntario que deberán disfrutar de forma ininterrumpida dentro de los doce meses siguientes a la resolución judicial por la que se constituya la adopción o bien a la decisión administrativa de guarda con fines de adopción o de acogimiento, de conformidad con lo previsto en el artículo 48.5. Cada progenitor podrá disfrutar individualmente de un máximo de diez semanas sobre las dieciséis semanas totales de disfrute voluntario, quedando las restantes sobre el total de las dieciséis semanas a disposición del otro progenitor. Cuando los dos progenitores que ejerzan este derecho trabajen para la misma empresa, ésta podrá limitar el disfrute simultáneo de las dieciséis semanas voluntarias por razones fundadas y objetivas, debidamente motivadas por escrito.

f) A partir de 1 de enero de 2021, cada progenitor disfrutará de igual período de suspensión del contrato de trabajo, incluyendo seis semanas de permiso obligatorio para cada uno de ellos, siendo de aplicación íntegra la nueva regulación dispuesta en el Real Decreto-Ley 6/2019, de 1 de marzo.

2. En tanto no se produzca la total equiparación en los períodos de suspensión de ambos progenitores, y en el período de aplicación paulatina, el nuevo sistema se aplicará con las siguientes particularidades:

a) En caso de fallecimiento de la madre biológica, con independencia de que ésta realizara o no algún trabajo, el otro progenitor tendrá derecho a la totalidad de dieciséis semanas de suspensión previstas para la madre biológica de conformidad con el artículo 48.4.

b) En el caso de nacimiento, el otro progenitor podrá seguir haciendo uso del período de suspensión inicialmente cedido por la madre biológica aunque, en el momento previsto para la reincorporación de la madre al trabajo, ésta se encuentre en situación de incapacidad temporal.

c) En el caso de que un progenitor no tuviese derecho a suspender su actividad profesional con derecho a prestaciones de acuerdo con las normas que regulen dicha actividad, el otro progenitor tendrá derecho a suspender su contrato de trabajo por la totalidad de dieciséis semanas, sin que le sea aplicable ninguna limitación del régimen transitorio.

d) En los supuestos de adopción, de guarda con fines de adopción y de acogimiento, de acuerdo con el artículo 45.1.d), en caso de que ambos progenitores trabajen, el período de suspensión se distribuirá a opción de los interesados, que podrán disfrutarlo de forma simultánea o sucesiva, dentro de los límites de disfrute compartido establecidos para cada año del período transitorio. Los períodos a los que se refieren dichos apartados podrán disfrutarse en régimen de jornada completa o a tiempo parcial, previo acuerdo entre los empresarios y los trabajadores afectados, en los términos que reglamentariamente se determinen.

DISPOSICIONES FINALES

1.ª *Título competencial.*—Esta ley se dicta de acuerdo con lo establecido en el artículo 149.1.7.ª de la Constitución Española, que atribuye al Estado la competencia exclusiva en materia de legislación laboral sin perjuicio de su ejecución por los órganos de las comunidades autónomas.

2.ª *Desarrollo reglamentario.*—1. El Gobierno dictará las disposiciones que sean precisas para el desarrollo de esta ley.

2. El Gobierno, previas las consultas que considere oportunas a las asociaciones empresariales y organizaciones sindicales, dictará las normas necesarias para la aplicación del título II en aquellas empresas pertenecientes a sectores de actividad en las que sea relevante el número de trabajadores no fijos o el de trabajadores menores de dieciocho años, así como a los colectivos en los que, por la naturaleza de sus actividades, se ocasione una movilidad permanente, una acusada dispersión o unos desplazamientos de localidad, ligados al ejercicio normal de sus actividades, y en los que concurran otras circunstancias que hagan aconsejable su inclusión en el ámbito de aplicación del título II citado. En todo caso, dichas normas respetarán el contenido básico de esos procedimientos de representación en la empresa[448].

---

[448] En cumplimiento de esta disposición, se han regulado procedimientos electorales especiales para los sectores de marina mercante y flota pesquera por los arts. 15 a 20 del Reglamento de Elecciones [RD 1.844/1994, de 9 de septiembre (*BOE* de 13 de septiembre)].

APÉNDICE: RELACIONES LABORALES DE CARÁCTER ESPECIAL

§ 1. REAL DECRETO 1.382/1985, DE 1 DE AGOSTO, POR EL QUE SE REGULA LA RELACIÓN LABORAL DE CARÁCTER ESPECIAL DEL PERSONAL DE ALTA DIRECCIÓN

(*BOE* n.º 192, de 12 de agosto de 1985; corrección de errores en *BOE* n.º 211, de 3 de septiembre)

....

Artículo 1.º *Ámbito de aplicación.*—1. El presente Real Decreto, de acuerdo con el artículo 2.1.*a*) de la Ley 8/1980, de 10 de marzo, del Estatuto de los Trabajadores, y al amparo de la disposición adicional primera de la Ley 32/1984, de 2 de agosto, regula la relación laboral de carácter especial del personal de alta dirección[1].

2. Se considera personal de alta dirección a aquellos trabajadores que ejercitan poderes inherentes a la titularidad jurídica de la Empresa, y relativos a los objetivos generales de la misma, con autonomía y plena responsabilidad sólo limitadas por los criterios e instrucciones directas emanadas de la persona o de los órganos superiores de gobierno y administración de la Entidad que respectivamente ocupe aquella titularidad.

3. Se excluye del ámbito de este Real Decreto la actividad delimitada en el artículo 1.3.*c*) del Estatuto de los Trabajadores.

Art. 2.º *Fundamento.*—La relación laboral especial del personal de alta dirección se basa en la recíproca confianza de las partes, las cuales acomodarán el ejercicio de sus derechos y obligaciones a las exigencias de la buena fe.

Art. 3.º *Fuentes y criterios.*—1. Los derechos y obligaciones concernientes a la relación laboral del personal de alta dirección se regularán por la

---

[1] La referencia a la Ley 8/1980 debe entenderse efectuada ahora al art. 2.º1.*a*) del Estatuto de los Trabajadores, texto refundido aprobado por RDL 2/2015, de 23 de octubre (*BOE* de 24 de octubre).

voluntad de las partes, con sujeción a las normas de este Real Decreto y a las demás que sean de aplicación.

2. Las demás normas de la legislación laboral común, incluido el Estatuto de los Trabajadores, sólo serán aplicables en los casos en que se produzca remisión expresa en este Real Decreto, o así se haga constar específicamente en el contrato[2].

3. En lo no regulado por este Real Decreto o por pacto entre las partes, se estará a lo dispuesto en la legislación civil o mercantil y a sus principios generales.

Art. 4.º *Forma y contenido del contrato.*—1. El contrato especial del trabajo del personal de alta dirección se formalizará por escrito, en ejemplar duplicado, uno para cada parte contratante. En ausencia de pacto escrito, se entenderá que el empleado es personal de alta dirección cuando se den los supuestos del artículo 8.1 del Estatuto de los Trabajadores y la prestación profesional se corresponda con la que define el artículo 1.2 del presente Real Decreto.

2. Dicho contrato deberá contener como mínimo:

a) La identificación de las partes.

b) El objeto del contrato.

c) La retribución convenida, con especificación de sus distintas partidas, en metálico o especie[3].

d) La duración del contrato.

e) Las demás cláusulas que se exigen en este Real Decreto.

Art. 5.º *Período de prueba.*—1. En el contrato especial de trabajo del personal de alta dirección podrá concertarse un período de prueba que en ningún caso podrá exceder de nueve meses, si su duración es indefinida.

2. Transcurrido el período de prueba sin que se haya producido desistimiento, el contrato producirá plenos efectos, computándose el tiempo de los servicios prestados en la antigüedad del trabajador de alta dirección de la empresa.

Art. 6.º *Duración del contrato.*—El contrato especial de trabajo tendrá la duración que las partes acuerden. A falta de pacto escrito se presume celebrado por tiempo indefinido.

---

[2] Para la aplicación de los arts. 27.2, 29, 32 y 33, v. disp. adic. 5.ª ET.

[3] Cfr. RD 451/2012, de 5 de marzo (*BOE* de 6 de marzo), por el que se regula el régimen retributivo de los máximos responsables y directivos en el sector público empresarial y otras entidades.

Art. 7.º *Tiempo de trabajo.*—El tiempo de trabajo en cuanto a jornada, fiestas y permisos, así como para vacaciones, será el fijado en las cláusulas del contrato, en cuanto no configuren prestaciones a cargo del empleado que excedan notoriamente de las que sean usuales en el ámbito profesional correspondiente.

Art. 8.º *Pacto de no concurrencia y de permanencia en la Empresa.*—1. El trabajador de alta dirección no podrá celebrar otros contratos de trabajo con otras Empresas, salvo autorización del empresario o pacto escrito en contrario. La autorización del empresario se presume cuando la vinculación a otra Entidad fuese pública y no se hubiese hecho exclusión de ella en el contrato especial de trabajo.

2. Cuando el alto directivo haya recibido una especialización profesional con cargo a la Empresa durante un período de duración determinada, podrá pactarse que el empresario tenga derecho a una indemnización por daños y perjuicios si aquél abandona el trabajo antes del término fijado.

3. El pacto de no concurrencia para después de extinguido el contrato especial de trabajo, que no podrá tener una duración superior a dos años, sólo será válido si concurren los requisitos siguientes:

a) Que el empresario tenga un efectivo interés industrial o comercial en ello.

b) Que se satisfaga al alto directivo una compensación económica adecuada.

Art. 9.º *Promoción interna.*—1. Deberá formalizarse el contrato escrito regulado en el artículo 4.º de este Real Decreto en los supuestos en que un trabajador vinculado a una Empresa por una relación laboral común promocionase el ejercicio de actividades de alta dirección en esa misma Empresa o en otra que mantuviese con ella relaciones de grupo u otra forma asociativa similar.

2. En tales supuestos en el contrato se especificará si la nueva relación especial sustituye a la común anterior, o si esta última se suspende. Caso de no existir en el contrato especificación expresa al respecto se entenderá que la relación laboral común queda suspendida. Si se optase por la sustitución de la relación laboral común por la especial, tal novación sólo producirá efectos una vez transcurridos dos años desde el correspondiente acuerdo novatorio.

3. En caso de simple suspensión de la relación laboral

común anterior, al extinguirse la relación laboral especial, el trabajador tendrá la opción de reanudar la relación laboral de origen, sin perjuicio de las indemnizaciones a que pueda tener derecho a resultas de dicha extinción. Se exceptúa de esta regla el supuesto de la extinción del contrato especial de alta dirección por despido disciplinario declarado procedente.

Art. 10. *Extinción por voluntad del alto directivo.—* 1. El contrato especial de trabajo se extinguirá por voluntad del alto directivo, debiendo mediar un preaviso mínimo de tres meses. No obstante, dicho período podrá ser de hasta seis meses, si así se establece por escrito en los contratos celebrados por tiempo indefinido o de duración superior a cinco años. No será preciso respetar el preaviso en el supuesto de incumplimiento contractual grave del empresario.

2. El empresario tendrá derecho, en caso de incumplimiento total o parcial del deber de preaviso, a una indemnización equivalente a los salarios correspondientes a la duración del período incumplido.

3. El alto directivo podrá extinguir el contrato especial de trabajo con derecho a las in-

demnizaciones pactadas, y en su defecto fijadas en esta norma para el caso de extinción por desistimiento del empresario, fundándose en las causas siguientes:

a) Las modificaciones sustanciales en las condiciones de trabajo que redunden notoriamente en perjuicio de su formación profesional, en menoscabo de su dignidad, o sean decididas con grave transgresión de la buena fe, por parte del empresario.

b) La falta de pago o retraso continuado en el abono de salario pactado.

c) Cualquier otro incumplimiento grave de sus obligaciones contractuales por parte del empresario, salvo los presupuestos de fuerza mayor, en las que no procederá el abono de las indemnizaciones a las que se refiere este número.

d) La sucesión de Empresa o cambio importante en la titularidad de la misma, que tenga por efecto una renovación de sus órganos rectores o en el contenido y planteamiento de su actividad principal, siempre que la extinción se produzca dentro de los tres meses siguientes a la producción de tales cambios.

Art. 11. *Extinción del contrato por voluntad del empresa-*

rio[4].—1. El contrato de trabajo podrá extinguirse por desistimiento del empresario, comunicado por escrito, debiendo mediar un preaviso en los términos fijados en el artículo 10. El alto directivo tendrá derecho en estos casos a las indemnizaciones pactadas en el contrato; a falta de pacto la indemnización será equivalente a siete días del salario en metálico por año de servicio con el límite de seis mensualidades[5].

---

[4] Completado por los arts. 186 ss. RD Legislativo 1/2020, de 5 de mayo (*BOE* de 7 de mayo), por el que se aprueba el texto refundido de la Ley Concursal.

«*Art. 186. Extinción y suspensión de los contratos del personal de alta dirección por decisión de la administración concursal.*—1. Durante la tramitación del concurso, la administración concursal, por propia iniciativa o a instancia del concursado, podrá extinguir o suspender los contratos de este con el personal de alta dirección.

»2. En caso de extinción del contrato de trabajo, el juez del concurso podrá moderar la indemnización que corresponda al alto directivo, quedando sin efecto en ese caso la que se hubiera pactado en el contrato, con el límite de la indemnización establecida en la legislación laboral para el despido colectivo.

»*Art. 187. Extinción del contrato del personal de alta dirección por decisión del alto directivo.*—En caso de suspensión del contrato, este podrá extinguirse por voluntad del alto directivo, con preaviso de un mes, conservando el derecho a la indemnización en los términos del artículo anterior.

»*Art. 188. Aplazamiento de pago.*—La administración concursal podrá solicitar del juez que el pago del crédito relativo a la indemnización que corresponda al alto directivo se aplace hasta que sea firme la sentencia de calificación.»

[5] Para el sector público completado por la Ley 3/2012, de 6 de julio (*BOE* de 7 de julio):

«*Disp. adic. 8.ª Especialidades de los contratos mercantiles y de alta dirección del sector público.*—Uno. Ámbito de aplicación.

»La presente disposición se aplica al sector público estatal formado por las entidades previstas en el artículo 2.1 de la Ley 47/2003, de 26 de noviembre, General Presupuestaria, a excepción, únicamente, de las entidades gestoras, servicios comunes y las mutuas de accidentes de trabajo y enfermedades profesionales de la Seguridad Social, así como sus centros y entidades mancomunados a las que se refiere la letra *d*) del mismo artículo.

»Dos. Indemnizaciones por extinción.

»1. La extinción, por desistimiento del empresario, de los contratos mercantiles y de alta dirección, cualquiera que sea la fecha de su celebración, del personal que preste servicios en el sector público estatal, únicamente dará lugar a una indemnización no superior a siete días por año de servicio de la retribución anual en metálico, con un máximo de seis mensualidades.

»2. El cálculo de la indemnización se hará teniendo en cuenta la retribución anual en metálico que en el momento de la extinción se estuviera percibiendo como retribución fija íntegra y total, excluidos los incentivos o complementos variables si los hubiere.

»3. No se tendrá derecho a indemnización alguna cuando la persona, cuyo contrato mercantil o de alta dirección se extinga, por desistimiento del empresario, ostente la condición de funcionario de carrera del Estado, de las Comunidades Autónomas o de las Entidades locales, o sea empleado de entidad integrante del sector público estatal, autonómico o local con reserva de puesto de trabajo.

»4. El desistimiento deberá ser comunicado por escrito, con un plazo máximo de antelación de quince días naturales. En caso de incumplimiento del preaviso mencionado, la entidad deberá indemnizar con una cuantía equivalente a la retribución correspondiente al período de preaviso incumplido.

»Tres. Retribuciones.

»1. Las retribuciones a fijar en los contratos mercantiles o de alta dirección del sector público estatal se clasifican, exclusivamente, en básicas y complementarias.

»2. Las retribuciones básicas lo serán en función de las características de la entidad e incluyen la retribución mínima obligatoria asignada a cada máximo responsable, directivo o personal contratado, por razón del grupo de clasificación en que resulte catalogada la entidad por parte de quien ejerza el control o supervisión financiera de ésta o, en su caso, por el accionista.

»3. Las retribuciones complementarias, comprenden un complemento de puesto y un complemento variable. El complemento de puesto retribuiría las características específicas de las funciones o puestos directivos y el complemento variable retribuiría la consecución de unos objetivos previamente establecidos. Estos complementos serán asignados por parte de quien ejerza el control o supervisión financiera de la entidad o, en su caso, por el accionista.

»4. Lo dispuesto en los tres apartados anteriores será de aplicación a las sociedades mercantiles estatales. Para el resto de entes sometidos al ámbito de aplicación de esta disposición se estará al desarrollo que apruebe el Gobierno, de conformidad con lo establecido en el apartado seis.

»Cuatro. Control de legalidad.

»1. Los contratos a que se refiere la presente disposición que se suscriban se someterán, antes de formalizarse, al informe previo de la Abogacía del Estado u órgano que preste el asesoramiento jurídico del organismo que ejerza el control o supervisión financiera de la entidad del sector público, o, en su caso, del accionista, que pretenda contratar al máximo responsable o directivo.

»2. Serán nulas de pleno derecho las cláusulas de los contratos mercantiles o de alta dirección a que se refiere la presente disposición que se opongan a lo establecido en la misma.

»3. Los órganos que ejerzan el control o supervisión financiera de estas entidades, adoptarán las medidas precisas para asegurar el cumplimiento de lo dispuesto en esta disposición en la celebración y formalización de los contratos mencionados, sin perjuicio de las posibles responsabilidades civiles, administrativas, contables o de cualquier otra índole en que pudieran incurrir en caso de incumplimiento de la presente disposición.

»Cinco. Vigencia.

»Esta disposición será de aplicación a los contratos mercantiles o de alta dirección celebrados con anterioridad a su entrada en vigor, cuyo contenido deberá ser adaptado a los términos establecidos en esta disposición adicional en el plazo de dos meses a contar desde su entrada en vigor.

»Las indemnizaciones por extinción del contrato, cualquiera que fuera la fecha de su celebración se regirán por esta disposición una vez que entre en vigor.

»Seis. Habilitación normativa.

»El Gobierno, a propuesta del Ministro de Hacienda y Administraciones Públicas, en función de la situación económica y de las medidas de política económica, podrá modificar las cuantías y limitaciones de las indemnizaciones establecidas en la presente disposición, así como desarrollar lo dispuesto en su apartado tercero. El Ministro de Hacienda y Administraciones Públicas fijará el sistema de compensación por gastos

En los supuestos de incumplimiento total o parcial del preaviso, el alto directivo tendrá derecho a una indemnización equivalente a los salarios correspondientes a la duración del período incumplido.

2. El contrato podrá extinguirse por decisión del empresario mediante despido basado en el incumplimiento grave y culpable del alto directivo, en la forma y con los efectos establecidos en el artículo 55 del Estatuto de los Trabajadores; respecto a las indemnizaciones, en el supuesto de despido declarado improcedente se estará a las cuantías que se hubiesen pactado en el contrato, siendo en su defecto de veinte días de salario en metálico por año de servicio y hasta un máximo de doce mensualidades.

3. Cuando el despido sea declarado improcedente o nulo, el empresario y el alto directivo acordarán si se produce la readmisión o el abono de las indemnizaciones económicas previstas en el párrafo dos de este artículo, entendiéndose, en caso de desacuerdo, que se opta por el abono de las percepciones económicas. Si el despedido se reintegrase al empleo anterior en la Empresa, se estará a lo dispuesto en el artículo 9.3 de este Real Decreto.

Art. 12. *Otras causas de extinción.*—Dejando a salvo las especialidades consignadas en los artículos anteriores esta relación laboral especial podrá extinguirse por las causas y mediante los procedimientos previstos en el Estatuto de los Trabajadores.

Art. 13. *Faltas y sanciones.*—El alto directivo podrá ser sancionado en virtud de incumplimiento de las obligaciones derivadas de esta relación especial, en los términos que se pacten en el contrato. Las faltas y correspondientes sanciones serán revisables ante el orden jurisdiccional social. Tales faltas, cualquiera que sea su naturaleza, prescribirán a los doce meses desde su comisión, o desde que el empresario tuviese conocimiento de ellas.

Por lo que se refiere a las infracciones laborales de los empresarios, será de aplicación el

---

en concepto de dietas, desplazamientos y demás análogos que se deriven del desempeño de las funciones de los máximos responsables, directivos o personal con contratos mercantiles o de alta dirección.

»Siete. Aplicación a las Comunidades Autónomas y a las Entidades Locales.

»Lo dispuesto en el apartado dos; apartado cuatro, número dos, y apartado cinco será de aplicación a los entes, consorcios, sociedades, organismos y fundaciones que conforman el sector público autonómico y local.»

artículo 57 del Estatuto de los Trabajadores.

Art. 14. *Jurisdicción competente.*—Los conflictos que surjan entre el personal de alta dirección y las Empresas como consecuencia de la aplicación de lo dispuesto en este Real Decreto serán de la competencia de los jueces y magistrados del orden jurisdiccional social.

Art. 15. *Otras disposiciones.*—1. [...][6].

2. Este contrato podrá suspenderse, con los efectos y para los casos previstos en el artículo 45 del Estatuto de los Trabajadores.

3. A efectos de prescripción de acciones derivadas del contrato especial, así como en cuanto a la caducidad de la acción por despido, se aplicará, en cuanto proceda, el artículo 59 del Estatuto de los Trabajadores.

Art. 16. *Derechos de representación.*—Sin perjuicio de otras formas de representación, el personal de alta dirección no participará como elector ni como elegible en los órganos de representación regulados en el título II del Estatuto de los Trabajadores.

DISPOSICIÓN ADICIONAL

El personal excluido del ámbito subjetivo de las Ordenanzas Laborales actualmente en vigor, o de algunos de sus preceptos, que reúna las características y requisitos contenidos en el artículo 1.º de este Real Decreto, se regirá por él[7].

DISPOSICIÓN FINAL

El presente Real Decreto entrará en vigor el día 1 de enero de 1986.

---

[6] Apartado derogado por la Ley 11/1994, de 19 de mayo (*BOE* de 23 de mayo), de modificación del Estatuto de los Trabajadores y de la Ley de Procedimiento Laboral.

Conforme a la disp. adic. 5.ª ET: «Las retribuciones del personal de alta dirección gozarán de las garantías del salario establecidas en los artículos 27.2, 29, 32 y 33 de esta Ley.» V. asimismo art. 26.1 ET.

[7] En estos momentos se encuentran derogadas la totalidad de las Ordenanzas Laborales.

§ 2. REAL DECRETO 1.620/2011, DE 14 DE NOVIEMBRE, POR EL QUE SE REGULA LA RELACIÓN LABORAL DE CARÁCTER ESPECIAL DEL SERVICIO DEL HOGAR FAMILIAR

(*BOE* n.º 277, de 17 de noviembre de 2011; corrección de errores en *BOE* n.º 308, de 23 de diciembre)

....

CAPÍTULO PRIMERO

DISPOSICIONES GENERALES

Artículo 1.º *Objeto y ámbito de aplicación.*—1. Este real decreto tiene por objeto regular la relación laboral de carácter especial del servicio del hogar familiar de acuerdo con el artículo 2.1.*b*) de la Ley del Estatuto de los Trabajadores, Texto Refundido aprobado por Real Decreto Legislativo 1/1995, de 24 de marzo[1].

2. Se considera relación laboral especial del servicio del hogar familiar la que conciertan el titular del mismo, como empleador, y el empleado que, dependientemente y por cuenta de aquél, presta servicios retribuidos en el ámbito del hogar familiar.

3. A los efectos de esta relación laboral especial, se considerará empleador al titular del hogar familiar, ya lo sea efectivamente o como simple titular del domicilio o lugar de residencia en el que se presten los servicios domésticos. Cuando esta prestación de servicios se realice para dos o más personas que, sin constituir una familia ni una persona jurídica, convivan en la misma vivienda, asumirá la condición de titular del hogar familiar la persona que ostente la titularidad de la vivienda que habite o aquella que asuma la representación de tales personas, que podrá recaer de forma sucesiva en cada una de ellas.

---

[1] La referencia al RDL 1/1995 debe entenderse efectuada ahora al art. 2.º1.*a*) del Estatuto de los Trabajadores, texto refundido aprobado por RDL 2/2015, de 23 de octubre (*BOE* de 24 de octubre).

4. El objeto de esta relación laboral especial son los servicios o actividades prestados para el hogar familiar, pudiendo revestir cualquiera de las modalidades de las tareas domésticas, así como la dirección o cuidado del hogar en su conjunto o de algunas de sus partes, el cuidado o atención de los miembros de la familia o de las personas que forman parte del ámbito doméstico o familiar, y otros trabajos que se desarrollen formando parte del conjunto de tareas domésticas, tales como los de guardería, jardinería, conducción de vehículos y otros análogos.

Art. 2.º *Exclusiones.—* 1. No están incluidas en el ámbito de esta relación laboral especial:

a) Las relaciones concertadas por personas jurídicas, de carácter civil o mercantil, aun si su objeto es la prestación de servicios o tareas domésticas, que se regirán por la normativa laboral común.

b) Las relaciones concertadas a través de empresas de trabajo temporal, de acuerdo con lo establecido en la Ley 14/1994, de 1 de junio, por la que se regulan las empresas de trabajo temporal.

c) Las relaciones de los cuidadores profesionales contratados por instituciones públicas o por entidades privadas, de acuerdo con la Ley 39/2006, de 14 de diciembre, de promoción de la autonomía personal y atención a las personas en situación de dependencia.

d) Las relaciones de los cuidadores no profesionales consistentes en la atención prestada a personas en situación de dependencia en su domicilio, por personas de la familia o de su entorno, no vinculadas a un servicio de atención profesionalizada, de acuerdo con la Ley 39/2006, de 14 de diciembre, de promoción de la autonomía personal y atención a las personas en situación de dependencia.

e) Las relaciones concertadas entre familiares para la prestación de servicios domésticos cuando quien preste los servicios no tenga la condición de asalariado en los términos del artículo 1.3.*e)* del Estatuto de los Trabajadores.

f) Los trabajos realizados a título de amistad, benevolencia o buena vecindad.

2. No se entenderán comprendidas en el ámbito de esta relación laboral de carácter especial, salvo prueba en contrario que acredite su naturaleza laboral, las relaciones de colaboración y convivencia familiar, como las denominadas «a la par», mediante las que se prestan algunos servicios como

cuidados de niños, la enseñanza de idiomas u otros de los comprendidos en el artículo 1.4, siempre y cuando estos últimos tengan carácter marginal, a cambio de comidas, alojamiento o simples compensaciones de gastos[2].

3. Se presumirá la existencia de una única relación laboral de carácter común y, por tanto, no incluida en el ámbito de esta relación laboral de carácter especial, la relación del titular de un hogar familiar con un trabajador que, además de prestar servicios domésticos en aquél, deba realizar, con cualquier periodicidad, otros servicios ajenos al hogar familiar en actividades o empresas de cualquier carácter del empleador. Dicha presunción se entenderá salvo prueba en contrario mediante la que se acredite que la realización de estos servicios no domésticos tiene un carácter marginal o esporádico con respecto al servicio puramente doméstico.

Art. 3.º *Fuentes de la relación laboral.*—Los derechos y obligaciones concernientes a esta relación laboral de carácter especial se regularán:

a) Por las disposiciones de este real decreto.

b) Con carácter supletorio, en lo que resulte compatible con las peculiaridades derivadas del carácter especial de esta relación, será de aplicación la normativa laboral común[3].

c) Por los convenios colectivos.

d) Por la voluntad de las partes manifestada en el contrato de trabajo, que habrá de respetar lo establecido en las disposiciones legales y en los convenios colectivos.

e) Por los usos y costumbres locales y profesionales.

CAPÍTULO II

DEL CONTRATO

Art. 4.º *Ingreso al trabajo.*—1. Los empleadores podrán contratar a los trabajadores directamente o por intermediación de los servicios públicos de empleo o de las agencias de colocación debidamente autorizadas.

2. De acuerdo con lo establecido en el artículo 22 bis de la Ley 56/2003, de 16 de diciembre, de Empleo, los servicios públicos de empleo y las agencias de

---

[2] V. Instrumento de ratificación del Acuerdo Europeo sobre la colocación *au pair* hecho en Estrasburgo el 24 de noviembre de 1969 (*BOE* de 6 de septiembre de 1988).

[3] Letra *b)* redactada conforme al RDL 16/2022, de 6 de septiembre (*BOE* de 8 de septiembre).

colocación deberán garantizar, en su ámbito de actuación, el principio de igualdad en el acceso al empleo, no pudiendo establecer discriminación alguna basada en motivos de origen, incluido el racial o étnico, sexo, edad, estado civil, religión o convicciones, opinión política, orientación sexual, afiliación sindical, condición social, lengua dentro del Estado y discapacidad, siempre que los trabajadores se hallasen en condiciones de aptitud para desempeñar el trabajo o empleo de que se trate[4].

3. La publicidad de las ofertas de empleo que se formulen para la contratación de personas para el servicio doméstico no podrá contener discriminación alguna basada en los motivos indicados en el apartado anterior.

Art. 5.º *Forma del contrato.*—1. La forma del contrato de trabajo se ajustará a lo previsto en el Estatuto de los Trabajadores.

2. Salvo prueba en contrario, en defecto de pacto escrito, el contrato de trabajo se presumirá concertado por tiempo indefinido y a jornada completa.

3. Cualquiera de las partes podrá exigir que el contrato se

formalice por escrito, incluso durante el transcurso de la relación laboral.

4. La persona trabajadora deberá recibir información sobre los elementos esenciales del contrato y las principales condiciones de ejecución de la prestación laboral si los mismos no figuran en el contrato formalizado por escrito, de acuerdo con lo establecido en el Real Decreto 1.659/1998, de 24 de julio, por el que se desarrolla el artículo 8, apartado 5, de la Ley del Estatuto de los Trabajadores en materia de información al trabajador sobre los elementos esenciales del contrato de trabajo.

Además de los extremos a que se refiere el artículo 2.2 del Real Decreto 1.659/1998, de 24 de julio, dicha información deberá comprender:

a) Las prestaciones salariales en especie, cuando se haya convenido su existencia.

b) La duración y distribución de los tiempos de presencia pactados, así como el sistema de retribución o compensación de los mismos.

c) El régimen de las pernoctas de la persona empleada de hogar en el domicilio familiar, en su caso.

5. De acuerdo con lo previsto en la disposición adicional

---

[4] La referencia a la Ley de Empleo debe entenderse efectuada al art. 33 del texto refundido aprobado por RDL 3/2015, de 23 de octubre (*BOE* de 24 de octubre).

tercera, el Ministerio de Trabajo y Economía Social pondrá a disposición de las personas empleadoras modelos de contratos de trabajo, así como la información necesaria para el cumplimiento de lo establecido en este artículo[5].

Art. 6.º *Duración del contrato y período de prueba.*—1. El contrato podrá celebrarse por tiempo indefinido o por una duración determinada, en los términos previstos en el Estatuto de los Trabajadores y sus normas de desarrollo.

2. Podrá concertarse por escrito un período de prueba en los términos del artículo 14 del Estatuto de los Trabajadores. Durante dicho período, que no podrá exceder de dos meses, salvo lo previsto en convenio colectivo, el empleador y el empleado de hogar estarán obligados a cumplir con sus respectivas prestaciones, si bien podrá producirse la resolución de la relación laboral por cualquiera de las partes, con el período de preaviso ajustado a lo que se pacte, sin exceder, en ningún caso, de siete días naturales.

CAPÍTULO III

CONTENIDO DE LA RELACIÓN LABORAL

Art. 7.º *Derechos y deberes.*—1. El trabajador tendrá los derechos y deberes laborales establecidos en el presente real decreto y en los artículos 4 y 5 del Estatuto de los Trabajadores.

2. El empleador está obligado a cuidar de que el trabajo del empleado de hogar se realice en las debidas condiciones de seguridad y salud, para lo cual adoptará medidas eficaces, teniendo debidamente en cuenta las características específicas del trabajo doméstico. El incumplimiento grave de estas obligaciones será justa causa de dimisión del empleado[6].

Art. 8.º *Retribuciones.*— 1. El Salario Mínimo Interprofesional, fijado anualmente por el Gobierno, es aplicable en el ámbito de esta relación laboral especial, de acuerdo con los términos y condiciones establecidos en el ordenamiento laboral común. Dicho salario mínimo se entiende referido a la

---

[5] Art. 5 redactado conforme al RDL 16/2022, de 6 de septiembre (*BOE* de 8 de septiembre).

[6] Desarrollado por el RD 893/2024, de 10 de septiembre (*BOE* de 11 de septiembre), por el que se regula la protección de la seguridad y salud en el trabajo en el ámbito del servicio del hogar familiar.

jornada de trabajo completa a la que se refiere el artículo 9.1 de este real decreto, percibiéndose a prorrata si se realizase una jornada inferior[7].

Este salario podrá ser objeto de mejora a través de pacto individual o colectivo.

2. Las percepciones salariales se abonarán por el empleador en dinero, bien en moneda de curso legal o mediante talón u otra modalidad de pago similar a través de entidades de crédito, previo acuerdo con el trabajador. No obstante, en los casos de prestación de servicios domésticos con derecho a prestaciones en especie, como alojamiento o manutención, se podrá descontar por tales conceptos el porcentaje que las partes acuerden, siempre y cuando quede garantizado el pago en metálico, al menos, de la cuantía del salario mínimo interprofesional en cómputo mensual y sin que de la suma de los diversos conceptos pueda resultar un porcentaje de descuento superior al 30 por 100 del salario total.

3. Los incrementos salariales deberán determinarse por acuerdo entre las partes. En defecto de acuerdo se aplicará un incremento salarial anual igual al incremento salarial medio pactado en los convenios colectivos según la publicación de la Subdirección General de Estadística del Ministerio de Trabajo e Inmigración del mes en que se completen doce consecutivos de prestación de servicios.

4. El empleado de hogar tendrá derecho a dos gratificaciones extraordinarias al año que se percibirán, salvo pacto en contrario, al finalizar cada uno de los semestres del año, en proporción al tiempo trabajado durante el mismo. Su cuantía será la que acuerden las partes, debiendo ser suficiente para garantizar, en todo caso, el pago en metálico, al menos, de la cuantía del salario mínimo interprofesional en cómputo anual.

5. Para la retribución de los empleados de hogar que trabajen por horas, en régimen externo, el salario mínimo de referencia será el que se fije en el real decreto por el que se fija anualmente el salario mínimo interprofesional para los trabajadores eventuales y temporeros y empleados de hogar, que incluye todos los conceptos retributivos; este salario mínimo se abonará íntegramente en metálico, en proporción a las horas efectivamente trabajadas.

6. La documentación del salario se realizará mediante la entrega al trabajador de un recibo individual y justificativo del pago del mismo, en la for-

---

[7] Para el salario mínimo interprofesional, v. arts. 26.1 y 27 ET y nota al mismo.

ma acordada entre las partes o, en su defecto, conforme a lo señalado en el artículo 29.1 del Estatuto de los Trabajadores.

De acuerdo con lo previsto en la disposición adicional tercera, el Ministerio de Trabajo e Inmigración pondrá a disposición de los empleadores modelos de recibos de salarios para el cumplimiento de lo establecido en este apartado.

Art. 9.º *Tiempo de trabajo.*—1. La jornada máxima semanal de carácter ordinario será de cuarenta horas de trabajo efectivo, sin perjuicio de los tiempos de presencia, a disposición del empleador, que pudieran acordarse entre las partes. El horario será fijado por acuerdo entre las partes.

Una vez concluida la jornada de trabajo diaria y, en su caso, el tiempo de presencia pactado, el empleado no estará obligado a permanecer en el hogar familiar.

2. Respetando la jornada máxima de trabajo y los períodos mínimos de descanso, el tiempo de presencia tendrá la duración y será objeto de retribución o compensación en los mismos términos que acuerden las partes. En todo caso, salvo que se acuerde su compensación con períodos equivalentes de descanso retribuido, las horas de presencia no podrán exceder de veinte horas semanales de promedio en un período de referencia de un mes y se retribuirán con un salario de cuantía no inferior al correspondiente a las horas ordinarias.

3. El régimen de las horas extraordinarias será el establecido en el artículo 35 del Estatuto de los Trabajadores, salvo lo previsto en su apartado 5.

3 bis. Respecto a los trabajadores contratados a tiempo parcial, no serán de aplicación las obligaciones de registro de la jornada establecidas en el artículo 12.5.*h*) del Estatuto de los Trabajadores[8].

4. Entre el final de una jornada y el inicio de la siguiente deberá mediar un descanso mínimo de doce horas. El descanso entre jornadas del empleado de hogar interno podrá reducirse a diez horas, compensando el resto hasta doce horas en períodos de hasta cuatro semanas.

El empleado de hogar interno dispondrá, al menos, de dos horas diarias para las comidas

---

[8] Apartado 3 bis introducido por el RDL 16/2013, de 20 de diciembre (*BOE* de 21 de diciembre). La referencia al art. 12.5.*c*) ET ha de entenderse en estos momentos referida al art. 12.4.*c*), p. 4 ET, aunque con la duda de si esta exclusión ha podido ser derogada explícitamente por la redacción del art. 34.9 ET conforme a la redacción introducida por el RDL 8/2019, de 28 de junio.

principales, y este tiempo no se computará como de trabajo.

5. Los empleados de hogar tienen derecho a un descanso semanal de treinta y seis horas consecutivas que comprenderán, como regla general, la tarde del sábado o la mañana del lunes y el día completo del domingo.

Cuando el empleado de hogar no preste servicios en régimen de jornada completa, con la duración máxima establecida en el apartado 1 de este artículo, la retribución correspondiente al período de descanso se reducirá en proporción a las horas efectivamente trabajadas.

6. El trabajador tendrá derecho al disfrute de las fiestas y permisos previstos en el artículo 37 del Estatuto de los Trabajadores.

7. El período de vacaciones anuales será de treinta días naturales, que podrá fraccionarse en dos o más períodos, si bien al menos uno de ellos será, como mínimo, de quince días naturales consecutivos. El período o períodos de disfrute de las vacaciones se acordarán entre las partes. En defecto de pacto, quince días podrán fijarse por el empleador, de acuerdo con las necesidades familiares y el resto se elegirá libremente por el empleado. En este caso, las fechas deberán ser conocidas con dos meses de antelación al inicio de su disfrute. Durante el período o períodos de vacaciones, el empleado de hogar no estará obligado a residir en el domicilio familiar o en el lugar a donde se desplace la familia o alguno de sus miembros.

8. Serán de aplicación los límites establecidos para los menores de dieciocho años en el Estatuto de los Trabajadores en materia de tiempo de trabajo:

a) Sólo podrán realizarse ocho horas diarias de trabajo efectivo, con una pausa de treinta minutos para las jornadas superiores a cuatro horas y media. Si el menor de dieciocho años trabajase para varios empleadores, para el cómputo de las indicadas ocho horas se tendrán en cuenta las realizadas con cada empleador.

b) No podrán realizar horas extraordinarias ni trabajar en período nocturno, considerándose este el transcurrido entre las diez de la noche y las seis de la mañana.

c) El descanso entre jornadas será, como mínimo, de doce horas.

d) El descanso semanal será, al menos, de dos días consecutivos.

Art. 10. *Conservación del contrato de empleados de hogar.*—1. La subrogación contractual por cambio de la persona del empleador sólo procederá previo acuerdo de las partes, presumiéndose éste cuando el empleado de hogar siga prestando servicios, al menos, durante siete días en el mismo domicilio, pese a haber variado la titularidad del hogar familiar.

2. En los supuestos de cambio del hogar familiar por traslado de este a localidad distinta se aplicará, respecto a la conservación del contrato, el mismo régimen establecido para los supuestos de cambio de la persona del empleador en el apartado 1, presumiéndose, por tanto, la conservación del contrato de trabajo cuando se continuase prestando servicios durante siete días en el nuevo domicilio. Cuando el traslado sea de carácter temporal podrá acordarse la suspensión del contrato.

En el supuesto a que se refiere este apartado, si el empleador optase por el desistimiento de la relación laboral, deberá comunicárselo por escrito al trabajador, resultando de aplicación en lo demás lo dispuesto en el artículo 11.3. Si fuera el trabajador el que optase por la no continuidad de la relación laboral, deberá comunicar su decisión al empleador y tendrá derecho a la indemnización prevista en el párrafo tercero del artículo 11.3.

3. En el supuesto de suspensión del contrato de trabajo doméstico por incapacidad temporal del empleado de hogar, debida a enfermedad o accidente, si aquel fuera interno, tendrá derecho a permanecer alojado en el domicilio un mínimo de treinta días, salvo que, por prescripción facultativa, se recomiende su hospitalización.

Art. 11. *Extinción del contrato.*—1. La relación laboral de carácter especial del servicio del hogar familiar podrá extinguirse por las causas establecidas en el artículo 49.1 del Estatuto de los Trabajadores, aplicándose la normativa laboral común salvo en lo que resulte incompatible con las peculiaridades derivadas del carácter especial de esta relación.

2. Sin perjuicio de lo anterior, esta relación laboral de carácter especial podrá extinguirse por alguna de las siguientes causas, siempre que estén justificadas:

a) Disminución de los ingresos de la unidad familiar o incremento de sus gastos por circunstancia sobrevenida.

b) Modificación sustancial de las necesidades de la unidad familiar que justifican que se prescinda de la persona trabajadora del hogar.

c) El comportamiento de la persona trabajadora que fundamente de manera razonable y proporcionada la pérdida de confianza de la persona empleadora.

La extinción por estas causas se producirá con arreglo a lo dispuesto en este apartado.

La decisión de extinguir el contrato deberá comunicarse por escrito a la persona empleada del hogar, debiendo constar de modo claro e inequívoco la voluntad de la persona empleadora de dar por finalizada la relación laboral y la causa por la que se adopta dicha decisión.

Simultáneamente a la comunicación de la extinción, la persona empleadora deberá poner a disposición de la persona trabajadora una indemnización, en cuantía equivalente al salario correspondiente a doce días por año de servicio con el límite de seis mensualidades.

En el caso de que la prestación de servicios hubiera superado la duración de un año, la persona empleadora deberá conceder un plazo de preaviso cuya duración, computada desde que se comunique a la persona trabajadora la decisión de extinción, habrá de ser, como mínimo, de veinte días. En los demás supuestos el preaviso será de siete días.

Durante el período de preaviso, la persona que preste servicios a jornada completa tendrá derecho, sin pérdida de su retribución, a una licencia de seis horas semanales con el fin de buscar nuevo empleo.

La persona empleadora podrá sustituir el preaviso por una indemnización equivalente a los salarios de dicho período.

3. De incumplirse los requisitos relativos a la forma escrita de la comunicación de extinción o la puesta a disposición de la indemnización a los que se refiere el apartado anterior, se presumirá que la persona empleadora ha optado por la aplicación del régimen extintivo del despido regulado en el Estatuto de los Trabajadores.

Esta presunción no resultará aplicable por la no concesión del preaviso o el error excusable en el cálculo de la indemnización, sin perjuicio de la obligación de la persona empleadora de abonar los salarios correspondientes a dicho período o al pago de la indemnización en la cuantía correcta.

4. La decisión extintiva no podrá llevarse a cabo respecto de la empleada o empleado interno entre las diecisiete horas y las ocho horas del día siguiente, salvo que la extinción del contrato esté motivada por falta muy grave a los deberes de lealtad y confianza.

5. De acuerdo con lo previsto en la disposición adicional tercera, el Ministerio de Trabajo y Economía Social pondrá a disposición de las em-

pleadoras modelos e información para la debida notificación de la extinción del contrato de trabajo a las personas trabajadoras[9].

CAPÍTULO IV

OTRAS DISPOSICIONES

Art. 12. *Comprobación de infracciones.*—El control de cumplimiento de la legislación laboral relativa a esta relación laboral se realizará por la Inspección de Trabajo y Seguridad Social, que la ejercerá con las facultades y límites contemplados en la Ley 42/1997, de 14 de noviembre, Ordenadora de la Inspección de Trabajo y Seguridad Social[10].

Art. 13. *Jurisdicción competente.*—Corresponderá a los órganos jurisdiccionales del orden social el conocimiento de los conflictos que surjan como consecuencia de la aplicación de la normativa reguladora de la relación laboral de carácter especial del servicio del hogar familiar, de acuerdo con lo dispuesto en el artículo 2 de la Ley 36/2011, de 10 de octubre, reguladora de la jurisdicción social.

DISPOSICIONES ADICIONALES

1.ª *Comunicación del contenido de los contratos.*—La comunicación al Servicio Público de Empleo del contenido de los contratos de trabajo que se celebren conforme a lo previsto en el presente real decreto, así como su terminación, se entenderá realizada por el empleador mediante la comunicación en tiempo y forma del alta o de la baja en la Seguridad Social ante la Tesorería General de la Seguridad Social, acompañada, en su caso, del contrato de trabajo, cuando éste se haya formalizado por escrito[11].

En los supuestos a que se refiere el párrafo anterior, la Tesorería General de la Seguridad Social deberá comunicar al Servicio Público de Empleo el contenido mínimo de los contratos de trabajo, así como su terminación.

---

[9] Art. 11 redactado conforme al RDL 16/2022, de 6 de septiembre (*BOE* de 8 de septiembre).

[10] La referencia a esta Ley debe entenderse efectuada a la Ley 23/2015, de 21 de julio (*BOE* de 22 de julio), Ordenadora del Sistema de Inspección de Trabajo y de la Seguridad Social.

[11] V. arts. 250 y 251 de la Ley General de la Seguridad Social, texto refundido aprobado por RDL 8/2015, de 30 de octubre (*BOE* de 31 de octubre).

2.ª *Evaluación de impacto, régimen de extinción del contrato y protección por desempleo.*— 1. El Ministerio de Trabajo e Inmigración procederá con anterioridad al 31 de diciembre de 2012, previa consulta con las organizaciones empresariales y sindicales más representativas, a realizar una evaluación del impacto en el empleo y en las condiciones de trabajo de las personas al servicio del hogar familiar que pueda derivarse de lo establecido en este real decreto.

Dicha evaluación tendrá en cuenta la regulación de las retribuciones establecida en este real decreto y, en particular, los casos de prestación de servicios domésticos en los que exista salario en especie. La evaluación tendrá en cuenta, igualmente, las previsiones contenidas en la disposición adicional trigésima novena de la Ley 27/2011, de 1 de agosto, sobre actualización, adecuación y modernización del sistema de Seguridad Social, sobre la integración del Régimen Especial de Empleados de Hogar en el Régimen General de la Seguridad Social. Asimismo, la evaluación incluirá, conforme a lo dispuesto en el artículo 20 de la Ley Orgánica 3/2007, de 22 de marzo, para la igualdad efectiva de mujeres y hombres, la variable de sexo en las estadísticas, encuestas y recogidas de datos que se realicen.

2. En el mes siguiente a la entrada en vigor de este real decreto, el Ministerio de Trabajo e Inmigración procederá a la constitución de un grupo de expertos, integrado por un máximo de seis personas propuestas por el propio Ministerio y las organizaciones empresariales y sindicales más representativas, para que realice un informe con anterioridad al 31 de diciembre de 2012 sobre las siguientes cuestiones:

1.ª La viabilidad de aplicar plenamente el régimen de extinción del contrato de trabajo de la relación laboral común establecido en el Estatuto de los Trabajadores a la relación laboral de carácter especial del servicio del hogar familiar, así como la posibilidad de incluir el desistimiento del empleador, entendido como pérdida de confianza en el empleado, en alguna de las causas comunes de extinción del contrato de trabajo establecidas en el artículo 49 del Estatuto de los Trabajadores.

2.ª La viabilidad de establecer un sistema de protección por desempleo adaptado a las peculiaridades de la actividad del servicio del hogar familiar que garantice los principios de contributividad, solidaridad y sostenibilidad financiera.

3. El Gobierno, teniendo presente la evaluación a que se refiere el apartado 1 y el informe del grupo de expertos a que se refiere el apartado 2, adoptará con anterioridad al 31 de diciembre de 2013 y previa consulta y negociación con las organizaciones empresariales y sindicales más representativas, las decisiones que correspondan sobre las cuestiones señaladas en el apartado anterior.

3.ª *Información administrativa.*—El Ministerio de Trabajo e Inmigración, a través de su sede electrónica y de sus oficinas de información de las Delegaciones y Subdelegaciones del Gobierno, facilitará a los empleadores y a los trabajadores cuanta información sea necesaria para la aplicación del presente real decreto, incluyendo la puesta a disposición de modelos, en formato electrónico descargable o en papel, para el cumplimiento de las obligaciones formales y documentales contenidas en el mismo.

DISPOSICIONES TRANSITORIAS

1.ª *Contratos en vigor.*— 1. Lo dispuesto en el presente real decreto será de aplicación a los contratos vigentes a la fecha de entrada en vigor del mismo.

No obstante, la cuantía de la indemnización prevista a la finalización del contrato por desistimiento conforme al artículo 11.3, se aplicará a los contratos que se concierten a partir de la fecha de entrada en vigor de este real decreto.

Asimismo, lo dispuesto en el artículo 5 únicamente será de aplicación respecto a los contratos que se celebren a partir de la fecha de entrada en vigor de este real decreto, desde cuando el Ministerio de Trabajo e Inmigración ponga a disposición de los empleadores los modelos de contrato de trabajo y demás documentación e información a que se refiere la disposición adicional tercera.

2. Los empleadores dispondrán de un año para formalizar por escrito los contratos de trabajo vigentes que, como consecuencia de la nueva regulación, deban celebrarse por escrito. Igual plazo tendrán para adecuarse a la obligación de informar al empleado de hogar sobre los elementos esenciales del contrato de trabajo.

2.ª *Condición más beneficiosa.*—Lo establecido en este real decreto no afectará a las condiciones más beneficiosas existentes en el momento de su entrada en vigor, sin perjuicio de lo establecido en materia de compensación y absorción de salarios en los artículos 26.5 y 27.1 del Estatuto de los Trabajadores.

DISPOSICIÓN DEROGATORIA

Única. *Derogación normativa.*—1. Queda expresamente derogado el Real Decreto 1.424/1985, de 1 de agosto, por el que se regula la relación laboral de carácter especial del servicio del hogar familiar.

2. Asimismo quedan derogadas cuantas disposiciones de igual o inferior rango contradigan o se opongan a lo dispuesto en el presente real decreto.

DISPOSICIONES FINALES

1.ª *Título competencial.*— El presente real decreto se dicta al amparo de lo establecido en el artículo 149.1.7.ª de la Constitución Española que atribuye al Estado la competencia exclusiva en materia de legislación laboral, sin perjuicio de su ejecución por los órganos de las Comunidades Autónomas, salvo el artículo 13 que se dicta al amparo de lo establecido en el artículo 149.1.6.ª de la Constitución Española, que atribuye al Estado la competencia exclusiva en materia de legislación procesal.

2.ª *Modificación del Real Decreto 1.659/1998, de 24 de julio, por el que se desarrolla el artículo 8, apartado 5, de la Ley del Estatuto de los Trabajadores en materia de información al trabajador sobre los elementos esenciales del contrato de trabajo.*—Se da nueva redacción al apartado 2 del artículo 1 del Real Decreto 1.659/1998, de 24 de julio, por el que se desarrolla el artículo 8, apartado 5, de la Ley del Estatuto de los Trabajadores en materia de información al trabajador sobre los elementos esenciales del contrato de trabajo, que queda redactado del modo siguiente:

«2. Lo previsto en el presente real decreto será de aplicación a las relaciones laborales reguladas por la Ley del Estatuto de los Trabajadores cuya duración sea superior a cuatro semanas, con exclusión de la relación laboral especial de los penados en las instituciones penitenciarias y de la de los menores internos incluidos en el ámbito de aplicación de la Ley Orgánica 5/2000, de 12 de enero, reguladora de la responsabilidad penal de los menores.»

3.ª *Entrada en vigor.*—El presente real decreto entrará en vigor el día siguiente al de su publicación en el *Boletín*

Oficial del Estado y, de acuerdo con lo establecido en el apartado 5 de la disposición adicional trigésima novena de la Ley 27/2011, de 1 de agosto, sobre actualización, adecuación y modernización del sistema de Seguridad Social, surtirá efectos desde el 1 de enero de 2012.

§ 3. REAL DECRETO 1.438/1985, DE 1 DE AGOSTO, POR EL QUE SE REGULA LA RELACIÓN LABORAL DE CARÁCTER ESPECIAL DE LAS PERSONAS QUE INTERVENGAN EN OPERACIONES MERCANTILES POR CUENTA DE UNO O MÁS EMPRESARIOS, SIN ASUMIR EL RIESGO Y VENTURA DE AQUÉLLAS

(*BOE* n.º 195, de 15 de agosto de 1985)

....

Artículo 1.º *Ámbito de aplicación.*—1. El presente Real Decreto será de aplicación a las relaciones en virtud de las cuales una persona natural, actuando bajo la denominación de representante, mediador o cualquiera otra con la que se le identifique en el ámbito laboral, se obliga con uno o más empresarios, a cambio de una retribución, a promover o concertar personalmente operaciones mercantiles por cuenta de los mismos, sin asumir el riesgo y ventura de tales operaciones. Dicha actividad principal puede o no ir acompañada de la distribución o reparto de los bienes objeto de la operación.

2. Quedan excluidos de su ámbito de aplicación:

a) Los trabajadores de la Empresa que aun dedicándose a promover o concertar operaciones mercantiles para la misma lo hagan en sus locales o teniendo en ellos su puesto de trabajo y sujetos al horario laboral de la Empresa.

b) Quienes se dediquen a promover o concertar operaciones mercantiles de forma continuada por cuenta de uno o más empresarios, como titulares de una organización empresarial autónoma, entendiendo por tal aquella que cuenta con instalaciones y personal propios. Se presumirá que no existe esta organización empresarial autónoma cuando quienes se dediquen a promover o concertar operaciones mercantiles actúen conforme a las instrucciones de su empresario con respecto a materias como horarios de trabajo, itinerario, criterios de distribución, precios o forma de realizar los pedidos y contratos.

c) Las personas naturales incluidas en el ámbito de la normativa sobre producción de seguros y corresponsales no banqueros siempre que, de acuerdo con dicha normativa, se configuren como sujetos de una relación mercantil.

Art. 2.º *Forma del contrato.*—1. Los empresarios y los trabajadores deberán formalizar por escrito y triplicado su contrato de trabajo. Un ejemplar quedará en poder de cada parte. El tercero se registrará obligatoriamente por la Empresa en la Oficina de Empleo que corresponda por razón del domicilio del trabajador, pudiendo a este efecto ser presentado en dicha Oficina, o también en la correspondiente al domicilio de la Empresa, que deberá remitirlo a aquella en que haya de quedar inscrito. Caso de discrepancia se presumirá la validez del contenido del contrato registrado en la Oficina de Empleo.

2. En el contrato deberán constar, como mínimo, las menciones siguientes: Identificación de las partes, el tipo de operaciones mercantiles que deberá promover o concertar el trabajador con expresión de los productos o servicios a los que

se refieran; las facultades atribuidas al trabajador, en especial si puede concertar o no operaciones en nombre del empresario; si el trabajador se obliga o no a trabajar en exclusiva para el empresario; la delimitación de la zona, demarcación o categoría de clientes con relación a los cuales haya de prestar sus servicios el trabajador, señalando en su caso si el empresario le otorga o no la exclusiva para ese ámbito de actuación; el tipo de retribución acordada y la duración del contrato.

En anexos al mismo se reseñarán, en su caso, el inventario y valor que se atribuye al muestrario o relación de productos y a los restantes instrumentos de trabajo que se faciliten por el empresario y la relación de medios que el trabajador aporte para el desarrollo de su labor.

Art. 3.º *Duración del contrato y período de prueba.*—1. La duración del contrato será la que se prevea en el mismo. Si no se fijara una duración determinada, se entenderá que el contrato se pacta por tiempo indefinido.

2. Los contratos por tiempo determinado no podrán tener una duración superior a tres años.

Cuando se concierten por un plazo inferior al máximo establecido podrán prorrogarse antes de su término por acuerdo entre las partes, una o más veces, por períodos no inferiores a seis meses, sin que en ningún caso el tiempo acumulado, incluido el de las prórrogas, pueda exceder del referido plazo máximo.

Cuando se hubieren concertado por un plazo inferior al máximo establecido y llegado su término no se hubiese denunciado por ninguna de las partes con una antelación mínima de un mes al término de su vigencia, ni existiera acuerdo expreso de prórroga, pero se continuara realizando la prestación laboral, los contratos se prorrogarán automáticamente hasta dicho plazo máximo.

3. El período de prueba se regulará por lo dispuesto en el Estatuto de los Trabajadores.

Art. 4.º *Jornada de trabajo y vacaciones.*—1. La relación laboral a la que está sujeta el trabajador no implicará sujeción a jornada u horario de trabajo concreto, sin perjuicio de las previsiones contenidas en los pactos colectivos o individuales.

2. Los trabajadores tienen derecho al disfrute de vacaciones anuales retribuidas cuya duración, criterios de orden económico y fechas de disfrute, serán los establecidos en los pactos colectivos o en el propio contrato, cuando éste sea más beneficioso. A falta de pacto colectivo o individual, regirán las normas laborales de carácter general.

3. Los trabajadores tienen derecho a los permisos pagados previstos en el artículo 37, apartado 3, del Estatuto de los Trabajadores.

Art. 5.º *Clientela.*—1. Los trabajadores comprendidos en el ámbito de aplicación del presente Real Decreto tendrán derecho a que se reconozca por su Empresa la clientela que hayan conseguido como consecuencia de su trabajo, y la que aquélla asignase al inicio de su gestión.

2. Exigiéndolo alguna de las partes, la relación única de clientes que la Empresa facilitase al trabajador se hará constar en un anexo al contrato. Éste se actualizará anualmente y al término de la relación laboral, mediante la inclusión de los captados por el trabajador en el curso de su actividad, y haciendo constar, en su caso, la variación en el volumen de las operaciones realizadas durante el año. En la relación correspondiente al término de la relación laboral sólo se incluirán los clientes que hayan hecho operaciones en los últimos dos años.

3. A los efectos de inclusión en la relación de clientes a

que se refiere el número anterior, sólo se considerarán tales los que hayan llevado a término con la Empresa alguna operación mercantil en los dos años anteriores a la fecha de contratar al trabajador.

4. Ninguna de las partes podrá variar unilateralmente la zona o demarcación territorial ni la relación de clientes asignados en el contrato, aplicándose, de producirse algunos de estos hechos, lo dispuesto en el número cinco de este artículo.

5. La asignación por parte del empresario, de una zona ya atribuida a un trabajador, a otro u otros trabajadores en perjuicio del primero, llevará aparejada la adecuada compensación económica, que será fijada, si no hay acuerdo entre las partes, por la jurisdicción competente. En todo caso, el trabajador podrá solicitar la extinción del contrato de trabajo con la indemnización señalada en el artículo 41.3 del Estatuto de los Trabajadores, que podrá ser incrementada en el porcentaje y condiciones que se determinan en el artículo 11 del presente Real Decreto.

Art. 6.º *Muestrario e instrumentos de trabajo.*—1. En los casos en que para el desarrollo de su actividad la Empresa proporcione al trabajador muestrario de artículos, relación de productos o instrumentos de trabajo, deberá hacerse un inventario de su contenido en anexo al contrato, si lo requiere su valor o lo exige alguna de las partes.

2. Los trabajadores a que se refiere la presente normativa serán responsables de las pérdidas o deterioros que, en todo o en parte, sufra el muestrario o instrumentos de trabajo por su culpa o negligencia, y de aquellas otras que no haya puesto en conocimiento de la Empresa en los diez días siguientes a su acaecimiento.

3. Si otra cosa no se hubiera pactado, al término del contrato de trabajo deberá devolverse a la Empresa el material que recibiera como muestrario o instrumento de trabajo, y no siendo posible su valor actualizado y según el estado en que se encuentre.

4. Los empresarios no podrán retener más de quince días los muestrarios o instrumentos de trabajo, cuando los requieran los trabajadores para su actualización o modificación.

5. La Empresa vendrá obligada a facilitar los muestrarios o instrumentos de trabajo con antelación tal que permita desarrollar normalmente su actividad al trabajador. El incumplimiento de esta obligación por el empresario dará derecho al trabajador a la indemniza-

ción por los daños y perjuicios que pudiera causar dicha demora.

6. El empresario facilitará en tiempo oportuno las tarifas y restantes condiciones para la contratación con los terceros, así como el momento en que las nuevas tarifas y condiciones se apliquen a las operaciones ya obtenidas por el trabajador, y que han sido cursadas al empresario o están a punto de serlo.

Art. 7.º *Obligaciones del empresario.*—El empresario ha de cumplir frente al trabajador las siguientes obligaciones:

a) Pagar la retribución pactada, haciendo las correspondientes liquidaciones en los plazos establecidos. También deberá, en su caso, compensarle los gastos de desplazamiento.

b) Poner a su disposición con la adecuada antelación los documentos y materiales necesarios para el desarrollo de su actividad.

c) Proporcionarle noticia inmediata de la aceptación o rechazo de las operaciones propuestas y de cuantas circunstancias se refieran a una operación ya aceptada. Cuando se rechace una operación deberán justificarse los motivos en los que se base esa decisión.

d) Cumplir en los términos pactados las operaciones con-

tratadas en firme con los clientes en los plazos y términos pactados, y mantener con éstos una relación correcta.

e) Comunicarle las circunstancias de la actitud de la Empresa que puedan incidir en la relación con los clientes, en especial cuando se programen cambios en los productos o servicios ofrecidos, en los precios u otras condiciones de contratación, en el volumen de las operaciones que podrían ejecutarse, así como la relación completa de representantes y clientes en todo el ámbito de actuación comercial de la Empresa.

f) Comunicarle los pedidos recibidos directamente de clientes atribuidos al trabajador en virtud del contrato.

g) Cualesquiera otras que se hubieran fijado en el contrato o que resultasen de la aplicación de este Real Decreto.

Art. 8.º *Retribuciones.*— 1. Las retribuciones de los trabajadores comprendidos en el ámbito del presente Real Decreto estarán constituidas por comisiones sobre las operaciones en que hubiesen intervenido y fuesen aceptadas por el empresario, siempre que en el contrato se haya establecido la necesidad de aprobación, o por una parte fija y otra por comisiones sobre dichas operaciones, más los incentivos y compensaciones que hubieran pactado en el contrato. Por último, la retribución también podrá consistir exclusivamente en una cantidad fija.

2. Cuando se haya pactado retribución por comisiones, éstas se devengarán a favor del trabajador por todas las operaciones que se realicen en su zona, o con la clientela a él asignada, y que se perfeccionen por su mediación. También tendrá derecho a comisiones por las operaciones realizadas directamente por las Empresas, si así se hubiese estipulado. Las Empresas vendrán obligadas a dar a conocer a los trabajadores el importe de las mercancías o servicios que se hayan proporcionado directamente a los clientes.

3. Salvo pacto en contrario, el derecho a la comisión nacerá en el momento del pago por el cliente en ejecución del contrato celebrado con la Empresa. Ésta liquidará y pagará al trabajador las comisiones a que éste tenga derecho, en el plazo de un mes, que podrá ampliarse hasta tres meses, mediante pacto expreso.

Si el negocio no llegase a buen fin, por culpa probada del empresario, el trabajador tendrá derecho a la comisión como si el cliente hubiera realizado el pago correspondiente.

4. En todo caso, la Empresa deberá entregar a los trabajadores recibo de pago sellado y firmado, en el que aparezcan detalladas las operaciones y, correlativamente, las cuantías de las comisiones que se comprendan en dicho pago.

5. Podrá pactarse que las indemnizaciones por gastos realizados como consecuencia de la actividad laboral del trabajador puedan ser asumidas por éste, siempre que tal circunstancia sea tenida en cuenta en la determinación de la retribución finalmente percibida.

Cuando el trabajador preste servicios en exclusiva para un solo empresario tendrá derecho a percibir con carácter inmediato la compensación de los gastos de desplazamiento, tanto en lo referente a kilometraje como a dietas, en la cuantía fijada en los contratos individuales o convenios colectivos.

Art. 9.º *Obligaciones del trabajador.*—El trabajador ha de cumplir las siguientes obligaciones:

a) Desarrollar la actividad necesaria para promocionar la realización de operaciones mercantiles a favor del empresario, defendiendo los legítimos intereses de éste y siguiendo sus instrucciones.

b) Desarrollar su actividad de promoción de manera correcta, evitando cualquier actuación que pueda suponer competencia desleal con otras Empresas o que pueda perjudicar al prestigio o a los intereses del empresario, circunstancias éstas cuya prueba corresponde al empresario.

c) Suministrar al empresario noticias inmediatas sobre la realización de las operaciones y sobre las circunstancias que puedan afectar su ejecución.

d) Gestionar el cobro de las operaciones mercantiles en que directa o indirectamente hubiese intervenido, si así se determina en el contrato. Abonar al empresario, inmediatamente, las cantidades cobradas a los clientes cuando le esté encomendada la gestión de cobro. En ningún caso de la gestión de cobro podrá derivarse responsabilidad patrimonial para los trabajadores, salvo que haya habido negligencia grave o dolosa.

e) Mantener informado al empresario sobre su actividad dirigida a la promoción de operaciones, así como sobre las circunstancias que puedan afectar a la clientela y a la situación de la Empresa en el mercado.

f) No prestar servicios a Empresas competidoras.

g) Dar a conocer al empresario las otras Empresas a las que preste sus servicios, y a obtener la autorización de aquél para asumir nuevos compromisos con otras Empresas, si así se hubiere pactado.

h) Cualesquiera otras que se hubieren fijado en el contrato.

Art. 10. *Suspensión y extinción del contrato.*—1. Las normas contenidas en el Estatuto de los Trabajadores en materia de suspensión y extinción de la relación laboral serán de aplicación a los trabajadores, en cuanto no contradigan lo establecido en el presente Real Decreto.

2. En caso de dimisión del trabajador, éste deberá notificarla con una antelación mínima de tres meses.

3. En relación con las posibles indemnizaciones por despido improcedente o casos asimilados, éstas serán fijadas de acuerdo con lo previsto en el Estatuto de los Trabajadores, calculándose el salario mensual en base al promedio de ingresos obtenidos los dos años anteriores al despido o resolución del contrato o período inferior, en su caso.

4. Será válido el pacto en virtud del cual el trabajador se obligue a no competir con el empresario, ni a prestar sus servicios a otro empresario competidor del mismo, para después de extinguida la relación laboral, si concurren los siguientes requisitos:

a) Que la extinción del contrato no sea debida al incumplimiento por el empresario de las obligaciones que le corresponden.

b) Que éste tenga un efectivo interés industrial o comercial en ello, y

c) Que se satisfaga al trabajador una compensación económica adecuada. Se entenderá que se ha satisfecho esta compensación cuando se hubiera indemnizado al trabajador por la clientela conseguida por él.

Este pacto no podrá tener una duración superior a dos años.

Art. 11. *Indemnización por la clientela.*—1. El trabajador tendrá derecho a una indemnización especial distinta de la que pudiera corresponderle por despido improcedente, en consideración al incremento de clientela conseguido por él, cuando concurran las siguientes circunstancias:

a) Que la extinción del contrato no se hubiere debido al incumplimiento por el trabajador de las obligaciones que le corresponden.

b) Que una vez extinguido el contrato, el trabajador esté obligado a no competir con el empresario o a no prestar sus servicios para otro empresario competidor del mismo.

2. Para calcular la indemnización por la clientela se comprararán las listas de clientes establecidas conforme a lo dispuesto en el artículo 5.°, al iniciarse y extinguirse la relación laboral, tomando, en su caso, en consideración, el incremento del volumen de las operaciones.

3. A falta de acuerdo entre las partes, la indemnización por la clientela se fijará por el Magistrado de Trabajo, sin que pueda exceder del importe total de las comisiones correspondientes a un año, calculado por el importe medio total de las comisiones percibidas durante los últimos tres años, o período inferior que hubiere durado la relación laboral, en su caso.

Art. 12. Son aplicables en el ámbito de esta relación laboral de carácter especial los derechos y deberes laborales básicos reconocidos en el Estatuto de los Trabajadores.

DISPOSICIÓN TRANSITORIA

En el plazo de seis meses, a partir de la entrada en vigor del presente Real Decreto, los empresarios y trabajadores comprendidos en su ámbito de aplicación deberán adaptar sus contratos a las previsiones en él contenidas.

DISPOSICIÓN FINAL

Quedan derogadas cuantas disposiciones se opongan a lo dispuesto en el presente Real Decreto, que entrará en vigor el día 1 de enero de 1986, y, específicamente, el Real Decreto 2.033/1981, de 4 de septiembre, y el Real Decreto 1.195/1982, de 14 de mayo.

ÍNDICE ANALÍTICO

Los números colocados al lado de cada concepto corresponden al artículo y apartado del Estatuto de los Trabajadores.

B

C

F

G

H

OBRAS SOCIALES
—gestión por parte de los representantes: 64.7.*b*).
OCUPACIÓN EFECTIVA (DEBER DE)
—4.º2.*a*).
OFICINA DE EMPLEO
—8.º3, 13.2, 15.1.*d*).

ÓRDENES E INSTRUCCIONES DEL EMPRESARIO
—5.º*c*), 20.1.
ORGANIZACIONES PATRONALES
—ver «Asociaciones empresariales».
ORGANIZACIONES SINDICALES
—ver «Sindicatos».

P

PACTOS
—colectivos: ver «Convenios colectivos».
—de extinción del contrato: 49.1.*a*).
—de horas complementarias: 12.5.
—de horas extraordinarias: 35.4.
—de jornada: 34.1.
—de no concurrencia: 21.2.
—de permanencia en la empresa: 21.4.
—de suspensión del contrato: 45.1.*a*).
—de vacaciones: 38.1.
—sobre el momento y el lugar del pago del salario: 29.1.
—ver «Acuerdos».
PAGAS EXTRAORDINARIAS
—ver «Gratificaciones extraordinarias».
PARTICIPACIÓN EN LA EMPRESA
—4.º1.*g*), 61.
PATRIA POTESTAD
—7.º, 37.5.
PAZ LABORAL
—82.2.
PENADOS
—2.º1.*c*).
PERÍODO DE CONSULTAS
—40.2, 41.4, 44.9, 51.4, 64, 85.1, disp. adic. 13.ª
PERÍODO DE PRUEBA
—11.2.*l*), 11.3.*e*), 14, 15.4, 52.*a*).
PERMANENCIA EN LA EMPRESA
—pacto de: 21.4.
—prioridad de: 51.7, 68.*c*).
PERMISO PARENTAL
—suspensión del contrato de trabajo: 48 bis.
PERMISOS
—23, 37.3 y 9, 40.3, 52.*d*).
PERSONAL CIVIL NO FUNCIONARIO
—ver «Establecimientos militares».
PLANES DE RECONVERSIÓN Y REESTRUCTURACIÓN
—ver «Reconversión industrial».
PLAZOS
—40.1, 41.1, 42.1, 48.3, 51, 56.1, 59, 60, 64.6, 66.3, 89.2, 90.3.
PLENA DEDICACIÓN
—21.3.

PLUSES
—ver «Salarios».
POLÍTICA DE EMPLEO
—17.2 y 3.
PREAVISO
—de asamblea: 79.
—de denuncia de convenio colectivo: 85.2.
—de despido por circunstancias objetivas: 53.1.*c*).
—de dimisión del trabajador: 49.1.*d*).
—de extinción de contratos temporales: 49.1.*c*).
—de finalización del permiso de lactancia o guarda legal: 37.6.
—para rescindir el pacto de plena dedicación: 21.3.
PREFERENCIA DE EMPLEO
—17.2 y 3.
PRELACIÓN DE CRÉDITOS SALARIALES
—32.
PRESCRIPCIÓN
—de acciones: 32.7, 42, 44, 59, 76.3.
—de infracciones y faltas: 60.
—ejercicio de derechos frente al Fondo de Garantía Salarial: 33.7.
PRESTACIONES PERSONALES OBLIGATORIAS
—1.º3.*b*).
PRESUNCIONES
—duración indefinida del contrato: 8.º2, 15.1 y 7, 49.1.*c*).
—existencia del contrato de trabajo: 8.º1, disp. adic. 23.ª
—para el caso de no opción en despido improcedente: 56.3.
—trabajo familiar: 1.º3.*e*).
PRIVACIÓN DE LIBERTAD
—causa de suspensión del contrato: 45.1.*g*).
PROCEDIMIENTO ELECTORAL
—de trabajadores fijos discontinuos y no fijos: 72.
—electores y elegibles: 69.
—interventores y representantes: 73.5.
—presentación de candidatos: 69.2, 71.2 y 3, 73.4 y 5, 74.3.

—proclamación de resultados: 75.5 y 7.
—reclamaciones: 76.
—votación y recuento de votos: 75.1, 2 y 3.
—ver «Elecciones a representantes de personal» y «Mesa electoral».
PRODUCTIVIDAD
—5.°e), 27.b), 64.1.11, 82.2.
PROMOCIÓN
—económica: 25, 68.c).
—profesional: 4.°2.b), 23, 24, 68.c).
PROPAGANDA Y PUBLICIDAD
—derecho de los representantes: 64.7.e), 68.d), 81.
PRÓRROGA
—de contratos temporales: 49.c).
—de los convenios colectivos: 86.2.

—del mandato de los representantes del personal: 67.3.
PUESTO DE TRABAJO
—a efectos de cómputo de la jornada: 34.3.
—amortización: 52.c).
—deber del trabajador de cumplimiento: 5.°a).
—derecho de reserva: 15.1.c), 48.
—modificaciones tecnológicas: 52.b).
—valoración, informe de los representantes: 64.1.4.e).
PUNTUALIDAD
—en el pago del salario: 4.°2.f), 29.1, 50.1.b).
—en el trabajo, su falta causa de despido: 54.2.a).

Q

QUIEBRA
—33.1, 51.10, 57 bis.

R

READMISIÓN
—en despido improcedente: 56.
—en despido nulo: 55.5.
RECIBOS
—ver «Salarios».
RECONOCIMIENTO MÉDICO
—20.4.
RECLUTAMIENTO DE TRABAJADORES
—43.
REDUCCIÓN DE JORNADA
—ver «Jornada».
REGISTROS
—de convenios colectivos: 90.2.
—de inicio de negociaciones: 89.1.
—del contrato de trabajo: 16.
—personales: 18.
REGULACIÓN DE EMPLEO
—ver «Expediente de regulación de empleo».
REINTEGRO DE GASTOS
—ver «Gastos».
RELACIONES LABORALES ESPECIALES
—2.°, Apéndice.
REMUNERACIÓN
—ver «Salarios».
RENDIMIENTO
—disminución, causa de despido: 54.2.e).
—modificación del sistema: 41.1.e).

RENUNCIA
—al pacto de horas complementarias: 12.5.
—de derechos: 3.°5.
REPRESENTACIÓN DE PERSONAL
—ver «Comités de empresa» y «Delegados de personal».
REPRESENTACIÓN INSTITUCIONAL
—disp. adic. 6.ª
REPRESENTACIÓN SINDICAL EN LA EMPRESA
—ver «Sindicatos».
REPRESENTANTES DE COMERCIO
—1.°3.f), 2.°f), Apéndice.
RESERVA
—de empleo: 17.2.
—de puesto de trabajo: 15.1.c), 48.
RESPONSABILIDAD
—del empresario: 42, 43, 44.
—del Estado: 57.
—del trabajador: 58.
—de los representantes en caso de asamblea: 77.1.
—familiar: 37.4 y 5, 38.2.c), 46.3.
RETRIBUCIÓN
—ver «Salarios».
REUNIÓN
—ver «Asamblea de trabajadores».
REVOCACIÓN
—de los representantes de personal: 67.3 y 5.

S